자본의
바깥

커먼즈은행 빈고의
탈자본 금융생활 탐구

자본의
바깥

커먼즈은행 빈고의
탈자본 금융생활 탐구

초판 1쇄 2025년 12월 1일

지은이   김지음·빈고
편집인   오주연
발행인   김애란
발행처   힐데와소피
인쇄   새한문화사
등록   제2021-000050호
주소   서울시 관악구 조원로 77, 202호 일부
이메일   hildeandsophie@gmail.com
홈페이지 www.hildeandsophie.xyz

ISBN   979-11-981358-6-5   03300

© 김지음·빈고, 2025

책값은 뒤표지에 있습니다.

자본의
바깥

커먼즈은행 빈고의
탈자본 금융생활 탐구

김지음·빈고

차례

프롤로그__7
나의 주거래 은행은 조금 특별하다

1부 환대

환대-생활: 주인 없는 집, 빈집의 탄생__25
1. 한 빌라 세 집 사람들
2. 모든 빈집의 현관 비밀번호는 0221이다

환대-탐구: 함께 살기 위해 풀어야 할 자본의 문제__51
I. 주거비용-자본수익 게임: 네 자본을 알라
II. 함께 살기의 정치경제학
III. 친구와의 돈거래: 채권자-채무자 관계를 넘어서

2부 자치

자치-생활: 해방촌의 작은 기적, 빈집의 특별한 공동생활__87
1. 빈집의 손님=주인 되기
2. 집이 많아지자 마을이 되었다
3. 적게 일하고 더 많이 노는 법

자치-탐구: 더 큰 우리로 함께하기 위한 해법__135
I. 공동체의 규모와 이타성의 변화
II. 자본을 가진 노동자의 딜레마
III. 노동자=소비자=공유자의 탈자본운동
IV. 탈자본금융의 화폐 흐름

3부 공유

공유-생활: 이자를 사양하는 사람들, 커먼즈은행 빈고___187
1. 우리가 자본까지 공유할 수 있다면
2. 문턱을 넘나든 사람들이 만든 색다른 은행, 빈고
3. 커먼즈를 만드는 커머너의 은행

공유-탐구: 사양의 경제학, 교환양식 게임이론___225
I. 단순한 교환관계: 제안과 응답
II. 반복된 교환관계: 선물, 수탈, 상품 그리고 사양
III. 확장된 교환양식: 가족, 국가, 자본 그리고 커먼즈
IV. 화폐가 일반화된 교환양식: 금융자본에서 금융커먼즈로

4부 연대

연대-생활: 우리는 모여서 새로운 세상을 만든다___275
1. 자본에 맞서는 대항은행 만들기
2. 커먼즈은행 빈고 사용법
3. 커먼즈은행 빈고의 열 가지 특징
4. 빈고 그다음, 탈자본금융의 가능성 상상하기

연대-탐구: 자본의 바깥에서 새판 짜기___329
I. 우리가 처음은 아니다, 탈자본금융의 여러 사례들
II. 대항화폐는 대항은행을 필요로 한다
III. 커먼즈금융: 두 번의 사양
IV. 공유지=공동체=공화국: 자본에 대항하는 트라이앵글

에필로그___393
우리는 이미 공유자=탈자본주의자다

부록___403
빈고 선언문, 참고문헌

프롤로그

나의 주거래 은행은
조금 특별하다

나의 주거래 은행은 커먼즈은행 빈고다. 나는 빈고라는 작은 은행을 친구들과 함께 만들고 운영하며 16년째 살아가고 있다. 빈고를 함께 만든 우리는 특별한 금융 전문가나 엄청난 부자는 아니다. 그렇다고 독특한 신념을 가진 이상한 사람들도 아니다. 그저 가난하고 평범한 사람들이다. 그저 어쩌다 모이게 되었고 재밌게 함께 살 궁리를 하다 보니 여기까지 왔을 뿐, 우리가 은행까지 만들게 될 줄은 처음엔 꿈에도 몰랐다. 우리는 빈고가 제법 기특하고 뿌듯해서 더 많은 사람과 함께하면 좋겠다고 생각한다. 그래서 꽤 많은 사람들에게 여러 방식으로 빈고를 소개하고 설명해 왔다. 그런데 이 특별한 은행을 설명하는 건 여간 쉽지 않아서 많은 사람들이 이해하다가도 아리송해하곤 한다. 빈고를 충분히 설명하기에는 아무래도 좀 긴 얘기가 필요할 것 같다.

사실 나는 이제 빈고가 너무 익숙하고 자연스러워서 반대로 왜 사람들이 여전히 시중의 은행을 계속 이용하고 있는지 잘 이해가 되지 않는 지경이다. 사람들은 은행을 이용하기는 하지만 은행에 대해 잘 아는 건 아니다. 은행이 내 돈으로 누구에게 대출을 해주고 어떻게 수익을 취하길래 고액의 배당과 연봉을 받으면서도 이 정도의 이자를 줄 수 있는지 알려고 하지 않는다. 다른 한편으로 은행시스템에 참여하는 다른 사람들을 경쟁자로 생각해 의심하고, 어떻게든 손해 보지 않으려고 불안해하면서도 은행 자체는 의심하지 않는다. 가만 보면 사람들이 그 존재를 당연하다고 느끼는 은행과 금융시스템도 원래는 대단히 이상하고 이해하기 어렵지만 어느새 익숙해져서 그냥 사용하고 있는 것뿐이라고 생각된다.

빈고를 만나기 이전에는 나도 평범하게 은행과 거래했다. 은행과 거래한 첫 번째 경험은 아마도 내 나이 또래가 다 그렇듯이 초등학교 때였다. 당시에는 학교에서 사실상 강제로 저축을 하라고 했고, 어쩔 수 없이 매달 어머니에게 돈을 받아서 내야 했다. 선생님은 더 많은 돈을 가져온 친구를 칭찬하기도 했는데, 뭔가 어색하고 부끄럽고 부러운 감정이 일었다. 그래서 더 열심히 하려고 했던 것 같다. 선생님이 시키니까 저축하면 좋다니까 그냥 했을 뿐, 왜 해야 하는지 그 돈이 어디로 가는지 뭐가 좋은지 따위는 잘 몰랐고 별로 궁금하지도 않았다. 강제 저축이 없어진 중고등학교 때는 은행 거래를 했던 기억이 거의 없고, 대학에 들어가면서 처음으로 내 손으로 은행 계좌를 직접 만들었다. 그것도 등록금을 내려면 학교 안에 있던 농협에 가입해야 했기 때문이었다. 첫 직장에 들어가니 월급을 받으려면 회사의 주거래 은행 계좌를 새로 터야 한다고 해서 또 은행 계좌를 만들었다. 다른 사람들도 은행을 이용하게 된 과정이 크게 다르지 않을 거라 생각한다. 결국 돌이켜 보면 은행은 무엇인지 이해하고 선택한 게 아니라 성장하는 과정에서 학교와 국가와 회사가 사실상 강제했고, 익숙해진 건 그 다음 일이다.

그 뒤로 나는 이자가 은행마다 다르다는 걸 알게 되었다. 때로는 은행 이자를 비교해 보고, 더 많은 이자를 준다는 저축은행에 찾아가서 예금하기도 했다. 그리고 은행에서 직원이 예금으로는 물가 상승을 따라갈 수 없어 손해일 뿐이라며 권해주는 펀드에 가입하기도 했다. 은행 말고 여러 금융회사가 있다는 것도 알게 되었다. 투자할 돈이 많은 것도 아니었고 재테크를 열심히 공부한 것도 아니었지만, 그렇게 공짜로 돈이 조금씩 늘어나는 통장을 보는 건 신기하고 재밌기도 했다. 물론 돈이 늘어나는 금융생활만 한 건 아니었다. 한때는 회사에서 일을 하고도 몇 달씩 급여를 못 받아 생활비가 없어서 돈을 빌려야 할 때도 있었다. 은행과 금융회사들은 회사까지 찾아와서 신용카드를 만들어 주었고, 그 뒤로 마이너스통장, 현금서비스, 리볼빙, 여러 카드로 돌려막기, 카드론을 차례대로 친절하게 알려주었다. 내 신용이 무려 내 월급의 다섯 배가 넘고 여러 회사를 합치면 열 배가 훌쩍 넘는다니, 게다가 돌려막을수록 계속 더 많이 나를 신용해 주다니 정말 신기하고 어떤 때는 고맙기까지 했다. 하지만 그 신용이 곧 부채고, 부채에는 이자비용이 따르며 부채가 더 큰 부채를 낳는다는 걸 깨닫는 데는 그리 오래 걸리지 않았다. 반면 부채를 모두 상환하고 금융회사들의 신용을 거부하는 데는 훨씬 오랜 시간이 걸렸지만.

은행보다 더 이상한 금융시스템도 배우게 되었다. 대학을 다니면서 독립해 학교 앞에서 자취를 했다. 자취방을 열 번 정도 옮겼는데 그때마다 늘 월세방을 구해 살았고 월세가 당연한 건 줄 알았다. 그런데 어떤 친구는 부모님이 주신 돈으로 전셋집을 구해서 살고 있었고, 전세 보증금이 나로서는 본 적도 없는 큰 금액이라 놀랐다. 그리고 전세 보증금을 묶어두기만 하면 훨씬 좋은 집에 월세를 전혀 내지 않고도 살 수 있다는 사실에 더 깜짝 놀랐다. 나중에 짝꿍과 함께 같이 살 작은 반지하 전셋집을 구하는 과정에서 부동산 시장에는 보증금 천만 원당 월세 10만 원이 절약되는 신기한 공식이 있다는 걸 알게 되었다. 돈이 많으면 많을수록 돈을 절약할 수 있어 다른 데서 빚을 져서라도 보증금을 많이 넣을수록 유리한 이상한 시스템이었다. 도대체 집주인들은 보증금으로 뭘 하길래 월세를 안 받아도 괜찮고 계약이 끝나면 그대로 돌려줄 수는 있는지 정말 궁금했다. 반대로 집 계약이 끝났을 때 대체 집주인은 보증금을 어디다 써버렸길래 제때 돌려주지도 못하는지 도무지 이해할 수 없어 분통을 터뜨렸던 때도 있었다. 그리고 어느 순간부터는 집을 사는 친구들이 하나둘 생겼고, 그제야 우리가 뭔가 다른 세상에 살고 있었다는 걸 느끼기도 했다. 그중에는 대학 때 서울 강남에 살았지만 늘 돈이 없어 보여서 내가 아르바이트비를 받으면 먹을 걸 종종 사주던 친구도 있었다. 돈이 있고 없다는 건 무슨 의미일지 한참 생각해야 했다.

　이상함을 넘어 뭔가 잘못된 것 같다고 느꼈던 건 주식투자를 경험하면서부터였던 것 같다. 처음 들어갔던 회사에서 한 동료가 근무 시간에도 늘 주식 거래창을 띄워 놓고 투자를 하는 걸 보고 정말 특이한 사람이라고 생각했다. 그런데 어느 시점부터 주위를 둘러보니 회사 동료들 대부분이 주식투자를 하고, 틈만 나면 투자 정보를 나누는 게 아주 일상적인 풍경이 되어 있었다. 어느새 주식투자를 안 하는 사람들을 이상하게 보는 상황으로 역전되었다. 이게 도대체 무슨 상황인지 궁금해서 시험 삼아 소액의 주식을 거래해 보기도 했지만 너무 소액이었던지 이해하는 데 별 도움이 되지는 않았다. 은행 직원의 강권으로 큰 고민 없이 펀드에 가입한 적도 있었다. 어떤 펀드는 높은 수익률로 이익을 돌려줘서 깜짝 놀랐는데, 공돈이 생겨서 좋았던 느낌과 뭔가 찜찜한 느낌이 동시에 들었다. 한 번은 지인의 소개와 부탁을 거절하지 못해 어떤 대기업의 주식을 사기도 했다. 그 주식의 주가는 한동안 가격이 떨어졌는데, 지인은 분명히 원금을 회복할 수 있고 곧 더 오를 테니 그저 기다리라 조언했지만 결국 팔아버렸다. 주식만 아니라면 좋아할 이유가 없는 기업의 주가가 오르기를 간절히 바라는 나를 발견하자 재벌과 운명공동체가 된 듯한 느낌을 왠지 참을 수 없게 되었기 때문이다. 그 뒤로 주식과는 거리를 두고 있었는데, 다니던 직장을 그만두면서 내 의사와는 무관하게 퇴직금을 개인형 퇴직연금상품인 IRP계좌로 받게 되었다. 사실상 의무화된 이 제도는 퇴직금을 다양한 금융투자상품으로 투자하도록 유도하고 있었다. 결국 특이한 신념이 있어 수많은 금융투자상품들을 애써 거부하지 않는다면, 어떤 형태로든 이 시스템 속에 들어가지 않을 수 없었다.

보험도 이해하기 쉽지 않은 건 마찬가지였다. 자전거를 타다가 작은 교통사고가 나서 상대 운전자의 보험을 적용받아 정형외과 병원에 간 적이 있다. 병원에서는 자동차보험인 걸 확인하고는 내가 필요하다고 생각하지 않았던 부위까지 검사하고, 당연하게 입원을 권했다. 각종 주사와 치료행위를 했는데 내가 보기에는 도무지 이해가 가지 않는 과다한 수준이었다. 그래서 거절했더니 대단히 불친절하게 대하며 별난 환자라는 듯한 반응이 돌아왔다. 입원실 안에서는 먼저 입원해 있던 사람들이 어떻게 하면 보상금을 더 많이 받을 수 있을지에 대해 수많은 정보를 나누고 있었다. 보험회사 직원은 병원과 친하고 익숙한 것처럼 보였고, 환자들을 전혀 신뢰하지 않지만 친절한 듯한 태도로 대하면서 능숙하게 보험금을 깎으려고 했다. 치료를 위해 시작했지만 치료 그 자체가 아니라 그에 따른 수익 변동에만 관심 있는 기괴한 복마전 속에 들어와 버렸다는 느낌을 받았다. 실손보험과 암보험에 얽힌 주변의 이야기들도 이상하기 짝이 없었다. 병원에서 실손보험이 있는지를 물어보고 그에 따라 치료 방향이 크게 달라진 얘기라든지, 다쳤는데 보험 덕에 오히려 돈을 벌었다고 자랑하는 얘기라든지, 암보험에 가입한 사람이 진단을 받았는데 암이 아니어서 크게 실망했다든지 하는 얘기들 말이다.

나는 대학에서 공부하면서 자본주의에 여러 문제가 있다는 걸 배웠고, 같이 공부했던 대부분의 사람들도 자본주의에 변화가 필요하다는 데는 동의하는 편이었다. 그렇다고 당장 자본주의를 개혁할 수 있는 대단한 실천을 한 건 아니었고, 노동자를 탄압하고 지구를 파괴하는 거대 자본에 대해 막연한 반감을 가지고 있는 정도였다. 주식투자를 꺼려했던 건 물론 잘 모르고 바쁘고 돈도 없었기 때문이지만 이런 반감도 있었다고 할 수 있다. 그래서 예전에 함께 공부하며 자본주의의 문제를 날카롭게 지적하던 옛 친구들까지도 별 거리낌 없이 주식투자를 한다는 걸 알고서는 꽤 당혹스러웠고 어색했던 기억이 난다. 화가 나서 비난하고 싶을 때도 있었지만 그렇게 하기는 어려웠다. 몇 가지 이유가 있었는데, 첫 번째로 나 역시 펀드나 주식을 사본 경험이 없는 건 아니었기 때문에 오십보백보 정도의 차이가 아닌가 생각했다. 두 번째로 이 사람들이 자본을 비판하면서도 자본에 편승하고 있다고 생각했지만, 뒤집어 보면 그래도 자본주의에 대해 비판적 시각을 유지하고 있다는 것만으로도 대견하다고 봐줘야 하는 게 아닌가 싶었다. 마지막으로 가장 큰 이유는 일해서 번 돈을 어떻게 하는 게 자본을 벗어나는 탈자본의 방식인지 뚜렷한 답을 알 수 없었다는 점이다.

나 역시 어쩌다 보니 금융과는 거리를 두고 살았지만 일을 꾸준히 하며 소비를 줄이고 되도록 부채를 갖지 않으려고 애쓰다 보니 돈이 조금씩 모였다. 그리고 모은 돈은 별 생각 없이 그대로 놔두다 보니 은행에 쌓여 가고 있었다. 은행이 싫다고 돈을 장롱에 넣어둘 수는 없고 은행 거래도 피할 수는 없으니 적당히 보증금을 모으고 예금하는 정도였다. 이러한 형태가 자본에 투자하는 대부분의 사람들을 윤리적으로 비판해도 될 만한 삶의 방식이라고는 도저히 생각되지 않았다. 결국 자본주의 금융시스템 속에서 모든 돈은 원하든 원하지 않든 적극적이든 소극적으로든 자본으로 전환되는 걸 피할 수 없는 게 아닌가. 은행과 금융과 투자를 모르면 당장이라도 낙오될 것처럼 경고하는 정보와 사람들이 넘쳐나고, 재테크를 공부하지 않으면 안 될 것 같은 불안감이 사회에 만연하다. 서점에 가 보면 금융과 투자와 재테크에 관한 온갖 책들이 베스트셀러의 대부분을 차지하고 있다. 금융지식에 대한 격차를 줄이기 위해 금융교육이 필요하다거나, 아예 초등학생 때부터 조기에 금융교육을 시켜야 한다는 주장도 있다. 그렇다면 우리도 쓸모없는 윤리 따위는 집어치우고, 어떻게든 서둘러서 영리하게 금융전쟁 속으로 뛰어들어야 하는 게 아닐까 생각하지 않을 수 없었다. 빈고를 만나기 전까지는 말이다.

은행을 돈이 남을 때 저축했다가 필요할 때 꺼내 쓸 수 있는 곳으로 이해한다면 빈고는 분명 훌륭한 은행이다. 나는 16년째 내가 가진 대부분의 돈을 빈고에 넣어두고 있고, 월급을 받으면 빈고에 저축부터 한다. 그리고 꼭 필요할 때는 일부를 출금해서 사용한다. 신용카드 현금서비스나 마이너스통장처럼 돈이 부족할 때도 빈고에 연락하면 별다른 절차 없이 곧 보내준다. 더 많은 돈이 필요하면 상담을 하고 계획을 공유하면 된다. 그동안 나는 집을 크게 여덟 번 정도 옮겼다. 그때마다 다른 사람들과 돈을 모아 함께 살며, 여러 명의로 전월세계약을 했는데 늘 빈고에서 돈을 이용했다. 보증금을 모으고, 월세를 나눠 내고, 비용을 분담하고, 각자 먼저 지출한 금액을 돌려주는 일도 빈고를 통해서 주고받고 있다. 7년 전 몇몇 친구들과 집을 함께 지어보자고 의기투합했을 때 우리가 모을 수 있었던 돈은 필요한 건축비의 절반도 안 되었지만, 나머지 돈은 빈고를 이용해서 얻을 수 있었다. 우리는 은행 거래 외에 일종의 보험도 빈고를 통해 가입하고 있다. 빈고의 건강보험계에 다른 친구들의 병원비로 쓰라고 매달 소액의 회비를 납부한다. 아플 때 병원에 다녀와서 영수증을 보내면 정해진 기준에 따라 병원비를 돌려받을 수 있다. 그래서 나는 실손보험에 별도로 가입할 필요를 못 느낀다. 우리는 가난하지만 땅도 구입해서 공유하고 있다. 평소에는 다른 친구들이 사용하며 관리하고 있고, 원할 때 머무르거나 나무를 심을 수도 있는 땅이다. 나는 작은 협동조합의 조합원이기도 한데, 우리 조합원들의 출자금과 회비, 경비의 관리가 모두 빈고를 통해 이뤄지고 있어서 조합원들끼리 다른 은행 거래를 할 필요가 없다. 우리는 이따금씩 팔레스타인이나 미얀마 전쟁으로 고통받는 사람이나 제주도 강정마을이나 밀양 송전탑 등에서 투쟁하는 사람을 지지하고 연대하기 위한 활동에 참여한다. 그리고 그때마다 빈고에 연락해서 준비된 기금을 사용하기도 한다. 빈고는 매달 저축 잔액과 함께 빈고 전체의 운영현황을 상세하고 투명하게 보내준다. 매년 총회에 가면 조합원들을 만나 빈고의 자원 활용 계획, 잉여금 분배, 임원 선출과 같은 주요 결정에 참여할 수 있다. 빈고를 운영하는 운영활동가는 별다른 혜택은 없지만 의지만 있다면 얼마든지 참여할 수 있다. 이렇게 여러 면에서 빈고는 은행의 기능을 충분히 하고 있다. 그리고 나는 빈고를 이용하지 않는 사람들과 거래하기 위한 계좌 정도를 제외하고는 대부분의 거래를 빈고와 한다. 빈고는 나의 주거래 은행이다.

    빈고는 일반적인 자본의 은행과는 전혀 다른 커먼즈은행이다. 공동체 구성원이 필요로 하는 공간을 만들고 필요한 물품을 사는 데 활용하는 자원이라는 점에서 커먼즈, 공유지다. 자본의 은행은 자본수익을 추구하지만, 빈고는 자본수익을 사양한다. 자본의 은행은 공유지를 수탈함으로써 수익을 얻지만, 빈고는 자본을 통제함으로써 공유지를 만들어 낸다. 내가 빈고에 돈을 출자하면 빈고는 이 돈으로 공동체와 공유지가 이용할 수 있도록 한다. 공유지는 단지 비유가 아니라 실제의 땅이라고 생각되기도 한다. 빈고에 출자를 하면 빈고는 사유지 한 평을 매입해서 공유지 땅 한 평을 늘린다. 출자 반환을 하면 다시 공유지 땅 한 평을 매각해서 돈을 돌려준다. 내가 열심히 일을 하고 절약해서 돈을 빈고에 출자하면 할수록 공유지가 늘어난다. 빈고는 늘어날 공유지를 이용할 사람들을 찾는다. 사람들은 공유지를 이용해서 집을 지어 살 수도 있고 농사를 지어 작물을 수확할 수도 있다. 이 땅이 사유지였다면 땅이 주는 혜택은 그 소유자가 독점한다. 하지만 공유지의 풍요는 공유지에게 돌아온다. 공유지를 매입한 사람, 공유지에서 일한 사람, 공유지를 관리한 사람, 그리고 공유지를 방문한 사람들까지도 풍요를 함께 누린다. 공유지를 더 이상 이용할 필요가 없으면, 다음 사람이 이용할 수 있도록 다시 돌려놓으면 된다. 내가 집을 구할 큰돈이 없더라도 공유지에서 다른 사람들과 함께 살아갈 수 있다. 꼭 돈이 필요하다면 공유지를 일부 팔아서 빌려주기도 한다. 우리가 함께 살아갈 수 있다면 모두가 약간씩 불편해지는 것도 큰 문제가 되지는 않는다. 이렇게 모두가 노력하고 조금씩이라도 꾸준히 노력의 결과를 모을 수 있다면 공유지는 점점 넓어질 것이다.

당장 이해하기 어렵다 해도 이상한 일은 아니다. 자본의 은행에는 높은 이자를 추구하는 예금자, 낮은 이자로 대출을 받아 투자해서 차익을 추구하는 대출자, 그리고 최대의 자본수익을 추구하는 은행가가 모여서 각자의 자본수익을 추구하며 치열하게 경쟁한다. 이 상황에서 어떻게 모두가 투자한 돈보다 더 많은 돈을 벌면서 살아갈 수 있을까. 물론 외부로부터 충분한 수익을 얻으면 되겠지만 결국 하나의 은행이 아닌 전 지구적 금융자본시스템에서 외부는 없다. 사실 자본만이 금융시스템의 내부에 있고, 그 외부에서 착취되고 있는 건 바로 우리 자신일지도 모른다. 아무도 내 돈을 지켜줄 생각이 없고 틈만 나면 언제든 내 몫을 빼앗을 경쟁자들만 모여 있다고 생각하는 곳에서, 나는 안전하게 자본수익을 얻을 수 있다는 기대야말로 정말 이상한 일이 아닐 수 없다. 이 상황에서 경쟁을 포기하거나 안일하게 살아간다면 남 좋은 일만 하고 몰락한다는 건 쉽게 예상할 수 있다. 빼앗지 않으면 빼앗길 수밖에 없기에 어쩔 수 없이 모두를 경계하고 싸우지 않으면 안 되는 이 상황이 나는 너무 피로하고 끔찍해서 벗어나고 싶었다.

나는 자본에 의해 수탈되고 싶지도 않고, 그렇다고 자본을 통해 수탈하고 싶지도 않았다. 그래서 나는 내 돈을 자본으로 만들지 않기로 했다. 빈고는 모든 화폐를 자본으로 만드는 금융시스템이 전 세계를 촘촘히 찢고 가두고 있는 이 세상에서 내 돈을 자본으로 만들지 않는 정말 흔치 않은 특별한 은행이다. 빈고에는 출자에 대해 보상을 바라지 않는 출자자, 시혜적인 대출을 바라지 않는 이용자, 자본수익을 거부하는 운영자가 모여 있다. 어쩌면 반대로 우리가 빈고에 모여 있기 때문에 서로 각자가 자본수익을 사양하는 출자자, 이용자, 운영자로서 있을 수 있다. 출자자로서 나는 출자(저축)를 할 때 이자나 배당 등의 자본수익을 기대하지 않는다. 내가 이용(대출)을 하고 그 돈을 다른 곳에 투자할 때도 자본수익을 기대하지 않는다. 기대하지 않아도 자본수익이 발생할 수도 있지만 나는 그 수익을 단지 사양한다. 당신은 아마도 나만 손해 보는 건 아니냐고 물어볼 것이다. 누구나 할 수 있는 당연한 걱정이겠지만 그게 그렇지가 않다. 왜냐하면 우리들, 빈고를 구성하는 모두가 자본수익을 사양하기 때문이다. 우리 내부에서는 아무도 자본도 자본수익도 갖지 않기로 하는 시스템을 만들어 왔다. 그래서 내 돈과 내 수익을 빼앗을 사람도 방법도 없다. 모두가 함께 손해 볼 수 있을지는 몰라도, 나만 손해 보는 일은 있을 수 없다. 다만 우리 모두가 모두의 것으로 공유하고 있을 뿐이다. 자본수익에 대해서 모두가 권리가 있지만, 누구도 이를 추구하지 않고 사양한다면 아무도 빼앗기지 않고 모두의 것으로 남아 있을 수 있다. 그리고 꼭 필요한 사람에게 분배하거나, 아니면 외부에 있는 자신의 몫을 빼앗긴 사람들에게 흘러갈 수 있다.

나는 내가 소유한 대부분의 돈을 빈고에 출자하고 있다. 예금이 아니라 출자인 만큼 원칙적으로 원금 보장이나 즉시 반환이 필수적인 건 아니다. 하지만 빈고는 늘 원할 때 다음 날 바로 반환해 주고 있어서 수시입출금 통장과 비슷하다. 마찬가지로 이자를 요청하거나 정해진 이율은 없지만 빈고는 굳이 이자와 비슷하게 출자금에 따라 정해지는 배당금을 돌려주며 받으라고 한다. 원금의 가치가 감소하는 건 내게 좋지 않고 장기적으로 빈고에게도 좋지 않으니 보전할 필요가 있다는 것이다. 가치를 보전하는 게 목적이라면 빈고가 갖고 잘 사용하는 게 좋지 않느냐고 해도, 빈고는 이자를 기대하지 않고 출자하는 내가 갖는 게 더 좋다고 얘기한다. 빈고라는 집단도 언제든 변화할 수 있고, 그 변화가 바람직하지 않다면 당신이 출자를 회수하는 게 더 바람직하다. 빈고는 늘 이런 긴장을 갖고 있어야 할 필요가 있다. 그래도 나는 배당이든 뭐든 받아버리면 내 돈이 이자를 벌고, 내가 이자를 받는 셈이 되어 그건 참을 수 없다고 얘기한다. 그럼 빈고는 배당을 나의 이름으로 적립해 두고 있을 테니 일단은 보관해 두고, 꼭 필요할 때가 있거나 빈고에 더 이상 동의하지 않아 탈퇴할 때는 반드시 받아야 한다고 말한다. 결과적으로 나는 출자금이 잘 쓰여서 공유지가 늘어나기를 바라고, 이자도 원하지 않아서 빈고의 공유지에 출자하지만, 원금이든 이자든 언제든 회수할 수 있는 상태로 빈고와 함께하고 있는 셈이다.

그래서 나는 은행 이자를 포기하는 약간의 손해를 기꺼이 감수하고 빈고에 출자한다. 내 돈이 자본수익을 만들어 내는 자본으로서 투자되는 것이 아니라 우리의 친구들이 있는 공동체와 그 공동체공간에 사용될 것이기 때문이다. 내가 빈고의 돈을 이용할 때도 자본수익을 얻기 위해서가 아니기 때문에 차익이 발생한다면 빈고와 기꺼이 공유할 것이다. 이렇게 빈고에서는 각자가 돈을 모으지만, 모인 돈은 돈을 버는 돈으로서의 자본이 되는 게 아니라 공유지를 넓히는 공유자원이 된다. 공동체와 구성원 누구나 이용할 수 있고, 이용의 결과로 공동체공간이 늘어나고, 발생한 풍요를 공동으로 관리하고 분배하고 외부와 연대한다는 점에서 자본과는 정반대의 의미를 갖는 공유지다. 빈고는 이렇게 공유지를 만들면서 함께 살아가고자 하는 사람들의 금융협동조합이다.

실제로 우리는 한동안 한 마을에서 여러 집을 같이 구하고 공유하며 살았다. 2008년부터 2018년까지 서울 용산구 해방촌에 있었던 '빈집'과 '빈마을'이다. 빈고는 그때 빈집들을 같이 구하기 위해서 보증금을 모으던 데서 시작했다. 돈을 모으면 보증금에 보태고, 보증금을 위해 빌려온 돈을 갚았다. 말 그대로 돈을 모으면 공유지가 늘어나고 월세가 줄어들고 이자비용이 줄어들었다. 지금은 조합원들이 전국 여러 곳에 흩어져 있어서 같이 살 때와는 사람들 사이의 접촉이 많이 줄어 아쉽지만, 지금은 각자가 사는 공간과 공동체가 연결된 커다란 집, 커다란 공유지에 함께 산다는 느낌이 들기도 한다. 우리는 공유하는 사람들인 공유자들 사이의 관계망으로 연결된 채, 각자의 삶을 꾸려가며 동시에 함께 만들어가는 커다란 공유지의 세계를 살아가고 있다. 빈고는 이 세계의 자원을 모으고 나누고, 파악하고, 배치하는 역할을 하는 은행이다. 공유자들은 공유지를 넓히고, 누리고, 돌보며 살아가다가 함께하던 사람들에게 남기고 떠나가겠지만 오랫동안 기억하고 기억될 것이다.

이 책은 그동안 우리들이 함께 만들어 온 특이한 삶의 과정과 탐구의 결과를 정리한 것이다. 더 많은 사람들과 함께 빈집과 빈고의 성과와 한계를 평가하고 다음 단계로 나아갈 수 있는 도구가 되면 좋겠다. 우리의 삶은 독특한 설정 속에서 여러 사람과 여러 생각이 뒤엉켜 있었고, 비슷한 선례를 찾기도 어려웠다. 매일의 낯선 생활 속에서 끊임없는 질문과 과제가 생겨났고, 시행착오와 좌충우돌 속에서 해답을 찾아내고, 새롭게 만들어진 국면에서 또 다른 질문이 이어졌다. 이렇게 생활과 탐구는 긴밀하게 결합되어 어디가 시작이고 끝인지 모르게 전체를 이루고 있는데, 이 책의 구성도 그렇다. 우리가 살아온 생활의 이야기와 탐구의 내용이 번갈아 배치되어 있고 서로 연결되어 있다. 생활 파트만을 따로 읽거나 탐구 파트만을 따로 읽어도 좋고, 생활과 탐구를 차례대로 읽어도 좋다.

생활 파트는 지금 우리가 처한 현실을 압축한 한 빌라에 사는 여러 사람들의 이야기로 시작한다. 그리고 이와는 전혀 다른 세상을 살았고 결국에 빈고를 만들어 낸 빈집이라는 공유지를 소개한다. 빈집에는 대단히 다양하고 풍부하고 재밌는 얘기가 많지만 여기에서 그 많은 것들을 다 표현할 수는 없고, 빈고와 관련된 부분을 중심으로만 서술했다. 빈집이 빈마을이 되고 빈고라는 은행을 만들게 되고 그 뒤로 변화하면서 성장해 온 과정을 따라간다. 그리고 빈고의 현재를 설명하고 앞으로 우리가 함께 만들어 갈 세상에 대한 제안과 상상을 이야기한다.

탐구 파트는 생활의 과정에서 있었던 우리의 고민을 정리해서 다소 이론적이고 구조적인 방식으로 심화 설명한 것이다. 빈집과 빈고는 작지만 던진 질문은 결코 작지 않았고, 이를 해석하고 공부하고 답을 찾고 다른 사람에게 전달하는 건 만만치 않은 일이었다. 우리는 오랜 시간 공들인 탐구 끝에 다른 사람들에게도 도움이 될만한 결론을 얻었고 이를 소개할 수 있게 되어 기쁘다. 그래서 탐구 파트는 다소 복잡하지만 재밌는 퍼즐을 하나씩 풀어나가는 기분으로 함께 해주길 바란다. 누구라도 약간의 인내심을 갖고 탐구해 간다면 어느새 자본과는 다른 세계를 만나게 될 거라고 믿는다. 탐구 1부는 공동체 안에서 자본을 어떻게 상대해야 하는가에 대한 것이고, 탐구 2부는 공동체를 넘어서 더 크고 넓은 연대를 위한 공동의 기반에 관한 것이다. 탐구 3부는 가라타니 고진의 교환양식론을 재해석해서 사양교환에 기반한 커먼즈를 자본을 넘어서는 대안적 실천으로서 제시한다. 탐구 4부는 대안금융의 여러 사례들을 검토해 커먼즈금융의 가능성을 제시하고, 이들의 연대 그리고 자본=국가=가족의 자본계를 넘어서는 공유지=공동체=공화국의 공유계를 구상해 본다.

  이 책의 저자는 빈집과 빈고를 살았고 살아가고 있는 모든 사람과 공동체다. 각자의 소중한 이야기를 제대로 다 전하지 못한 건 안타깝지만 어쩔 수 없기도 하다. 빈집과 빈고를 있게 했고, 더없이 풍성하고 아름답고 재밌게 만들어 온 당신의 그 많은 이야기를 다른 이가 대신할 수는 없다. 함께 살고 함께 이야기를 써내려 온 당신, 고맙고 축하한다. 당신을 비롯해서 다른 빈고의 조합원이 틀림없이 더 재밌고 좋은 책을 앞으로 많이 쓸 수 있을 거라 믿는다. 저자들이 너무 많고 말도 많아 중구난방이어서 능력이 부족한 대필자인 김지음이 정리하느라 좀 고생한 건 사실이다. 그렇지만 아무리 그래도 10년이 넘게 걸린 탓에 빈고 내외부의 사람들과 더 빨리 더 많이 소통할 기회를 놓치고 빈고의 확산을 지연시킨 건 용서가 안 된다. 그래도 김지음을 공유해 준 살구와 홍성 공유주택 키키의 식구들, 그리고 빈집의 산증인이자 환대의 아이콘 18살의 고양이 멍니 조합원에게도 고마움과 애정을 전하고 싶다. 그나마도 출판사 힐데와소피라는 귀인을 만났기에 망정이지 그렇지 않았다면 10년은 더 걸릴 뻔했다. 훌륭한 편집자 오주연, 김애란은 사실 공저자에 이름을 올려야 했다. 아무튼 이제라도 나온 게 다행이지만 너무 늦어서 이 책을 보지 못한 빈고의 영구조합원들, 특히 내 삶의 지표이자 운동의 선배로서 마석 모란공원에 함께 계신 부모님 김영자, 김준기 두 분에게 이 책을 바친다. 그리고 이 책을 계기로 빈고와 만나게 될 당신, 그리고 당신이 소개해 준 덕에 또 만나게 될 수많은 미래의 공유자들에게 미리 고맙다. 함께 가자, 자본에서 공유지로.

■ 환대-생활

주인 없는 집,
빈집의 탄생

1. 한 빌라 세 집 사람들

　모든 사람은 나름대로 각자의 집을 구해서 삶의 대부분의 시간을 그곳에서 살아간다. 가장 사랑하는 사람들이 함께 살고 있기 때문에 자신이 가진 대부분의 자금을 집에 투자하고 그 집에 자신이 가진 대부분의 물건을 보관한다. 그래서 다들 자신의 집에는 대단한 관심을 갖고 있지만, 타인의 집은 비슷한 수준의 집에 대해서만 조금 알 뿐 잘 모른다. 같은 아파트에 살아야 부동산 시세와 우리 아파트의 나아갈 방향과 같은 공통의 관심사가 생기며, 누가 어느 아파트를 사서 얼마를 벌었다더라 하는 풍문으로 떠도는 얘기에 함께 질투와 좌절을 나눌 수도 있다. 타인의 집에는 특별히 관심을 가질 필요도 없고, 관심을 가지면 오히려 서로 어색해지기도 한다. 누가 어디에 혹은 어떤 아파트에 사는지만으로도 경제적 수준을 비롯한 너무 많은 정보를 알 수 있기 때문이다. 친구가 빌라에 사는지 아파트에 사는지, 아파트에 산다면 어느 아파트인지에 따라 눈앞에서 차별하는 어린이들이 있다는 이야기를 들었다. 놀라운 이야기지만 사실 어른들 역시 드러내지 않을 뿐 차별하고 있다. 그래서 잘사는 사람이든 못사는 사람이든 타인 앞에서 자기의 집에 대해 얘기하는 건 난처한 일이다.

  집을 구하는 방법도 마찬가지다. 누군가에게는 매매와 주택담보대출이, 누군가에게는 전세와 전세보증금대출이, 누군가에게는 월세가 익숙하다. 누구나 알고 있을 것 같은 전세제도나 청약과 같은 주택제도를 모두가 잘 알고 있는 것도 아니며, 어린이나 외국인 같은 외부인에게 설명해 보면 생각보다 복잡하다는 걸 알 수 있다. 이처럼 주택, 빌라, 아파트와 같은 형태뿐 아니라, 같은 집이어도 어떤 방식으로 그 집에 살고 있는지에 따라서 삶은 굉장히 달라진다.

  여기 서울의 한 평범한 빌라가 있다. 빌라에는 세 집이 있고, 집마다 각각 한 사람씩 세 사람이 살고 있다. 많은 빌라가 그렇듯이 세 집은 층과 호는 다르지만 물리적으로 면적이나 구조가 거의 동일하기 때문에 세 사람은 집에서 비슷한 동선대로 살아간다고 추측할 수 있다. 세 사람은 아마도 한 동네 한 빌라에 비슷한 집에 산다는 동질감을 갖고 있을 것이고 조금은 데면데면해도 좋은 이웃으로 살고 있다. 세 사람은 같은 빌라를 선택했다는 점에서 비슷한 취향과 소비 성향을 가진 소비자일 수도 있고, 같은 지역에 살고 있는 만큼 직장의 위치나 소득 수준이 비슷한 노동자일 수도 있다. 외부에서 이 빌라를 관찰하는 사람이 있다면 세 사람이 자신의 집과 맺는 물리적 관계, 삶의 모습에서는 차이를 발견하기 쉽지 않을 것이다. 그러나 세 사람이 자신의 집과 맺는 경제적 관계는 전혀 다르다.

첫 번째 집에 사는 박월세는 월세 세입자로, 두 번째 집에 사는 최전세는 전세 세입자로, 세 번째 집에 사는 윤자가는 살고 있는 집을 매입한 소유자로 살고 있다. 이 집들의 시세는 매매가로는 2억 원, 전세가로는 보증금 1억 6천만 원, 월세가로는 보증금 2천만 원에 월 70만 원이라고 하자. 세 집의 주민들은 각기 다른 방식이기는 하지만 모두 일반적으로 거래되고 있는 시장가격으로 공정하게 집을 구해 살아가고 있다. 다만 계약 조건의 차이에 따라 세 사람의 삶은 사뭇 달라진다. 박월세는 매달 월세 70만 원을 임대인에게 지불하기 위해서 적어도 그 이상의 안정적인 돈을 버는 노동을 해야 한다. 박월세는 아마도 대부분의 시간은 노동 현장에서 보내고 집에서는 겨우 잠만 자고 다시 출근하는 패턴의 삶을 살고 있을 것이다. 매달 지불해야 할 월세가 없는 최전세나 윤자가가 최소한의 식비 정도만 있다면 당분간 노동하지 않고도 버틸 수 있는 것과는 큰 차이다. 물론 최전세나 윤자가의 경우도 매달 은행에 갚아야 하는 원금과 이자가 있다면 마냥 놀 수만은 없다. 만일 박월세가 충분한 소득이 있어서 매달 월세를 지불할 수만 있다면, 최전세나 윤자가도 은행에 원금과 이자를 잘 갚아 나간다면, 세 사람이 계약 조건의 차이에도 불구하고 한 빌라에서 계속 함께 살아가는 데는 문제가 없을지도 모른다.

5년 후 이 집은 조금 더 낡아졌고, 그 영향만큼 삶의 질은 떨어졌다. 그러나 집의 물리적인 기능은 하락했음에도 불구하고 이 집의 가격은 오히려 올랐다. 시세가 4천만 원 올라서 2억 4천만 원이 되었다고 하자. 박월세가 내야 하는 월세는 10만 원 올라서 80만 원이, 최전세의 전세 보증금은 2천만 원이 올라 1억 8천만 원이 되었다. 윤자가는 집값 상승으로 인해 자산 액수가 4천만 원 늘었다. 박월세는 이제 더 많은 일을 해야 하고, 그렇지 않으면 집값이 더 싼 다른 집이나 다른 지역으로 이사를 가야 할 수도 있다. 최전세는 늘어난 전세 보증금 2천만 원을 채우기 위해 그동안 모은 저축에 대출을 더 받아야 하고, 그에 따라 추가적인 이자 비용을 더 지불해야 한다. 윤자가는 앉아서 4천만 원을 벌어들인 셈이지만, 팔아서 현금화할 수 있는 게 아니라면 당장 돈을 만지거나 삶이 윤택해지는 건 아니다. 이 상황에서 집값이 올라간 건 누구에게 좋은 일일까. 5년이 지난 지금, 세 사람 모두가 경험하는 건 집이 낡았고, 그만큼 생활이 불편해졌다는 것이다. 그리고 함께 이웃으로 살았던 세 사람의 처지가 많이 달라졌고, 서로 동등한 입장이 전혀 아니라는 점을 깨달았다.

  이러한 상황에서 최전세가 대출을 끼고 집을 매입하려고 하는 욕망, 박월세가 영끌을 해서 전셋집을 구하려고 하는 욕망은 너무 자연스럽고 재테크의 기본 중 기본이라 할 수 있다. 그러나 재테크가 성공한다고 해도 삶의 만족도가 크게 올라갈지는 의문이다. 자본도 늘고 자산도 늘고 집도 커지는 것 같지만, 왠지 피로하고 외롭고 허탈한 세상에서 벗어나지 못한다. 그렇게 해서 될 수 있는 최선이 윤자가다. 윤자가는 이제 집값이 오르는 걸 두려워하지 않게 되었다. 어쩌면 박월세나 최전세가 떠나가는 걸 보면서 자신의 상황을 다행이라 생각하고 만족하게 되었을지도 모른다. 동시에 집값이 주변의 다른 빌라나 아파트에 비해서 오르지 않아 스트레스를 받을 수도 있다. 그리고 만약 집을 사는 데 대출을 많이 했다면 대출 이자가 오를까봐 속으로 노심초사할지도 모른다.

　이처럼 서로 다른 계약 형태와 집이 낡아감에도 상승하는 집값은 같은 빌라에 같은 형태의 집에 살고, 오가며 인사하고, 반상회를 할 수도 있고, 같은 투표소에서 투표를 하기도 하는 동등한 시민으로 함께 살아가는 사람들의 운명을 갈라놓았다. 낡아진 집의 가격이 떨어지지 않고 반대로 올라간 현실보다 더 신기한 건 누구도 이 현상을 신기해하지 않는다는 것이다. 같은 집에 살았지만 다른 계약 형태로 인한 결과에 대해 사람들은 함께 이야기하지 않는다. 이 사람들의 연대 의식을 탓할 수는 없다. 사실 같은 빌라에 산다고 해서 공동체 의식을 갖고 사는 경우는 많지 않기 때문이다. 옆집 사람이 오른 월세나 전세 보증금을 감당하지 못해서 이사를 나가는 데 신경 쓰지 않는다고 한들 아무도 뭐라 할 수 없다. 이들은 우연히 같은 빌라를 선택했을 뿐이고, 각자 공정하게 거래했다. 옆집 사람은 능력이 없었던 운이 없었던 돈이 없었던 간에 그뿐이다. 이웃이 해줄 수 있는 건 아무것도 없다. 우리가 아는 이웃이란 그런 정도다. 조금 더 나아가면 정치적으로 옳지 않다고 생각해 선거에서 이러한 불평등을 해소할 정당에 투표할 수는 있다. 그렇다면 만일 세 사람이 이웃이 아니라 다른 관계라면 이 문제를 해결할 수 있을까.

이 사람들이 같은 직장에서 일하는 노동자라고 생각해 보자. 노동자들이 단결한다면 다 같이 임금 투쟁에 나설 수 있고, 더 높은 소득을 얻는다면 박월세도 계속 월세를 더 낼 수 있고, 최전세도 저축을 더 해서 보증금을 마련할 수 있을 것이다. 윤자가는 집 대출금을 더 빨리 상환할 수 있고, 다른 곳에 투자할 여유가 생길지도 모른다. 그러나 모두가 더 많은 소득을 얻는 행운이 언제까지 지속될지는 알 수 없다. 여전히 박월세, 최전세, 윤자가의 자산 격차는 더 커질 것이다.

그렇다면 절친한 친구관계라면 어떨까. 친구가 떠나가야 하는 현실이 안타깝다면 윤자가는 친구들의 불행을 함께 감당할 수 있을까. 예를 들어 윤자가는 박월세의 월세 증가분을 대신 분담해 주거나 최전세의 보증금 증가분을 자신의 저축으로 대신 채워넣어 줄 수 있을까. 반대로 박월세나 최전세는 윤자가에게 친구로서 이러한 분담을 요청할 수 있을까. 아마도 불가능할 것이다. 아무리 절친한 친구나 직장 동료관계라 할지라도 공정하다고 여겨지는 시장가격과 현실에 개입하기는 어렵다. 게다가 이런 방법은 매우 해괴할 뿐더러 오히려 친구관계가 끊어질 가능성이 더 크다고 생각하는 게 일반적이다.

예외가 있다면 아마도 오직 가족관계일 것이다. 누군가에게는 그것이 큰 굴레로 느껴질 수도 있지만 가족이라는 이유로 큰돈을 지원하거나 빌려주거나 요청하는 일은 종종 일어난다. 그렇지만 보통 가족은 이미 한집에 살고 있기 때문에 위와 같이 이웃으로 마주하는 문제는 잘 일어나지 않는다. 그리고 가족이라 해도 분가를 하면 재정적으로도 엄연히 분리되어 더 이상 하나의 가족이라고 하기에는 곤란해진다. 가족은 점점 해체되어 가고, 친구보다 멀어진 가족관계도 얼마든지 많다. 이 경우 혈연에도 불구하고 돈의 움직임은 친구관계와 크게 다르지 않다.

결국 한 빌라 세 집 사람들의 관계는 사실 우리가 함께 사는 게 아니었다는 사실을 자인하는 것으로 귀결된다. 자본의 힘과 국가의 법 그리고 가족의 울타리만 있을 뿐, 함께 사는 동등한 관계로서의 사회니 우정이니 공동체니 하는 건 대단히 무력해 찾아보기도 어려운 게 현실이다.

사실 현실은 훨씬 더 심각하다. 여기에는 보이지 않는 두 사람이 더 있다. 박월세나 최전세가 살고 있는 집의 소유자인 장부자는 월세 수입을 얻고, 보증금을 받아 운용하고 있다. 장부자는 이 빌라의 집을 소유하고 있지만 여기에 살고 있지는 않고, 사실 이 집이 필요하지도 않다. 장부자에게 필요한 건 단지 이 집이 가져다줄 시세차익이나 임대수익일 뿐, 이 집의 상태나 이 집에 살고 있는 사람들의 삶에는 관심이 없다. 장부자는 아마도 다른 지역에서 더 비싼 아파트나 단독주택 등에 살고 있을 것이다. 이 빌라 사람들과 직접 만날 일은 전혀 없고, 오직 계약자로만 만난다. 서류상의 이름과 연락처로만 존재하는 장부자는 이 세상에 없지만 이 세상의 부를 수탈하고 지배하는 사람이다. 박월세나 최전세의 전월세 보증금은 계약을 통해 장부자에게 건네진다. 윤자가가 자신의 모든 걸 투자해서 구입한 집도 원래는 장부자의 것이었고 장부자는 투자금 이상의 돈을 벌었다. 장부자는 원래는 박월세, 최전세, 윤자가의 것이었던 돈을 모아 다시 새로운 부동산에 투자한다.

그리고 보이지 않는 또 한 명의 사람, 김빈자가 있다. 김빈자는 이 빌라에 살고 싶어도 2천만 원의 보증금이나 70만 원의 월세를 낼 수 없는 사람이다. 김빈자는 아마도 다른 지역이나, 더 열악하고 더 좁은 집, 어쩌면 반지하, 옥탑, 고시원에 살고 있을 것이다. 그리고 어쩌면 박월세와 같은 직장이나 월셋집을 꿈꾸고 있을 것이다. 박월세는 이 세상에서 낙오되어 추방될 걱정을 하고 있지만, 김빈자는 이미 추방되어 있다. 박월세, 최전세, 윤자가는 그래도 얼굴을 보며 살아가는 사이지만, 장부자나 김빈자는 마주칠 일도 없어서 어떻게 사는지도 죽는지도 알 수 없다. 최전세와 윤자가가 선한 이웃이라면 얼굴을 마주하는 박월세의 처지를 안타까워하고 도울 수 있겠지만, 이들은 김빈자의 삶에 대해서는 알아챌 수도 없고 도울 방법을 알기도 어렵다. 상대의 삶은 그저 대중매체를 통해서 상상해 볼 수 있을 뿐이라서 마치 다른 나라에 사는 것과 다름없을 정도로 느껴진다 해도 이상하지 않다. 그나마 장부자의 삶은 드라마에서 자주 나오지만, 김빈자의 삶은 다큐멘터리나 부고 기사로만 가끔 나올 뿐이다. 김빈자가 바라보는 세상에서 사람들은 다 똑같다. 세상 사람 모두가 집과 돈에 목을 매고 있는데, 김빈자는 이 세상에 들어갈 틈도 찾지 못한 채 홀로 목을 맨다.

우리는 김빈자, 박월세, 최전세, 윤자가, 장부자 중의 한 명으로 다른 사람들과 살아가고 있다. 이것이 바로 우리가 살아가는 현실인 자본주의 세상이다. 이 중 몇몇은 뭔가 잘못되었다는 걸 느끼고, 그중 몇몇은 잘못된 현실을 바꿔보려고 노력하고 있다. 혹은 잘못되었다는 걸 느끼지만 행동하기는 어려울 수도 있다. 우리는 어느 누구와도 함께하기 어려워 외롭고, 서로 경쟁하느라 피로하다. 그나마 집에 돌아갔을 때 따뜻한 가족이 있다면 가족을 위해서라도 세상과 투쟁하고 경쟁할 수밖에 없을 것이다.

 그런데 정말 이대로 좋은 걸까, 이렇게 살아갈 수밖에 없는 걸까. 만약 이 다섯 사람이 모여서 이 빌라의 문제를 함께 논의한다고 상상해 보자. 물론 이렇게 모이는 것 자체를 상상하기도 쉽지는 않다. 모인다 해도 충돌이 불 보듯 뻔하다. 심한 논쟁을 넘어 거친 욕설과 물리적 폭력이 오간다 해도 그리 이상하지 않을지도 모른다. 그러나 이 다섯 사람이 모일 수 있고, 또 모여서 이야기를 나눌 수 있고, 함께 사는 미래를 어느 정도 결정할 수 있다고 가정해 보자. 그렇다면 지금과 같은 철저한 자본주의의 방식만이 최선이라고 결론이 날 가능성은 별로 없을 것이다. 어쩌면 전혀 다른 방안으로 합의가 이뤄질 수도 있다. 더 나아가 모두 자본의 질서에 반대하고 불평등한 현실을 바꿔보려고 하는 사람들이라고 생각해 보자. 윤자가가 자신이 얻을 시세차익을 거부한다면, 최전세가 전세 보증금으로 인한 수익을 거부하고 박월세와 같은 월세를 부담한다면, 최전세와 윤자가가 박월세와 함께 동일한 월세를 나눠서 내는 건 어떨까. 각자가 가진 저축을 모두 모아 박월세와 최전세의 보증금을 높이고 공동의 월세를 낮출 수도 있지 않을까.

아니면 아예 박월세의 집을 공동으로 매입하면, 혹은 윤자가의 집을 팔거나, 최전세의 전세 보증금을 나눠서 반전셋집 두 개를 구하고, 김빈자까지도 같은 월세를 분담하며 같이 살 수 있도록 하면 어떨까.

황당한가, 획기적인가, 터무니없는가, 아름다운가, 두려운가, 이상적이지만 비현실적인가. 아마도 그럴 것이다. 아무도 이렇게 생각하고 실행할 수 없을 거라고 생각하는 게 당연하다. 정말 서로 사랑하고 단합이 잘 되는 가족이라면 어쩌면 가능할지도 모르겠다. 가족들끼리 힘을 모아 이렇게 바꿀 수만 있다면 서로 더 사랑하게 되고 더 단합하게 될지도 모른다. 아니 어쩌면 반대로 이러한 질서라면 가족이 아니라도 더 단합하게 되고 더 사랑하게 될 수도 있지 않을까. 그리고 이러한 질문을 진지하게 고민하고 실행했던 마을과 사람들이 있었다면 믿을 수 있을까.

〽️

2008년 2월 21일에 시작한 서울 한복판의 해방촌 게스츠하우스(guests' house: 손님들의 집) 빈집과 그 뒤로 이어진 여러 집들에서는 이와 비슷한 문제들을 둘러싸고 수년간 긴 시간의 회의가 이어졌다. 이 집에서는 이런 질문이 논란의 주제였다. 이 집과 옆집에 사는 사람들의 주거비는 왜 달라야 하는가. 이 집의 계약자와 처음 온 손님의 주거비는 왜 다른가. 보증금을 낸 사람의 주거비는 왜 낮아져야 하는가. 이 집의 보증금은 왜 꼭 이 집에만 있어야 하고 옆집에 나눠줄 수는 없는가. 이 집에 같이 살고 싶어 하는 사람이 있는데 공간은 부족하고 새집은 어떻게 구할 수 있는가. 현실적으로 가진 돈이 다른데 이 격차는 어떻게 줄어들 수 있는가. 이 격차에도 불구하고 우리는 동등해야 하는데 어떻게 그럴 수 있는가. 집에서 나갈 때 보증금을 두고 간 사람들은 어떻게 대해야 하는가. 보증금은 늘어나지 않는데 살아야 할 사람들이 늘어나서 집이 줄어들면 어떻게 해야 하는가. 주거비가 올라가면 돈 없는 사람들은 어떻게 이 집에 살 수 있는가. 고작 방 세 개짜리 집 몇 채에 모여 사는 가난뱅이들의 고민이라기에는 어이없이 큰 질문들이다. 큰 질문에 비해 각 주장의 금액적 차이는 월 주거비를 6만 원으로 할 건가, 9만 원으로 할 건가 정도에 불과했다.

 우리는 해방촌에서 10년 넘게 약 20여 채의 집을 계약하고, 동시에 30-50명, 누적 수백 명의 장기투숙객과 수천 명의 단기투숙객과 함께 협동조합 빈가게와 까페해방촌, 커먼즈은행 빈고를 만들고, 빈마을회의와 빈마을잔치를 열고, 이웃들과 함께 해방화폐를 만들고, 해방절 해방촌 축제를 열며 빈마을을 만들어 함께 살았다. 기껏해야 다 합쳐서 2억 원 정도의 전월세 보증금을 모을 수 있었던 도시 빈민들이 특별한 리더나 활동가 없이, 후원금이나 지원금도 없이, 서울 한복판에서 없던 마을을 새로 만들어 함께 살았던 이 유례를 찾아보기 어려운 기묘한 이야기는 너무나도 비현실적이어서 현장에 있었던 사람들에게도 이미 전설 속 이야기처럼 느껴진다. 위의 빌라 사람들에 빗대어 말하자면, 기껏해야 몇 사람의 보증금을 모으고 대출을 끌어모아 겨우 최전세처럼 전셋집 하나를 구해 같이 살던 사람들이, 같이 살고자 했던 소수의 박월세들과 대다수의 김빈자들을 맞이하고 공간이 모자라자 월셋집을 더 구해 함께 살았다. 그래도 집이 모자라자 전셋집을 빼서 그 전세 보증금으로 여러 개의 월셋집을 구했다. 더 나아가 동네에 가게도 열고, 돈 문제가 복잡해지자 은행을 만들어서 그다음 사람들이 살 집과 사무실을 구하며 살았다. 이런 사람들이 정말로 실재했다는 걸 당신이 쉽게 믿을 거라 생각하지는 않는다. 하지만 여기에서만큼은 우리가 처한 정말 이상하고 암울한 현실에서 다른 질서와 다른 세상이 불가능하다고 단정 짓지 말고, 더 이야기를 해보자. 이 책은 그 속에 함께 있으면서 어떻게 이러한 현상이 가능했는지 이해해 보려고 했던 사람들의 탐구의 결과라고도 할 수 있다.

2. 모든 빈집의 현관 비밀번호는 0221이다

짝궁 살구와 나는 2006년에 무작정 자전거 여행을 떠났다. 함께 다니던 정보인권단체를 그만두고 둘이서 같이 살던 반지하집도 처분했다. 단체는 좋은 곳이었다. 사람들도 좋았고, 하고 싶은 일을 하며 재미있을 때도 많았다. 하지만 그럼에도 채워지지 않는 무언가가 있었다. 그렇게 떠난 여행에서 자전거를 타고 동남아와 유럽을 11개월 동안 돌아다니면서 우리는 다양한 집 아닌 집들에서 머물게 되었다. 비행기의 중간 기착지였던 쿠알라룸푸르에서는 친구의 소개로 얻은 셰어하우스에 한동안 살다가 말레이시아, 태국, 라오스를 다닐 때는 주로 저렴한 게스트하우스를 이용했다. 유럽으로 넘어가서는 유학생 친구들의 자취집과 기숙사, 자전거 여행자 네트워크 '웜샤워(Warm Showers)'를 통해 처음 만난 친구의 집, 하이델베르크대학 학생들의 주거 공동체와 런던의 빈집 점거

커뮤니티, 수백 수천 명이 모이는 생태주의 캠프인 영국의 기후행동캠프(Climate camp)와 아나키스트들의 어스퍼스트캠프(Earth first camp), 독일의 G8정상회담 반대캠프(Anti-G8 summit camp)를 돌아다녔다. 자전거를 타고 다니다 공원이나 길가에 텐트를 치는 게 기본이었고, 우연히 길에서 만난 사람들의 집이나 마당, 트레일러에 머물기도 했다. 브뤼셀을 지나가다가 우연히 처음 만난 한 사람은 비어 있는 자기 집 주소와 함께 열쇠를 건네주며, 먼저 가서 쉬고 있으라고 하기도 했다. 우리가 먼저 가서 준비한 한국 음식을 같이 먹으며 얘기하다 보니, 우리가 무심코 자전거 자물쇠를 채우지도 않고 돌아다니는 걸 보고 믿을 수 있다고 생각했단다. 이렇게 다니다 보니 유럽에 있었던 191일 동안 상업 숙박시설을 이용한 날은 불과 11일, 그것도 캠핑장에서 지낸 게 전부였다. 식당을 간 것도 손에 꼽을 정도고 대부분은 직접 요리를 해서 먹었다. 돈 쓸 일이 별로 없다 보니 원래 6개월로 예상했던 여정은 11개월로 늘어났다. 우리도 처음부터 이렇게까지 험하게 여행할 생각은 아니었는데 돈이 별로 없다는 필연과, 길에서 만난 수많은 인연과, 감동적인 우연들이 겹치다 보니 그렇게 되었다. 거의 1년을 자전거를 타고 다양한 집들에서 사는 데 익숙해지다 보니, 한국에 돌아왔을 때도 그저 또 다른 여행지에 도착한 느낌이었다.

지도 한 장 달랑 들고 맞닥뜨렸던 여느 도시들처럼, 서울도 낯설게만 느껴집니다. 아직 잠자리도 정해지지 않았습니다. 일단은 고맙게도 그냥 재워주신다는 사람들 집을 전전하는 와중에, 바쁘게 집이든 절이든 장기간 머물 곳을 알아봐야죠. 우리의 여행이 여행이라기보다는 조금 색다른 또 하나의 삶이었던 것처럼, 새로 시작하는 삶 또한 조금 색다른 여행이 되었으면 합니다. 삶 같은 여행, 여행 같은 삶.

대한민국 서울. 우리 같은 자전거 여행자에게 결코 만만한 도시는 아닙니다. 인구 천만이 넘는 공룡 같은 도시. 집 임대료는 살인적으로 높고, 텐트 칠 빈 땅 하나 없는 도시. 자전거를 타고 몇 시간을 달려도 빌딩 숲을 벗어나지 못하고 밭 한 뙈기 찾아보기 힘든 도시. 안심하고 먹을 수 있는 저렴한 먹거리, 부담없이 먹을 수 있는 채식 식당 하나 없는 도시. 자전거 메신저는커녕 자전거 타고 시내를 돌아다니는 데만도 목숨을 걸어야 하는 도시. 그저 생활!하기 위해서 세계 최장 시간의 노동을 해야 하는 도시.

하지만 그동안의 여행/삶에서 쌓은 경험으로 잘 헤쳐나가 볼랍니다. 사는 데는 그리 많은 것이 필요하지 않다는 것. 아무리 힘든 길에도 숨돌릴 곳이 있고, 오르막 뒤에는 내리막이, 내리막 뒤엔 오르막이 있기 마련이라는 것. 끝이 없어 보이는 먼 길도 그저 다음 한 번의 페달을 밟다 보면 어느새 도착해 있다는 것. 목적지보다는 길을 즐겨야 지치지 않고 오래 달릴 수 있다는 것. 아무리 어려운 상황에서도 불쑥 나타나 도와줄 구세주 같은 평범한 사람들이 아주 많다는 것. 보고 싶고 보려고 애쓰면 보인다는 것. 이런 것들이 우리의 삶/여행에서 배운 것들의 일부입니다.

대한민국 서울. 기대가 됩니다. 무엇보다도 말과 말 이상의 무엇이 통하는 사람들이 아주 많이 있기도요. 벌써부터 만나자는 사람들, 재워준다는 사람들이 넘쳐서 아주 행복합니다. 그리고 시간은 넉넉합니다.

이번 여행지에서는 좀 오~래 머물 것 같거든요.

- 지음 블로그, 〈다음 여행의 목적지〉 중

아무튼 서울이라는 여행지에서는 좀 오래 살아야 하니 집을 구해야 했는데, 집에 대한 감각이 여행 전과는 완전히 달라져 있었다. 여행 전에 살았던 둘만의 집은 비싸면서도 허비되는 공간과 시간은 너무 많고 재미도 없게 느껴졌다. 이런 주제로 친구들 몇몇과 얘기하던 중에 의기투합이 되었다. 혼자 월셋방과 고시원에 살거나, 부모님 댁에서 지내거나, 긴 자전거 여행을 다녀와서 집이 없었던 우리들은 각자 따로 작은 집을 구하기보다는 돈을 합쳐서 조금 더 큰 집을 구해서 함께 살면 더 재밌지 않을까 해서 궁리를 시작했다. 보증금은 각자 낼 수 있을 만큼 내고, 모자란 금액은 빌리고, 월세나 생활비는 나눠서 내자는 데 동의했다. 여기까지는 일반적으로 친구들과 동거하는 형태와 크게 다르지 않았다. 한 가지 특이한 점이라면 자전거 여행에서 낯선 사람들에게 받았던 환대의 기억이 우리도 손님을 맞이할 수 있도록 손님방을 하나 두자는 아이디어로 이끌었다는 것이다. 그리고 모두 여기에 쉽게 동의했다.

우리는 공동체를 만들고 싶어 했는데 공동체가 갖기 마련인 폐쇄성은 경계했다. 그래서 이를 원천적으로 불가능하게 하는 열린 구조를 만들려고 했다. 아니 어쩌면 계속 여행자, 손님으로 살고 싶었던 걸 수도 있겠다. 언제든 머물고 싶을 만큼 머물 수 있고, 떠나고 싶을 때는 또 훌쩍 떠날 수 있고, 또 다시 돌아올 수 있는 곳을 꿈꿨다. 그래서 우리는 여행자들의 공동체에서 우리도 손님들 중에 한 명으로 살아가 보자고 작당했다. 누군가에게는 낯선 형태의 삶이겠지만, 당시 우리에게는 이 재밌는 설정을 구상하는 데 몇 마디 필요하지도 않았고 크게 고민할 것도 없었다. 재미가 없어지면 바꾸면 그만이었다. 하지만 우리는 몰랐다. 이 설정이 앞으로 이 집을 어떻게 만들어 갈지, 그리고 이 설정은 구현하기도 어렵지만 쉽게 포기하지도 못하게 된다는 것을.

당장 문제는 서울에서 이런 형태의 생활에 적절한 집을 구하는 게 너무 어려웠다는 점이다. 처음에 네 명이 집을 알아보러 다녔기 때문에, 네 명이 쓸 방에 손님방을 더하면 적어도 네 개 이상의 크기가 비슷한 방과 다 같이 모일 수 있는 큰 거실이 필요했다. 정말 많은 동네의 부동산을 돌아다녔지만 우리가 동원할 수 있는 보증금으로는 이런 집을 좀처럼 찾을 수 없었다. 있어도 교통이 너무 불편하거나 거실이 너무 좁거나 어떤 방이 너무 작거나 하는 문제들이 있었다. 그러던 중에 용산구 용산2가동 해방촌이라고 불리는 동네의 한 집이 마음에 들어왔다. 각 방도 충분히 크고 거실과 단독으로 쓸 수 있는 옥상이 상당히 넓었다. 남산2호터널과 3호터널이 만나는 꼭지점에 있어서 주변과 독립된 느낌이 있으면서도 자전거로 터널을 통과하면 바로 서울 시내로 진입할 수 있는 위치도 맘에 들었다. 문제는 방이 세 개뿐이어서 각자 방을 쓰면서 손님방을 따로 만들 수가 없었다. 여기서 결정적인 발상의 전환이 있었나. 긱지의 방을 없애고 여자 방과 남자 방으로 나눠 살고, 처음 오거나 단기로 머무는 사람은 배려해서 손님방에 머물 수 있도록 하자는 아이디어였다. 손님이 없을 때는 우리가 혼자, 커플끼리,

모임끼리 같이 쓰는 다목적 방으로 활용할 수 있었다. 모두가 처음부터 마음에 들어 하지는 않았다. 한 사람은 견딜 수 없어 떠났고, 누군가는 눈물을 흘리기도 했다. 하지만 다들 집이 마음에 들었고 재밌겠다는 기대도 있어서 이렇게 결정했다. 이렇게 공간적으로 고정된 주인의 자리가 없어졌다.

다음 문제는 오는 손님을 누가 어떻게 맞이할 것인가였다. 우리는 돈을 버는 상업적인 게스트하우스를 운영할 생각이 없었다. 공간의 규모나 구조로 봤을 때도 돈을 받는 건 애초에 무리였다. 또한 우리는 손님하고 같이 놀 생각은 있었지만 손님에게 서비스의 의무를 지고 싶은 마음은 없었다. 그렇게 우리는 사장이 될 생각도 노동자가 될 생각도 없었다. 그래서 우리는 우리를 먼저 온 손님, 조금 장기적으로 머무는 장기투숙객으로 스스로를 규정했다. 그러고는 그저 새로 오는 단기, 장기투숙객들과 함께 동등한 손님으로서 그래서 동등한 주인으로서 같이 게스트하우스를 운영하며 살아가기로 했다. 이러한 의미를 담아 게스트하우스(guesthouse)의 게스트에 복수의 소유격을 넣어서 게스츠하우스(guests' house), 손님들의 집으로 공간의 성격을 정했다. 이렇게 집에서 살아가는 활동 면에서도 주인이 없어졌다.

그렇게 주인이 주인이기를 포기해서 빈집이 된 공간에 첫 번째 손님이자 주인을 맞이하는 파티가 열렸다. 보통의 집들이는 집주인이 집을 꾸며놓고 손님을 맞이하는 것과는 다르게, 이 파티는 비어 있는 집에서 누가 이 집의 주인으로 살 건지를 얘기하는 자리여서 '빈집들이'라 했다. 계약하는 당일 짐을 들이는 건 며칠 후로

미루고 정말 아무것도 없는 텅 빈집에서 이 집을 어떻게 쓸지를 얘기하는 빈집들이가 열렸다. 다 같이 엠티를 온 것 같은 분위기 속에서 공연을 하고 먹고 마시는 빈집들이는 며칠 동안 이어졌다. 여기서 빈집이라는 이름이 유래했다. 여기에 가난하고(貧), 빛나는(彬), 손님(賓)들의 집이라는 뜻이 덧붙었다. 20-30여 명의 첫 번째 손님들은 며칠이 지나도 떠나지 않았다. 출근했다가도 돌아와서 놀았고, 정작 계약자들은 이삿짐을 챙기러 떠난 사이에도 함께 놀았다. 이때 손님들이 천연덕스럽게 계약자들에게 '다녀와'라고 인사를 했고, 이 상황이 너무 재밌어서 이때부터 누구에게나 빈집에서의 인사말은 '다녀와'가 되었다. 이때의 에너지와 관계들이 기반이 되어서 친구들과 친구들의 친구들에게 소문이 퍼졌고 장기 투숙객들이 하나둘 늘어갔다. 이후로도 빈집은 끊임없이 새로운 주인들을 들이는 집으로서 지속적으로 빈집들이를 하는 집이 되었다. 빈집들이 날짜가 2월 21일이어서 빈집의 현관 번호키 비밀번호는 0221이 되었고, 그 이후로 생긴 빈집들의 비밀번호도 모두 0221이었다. 처음 오는 손님에게도 모두 비밀번호를 알려줬기 때문에 사실 전혀 비밀은 아니었다. 너무 많은 사람이 눌러서 키 버튼은 금방 색이 바랬다.

해방촌 빈집은 따로 소유자가 있는 집에 전세계약을 한 집이었다. 전세 보증금은 각자 모았고 부족한 돈은 우호적인 지인에게 대출을 받아 한 사람의 이름으로 계약을 했다. 대출 원금은 계약이 끝나면 반환하면 되니 매달 약간의 이자만 내면 되었다. 전세 보증금은 1억 2천만 원이었는데, 함께 모은 4천만 원에 대출금 8천만 원을 더해 계약했다. 8천만 원에 대한 이자는 40만 원이었고 여기에 공과금 10-20만 원을 더한 60여만 원을 모든 주인=손님이 자율적으로 나눠내기로 했다. 보증금은 당연히 자기 집에 묻어두는 것이므로 출자금에 대한 보상은 하지 않고, 똑같은 기준의 분담금을 내기로 했다. 첫 번째 달에는 돈통을 하나 두고 각자 자율적으로 사용료를 내기로 했다. 한 달이 지나 이자와 공과금을 내고 자고 간 사람들의 숫자를 헤아려 보니, 각자 하루에 2천 원 이상만 내고 조금 더 내는 사람이 있다면 문제가 없다는 계산이 나왔다. 한 달을 쭉 살았던 장기투숙객들도 동등하게 30일에 해당하는 6만 원 이상을 내기로 했다. 누가 얼마의 보증금을 내고 얼마를 대출받고 누구 명의로 계약했는가와 무관하게 모두가 동일하게 손님으로서 전체 비용을 나눠서 낸 것이다. 마찬가지로 모두가 주인이므로 집으로 돈을 벌지는 말자는 원칙을 정했다. 다달이 정산을 해서 흑자가 되면 그냥 나중을 위해 쌓아놓고, 적자가 되면 그 달에 산 사람들이 조금씩 더 분담해서 채워 넣기로 했다. 하루 2천 원, 한 달 6만 원 이상의 분담금은 숙박비로 치자면 극히 낮은 금액이다. 참고로 당시 한국의 일반 상업게스트하우스와 비교하면 약 1/10, 극빈 주거 시설인 쪽방에 비해서도 약 1/2 이하였다. 이윤이 없고, 자본을 공유하고, 임금노동이 없고, 나눠 쓰기 때문에 가능했던 일이다. 빈집은 2천 원만 내면 주인으로 살 수 있는 집으로 알려지기 시작했다. 이제 재정적으로도 주인이 없어졌다.

 이렇게 주인 없는 집, 손님들의 집, 가난한 사람들의 집, 빈집이 시작되었다. 물론 엄연히 합법적인 집의 소유자가 있고, 임대차계약을 해서 점유권을 갖고 있는 세입자가 있고, 계약에 필요한 보증금과 대출금의 소유자가 있었지만, 우리에게 그런 것 따위는 중요하지 않았다. 앞서 차례대로 얘기했듯이 공간 면에서도, 활동 면에서도, 재정 면에서도 우리는 집의 주인을 차례로 지워버렸다. 집을 처음 같이 구했던 사람들이 얼마든지 실제의 주인이 있음을 주장할 수 있었지만 그럴 생각은 전혀 하지 않았고, 끝까지 손님이라는 설정을 유지하며 살았다. 그 뒤로 들어오는 손님들 역시도 마찬가지로 이 설정을 받아들이며 함께 주인으로 그리고 손님으로 살아갔다. 장기투숙객과 단기투숙객 정도의 차이는 있었지만 모두가 손님=주인이 되어 같은 입장에서 회의를 통해서 의사결정을 함께 했다. 이렇게 문화적으로도 각자가 주인이지만 특별한 주인은 없는 집이 만들어졌다.

 게스츠하우스(Guests' house)는 '손님들의 집'입니다. 보통의 게스트하우스(Guesthouse)와 마찬가지로 사람들이 들러서 먹고, 마시고, 놀고, 쉬고, 자는 공간입니다. 다른 점이라고 한다면, 게스츠하우스에는 서비스를 해주는 주인이 따로 없다는 것입니다.
 아니, 게스츠하우스에는 주인이 아주 많습니다. 과거에 왔던 사람들, 현재 같이 있는 사람들, 그리고 미래에 올 사람들 역시 모두 게스츠하우스의 주인들입니다. 당신 역시 이 게스츠하우스의 주인들 중 하나입니다. 마음껏 이 공간을 활용하십시오.

    당신은 게스츠하우스의 주인으로서 모든 것을 스스로 해야 합니다. 물론 당신은 당신 전에 왔던 사람들이 당신을 위해 가꾸고 준비해 온 것들을, 함께 있는 사람들이 당신을 위해 베푸는 호의를 맘껏 누릴 수 있을 것입니다. 그리고 당신 역시 그들에게, 그리고 다음에 올 사람들을 위해서 무언가를 가꾸고 준비할 수 있을 것입니다.

    게스츠하우스는 계속 새로 만들어지는 공간입니다. 어떤 사람들이 들어와서 어떻게 변해가고, 그들이 어떻게 이 공간을 활용하고 만들어가는가에 따라 게스츠하우스는 변해갈 것입니다.

    게스츠하우스는 비어 있는 집, 빈집입니다. 비어 있기 때문에 넉넉하게 누구든 맞아들일 수 있고, 또 무엇이든 채울 수 있습니다. 빈집은 이름마저도 비어 있습니다. 당신이 그 이름을 지어주십시오.

    정말 잘 오셨습니다.

                      - 빈집 위키, 〈해방촌 게스츠하우스 빈집/빈마을 소개〉

주인을 없애는 과정을 통해 만들어진 빈집에는 수많은 주인들이 왔다 갔고, 그들은 주인인 만큼 제각각의 방식대로 살아갔다. 여기에는 어떤 공통된 종교나 이념이 없었고, 하다못해 어떤 작은 규칙들도 지속적으로 관철되기 어려웠다. 매주 한 번은 회의를 했지만 정해진 걸 강제하는 수단은 없었고, 그마저도 구성원이 바뀌면 다시 합의해야 하는 상황이 반복되었다. 하지만 고정된 주인이 없고 누구라도 주인이 될 수 있다는 설정 자체는 마지막 빈집까지도 이어졌다. 이 이상한 설정이 도대체 무엇인지, 그래서 빈집은 무엇인지를 빈집의 손님=주인들은 계속 되물었다. 어쩌면 집의 계약자도, 보증금의 소유자도, 먼저 온 사람도 주인일 수 없다고 선언되고 다수의 주인이 생겨난 순간, 누구도 유일한 주인이 되는게 불가능했을 수도 있다. 첫 번째 주인인 계약자들도 입장을 번복해 이 상황을 다시 일반적인 질서로 되돌리는 걸 불가능하게 여겼고, 시도된 적도 없다. 참을 수 없다면 집을 나가거나 모두가 의지를 잃어버린다면 없앨 수 있었을 뿐이다.

낮은 빈집의 생활비 덕에 수입이 변변치 않은 백수, 활동가, 상경한 학생, 탈학교 청소년, 여행자 등이 많았고, 정규직들도 일을 쉽게 그만두고 같이 놀기를 선택하곤 했다. 커플이 같이 살기도 하고, 생기기도 하고, 아기와 같이 살기도 했다. 길에서 살던 고양이들도 여러 마리가 들어왔는데 세 마리는 장기투숙객으로 한동안 함께 살았다. 지인이 양육비를 주며 맡겼던 개와, 음식물쓰레기를 먹어주던 지렁이들도 함께 사는 식구였다. 구성원들의 나이대는 20-30대가 대부분이었지만 10대와 40-60대도 있었고, 성별은 항상 남녀가 거의 비슷했다. 각자는 분담금을 모아서 낼 뿐, 각자 자기의 일을 해서 수입을 얻었다. 이러한 변화는 지금 돌이켜 본다면 어떤 면에서는 연극 같기도 하다. 빈집의 문을 열고 들어오는 사람들은 마치 전혀 다른 세상의 문을 연 것처럼 손님=주인이라는 생소한 역할을 각자가 해석하고 각자의 스타일에 맞춰 살아갔다. 세상과는 많이 달라져 버린 질서를 받아들이고 또 자기 나름대로 새로운 규칙들을 만들며 살아갔다. 어제 들어온 손님이 오늘 들어온 손님에게 빈집을 소개하며 맞이하고 안내하는 일들이 아무렇지 않게 벌어졌다. 다른 사람들과 방을 같이 써본 적이 없다고 걱정했던 많은 사람들도 대수롭지 않게 적응하고 즐겼다. 어쩌면 놀이였을 수도 있겠다. 호이징하는 《호모 루덴스》에서 놀이에는 일상생활을 지배하는 규칙과는 다르게 놀이하는 사람들이 자발적으로 만들어 내는 규칙이 적용된다. 그리고 현실 세계와 구분되는 놀이의 세계를 만드는 물리적이기도 하고 가상적이기도 한 시공간의 경계가 있다고 하면서 이를 '매직서클(magic circle)'이라고 했다. 빈집이라는 매직서클이 열렸고, 놀이를 함께할 사람들이 모였다. 모인 사람들이 어떤 사람들이고 어떻게 놀지 미리 예상하기도 어려웠고 지난 후에 다 파악하기도 어려웠다. 다만 중요한 건 이 놀이를 방해할 사람도 끝낼 사람도 없었다는 것이다.

■ 환대-탐구

함께 살기 위해 풀어야 할
자본의 문제

I. 주거비용-자본수익 게임: 네 자본을 알라

　한국에서 부동산 투자를 하는 수많은 사람들이 돈을 벌고 있는 건 객관적으로는 사실이다. 하지만 이렇게 돈을 번 사람들도 주관적으로는 돈이 없어 힘들다고 생각한다. 집을 가진 사람은 "나는 가진 게 집밖에 없는 하우스푸어야"라고 말하고, 대출을 받아 집을 산 사람은 "이 집은 내 거 아니야, 은행 거야"라고 말한다. 전셋집을 구한 사람은 "돈은 집주인한테 다 줬고, 난 돈이 없어"라고 말한다. 심지어 집을 여러 채 가진 사람도 "대출 이자와 종부세와 상속세가 올라 너무 무섭고 힘들어"라고 말한다. 이들은 아마도 정말로 힘들어서 아우성하는 걸 테고, 이유도 분명하다. 모두가 힘들다는 데 공감하며, 그래서 세상이 바뀌었으면 한다.
　하지만 각자가 처한 상황은 분명 다르다. 어떤 공동의 문세를 겪으면서도 처한 상황이 어떻게 다른지 알 수 없다면, 문제를 해결하기 위한 실질적이고 구체적인 얘기는 시작할 수도 없다. 우리가 함께 어떤 세상을 만들 수 있을지를 얘기하려면 힘들다고 말하는 사람들 각자가 무엇을 갖고 있고, 무엇을 못 갖고 있는지를 명확하게 파악할 필요가 있다. 동등한 시작점에서 고민하기 위한 첫걸음은 각자 자신의 재무상태, 즉 보유하고 있는 자본, 부채, 자산을 정확히 파악하는 것이다. 보통은 투자나 재테크를 위한 작업이겠지만 우리가 함께하기 위해서도 필수적이라고 생각한다. 재테크에 열을 올리는 사람이라도 복식부기 회계장부를 작성하지 않는 한 재무상태나 수익률을 명확하게 인식하고 있다고 할 수 없다. 모두가 자본주의를 당연시하며 살아가지만 모두가 자본에 대해 같은 이해와 인식을 갖고 있는 건 아니기에 첫 번째 탐구는 자본과 자본수익에 대한 이해를 넓히는 작업을 해보려고 한다. 그 시작으로 한 가지 게임을 해보자.

월세로는 40만 원, 전세로는 4천만 원으로 임대할 수 있는 집이 있다. (전월세전환율에 따라 금액이 다소 다를 수 있다. 월세가 40만 원인 집의 전세가는 적게는 4천만 원에서 많게는 8천만 원까지도 책정될 수 있지만, 여기서는 계산의 편의상 이렇게 가정한다.) 김전세는 자기 돈 2천만 원에 은행에서 빌린 2천만 원을 더해 4천만 원을 전세보증금을 내고 임대해서 살고 있다. 김전세가 은행에서 빌린 돈 2천만 원의 이자는 월 10만 원이다. 이때 김전세의 월 주거비용과 자본수익은 각각 얼마로 볼 수 있을까.

이 단순한 질문에는 생각보다 여러 가지 답이 나온다. 어떤 답이 틀렸다고 하기는 어렵다. 각자 주거비용과 자본수익에 대한 개념이 다를 수 있기 때문이다. 그래서 이 질문은 실제로는 당신이 생각하는 주거비용과 자본수익은 무엇인지 묻는 질문이라고도 볼 수 있다. 다음으로 넘어가기 전에 꼭 스스로의 답을 내려 보자.

적어도 아래와 같은 네 가지의 답안이 나올 수 있다.

[표 1] 주거비용-자본수익 게임

	주거비용	자본수익	설명
1안	0원	0원	주거비용과 자본수익 모두 없다.
2안	-10만 원	0원	대출 이자 10만 원이 주거비용이다.
3안	0원	-10만 원	주거비용은 없지만 대출 이자로 10만 원을 낸다.
4안	-40만 원	+30만 원	주거비용은 여전히 월세 40만 원이다. 다만 전세 보증금으로 인해 자본수익 40만 원을 얻고 대출 이자로 10만 원을 지출해 총 자본수익은 30만원이다.

1안. 주거비용과 자본수익 모두 없다.

김전세는 전세를 살기 때문에 당장 주거로 인한 월세 지출이 없다. 돈이 2천만 원 있기는 하지만 은행 예금을 한 것도 아니어서 그 돈에서 이자 수입이 발생할 일은 없다. 따라서 주거비용도 자본수익도 없다. 이 답은 직관적으로는 맞다. 실제로 김전세의 은행 계좌에 월세 지출이나 이자수입이 찍히지 않고, 가계부에도 주거비용과 자본수익을 적을 방법이 없다. 그리고 적지 않는다고 해도 당장 문제될 건 없다. 김전세는 소비도 하지 않고 소득도 없다.

2안. 주거비용은 10만 원이고 자본수익은 없다.

두 번째 답은 첫 번째 답에서 조금 더 나아간다. 자세히 살펴보면 김전세의 가계부에 월세는 아니지만 집 때문에 발생한 지출이 있다는 걸 발견할 수 있다. 2천만 원을 은행에서 대출해서 발생하는 월 이자 10만 원이다. 실제로는 은행에 납부하는 이자지만, 이를 주거비용으로 분류하는 건 타당하고 편리한 방식이라고 할 수 있다. 10만 원이라는 금액은 주거비용치고는 비싸지 않다고 생각할 만하다. 이 경우도 자본수익은 발생하지 않는다.

3안. 주거비용은 없고 대출로 인한 비용이 10만 원이다.

은행에 내는 월 이자 10만 원을 주거비용이 아닌 부채를 가진 데 따르는 금융비용으로 생각한다. 이 경우 김전세는 자본수익은커녕 부채로 인한 비용만 있다. 현실에서 김전세는 비용 없이 집에 살고 있으니 주거비용 걱정은 없고, 마치 내 집인 것처럼 공짜로 사는 게 당연하게 느껴진다. 대신에 매달 은행에 이자를 내다보니 은행이 집주인처럼 느껴지기도 한다.

4안. 주거비용은 40만 원이고 자본수익은 30만 원이다.

마지막 답은 체감과는 거리가 있는 계산법이다. 이 집의 주거비용이 원래 월세 40만 원이기 때문에 김전세가 이 집을 사용하고 있다면 주거비용은 여전히 40만 원이라고 생각하는 것이 타당하다. 이렇게 체감되지 않는 이유는 월세 40만 원을 김전세가 지출하는 건 아니기 때문이다. 그럼 이때 월세는 누가 대신 지출하고 있는가. 다름 아닌 김전세가 집주인에게 맡겨둔 전세 보증금 4천만 원이 원래 냈어야 할 월세를 대신 내고 있다. 결국 김전세는 체감할 수는 없지만, 40만 원을 주거비용으로 소비하고 40만 원의 자산소득을 얻고 있는 소비자이자 투자자이다.

주거비용의 측면에서 보자면, 김전세는 월세 40만 원을 내는 셈이고, 월 이자 10만 원을 추가로 소비하고 있으며, 자산소득 40만 원으로 이를 보완하고 있다고 표현할 수 있다. 자본수익의 측면에서 보자면, 김전세는 **자본 2천만 원+부채 2천만 원 =자산 합계 4천만 원**을 전세 보증금이자 자산으로 갖고 있고, 여기서 자산소득이 40만 원 발생한다. 부채에 따른 이자비용이 10만 원 있으므로 결과적으로 자본수익은 **+40만 원-10만 원=+30만 원**이라고 할 수 있다. 수입과 지출만을 보는 단식부기가 아니라 자산, 부채, 자본까지도 함께 기록하는 복식부기를 적용한 도식은 [그림 1]과 같다.

김전세가 투자한 금액은 2천만 원이고 월 자본수익은 30만 원이므로, 자본수익률은 월 1.5%, 연 18%다. 김전세는 대단히 성공적인 투자자인 셈이다. 사실 이런 계산법은 다소 낯설다. 누구든 월세 대신 전세를 살고자 하는 이유는 주거비용을 낮추고 싶기 때문이다. 집을 소유하지는 못했지만 알뜰한 소비자라면 누구나 할 당연한 선택이다. 그래서 김전세에게 사실 당신은 자본수익을 얻

[그림 1] 복식부기에 따른 주거비용 계산

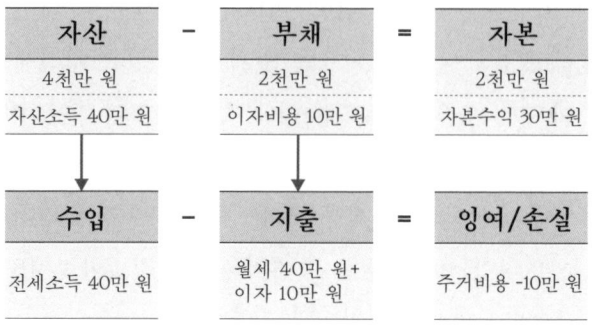

고 있다고 말하면 김전세는 당황할지도 모른다. 심지어 당신이 전세를 살고자 선택한 배경에는 사실 자본수익을 추구하는 이윤동기가 개입되어 있다고 얘기한다면, 김전세는 대단히 불쾌해하며 억울하다고 화를 낼 수도 있다. 김전세의 입장과 심정이 이해가 되지 않는 건 아니다. 하지만 김전세의 주거비용은 줄었다고 할 수 있는가. 시장 가격은 조금도 변하지 않았다. 전체 세입자들의 사정은 조금도 나아지지 않았다. 그렇다면 주거비용을 낮추려고 선택한 김전세의 전략은 실패했다고 말할 수 있지 않을까. 다만 김전세는 상대적으로 만족할 수는 있는데 시장이 김전세가 가진 화폐를 자본으로 전환하는 대가로 김전세에게 자산소득 40만 원을 제공해 줬기 때문이다. 김전세는 주거비용을 절약하기를 원했지만, 대신 자본수익을 얻었다. 김전세의 알뜰한 소비자로서의 선택을 자본이 환영하는 이유다.

게다가 김전세의 소비는 오히려 늘었다. 조금도 줄어들지 않은 주거비용 40만 원에 원래는 필요치 않았던 금융비용 10만 원까지 더해졌기 때문이다. 김전세의 선택을 은행이 반기는 이유가 여기에 있다. 은행은 김전세에게 2천만 원을 대출해 주고, 김전세는 여기에 자기 돈 2천만 원을 더해서 4천만 원을 집주인에게 주고, 다시 집주인은 4천만 원을 받아서 은행 대출을 상환했다. 이로써 은행은 돌고 돌아 간단하게 대출금을 회수하게 된다.

첫 번째 또는 두 번째 대답을 한 사람에게는 네 번째의 계산법이 복잡하고 어색할 수 있다. 그에게 세상은 꽤나 단순하다. 자신은 돈이 별로 없고, 주거비용은 부담되지 않고, 윤리적으로 별다른 문제가 없다. 자신은 전세를 구하기 위해서 돈을 모았고, 은행에 대출 심사를 받아서 정당하게 집을 구했다. 만일 이 사람에게 전세제도를 없애고 당장 월세 40만 원을 내라고 하면 납득하기 어려울 것이다. 내가 부담해야 할 월세가 지금의 0원 또는 10만 원에서 갑자기 40만 원으로 늘어난다면 부당한 강탈이라고 강변할 수 있다. 하지만 이를 강탈이라 하면 지금 월세를 사는 모든 사람들은 당연스럽게 강탈을 당하고 있다는 사실을 인정하는 것이다. 이 사람은 수입과 지출만 보기 때문에 자신이 무엇을 갖고 있는지 알기 어렵다. 그는 2천만 원이라는 큰돈을 가지고 있고, 또한 2천만 원의 부채가 있어서 합계 4천만 원을 보증금으로 보유하고 있는 자산가다. 그러나 이는 무시하거나 잊기 쉬워 잘 체감되지 않는 것뿐이다. 그리고 이러한 상태가 지속되면 이를 당연히 여기고, 오히려 이 정도도 없는 사람들을 이해하기 어려워진다. 그들은 '기본적인' 돈도 모으지 않고, '기본적인' 은행 대출도 알아보지 않은, '기본적인' 노력과 상식이 부족한 사람들로 생각된다. 어느새 이 사람은 자본의 입장에서 빈민을 내려다보고 있는 자신을 발견하게 된다.

 자본수익은커녕 이자만 10만 원을 내고 있다는 세 번째 대답을 한 사람은 이중적인 입장에 서게 된다. 이 사람은 우선 전월세전환율의 상승에 강하게 반대하게 된다. 지난번 계약에서는 4천만 원이었던 전세금이 왜 갑자기 6천, 8천만 원이 되어야 하는가. 다른 한편으로는 대출이자율이 더 낮아져야 한다고 주장할 것이다. 2천만 원에 대한 이자가 왜 10만 원씩이나 하는가. 5만 원으로 낮춰야 나 같은 서민에게 더 바람직하다. 이 사람은 금리가 오르게 되면 이자비용을 탓하고, 금리가 내리면 전세가 상승을 탓하게 된다. 두 현상은 결과적으로 같은 일의 양면이기 때문에 어떤 경우에도 그는 세상 탓을 하게 된다. 여기에서 벗어날 방법은 잘 보이지 않는다. 왜냐하면 그는 이미 모순적인 입장, 즉 채무자임과 동시에 채권자이고, 노동자임과 동시에 자본가인 정체성을 갖게 되었기 때문이다. 그는 은행을 활용해서 현명하게 레버리지를 얻고 있다고 생각할 수도 있다. 실제로 그는 자기자본 2천만 원으로 레버리지를 활용해 월 30만 원의 자본수익을 얻는 성공적인 투자를 하고 있다. 하지만 과연 누가 누구를 이용하고 있는지는 다시 따져볼 필요가 있다. 또한 은행 이자를 낮춰달라는 요구는 은행 소비자로서의 자연스러운 권리인 것인지, 아니면 부채를 레버리지로 수익을 극대화하려는 자본가의 전략인지 구별되지 않는다. 그리고 이도저도 못하는 상황에서 애초의 문제, 즉 자본이 우리에게 부과한 주거비용이라는 큰 짐에 대해서는 아무도 의심하지 않고 불만을 갖지 않게 되어버린다.

한국에서 현찰 목돈에 대한 필요와 그 공급은 계급과 관계없이 보편적이며 정상화되어 있다. 즉, 사람들은 화폐시장을 통해 소득을 창출하는 데 도움을 주는 책략, 다시 말해 (이자를 통해) 돈을 버는 돈에 이미 익숙하다.

중산층은 두번째 집을 다른 사람에게 임대할 수 있고, 노동계급은 자신이 살고 있는 집의 일부를 임대하여 얻은 목돈을 굴려 나중에 자녀가 태어나거나 성장했을 때 더 큰 아파트를 구입할 수 있다는 점에서, 전세 보증금은 모두에게 유리했다. 목돈의 보증금 확보는 주택이나 아파트 현금 구입으로 나아가는 데 중요한 전략이다. 한국의 많은 중산층이 이런 보증금을 잘 굴려서 노동계급에서 중산층으로 계층 이동을 했다는 말은 전혀 과장이 아니다.

전세의 교환가치가 높긴 하지만 한국 세입자들은 앞서 지적했다시피 월세는 돈을 날리는 것과 다름없다고 생각하는 경향이 있다. 직업이 불안정하고 소득이 불규칙한 세입자들은 월세를 낮추기 위해 보증금을 높이고 싶어한다. (…)

한국사례를 토대로 생각했을 때, 주택금융 영역에서는 구매 뿐만 아니라 독특하게도, **임대 제도 역시 이자 낳는 자본을 축적하는 핵심 요**

소이며 이는 자본주의 축적 과정에 노동계급의 의도하지 않은 동참을 통해 실행되어왔다고 볼 수 있다.

- 송제숙, 황성원 옮김, 《혼자 살아가기》, 110-111쪽

송제숙은 전세제도를 분석하면서 한국의 모든 계급이 전세제도를 통해 버는 돈에 익숙해져 있다는 점을 지적한다. 익숙한 정도를 넘어서 월세로 사는 건 돈을 날리는 바보 짓이라고 자연스럽게 생각할 정도로 이 시스템을 의심하지 않는다. 다시 말해 보증금을 모으는 걸 전혀 생각할 수 없는 극빈층을 제외하고 모든 계급에 속한 사람들은 보증금을 모으고 잘 굴려서 전세를 얻고, 월세로 나갈 돈을 저축하고, 대출을 끼고 집을 사고, 전세를 끼고 집을 더 사고, 노후에 월세를 받는 건물주로 살아가고 싶다는 동일한 욕망의 사다리에 올라타고 있다. 자신의 화폐는 자본으로 전환되고 있고, 원하든 그렇지 않든 간에 자본의 수혜자가 된다. 그리고 자본의 수혜자는 곧 자본의 담지자, 자본가라는 사실을 직시해야 한다. 바로 아무도 그렇게 돈을 버는 세상에 동의하지 않았지만, 모든 사람의 돈은 집으로 들어가고 돈은 그렇게 돈을 벌고 있다.

만일 우리가 다른 나라로 이주한다고 생각해 보자. 먼저 이 나라에서의 모든 자산을 정리하고 이동할 수 있는 형태로 바꿔야 한다. 새로운 나라의 새로운 제도의 틀과 가진 돈의 한계 안에서 새롭게 자산을 구성하고, 지역을 고르고 집을 선택하고 이웃과 함께 살아가기를 배워야 할 것이다. 같이 가는 사람이 있다면 각자가 가진 것을 공개하고 최대한 협력할 수 있는 방법을 찾으면서 우리

에게 맞는 새로운 고유한 질서를 만들어 가면 더 좋다.

그런데 만일 우리가 지금 사는 곳에서 떠나지 않고 다른 세상과 질서를 만든다면 어떨까. 아직은 없는 나라를 만들고 그 나라로 이주하는 것이다. 예를 들어 자본이 없거나 자본이 힘을 쓸 수 없는 나라라면 어떨까. 우리는 기존 세상의 자산을 처분하고 우리가 만드는 세상의 자산, 공유지를 만들어 나갈 수 있다. 이때 각자 무엇을 가지고 있었고, 각자 어떤 차이를 갖고 살았는가를 서로 이해하는 건 대단히 중요하다. 가진 걸 포기할 필요는 전혀 없다. 다만 동시에 공유하면서 함께 즐거운 방법을 찾으면 된다. 각자의 것을 공유하는 행동이 존중받고 사랑받는 행동으로 여겨진다면 어떨까.

모두의 주거비를 낮추기 위해서는 마치 새로운 법칙을 가진 새로운 나라에 사는 것처럼 자본수익의 장막과 유혹을 거두고 가장 낮은 입장에서 연대해야 한다. 각자가 가진 자산의 차이를 일거에 해소할 수는 없다. 그리고 그럴 필요도 없다. 다만 그 자산의 차이가 불평등을 심화하는 데 반대한다는 원칙에 동의하면 충분하다. 우리가 함께하기 위한 하나의 원칙이 있다면, 그건 돈이 돈을 벌어서는 안 된다는 것, 돈이 우리를 착취하지 못하게 하겠다는 것, 다시 말해 반자본 혹은 탈자본이라는 원칙이다. 그 원칙 아래에서 우리가 할 수 있는 것들을 하나씩 해나가 보자.

II. 함께 살기의 정치경제학

　해방촌 게스츠하우스 빈집은 그 독특한 설정으로 인해서 수많은 질문을 던지고 남겼다. 물론 그 질문은 작은 집 하나에서 여러 사람이 같이 살기 위한 실용적인 질문이었지만, 돌이켜 보면 상당히 근본적이기도 했다. 결국은 소유한 자본의 크기가 다른 사람들이 어떻게 함께 살아가야 좋은가를 묻는 질문이었기 때문이다. 보통 가족 혹은 가족 같은 사람들에 국한되거나, 그저 비유에 불과해 큰 의미를 갖지 않았던 질문이 빈집이라는 설정에서는 심각한 문제로 대두된 것이다. 이 문제를 단순화해서 구체적인 질문으로 만들어 보면 다음과 같다. 전세 4천만 원짜리 집에 P와 Q, 두 사람이 함께 살기로 한다. P는 3천만 원을, Q는 1천만 원을 갖고 있다. 전세 보증금 1천만 원당 월세 10만 원의 비율로 보증금을 낮추고 월세로 전환할 수 있다(전월세전환율은 연 12%로 가정한다). 어떻게 계약하고 비용을 분담하면 좋을까. 우리가 '함께 살기 게임'이라고 부르기도 한 이 단순한 질문에 대한 대답은 생각보다 다양하다. 단순히 집 하나가 아니라 우리가 더 큰 세상에서 함께 살기 위해서도 필요한 질문일 수 있다. 다음으로 넘어가기 전에 이 게임에 답해보길 바란다.

[그림 2] 함께 살기 게임

평등의 방식	2안
P 보증금 1000만 원 **월세** -10만 원	
Q 보증금 1000만 원 **월세** -10만 원	

우애의 방식	1안
P 보증금 3000만 원 **월세** 0원	
Q 보증금 1000만 원 **월세** 0원	

자유의 방식	3안
P 보증금 3000만 원 **이자** +10만 원	
Q 보증금 1000만 원 **이자** -10만 원	

공유의 방식	4안
P 보증금 3000만 원 **월세** 0원	
Q 보증금 1000만 원 **?** -10만 원	

1안. 우애의 방식

P는 3천만 원을 Q는 1천만 원을 보증금으로 내고 전세로 산다.

1안에서는 아무도 월세를 내지 않아도 되므로 전체 지출은 최소로 줄어든다. P와 Q가 한 가족이라고 생각한다면 가장 좋은 방법임에 틀림없다. 실제로 부부나 연인이 처음 집을 구할 때 보통 이렇게 하고, 아이가 생기고 가족 구성원이 늘어나도 유지된다. 모두에게 좋은 게 각자에게도 좋고, 상대방에게 좋은 게 자신에게도 좋다. P는 Q에 비해 더 많은 돈을 투자하는 셈이지만 애초에 그게 문제가 된다면 살림을 합치지 않았을 것이다. 오히려 자칫 P와 Q를 구분 짓는 계산적인 요구를 하면 의심을 낳을 수도 있다. P가 Q에게 2천만 원을 더 가져오라든가, 덜 낸 만큼의 이자를 내라든가 하는 요구는 합리적이지만, 입 밖에 내기 어렵다. 자녀에게 너도 같이 사니까 돈을 분담하라는 요구도 상식적이지 않다. 사랑은 자본의 계산법을 억누르고 뛰어 넘는다. 사랑은 반자본적이다. 사랑이 P와 Q를 구분 짓지 못하게 단단히 붙잡아 줄 것이다. 문제는 사랑이 흔들릴 때다.

1안은 좋은 친구관계에서도 얼마든지 가능하다. 충분히 자주 발견되는 사례다. 같이 산다는 것 자체가 자본의 계산법을 억누를 수 있고, 또 그럴 때만 같이 살 수 있다. 나는 대학에 다닐 때 학교 앞에서 자취를 하며 열 번 이사를 했고, 그때마다 같은 과나 동아리의 친구, 선후배와 같이 살았다. 내가 얹혀산 적도 있었고, 친구들이 내 방에 함께 산 적도 있었는데 보증금을 계산했던 기억은 없다. 이 시기에는 크기가 좀 넓고 마음도 넓은 친구의 자취집은 종종 술 먹고 놀다가 하룻밤 또는 그 이상도 신세지는 여관 같은 집이 되기도 했다. 이런 집들은 대학가 문화에서 중요한 역할을 했다. 집주인은 고생도 하고 칭송도 받았다. 이런 사이에서 돈을 분담하는 건 아주 어색한 일이었고 돈을 받을 마음이 든다면 보통은 더 이상 유지되지 않았다. 여기에는 관계의 힘과 함께 공간의 힘도 작용하는 걸로 보인다. 하나의 집은 하나의 가족/가정을 의미하고, 그 속에서 살아가는 사람들의 관계도 강하게 규정한다. 만일 두 친구가 바로 옆집에서 각각 2천만 원짜리 집을 구해서 살 수 있다면, 두 사람의 관계가 아무리 막역해도 1안과 같은 결정을 하지는 않을 것이다. 하나의 공간이 행복한 관계까지 보장하지는 않기 때문에 우정이 흔들릴 때는 관계가 불편해질 가능성도 얼마든지 있다. 자본의 계산법은 형평성이라는 이름으로 관계 사이에 침투하고, 한 번 떠오른 생각은 쉽게 사라지지 않는다. 서로의 차이가 관계를 부담스럽게 한다면 차라리 공평하게 하는 게 낫겠다고 생각할 수도 있다.

1안은 결국 가족관계 혹은 가족에 준하는 사랑과 우정의 관계에서 성립한다. 가족과 같은 우애의 관계 속에서 나와 너를 구분하는 자본의 자리는 없다. 돈은 내 것이지만 우리의 것이기도 하고, 돈이 가져다준 이익은 우리가 함께 나누는 선물의 수단 중 하나일 뿐이다. 실질적으로는 Q가 내야 할 월세를 P가 보증금 수익으로 대체해 Q에게 지속적으로 선물을 주는 관계가 되고, 그게 당연해진다. Q에게는 답례의 의무와 부담이 쌓일 수 있지만, 답례의 방법은 다양하다. 지속적인 선물과 답례의 교환에서 P와 Q는 더욱더 결합되고, 결합된 만큼 구속된다.

2안. 평등의 방식
P와 Q가 둘 다 보증금을 1천만 원씩, 월세를 10만 원씩 낸다.
1안이 무리라고 여겨지면 좀 더 공평한 안을 생각해 볼 수 있다. 만약 각자 2천만 원씩을 내서 4천만 원의 전세로 살 수 있다면, 월세를 절약하면서도 공평한 안으로 볼 수 있다. 하지만 P와 Q가 소유한 자본은 이미 불공평하다. 이 현실에서 어떻게 함께 살아가야 좀 더 평등하고 공정한지는 생각보다 어려운 문제다. 가장 확실한 방식은 돈이 없는 Q의 상황에 맞추는 것이다. Q가 1천만 원밖에 없으니 P도 1천만 원을 내서 보증금으로 2천만 원을 내고, 월세도 각자 10만 원씩 낸다. Q에게는 쉽고 공평한 방식이겠지만, P가 가진 2천만 원은 남겨지기 때문에 P는 불만이 생긴다. 안 낼 수도 있었던 월세 10만 원을 부담해야 하는 한편, 남아 있는 2천만 원을 투자할 곳을 새로 찾아야 하기 때문이다. 전세 보증금은 아주 안전하고도 수익률도 높은 투자처기 때문에 이를 대체할 곳은 거의 없고, P는 좋은 투자 기회를 잃었다는 점에서 손해로 느낄 법하다. P는 이게 공평한지 의심이 들고, Q에게 2천만 원이 없는 게 아쉽게 느껴진다. P는 자기 몫의 2천만 원을 내면 되니까, Q도 빌려서라도 자기 몫의 2천만 원을 채우는 게 더 공평하다고 주장할 수도 있다. Q가 1천만 원을 빌릴 수 있다면 이 방식도 공평하다 하겠지만, Q는 이제 1천만 원을 빌려줄 대상과 새로운 계약을 하고 이를 따르지 않을 수 없게 된다. 만약 Q의 다른 가족이 1천만 원을 무상으로 빌려준다면 Q는 가족으로부터 선물을 받고 그에 따른 답례의 의무를 지고 살게 된다. Q가 은행으로부터 1천만 원을 빌린다면 이자를 내고 원금을 반환해 의무를 다할 수 있다.

하지만 결국 Q가 다른 곳에서 돈을 빌리지 못한다면, 집주인의 동의를 받아 계약 조건을 변경해서 부족한 1천만 원 대신 월세 10만 원을 내는 방법도 있다. 그러면 P는 2천만 원을, Q는 1천만 원을 보증금으로 내고 월세 10만 원은 Q가 내는 형태로 정리된다. 이렇게 2천만 원을 기본으로 공평함을 정할 수도 있지만, 이건 돈이 없는 사람을 배제해서 얻는 평등이다. 여기서는 Q가 P보다는 적지만 1천만 원의 기본적인 보증금은 있다고 가정했지만, 보증금으로 낼 돈이 없고 가족과 은행 어디서도 돈을 빌릴 수 없는 사람들도 많다. 이 상태로 얻을 수 있는 집은 고시원 혹은 그 이하의, 집이라고 보기 어려운 집이다. 어쩌면 대부분의 Q가 P와 함께 살고자 하는 동기는 여기에 있을지 모른다. 어느 쪽이 더 평등한 방식인가에 대해서 P와 Q는 생각이 다를 수 있고 다툼이 계속된다면 같이 살기는 어려워진다. 결국 평등한 방식에 대한 기준은 P와 Q의 의견을 넘어서 외부에서 객관적으로 정해주는 편이 갈등을 해소하는 방안이 된다. 이때 모두가 평등하기 위해서는 결국 법률과 국가가 역할을 하게 된다.

2안은 형식적으로는 두 사람이 평등해 보이고, 누가 누구에게 빚지거나 신세지거나 구속되지 않아 간편해 보이기도 한다. 그러나 이는 두 사람이 각각 다른 집에서 각각의 집주인과 계약하는 상황과 다르지 않기 때문에 두 사람은 사실 평등한 관계라기보다는 서로 관계가 없는 데 가깝다고도 할 수 있다. 복잡한 관계가 되느니 관계가 없는 게 좋다는 접근이다. 결국 2안은 P와 Q의 평등한 관계를 위해 각자의 불평등한 현실은 덮고 가는 방법이다. 그리고 그 결과 P와 Q는 집주인 또는 은행하고만 각각 관계하게 된다. 그리고 이 관계에서는 각자 집주인과 은행과의 계약에 종속된다. 두 사람의 관계와 협력을 통해서 얻을 수 있는 이득은 포기된다. 개인과 가족의 자율성을 포기한 대신 평등하고 공정한 계약 관계를 보증하는 법의 안전성과 보편성을 택하고 그에 종속된다는 점에서 1안의 가족과는 구분되는 국가의 방식을 선택한 셈이라 할 수 있다. P와 Q는 국가의 법률 아래 평등하고 서로 무관한 두 사람이 각각 공정한 세금을 지불하는 것과 같은 관계가 된다. 국가를 통한 평등은 역설적으로 모두가 국가에 종속되어 지배받는다는 점에서 근본적으로는 불평등하기도 하다. 물론 국가가 민주적이고 가난한 사람들의 편이라면 좀 더 좋은 계약 조건이나 금융 지원을 제시할 수 있다. 국가가 세금을 사용해 주거 정책이나 금융 정책을 통해 이들이 살 수 있는 집을 지원할 수도 있다. 물론 여기에는 여러가지 기준과 국가의 의지가 반영된다. 임대주택이나 주택분양 정책, 전세자금이나 매입자금 정책, 공공의 건물이나 기숙사 또는 복지시설 등이 그러한 예다. 그러나 반대로 국가가 자본의 편에서 사실상 자본의 착취와 구조의 안정성에 기여하게 될 가능성도 언제나 있다.

3안. 자유의 방식
P가 3천만 원을 Q가 1천만 원을 보증금으로 내고, Q가 P에게 10만 원을 이자로 낸다.

P가 Q의 보증금 1천만 원을 대신 내줌에 따라 월세도 남는 돈도 없는 방법이다. Q의 입장에서는 집주인에게 줄 월세를 P에게 주는 셈이 된다. 이는 P가 Q에게 1천만 원을 월 이자 10만 원에 빌려준 것과 같은 결과로 P와 Q 사이에는 채권자-채무자 관계가 형성된다. 이에 따라 지인 간 채권자-채무자 관계가 형성될 때 발생할 수 있는 여러 문제가 함께 생길 수 있다. 물론 이 경우는 특수한 채권

자-채무자 관계다. P와 Q가 같이 사는 집에 투자하기 때문에 Q가 혼자 사는 전셋집에 P가 보증금을 빌려주는 상황과는 다르다. 같은 집에 살면서 Q가 돈을 떼먹기 위해서는 두 단계가 필요한데, 먼저 P 몰래 집에서 자기 짐들과 함께 빠져나가야 하고 다음으로 집주인에게 보증금을 반환받아야 한다. 보통의 집주인이라면 P의 짐이 아직 있는 집을 보고 보증금을 반환해 주지는 않는다. 의식하든 아니든 P와 Q가 같이 사는 집에는 집주인과의 자본주의적 계약관계, 그리고 그 계약을 보호하는 법과 국가의 힘이 얽혀 있다.

만약 집주인이 월세가 아닌 전세를 고집한다면 Q는 1천만 원을 빌려와야 하는데, 뾰족한 대출처가 없다면 Q에게 가장 가까운 자산가는 P다. P가 어차피 돈이 남고, 딱히 투자할 곳이 없어서 아쉬운 상태라는 눈치도 있다. Q는 공평함이라는 기준과 현실적인 제약을 생각하면 1천만 원에 10만 원을 내야 한다. 어차피 10만 원을 내야 한다면 집주인보다 친한 P에게 주는 것이 더 좋다고 생각할 수도 있다. 대출의 편리성을 생각하면 P에게 빌리는 건 꽤나 괜찮은 방법이다. 3안은 P에게는 더없이 좋은 선택이다. 그에게는 이만한 투자처가 없다. 집주인에게 주느니 나 또는 우리가 더 잘 쓸 수 있을 것이다. 10만 원을 어떻게 쓰든 결국 P의 제안은 자본의 합리성에 따른 것이다. 투자에는 빌려준 돈을 돌려받지 못한다는 위험이 있지만 이 경우에는 그런 위험이 거의 없다. 만일 Q가 자신에게는 경제적으로 아무런 의미가 없기 때문에 매일 얼굴을 보는 P에게 부채를 지는 것보다 거의 볼 일 없는 집주인에게 월세를 내는 게 훨씬 깔끔하다고 생각한다면, P는 Q에게 10만 원보다 낮은 이자를 받음으로써 Q에게도 약간의 경제적 이득을 주는 것을 고려할 수 있다.

P든 Q든 2안에서 3안으로 이동하려고 하는 동기가 있고 그 결과 계약관계 혹은 채권-채무 관계가 내부화되었다. 3안은 1안의 가족관계, 2안의 국가관계와는 다른 자본관계라고 할 수 있다. 내부의 자본과 관계를 최대한 활용해 외부의 자본과 대결하고, 최대한의 수익을 얻는 선택이다. 그러나 이 수익은 그냥 얻어지지 않는다. 이제 자본은 외부에 존재하는 세상의 질서가 아니라 관계 내부의 문제가 된다. Q가 월세를 낼 집주인은 임대인이 아니라 P가 된다. Q가 이자를 내야 할 채권자는 P가 된다. P와 Q의 관계는 경쟁과 계약에 따른 자유로운 관계라고 할 수 있다. 이 관계는 자유로운 만큼 효율적이고 좋은 관계가 될 수도 있지만, 반대로 불평등한 관계가 될 수도 있다. 우선 이자율은 이제 P와 Q의 합의에 달린 문제가 된다. 임대인처럼 10만 원, 연 12%가 될 수도 있지만 0이 될 수도 있다. 만약 0이 된다면 1안과 같은 형태가 될 것이다. 반대로 P가 연 12%를 넘어서는 요구를 한다고 해도 Q의 입장에서 거부하기 어렵다면 관철될 수도 있다.

이자의 형태 또한 논의의 대상이 될 수 있다. 현금이 아닌, 공과금과 기타 경비 또는 월세가 남아 있다면 이를 Q가 내는 것으로 대신할 수도 있다. 더 나아가서 돈이 아니라 현물이나 가사노동이나 감정노동으로 대체될 수 있다. 이 관계가 무탈하게 진행될 수도 있지만 화폐로 정확히 측정되지 않는 것들은 항상 주는 사람과 받는 사람의 측정법이 다르기 마련이고, 그 측정법은 시간이 지나면서 달라진다. P와 Q의 경쟁과 계약은 자유롭다고 하지만, 현실적으로 그렇게 되기는 어렵다. P에게는 자본의 효율적인 활용과 그에 따른 수익의 문제일 뿐이고 다른 선택의 여지도 있지만, Q에게는 살 수 있느냐 없느냐의 문제가 될 수 있기 때문이다. 이미 불평등한 현실에서 자유로운 경쟁이란 결국은 불평등을 더 심화시키는 결과를 낳기 마련이다. 자유로운 관계가 가장 자유롭지 못한 관계가 된다 해도 이상할 건 없다.

4안. 공유의 방식
P가 3천만 원을 Q가 1천만 원을 보증금으로 낸다. Q의 10만 원은?

4안은 언뜻 보면 낯설고 새롭고 이상한 방법이다. Q가 1안의 상태에서 불편함을 느껴 P에게 10만 원을 주기로 했다고 하자. P가 Q의 10만 원을 받는다면 3안과 같은 결과가 되겠지만 P가 Q의 제안을 인정하면서도 10만 원을 사양한다면 4안이 성립된다. 두 사람이 서로 사양하는 경쟁의 결과 어느 한쪽이 이긴다면 수익은 상대방에게 가겠지만 어느 정도에서 타협을 본다면 적절히 분배하는 선에서 정리될 수도 있다. 이 경우는 결과만 놓고 본다면 3안에서의 타협의 결과와 유사할 수 있지만, 과정과 관계는 전혀 다르다. 3안은 각자의 이익을 위해 타협하는 과정이라면, 4안은 반대로 자신이 이익이 필요 없음을 애써 증명하는 과정이다. 경쟁의 양상은 비슷하지만, 3안은 힘이 큰 쪽이 이익을 가져가서 힘의 격차가 더 커진다면, 4안은 힘이 작은 쪽이 이익을 받아 힘의 격차가 줄어드는 결과가 된다. 힘이 비슷하다면 이익은 다르게 사용될 것이다.

이제 P도 Q도 원하지 않는 10만 원을 어떻게 처리할지의 문제가 남는다. 첫 번째 방식은 외식을 하든, 영화를 보든, 필요한 물건을 사든, 둘의 공금으로 같이 쓰는 것이다. 화폐의 크기만 보면 1안에서 Q가 답례를 하거나 3안에서 Q가 현물로 P에게 지불하는 경우와 동일해 보인다. 그러나 화폐의 쓰임새를 결정하는 주체가 달라진다. 1안은 Q가, 3안은 P가 결정한다면, 4안은 둘이 함께 결정한다. 두 번째 방식은 공금의 처분을 미래로 유보하는 것이다. 이 공금은 계속 축적되겠지만 갈 곳은 아직 정해지지 않았다. 만약 어떤 문제로 인해서 공금이 필요한 사태가 온다면 유용하게 쓸 수도 있다. 세 번째는 둘의 외부로 향하는 것이다. 그것은 P와 Q가 동의하는 곳에 기부하는 형태일 수도 있고, 다음에 올 R을 위한 것일 수도 있다.

4안의 관계는 앞서의 다른 안과는 구분되는 특징이 있다. 첫째, 4안은 어느 쪽도 자본수익을 우선으로 생각하지 않는다. 1, 2, 3안 모두 방식은 다를지라도 자본수익을 누가 가질지와 관련이 있다는 점에서 핵심은 동일하다. 1안은 선물을 통해 P가, 2안은 규칙에 따라 제3자가, 3안은 경쟁을 거쳐 Q가 가져가지만 4안은 가져갈 사람이 정해지지 않았다. 4안은 내가 갖지 않는 게 더 중요한 사양의 관계라고 할 수 있다. 둘째, 사양의 결과로 4안에서는 공동의 기금이 발생한다. 1, 2, 3안은 공동의 기금이 발생하더라도 각각 정해진 방식에 따라서 소유권이 결정되어 곧 사라져 버린다. 4안에서는 양측이 소유를 원하지 않음으로써 공동의 기금이 만들어지고 유지될 수 있다. 셋째, 공동의 기금은 외부와 우호적으로 교통하는 기반이 될 수 있다. 1안이 폐쇄적이고 2안과 3안이 외부에 대해서 수탈적으로 기능한다면, 4안은 공동의 기금이 외부로 나가거나 또는 외부를 환대하는 기반이 된다. 이런 면에서 내부 구성원이 공유하면서도 외부에 열려 있는 공유지를 구성하는 방식은 4안이 유일하며 이를 커먼즈의 방식이라고 할 수 있을 것이다.

가족=국가=자본을 넘어서

대부분의 관계는 1안의 우애에 기반한 가족관계, 2안의 평등에 기반한 국가관계, 3안의 자유에 기반한 자본관계 중 하나거나 이들이 뒤섞여 있는 형태다. 대부분의 사람들은 돈을 벌어 자본금을 모으고, 가족으로부터 자금을 지원받고, 국가로부터 전세자금과 주택매입자금을 보조받아 집을 구한다. 문제는 이 과정에서 모두가 서로 경쟁하며 결코 누구도 진정한 자유, 평등, 우애를 누리며 살아갈 수는 없다는 것이다. 남는 건 오히려 점점 더 강화되는 독점과 지배와 차별이다. 변변한 가족도, 국가도, 자본도 가지지 못한 사람들은 이 세상에서 살아가는 것이 점점 더 어려워진다. 가족=국가=자본의 삼위일체는 공고한 구조를 이루고 있다. 자본의 불평등을 국가가 보완하고, 국가의 비효율을 자본이 보완하고, 자본과 국가의 문제를 가족이 떠안고, 가족이 해결할 수 없는 건 국가와 시장에 맡기는 방식이다. 하지만 각 계기를 오가는 것으로는 결코 이 구조를 벗어날 수 없고 구조는 점점 더 강화된다. 이 구조에서 벗어나는 경로는 결국 4안, 커먼즈관계뿐이다. 현실에서 4안은 물론 드물지만 이따금씩 출현하고 상당한 안정성을 갖고 유지되는 경우도 있다. 건강하고 개방적이며 오래 지속되는 관계 속에서는 4안과 유사한 형태의 관계가 발견된다고도 할 수 있다.

빈집도 처음에는 우애에 기반한 1안으로 시작했다. 보증금은 낼 수 있을 만큼 내고, 월세는 똑같이 분담하는 게 좋겠다고 생각한 것이다. 특이한 점이라면 처음 오는 손님들도 마찬가지로 같은 금액을 분담하도록 해 동등한 주인으로서 함께 살려고 했다는 점이다. 이미 있는 집에 보증금이 더 필요하지는 않았기 때문에 이 부분은 굳이 얘기하지 않았고 누가 부담했는가는 가려졌다. 하지만 엄연한 현실은 완전히 가려지지는 않았다. 집을 재계약하고, 새로운 집을 구할 때는 특히 도드라졌다. 그러자 누군가는 나도 주인이라며 보증금을 분담하거나 월세를 더 내겠다고 제안을 했다. 이때 빈집은 2안이나 3안으로 전환될 수도 있었다. 그러한 제안 역시 충분히 타당한 이유와 있었기 때문이다. 빈집이 2안을 선택했다면 아마도 국가의 보조금을 활용하거나 정책적 지원을 받기 위한 단체를 구성하는 방향으로 나아갔을 것이다. 3안을 선택하고 성공했다면 셰어하우스를 전문적으로 운영하는 기업의 형태로 나아갈 수도 있었을 것이다. 1안을 지켰다면 더 폐쇄적이지만 더 안정적인 소규모 공동체로 유지되었을 수도 있다. 하지만 결과적으로 빈집은 4안을 택했고, 그것이 빈집의 특수성을 낳았다.

지금까지의 안들을 정리하면 [그림 3]과 같은 도식을 얻을 수 있다. 1안은 선물을 하고 받는 사람이 답례의 의무를 갖는 가족관계의 원형이라고 할 수 있다. 2안은 법률에 따라 동등한 입장에서 계약하고 분담하는 국가관계의 원형이라고 할 수 있다. 3안은 시장 질서에 따라 거래하고 경쟁하는 자본관계의 원형이라고 할 수 있다. P가 가족관계 또는 국가관계에서 인정받지 못하는 입장이라면 자본관계의 유혹을 받는다. Q는 국가관계와 자본관계에서 끊임없이 빼앗기는 입장으로 가족관계의 유혹을 받는다. P와 Q는 각자가 가진 자본의 차이로 인한 입장의 차이를 갖게 되고 갈등을 빚게 된다. 1안과 3안의 타협으로서 2안의 국가관계는 P와 Q 누구도 만족할 수는 없지만 수긍하지 않을 수 없는 대안이다. 그렇게 P와 Q의 관계는 사실상 단절된 채 외부의 힘에 종속되어 버리고 만다. 그리고 다시 자본관계와 가족관계의 유혹이 시작된다.

[그림 3] 함께 살기 게임의 관계

평등	2안	우애	1안
국가		가족	

자유	3안	공유	4안
자본		커먼즈	

P와 Q가 각각 어떤 사람이고, 둘이 어떤 관계인가에 따라서 현실에서의 선택은 다양할 수 있다. 둘 모두가 충분히 만족한다면 어떤 선택이든 존중받아야 한다. 하지만 가족, 국가, 자본이라는 구조에 내재한 근본적인 갈등 관계가 해소되기 어렵다는 점도 분명하다. 그러나 자본=국가=가족과는 다른 대안인 4안이 존재한다. P는 가족관계에서의 태도를 유지한 채 관계를 확장하고, Q는 자본관계와 국가관계의 현실을 인정한 채 관계를 전환할 수 있다. 이렇게 만난 P와 Q는 전혀 다른 관계와 다른 자원으로 구성된 커먼즈의 관계를 만들어 낼 수 있다. P와 Q는 커먼즈관계에서 직접적인 이익을 얻는 건 아니지만 자원을 외부에 빼앗기고 종속되는 게 아니라 함께 관리하는 입장에 선다. P는 국가관계보다 커먼즈관계에서 더 많은 자본을 제공해야 하지만, 그 통제권을 여전히 보유한다는 점에서 장점이 있고, Q는 커먼즈관계에서 여전히 비용이 발생하지만 그 통제권을 찾아올 수 있다는 점에서 더 좋다. 가족관계와 비교한다면 P는 가족에게 하는 것과 유사한 선물의 실천을 가족을 넘어서 외부에 대해서도 실천하게 되며, Q 역시 자신이 받는 선물을 사양함으로써 P와의 관계에서 동등성을 획득하고 세계에 대한 선물의 실천을 함께하게 된다. 자본관계와 비교한다면 P는 자본수익을 포기하는 대신 Q를 착취하기를 그만두고 동등한 관계와 우정을 얻을 수 있다. Q는 착취로 빼앗기던 것을 되찾고, 동시에 되찾은 것을 온 세상과 공유하는 선택을 할 수 있다.

이렇게 분명하게 구분되면서도 구조적으로 연관된 가족, 국가, 자본, 커먼즈의 네 가지 관계는 앞으로의 논의에서 반복적으로 사용할 유용한 도구이다. 물론 함께 살기 게임의 모델은 대단히 단순화한 것이다. 가족도, 국가도, 자본도 이렇게 단순하지만은 않고 커먼즈 역시 마찬가지다. 커먼즈관계는 이상적이고 희소하지만 분명히 존재하고, 생각보다 자주 출현하고, 없어질 수도 없고, 없어져서도 안 된다. 자본=국가=가족으로 구성된 공고한 현실을 바꿔낼 유일한 가능성이 커먼즈에 있기 때문이다.

III. 친구와의 돈거래: 채권자-채무자 관계를 넘어서

애초에 금융은 수입과 지출의 불일치에서 비롯된 단순한 잉여/손실에 불과한 계기다. 사람들의 일차적인 관심은 잔액이 떨어지지 않는 것이다. 잉여가 다소 남으면 다음 달로 넘겨서 그다음 달에 더 많은 소비를 할 수 있다. 당장 꼭 필요한 소비만큼의 잉여만 있다면, 잉여의 크기나 용처는 큰 관심의 대상이 아닐 수 있다. 향후에 필요한 소비를 위해서 잉여를 모아둬야 할 수도 있지만, 결국 언젠가는 모두 소비하는 게 목적이라면 크게 달라질 건 없다. 하지만 반드시 꼭 필요한 지출에 비해 수입이 충분하지 않아 다른 사람의 도움 없이는 생존이 불가능해진다면 상황은 달라진다.

수입과 지출의 차이는 사회적 관계를 발생시킨다. 수입과 지출의 차이가 +인 사람 P와 −인 사람 Q가 있다. Q의 생존을 위해서는 어떤 방법을 통해서든 화폐가 이동해야 한다. 이동하는 방식에는

크게 세 가지가 있다. 첫 번째는 P가 Q에게 선물하는 것. 두 번째는 P를 수탈해서 Q에게 분배하는 것. 세 번째는 P가 Q에게 대출하는 것. 그래서 적절히 각자의 잉여와 손실이 상쇄된다면 수입과 지출의 불일치의 문제는 사라진다. 대신 이동의 방법에 따라 P와 Q 사이에는 특정한 관계가 만들어진다. 첫 번째는 선물의 관계가, 두 번째는 수탈의 관계가, 세 번째는 부채의 관계가 성립한다. 그리고 이 관계의 성격은 다음번의 교환과 그 이후의 관계에도 영향을 미치게 된다. 선물에 대해서는 답례의 의무가, 수탈에 대해서는 재분배의 의무가, 부채에 대해서는 상환의 의무가 남기 때문이다. 결국의 잉여/손실의 결과로 발생한 금융의 문제는 직접적으로 사회적 관계의 문제가 된다. 금융의 문제는 어떤 개인 혹은 집단이 특정 기간에 흑자인가 또는 적자인가 하는 경제적 상태의 문제를 넘어서, 이들이 어떤 사회적 관계를 맺고 있는지 그리고 어떤 사회 속에 있는지를 보여주는 문제다.

  만약 사회적 관계가 대단히 중요한 문제가 된다면 여기에는 어떤 전도가 발생한다. 잉여가 단순히 우연적인 차액이 아닌, 목적으로 전환되는 것이다. 잉여가 목적이 되면서 오히려 수입과 지출은 그 목적에 종속되는 계기가 된다. 잉여를 위해 수입을 벌고, 지출을 줄인다. 선물을 하기 위해, 수탈에 대비해, 채권을 얻기 위해 잉여를 확보한다. 지출이 아닌 잉여를 목적으로 한 행동에는 한계가 없다. 수입에 따라 지출하거나, 필요에 따라 지출하는 게 아니라 잉여를 목적으로 노동을 계획하고, 소비를 통제한다. 그리고 자본주의에서 잉여는 더 많은 잉여를 낳기 때문에 이러한 운동은 더 가

속화된다.

  선물이나 수탈에 기댈 수 없는 관계라면, 채권자-채무자 관계는 불가피하다. 이때 발생하는 문제들이 곤란하다고 해서 관계 자체를 끊어버리는 건 문제를 다른 쪽으로 돌리는 것일 뿐 해답이 될 수 없다. 문제는 현재의 시스템에서 채권자-채무자 관계가 돈이 돈을 버는 자본의 질서를 너무 당연히 여김에 따라 불평등의 문제가 갈수록 심화된다는 것이다. 채권자-채무자 관계를 넘어서 새로운 우정의 관계를 만들어 가려면 어떻게 할 수 있을지 가장 단순한 친구관계에서부터 탐구를 시작해 보자.

  친구에게 돈을 빌려주거나 반대로 친구에게 돈을 빌려 본 경험이 있는가? 친구에게 돈을 빌려주면 돈도 잃고 친구도 잃는다는 말이 인생의 격언처럼 통용될 만큼 친구끼리 돈거래를 하면 안 된다는 게 상식으로 받아들여지고 있는 요즘이다. 인간관계를 크게 가족, 친구, 타인으로 구분한다면 필요한 순간에 누구에게 도움을 요청할까. 가족이 도움을 줄 수 있는 행운을 타고 난 경우에는 당연히 가족에게 요청할 테고, 다음으로는 가까운 친구와 지인에게 도움을 요청할 것이다. 어려울 때 도움을 주고받는 사람이 친구가 아닌 타인이라면 친구란 도대체 무엇인지 물어야 한다. 친구와 돈거래를 하지 말라는 말이 곧 돈거래를 타인하고만 하라는 말이라면, 친구와는 무슨 거래를 할 수 있을까. 돈이 가장 중요하고 모든 게 돈으로 환산되는 세상에서 돈을 빼고 거래하라는 건, 사실 그 관계가 별로 중요하지 않다는 걸 의미할 수도 있다.

  사실 돈만이 아니라 모든 인간 관계는 위험성을 내포하고 있다.

수많은 사람들은 이런 위험을 모르지 않았지만 그걸 감수하고 함께했다. 그럴수록 우리는 우리의 관계를 질곡하는 것이 무엇이고, 우리의 관계와 그 관계가 놓인 세상을 어떻게 개선해 갈지를 고민해야 한다. 그래서 친구와의 돈거래에서 문제가 발생하더라도 다시 친구와의 관계를 복원할 수 있는 방법을 같이 탐구할 필요가 있다.

여러 가지 복잡한 상황들이 있겠지만 친구와 돈을 거래해 채권자-채무자의 관계가 될 때의 상황을 단순화하자면 다음과 같은 입장의 차이가 있을 수 있다. 빌린 사람이 원금을 반환하는 데는 문제가 없는 상황이라고 가정한다. 당신은 어떤 유형인지 알아보기 위해 아래의 두 질문에 답을 해보자.

질문 1: 당신이 친구에게 돈을 빌려주는 입장이라면, 이자를 받는 게 좋다고 생각하는가?
질문 2: 당신이 친구에게 돈을 빌리는 입장이라면, 이자를 주는 게 좋다고 생각하는가?

두 질문에 대한 답에 따라서 네 가지 유형이 나올 수 있고 이를 도식으로 나타내면 [그림 4]와 같다.

A. 친구끼리 무슨 이자, 무이자로 빌려주고 무이자로 빌린다

A는 친구끼리는 이자 거래를 하면 안 된다고 생각하는 유형이다. 아마도 A는 타인과는 당연히 이자 거래를 할 것이고, 친구와

[그림 4] 친구와의 돈거래 유형

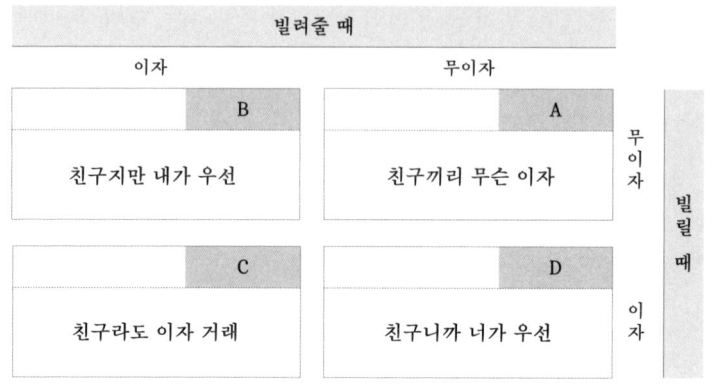

타인을 정확하게 구분하는 걸 중요하게 여길 것이다. A는 친구를 무이자 거래를 할 수 있는 사람으로 정의할 수도 있다. 그리고 거래 상대도 당연히 A와 같은 입장의 사람이어야 한다. 두 사람 간에는 무이자로 거래하는 게 당연해야 하기 때문이다. 이들은 언뜻 보면 아무 문제가 없는 좋은 친구 사이로 보일 수는 있지만 꼭 그렇지만은 않다. 채권자는 이자를 받을 수 있고, 반대로 채무자는 이자를 내야 하는 환경 속에서 친구끼리의 무이자 거래는 온전하기 어렵다. 현실의 기준에 익숙한 사람들에게 이 계산법은 생각하지 않으려 해도 친구 사이에 지속적으로 개입된다. 무이자로 돈을 빌려준다면 현실적으로는 채권자가 채무자를 돕는 선물의 관계가 된다. 물론 친구끼리 그런 구분이 필요 없다고 말할 수는 있지만 이런 관계가 반복된다면 친구 사이에도 분명한 위계가 발생한다. 자산의 차이가 있는 상황에서는 서로 빌리고 빌려주는 경우보다는 한쪽에서 일방적으로 빌려주는 경우가 대부분일 수밖에 없기 때문이다. 채무자는 채권자에게 이자가 아니더라도 어떤 형태로든 다른 무언가를 제공해야 한다는 부담이 쌓이기 마련이다.

B. 친구지만 내가 우선, 이자를 받고 빌려주고 무이자로 빌린다.

B는 친구 사이에서도 챙길 건 다 챙겨야 한다는 유형이다. 이익 추구가 당연한 자본주의 사회에서 일반적인 인간 유형이라고 할 수 있지만, 결코 좋은 친구라고 보기는 어렵다. B는 빌려줄 때는 타인처럼 빌려주면서 빌릴 때는 친구라는 점을 이용해 무이자로 빌리기를 기대한다. 어떤 상황에서든 중요한 건 자신의 이익일 뿐 거래의 원칙이나 친구 간의 의리는 뒷전이다. 사실상 친구로 생각하는 사람이 없거나, 있어도 타인보다 더 만만하게 여길 뿐이다. 친구들이 B의 이런 행동을 알게 된다면 친구로 지내기 어려워지고 B와 계속 거래할 이유도 사라진다. 나는 B를 친구라 생각했는데, 상대는 그저 나를 이용했다는 생각이 들기 때문이다. B는 가능하기만 하다면 시장 금리보다 더 높은 이자를 받고자 할 것이다. 이런 B의 성향을 안다면 누구도 굳이 B에게 친구라는 이유로 무이자로 빌려줄 사람은 없다. 그래서 B의 욕심은 그대로 실현되기는 어렵고 실제로는 C와 비슷하게 이자를 주고받을 가능성이 높다. 그리고 그 와중에도 끊임없이 이익을 더 얻기 위해 애쓰게 된다.

C. 친구라도 이자 거래, 이자를 받고 빌려주고 이자를 주고 빌린다.

C는 친구 사이라고 하더라도 줄 건 주고, 받을 건 받는 게 좋다

는 유형이다. 친구 사이라도 돈거래는 사회에서 일반적으로 통용되는 기준과 동일한 기준으로 해야 한다. 자기가 빌릴 때든 빌려줄 때든 마찬가지다. 그런 면에서 C에게는 일관된 원칙과 기준이 있다. 그리고 친구끼리 무이자로 거래하는 게 꼭 좋지만은 않다는 경험이나 판단이 있을 수도 있다. B처럼 자기만을 생각하는 건 아니라서 거래해도 특별히 손해 보지는 않는다. 하지만 C에게는 친구와 타인의 차이가 없기 때문에 굳이 친구와 거래를 할 필요가 없고 가능하다면 안 하는 게 더 좋다. 또한 C끼리의 거래는 다른 유형과 거래하는 데 비해 편리하다는 장점이 있다. 예를 들어 C가 채권자고 A가 채무자라면 A는 서운할 거고, A가 채권자라면 C의 행동을 낯설게 느낄 수 있다. C와 B의 거래는 B의 무리한 요구로 인해 피곤할 수는 있지만, 사실상 C와 B는 구분되지 않는다.

D. 친구니까 너가 우선, 무이자로 빌려주고 이자를 주고 빌린다.

D는 빌려줄 때는 무이자로 빌려주지만, 본인이 빌릴 때는 이자를 주려고 하는 다소 이상한 유형이다. D에게 일관된 원칙은 없다. 빌려줄 때는 A와 같은 원칙을, 빌릴 때는 C와 같은 원칙을 취한다. 입장에 따라 원칙이 바뀐다는 점에서는 B와 같지만, B와는 정반대로 자신이 아니라 친구의 이익을 추구한다. 누구나 D와 거래한다면 언제든 이익을 얻는다. D는 친구와 거래할수록 손해지만 그 선택을 자신이 했다는 점에서 손해라고만 할 수는 없다. D가 얻는 건 친구의 이익이고, 어떻게 보면 친구 그 자체다. 두 사람의 D가 서로 만나서 거래를 한다면 서로 입장에 따라 다른 기준

을 적용할 테니 거래가 성사되지 않을 것 같지만, 사실 이 두 사람의 거래는 이미 거래라는 논리를 넘어섰다. 돈은 어떻게 되든 상관없다. 두 사람은 서로를 위하는 친구관계로 동등하면서도 누구도 손해 보지 않는다. 이렇게 세상과는 다른 질서로 관계 맺고 있다.

세상은 B로 넘쳐나고 이기적인 경쟁이 제도화된 세상에 C는 익숙해져 있다. B와 C로 가득한 세상에서는 사실상 친구는 없고 모든 타인은 경쟁자일 뿐이다. 이런 세상에서 A와 같은 사람들은 더 없이 소중하다. 하지만 A 사이의 자연스러운 무이자 거래는 B와 C로 가득한 현실 속에서 왜곡된다. 그리고 채권자 A와 채무자 A의 관계는 동등하지 않다. 이자가 오가지 않더라도 다른 형태의 채권자-채무자 관계가 재현될 가능성이 높다. D는 드물지만 분명히 있고 누구라도 D와 같은 친구를 원한다. 하지만 D는 늘 손해를 입고 사라져 갈 위기에 처해 있다. 어떻게 D를 지키고 D와 친구가 될 수 있을까. 방법은 스스로 D와 같은 친구가 되는 것뿐이다. 빌려주는 D와 빌리는 D는 기본적으로 동등하다. 친구와 거래하더라도 이익을 목적으로 하지 않는다. 누구도 이자를 취하려고 하지 않기 때문에 항상 돈이 남고 서로 주려고 늘 옥신각신하는 사이에 돈은 필요한 쪽으로 자연스럽게 흘러간다. 굳이 따져 보자면 늘 채권자와 채무자가 있기는 하겠지만 이제 그런 건 누구도 신경 쓰지 않는다.

자치-생활

해방촌의 작은 기적,
빈집의 특별한 공동생활

1. 빈집의 손님=주인 되기

　빈집의 주인 없애기 또는 모두가 주인 되기 작업은 공간, 활동, 재정, 문화적인 면에서 모두 성공적이었다. 그렇게 모두가 손님=주인인 공유지가 열렸고, 그것이 빈집의 특이함을 만들었다. 하지만 시간이 흐르고, 사람이 늘어나고, 집이 많아지면서 재정적인 면에서 숨겨져 있었던 문제가 드러났다. 모두가 동등하게 내는 분담금 외에도 집을 구하고 유지하기 위해서는 보증금이라는 큰돈이 필요하다는 사실이었다. 보증금은 눈에 보이는 것도 아니고 매달 움직이는 돈도 아니었기 때문에 보증금을 낸 출자자들이 보상을 바라지 않고 함구하는 것만으로 모두가 이런 돈이 없는 것처럼 지낼 수 있었다. 하지만 새로운 집을 구하거나 기존 집을 재계약할 때는 돈을 모아야 했다. 보인 돈의 액수에 따라서 월세가 달라지고 분담금도 따라서 변하는 현실 앞에서 이 문제는 심각하게 대두

되었다. 일상적인 수입과 지출을 동등하게 나누는 문제를 넘어서 자본과 부채와 자산의 차원에서도 모두가 동등한 주인으로서 함께하기 위해 금융적인 면에서 주인 없애기 또는 모두가 주인이 되는 작업이 필요해졌다.

빈집의 출자자는 자신의 돈을 집의 보증금에 보태고 집의 계약이 끝나거나 꼭 필요한 상황이 되면 돌려받을 수 있다는 점에서 돈을 빌려주는 채권자와 다르지는 않았다. 그러나 그들에게 채권자라고 하면 분명 화를 버럭 낼 텐데, 그만큼 그들이 느끼는 차이는 컸다. 빈집의 출자는 우선 채무자가 정해져 있다 하기 어렵고, 단지 전월세 계약에 문제만 생기지 않으면 된다는 정도로 생각한다는 점에서 보통의 채권자와 차이가 있다. 모든 세입자가 그렇듯이 본인도 사는 집의 보증금에 가진 돈을 보태는 게 당연하기 때문에 대출을 해주는 거라고는 생각하지 않았다. 물론 빈집에는 본인과 가족 외에도 여러 사람들이 지낸다는 점이 달랐지만, 그럼에도 특별히 계약관계나 채무자를 신경 쓸 필요는 못 느꼈다. 마찬가지의 이유로 수익도 크게 신경 쓰지 않았고, 모두가 사는 집의 월세가 줄어드는 것만으로 만족하는 경우가 많았다. 오히려 낸 보증금에 따라서 이자를 지급하겠다고 했을 때 불쾌하다는 반응을 보이기도 했다.

빈집 출자자의 특징 중 하나는 다들 여유가 없는 와중에도 누군가는 본인 집 보증금에 해당하는 거의 전 재산을 출자했다는 점이다. 어떻게 이렇게 겁이 없고 물정 모르고 용감할 수 있었을까. 심지어 자신이 출자해서 구한 집과 다른 집에 살거나, 출자한 사람과 계약자의 명의가 다른 경우도 많이 있었지만, 그럼에도 그 믿음은 달라지지 않았다. 이런 무모한 용기를 내는 데는 같이 사는 사람들에 대한 신뢰와 애정, 같이 사는 사람들에게 이자를 받아서는 안 된다는 윤리적인 동기 없이는 불가능했을 것이다. 이익도 애정도 윤리도 없다면 출자자에게 남은 건 묶여 있는 출자금뿐이니 당장에라도 회수했을 것이다.

다른 한편 빈집에 살던 모두는 누군가에게 돈을 빌려서 집을 계약하고, 집 계약이 끝나면 돈을 반환해야 하는 의무를 갖고 있는 사람들로 사실상 채무자였다. 물론 빈집에 손님으로 오면서 채무자가 되려고 오는 사람은 없다. 단지 손님으로만 머물고자 한다면 정해진 가격을 지불하는 걸로 충분하다. 하지만 빈집의 손님들은 시간이 흐르면서 스스로 주인의 자세를 갖게 되고 집의 유지를 위해 필요한 것들을 하나씩 알아가게 된다. 그중 하나가 전월세 계약을 위한 보증금과 이를 위해 출자금과 차입금을 제공한 사람이 있다는 것이다. 이 사실을 알게 되는 순간 이 손님=주인은 채무자의 입장이 된다. 이때 반응을 이렇게 나눌 수 있다.

먼저 채권자를 선물한 사람으로 보는 입장이다. 이 경우 고마운 마음을 갖고 어떤 형태로든 답례할 필요가 있다고 생각하는 입장과 애써 선물의 가치를 낮추고 부정하는 입장으로 나눠질 수 있다. 답례는 여러 행태로 이뤄지는데 선물한 사람에게 답례하는 경우도 있고 다음 사람 또는 빈집에 여러 형태로 선물을 하는 경우도 있다. 하지만 보증금은 적지 않은 돈이기에 비슷한 수준으로 답례하기는 쉽지 않다. 여기에서 관계의 불균형이 발생한다면 차라리 이 가치를 애써 낮추고 모른 척함으로써 균형을 회복하려는 시도도 공동체에서는 나름 의미 있는 행동의 하나라고도 할 수 있다. 두 번째로, 스스로 채무자임을 인정하고 의무를 다하려는 입장이다. 이 경우 역시 스스로를 종속적인 위치로 낮추는 약한 채무자의 입장과 이자와 원금 반환의 의무를 다함으로써 동등한 입장에 서는 강한 채무자의 입장으로 구분될 수 있다. 강한 채무자의 입장을 취하는 사람은 이자를 거부하는 출자자에게 어떻게든 시세에 비해 손실을 입지 않을 정도의 이자를 지급하고자 했고, 출자자가 받지 않으면 빈집에 내서라도 동등한 입장에 서고자 했다. 빈집의 채권자와 채무자는 분명히 일반적인 경우와 다른 독특한 사람들이었지만, 자본의 세상을 살아가는 사람들로서 채권자-채무자 관계에서 완전히 벗어날 수는 없었다.

더 근본적인 문제는 빈집의 투숙객들은 정주민이라기보다는 언제든 올 수 있고 또 언제든 떠날 수 있는 이동과 출입이 대단히 자유로운 유목민에 더 가까웠다는 점이다. 구성원은 유동적이지만 집은 안정적으로 유지되어야 했다. 빈집의 보증금은 계약대로 고정되어 묶여 있지만, 각자의 돈은 유동적일 수밖에 없었다. 이미 계약된 집에 들어온 사람의 여윳돈은 은행에 남아 있었고, 집에서 떠나는 사람들은 자신의 돈을 갖고 나가지 않으면 다른 집을 구할 수 없으므로 보증금에 묶인 돈을 꺼내야 했다. 여러 이유로 한 집에서 다른 집으로 옮겨서 살아가는 경우도 많았는데, 이때 한 집에 자신의 돈이 묶여 있다면 이 돈 역시 이동시켜야 했다. 그리고 그에 따라서 양쪽 집의 보증금에 변동이 생기면 월세와 분담금 역시 변동이 발생한다. 보통의 집이라면 계약자와 출자자와 거주자가 동일한 경우가 일반적이지만, 빈집에서는 이 셋은 필연적인 관계가 아니었다. 계약자가 여행을 떠나기도 하고, 출자자가 자기가 사는 집과는 다른 집의 보증금을 내기도 하고, 출자하지 않아도 어느 집에든 거주할 수 있었다. 다수의 사람들이 유동적으로 움직이는 빈집의 특성상 돈의 흐름 역시 대단히 복잡한 방식으로 얽힐 수밖에 없었다. 여러 개의 집에 여러 사람의 목돈이 결합되고 수십 명의 사람들이 오고 가며 같이 사는 과정은 각각의 대단히 복잡한 채권자-채무자 관계가 뒤얽히며 살아가는 것과 같다. 여기에서 어떤 착오나 오해가 불거지거나 보증금에 손실이라도 발생하게 된다면 갈등은 심화될 수밖에 없고, 이런 방식은 오랜 기간 유지되기 어렵다.

　이때 일반적인 해법은 크게 세 가지 정도일 것이다. 커다란 가족과 같은 종교공동체의 방식이나, 국가가 세금을 투여하는 복지시설의 방식이거나, 상업적인 셰어하우스나 게스트하우스의 방식. 실제로 이런 해법들이 제시되기도 했고 나름의 타당성이 있었지만 어느 것도 빈집에 어울리는 방식이라고 생각되지는 않았다.

〰️

　고정된 식구가 아니라 누구라도 자유롭게 출입할 수 있다는 점이 빈집의 약점인 동시에 내난히 큰 상섬이자 고유한 특징이었던 것처럼, 출자금의 유동성도 몇 가지 분명한 약점이 있었지만 이를 잘 관리할 수 있다면 큰 장점으로 전환될 수 있었다. 이를 관리하기 위해 먼저 출자금을 약간 여유 있게 보유하고, 필요할 때 활용할 수 있는 차입금을 확보해 혹시 모를 출자금 반환에 대비함으로써 집 계약의 안정성을 확보하고자 했다. 다음으로 각종 자금의 움직임을 정확하게 기록하고, 투명하게 관리하고, 재정 현황을 바로 파악할 수 있는 회계 시스템을 구축했다. 이 두 가지를 해결하자, 출자금이 유동적이라는 건 빈집에 어울리는 중요한 장점이 되었다.

사실상 보증금을 낸 사람이 주인이 된다는 점은 빈집의 집 계약자와 손님 간 극복할 수 없는 차이를 만들었다. 그런데 이제는 원한다면 출자금을 통해 언제든 집에 필요한 보증금에 자신의 돈을 보탤 수 있고, 그만큼 주인으로서 당당할 수 있었다. 자신이 현재 사는 집이 아니라 다른 집에 출자하는 것도 가능하고, 집을 떠났다고 해도 당장 돈이 필요하지 않다면 출자금을 남겨두고 나중에 찾아가는 것도 가능했다. 목돈이 없어도 모두가 조금씩이라도 출자할 방법이 생겼다. 금액의 차이는 있지만 1원=1표가 아니라 1인=1표인 협동조합의 원칙을 가져와서 모두가 동등한 조합원으로서 함께할 수 있게 되었다. 또한 출자금 반환이 자유로워지면서 출자금을 집 계약기간 동안 반드시 묻어둬야 한다는 부담감 없이 좀 더 적극적으로 출자할 수 있게 되었고, 꼭 필요할 때는 언제든 사용할 수 있게 되었다. 그리고 집을 구하기 위해서 필요했던 부채 역시도 공동으로 관리한다면, 출자금이 늘어나면 부채를 상환하고 줄어들면 다시 부채를 활용하는 방식으로 전체 비용을 줄일 수도 있었다. 복잡해서 곤란했던 채권자-채무자 관계는 오히려 완전히 보편화됨으로써 단순화되었다. 이렇게 모두가 모두에 대해서 채권자이자 동시에 채무자가 되었다.

  빚에 대한 거부는 따라서 공허한, 개별화된, 파편화된 지형을 생산하기 위해 사회적 유대나 법적 관계들을 끊는 것을 의미하지 않는다. 우리는 **채권[유대]bond**과 **채무[은혜]debt**라는 용어에 새로운 의미를 부여하고 새로운 사회적 관계들을 발견하기 위해서 그러한 **채권bonds**과 **채무debts**에서 탈주한다. 맑스가 자본주의 사회에서의 주요한 사회적 연결로서의 화폐에 대해 말할 때 그는 현실주의적이었다. 맑스는, "개인은 자신의 호주머니에 사회와의 유대만이 아니라 사회적 권력을 갖고 다닌다."라고 썼다. **채무**에 대한 거부는 화폐의 권력과 화폐가 창출하는 **채권bonds**을 파괴하고 동시에 새로운 **유대bonds**들과 새로운 형태의 **은혜debts**를 구성하는 것을 목표로 한다. 금융의 **채권**이 아니라 사회적 **유대**에 의해 연결되면, 우리는 점차 서로에게 **빚**을 지게 된다. […] 우리를 서로 연결시키는 우리의 사회적 **유대**들은 하나의 생산수단이 된다. 우리의 상호의존성에서, 우리의 공통성commonality에서, 우리는 생산성과 힘[역량]을 발견한다. […]

  사회적 형식의 **채무[은혜]**는 공통적인 것이 갖는 고결한 측면을 증명한다. 무엇보다 이러한 **채무[은혜]는 채권자가 없는 채무**이고, 특이성들 사이의 관계를 맺는 것에 의해 규정된다. 게다가 그것은 도덕성과 죄의식으로 제한되지 않는다. 그것은, 노예적 의무라기보다, 우리가 사회와 서로에게 지고 있는 사회적 **채무[은혜]**에 대한 상호적 인식에 근거하기 때문에 공통적인 것the common의 윤리를 통해서 기능한다.

- 안토니오 네그리·마이클 하트, 조정환 외 옮김, 《선언》, 79쪽

(강조 표시와 bond 번역을 구속에서 채권으로 바꾼 건 필자)

채권자-채무자 관계는 옳지 않거나 싫다고 해서 피할 수 있는 게 아니다. 사람들 사이의 복잡한 관계를 회피하고 홀로 살아가다 보면 결국은 어느 누구와도 함께하지 않고 오직 자본의 금융시스템만을 상대하며 실질적으로는 그 시스템의 일부가 되어갈 수밖에 없다. 우리는 우리의 자유로운 관계와 자유로운 돈의 흐름을 받아들이고, 자연스럽게 우리가 서로 빚을 주고받고 있음을 인정해야 한다. 우리는 그 빚이 채권과 채무가 아닌 전혀 다른 의미를 가질 가능성이 있다는 점을 이미 경험했다. 탈자본금융 주체들은 자본의 논리를 벗어나서 서로가 서로에게 모두가 모두에게 늘 움직이지만 변함없이 유대와 은혜를 주고 받는 관계를 삶의 기본 조건으로 만들어 갈 수 있다.

여기서 핵심은 새로 맺어지는 관계에서 자본수익을 추구해서는 안 된다는 점이다. 관계의 목적이 자본수익이 되면 관계는 왜곡될 수밖에 없다. 자본주의에서 채권자-채무자 관계는 결국 자본수익을 추구하는 채권자와 역시 자본수익을 추구하는 채무자가 만드는 것이다. 채권자가 자본수익을 추구하는 건 당연하게 받아들이지만 채무자는 단지 피해자로만 여겨지는 경향이 있다. 하지만 사실 채무자도 두 가지의 경우를 구분할 필요가 있다. 먼저 당장의 생활비가 없어 빚을 지는 경우다. 이 경우 필요한 건 대부분 대출

이 아니라 지원이다. 이보다 많은 경우는 한쪽에서 낮은 이율로 돈을 빌리고, 동시에 다른 쪽에서는 채권자로 돈을 활용함으로써 자본 차익을 얻는 걸 목적으로 한다. 은행에서 돈을 빌려서 전세자금으로 사용하거나, 친구에게 돈을 빌려서 은행 채무를 갚는 데 사용하는 것처럼, 채무자가 되도록 낮은 이자로 대출을 얻는 이유는 역시나 자본수익을 추구하기 때문이다. 채권자나 채무자 중 어느 한쪽이 자본수익을 추구하지 않는다면 자본수익은 다른 쪽으로 넘어간다. 이런 관계가 양쪽에서 인정될 수 있다면 괜찮겠지만 이런 불균형이 계속될 수는 없다.

빈집에서 발견된 공유의 방식은 양쪽 모두가 자본수익을 사양하면서 발생한 것이다. 출자자는 같이 사는 식구를 위해 보증금에서 발생한 자본수익을 사양하고, 이용자는 이로 인해서 발생한 자본수익, 즉 줄어드는 월세 부담을 사양하고 출자자에게 돌려주려고 했다. 이렇게 양쪽에서 자본수익을 사양함으로써 빈집 사람들은 항상 가난했지만, 항상 잉여의 돈이 남았다. 빈집에서는 각 집마다 한 달에 한 번은 계좌를 확인하고, 돈통의 잔액을 헤아려서 재정 정산을 하고 모두에게 공개했다. 돈이 부족했던 적은 거의 없고 늘 소액이지만 잉여금이 남았는데, 이 돈을 가져갈 사람도 없었다. 빈집의 잉여금은 막연히 다음에 올 사람을 위해서 남겨두자며 그대로 두었고 그렇게 계속 누적되었다.

2. 집이 많아지자 마을이 되었다

　빈집은 모두가 주인이기에 누구라도 들어올 수 있고 처음 들어올 때 누군가에게 허락을 받을 필요도 없고, 누군가가 다른 주인이 들어오는 걸 막을 수도 없었다. 각자의 개인 공간이 애초에 정해져 있지 않았기 때문에 최대 정원의 개념도 없었다. 그래서 집이 좁아도 들어오고 싶은 손님=주인이 있으면 들어와서 살 수 있을 때까지 살아보는 게 기본이 될 수밖에 없었다. 그렇게 8개월이 지나자 장기투숙객만 열 명이 넘어갔다. 빈집이 새해 첫날 한 언론의 1면 기사로 나간 그다음 주는 스무 명이 넘는 사람들이 동시에 북적이며 살기도 했다. 손님방은 물론 거실에도 장기투숙객들이 살게 되자 단기 손님을 받는 일이 어려워졌다. 그래도 손님들은 계속 들어왔고 더 시끌벅적해졌다. 하지만 아무래도 공간에 여유가 없어지면서 불편함도 늘어났다. 빈집이 꽉 채워져 버렸다. 빈집이 더 이상 빈집이 아니게 된 것이다. 빈집은 또 한 번의 중요한 기로에서 결정을 내려야 했다.

　더 이상의 손님, 더 이상의 주인을 받지 않을 것인가? 아니면 집을 더 늘릴 것인가? 열띤 논의 끝에 우리는 2천만 원을 지인에게 추가로 대출받아서 새집을 구하기로 했다. 사람이 더 올 수 없다면 더 이상 빈집이 아니다. 그리고 먼저 온 주인만 주인이어서도 안 됐기 때문에 결국 빈집을 유지하기 위해서는 빈집을 확장해야만 했다.

　새집을 구하기 위한 회의를 시작했다. 살림집을 구하느니 방이 딸린 가게에서 장사하면서 사는 게 낫다는 동네 부동산 주인의 제안에 아예 가게를 구해버리자는 사람도 있었다. 당시에는 더 많은 사람들이 사는 게 더 중요하다고 판단해서 가게를 구하지는 않았지만 이때부터 빈가게에 대한 꿈은 부풀기 시작했다. 첫 번째 빈집과 5분도 안 걸리는 가까운 곳에 두 번째 빈집을 계약했다. 이번에는 보증금이 부족했기 때문에 전셋집이 아니라 월셋집으로 구할 수밖에 없었다. 그래서 이 집은 첫 번째 빈집보다 오래된데다 낡고 방도 작았지만 월 주거비는 더 비쌌다. 새집은 어떻게 운영할지 여러 의견이 나왔다. 커플들이 사는 방을 만들자는 제안이 있었지만, 커플들이 사는 집은 아무래도 접근성이 떨어진다는 의견이 강해서 받아들여지지 않았다. 결론적으로 월세의 부담을 해결하기 위해 독립다큐멘터리를 만드는 그룹이 결합해서 방 하나를 쓰고, 첫 번째 집과 새집을 통합해서 운영하기로 했다. 빈집이 두 개가 되면서 언덕 아래 첫 번째 집을 아랫집, 두 번째 집을 윗집이라고 했다.

그리고 석 달이 채 안 되어 세 번째 빈집이 시작되었다. 이 집은 빈집 사람들과 친하게 지내며 종종 놀러 오던 친구 세 명이 돈을 모아 근처에 집을 구하면서 시작했고, 커플끼리 방을 썼다. 이미 커플인 두 명이 한방을 쓰고, 나머지 한 명도 곧 애인과 같이 살기로 하면서 두 커플이 두 개의 방을 쓰고 하나의 큰 방을 공부방 또는 작업실로 개방해서 썼다. 아랫집과 윗집 사이에 있어서 옆집이라고 불렸다. 옆집은 전셋집이고 재정적인 면에서도 독립적으로 운영하다 보니 규칙에도 차이가 있었다. 옆집이 생긴 건 빈집과는 직접적인 관련은 없었지만, 기본적인 취지에 공감하고 또 빈집의 장기투숙객들과 개인적으로도 친한 친구들이었기 때문에 빈집이라고 스스로 불리기에 주저하지 않았다.

연이어 한 달이 지나기 전에 네 번째 빈집이 생겼다. 이 집은 원래 같은 동네 인근의 이주노동자와 이주 백수들이 살던 가파른 언덕길에 있던 아주 오래된 낡은 집이었다. 방이 네 개인데도 엄청 싸서 각자 독방을 썼다. 두 명이 돈을 모아서 전세금을 내고, 한두 명이 더 살곤 했었는데, 아주 개방적이고 자유분방한 분위기여서 어느 정도는 이미 빈집 같은 집이었다. 여기에서는 주로 한국어와 함께 영어를 썼고, 미국, 캐나다, 네팔, 콜롬비아, 스리랑카 등 다양한 이주민들과 내국인들도 거쳐갔다. 그런데 그중 한 명이 이사를 가면서 보증금을 돌려받아야 하자 집을 빼고 흩어져야 할 수도 있는 상황에 놓였고, 윗집에 들어와서 살던 한 친구가 보증금을 빌려줘서 그 돈을 나가는 친구에게 주고 재계약을 할 수 있었다.

그러면서 자연스럽게 빈집 사람들도 자유롭게 오가고 독방을 쓰고 싶은 친구들이 이사가기도 하는 집이 되었다. 집 이름은 원래 계약자의 이름을 따서 넉산재라고 불렸는데, 빈집이 되면서 가파른집으로 바꿨다.

이로써 빈집을 시작한 지 1년 정도 만에 집은 네 채로 늘어났고, 장기투숙객의 숫자는 스무 명을 넘어섰다. 누구도 예상하지 못했던 빠른 확장이었다. 그래서 각 집별 회의 외에도 모두가 모이는 마을회의를 한 달에 한 번씩 열기로 했다. 그리고 회의는 재미가 없으니 집사회의를 따로 하고 마을사람들이 모여 함께 놀 수 있는 빈마을잔치를 매달 하기로 했다. 빈마을의 시작이었다.

소개한 네 개의 빈집 외에도 빈집은 새로 생기고 때론 사라지면서 점점 늘어났다. 이후에도 친구가 잠시 비어 있는 성북구 길음동 집을 빈집 사람들에게 쓰라고 해서 석 달 정도 세 사람이 살았던 참길음집도 있었다. 텃밭 주말 농사를 짓다가 좀 더 본격적으로 농사를 짓기 위해 밭 근처에 살고 싶어 한 네 명이 의기투합해서 독립해 고양시 화전동에 집을 구했다. 이름하여 빈농집이다. 커플이 독립하면서 구한 작은 집이지만 곧 다시 사람들이 들어오면서 빈집화된 앞집, 고급 전세 원룸에서 살던 친구가 같은 돈으로 방 두 개짜리 집을 구해서 이사 오면서 작은 방을 독방으로 쓰고 큰 방에 장기투숙객을 받으면서 생긴 하늘집 등. 각각의 집이 제각각의 방식으로 만들어지고 운영되고, 또 제각각의 이유로 없어졌다. 하지만 그 와중에도 빈마을은 계속되면서 한동안 4-6채의 집과 30-40명 정도의 장기투숙객 규모를 유지했다. 함께 사는 사람들이 많아지면서 각종 사건과 사고, 놀이와 작업, 모임과 동아리, 우정과 애정, 오해와 갈등 등도 자연스럽게 많아졌다.

빈집이라고는 불렸지만 사실 빈집은 정의된 바가 없다. 빈집이 무엇인지 일방적으로 정의할 수 있는 주인이 없다는 게 빈집의 특징이다. 각자가 주인이고 각자가 자신의 집에서 살 뿐이다. 다만 다른 사람들과 함께, 그리고 새로운 사람들을 받아들이면서. 각각의 빈집은 사실 각각의 집 이름을 갖고 다른 사람들이 다르게 살아가는 다양한 형태의 주거공동체이며, 빈집/빈마을은 그 공동체들의 관계망인 셈이다. 각각의 공동체는 여러 경험들 속에서 탄생과 소멸을 반복했는데, 이게 가능했던 건 사람들이 이동하거나 재정적 지원을 하는 등 여러 공동체들의 공동체가 있었기 때문이다.

집이 여러 개가 되면서 기능적으로도 분화되고 문화적으로도 차이가 늘어났다. 손님을 맞이하고 많은 사람이 함께 놀기 좋았던 첫 번째 빈집이자 가장 넓었던 아랫집은 해소될 때까지 빈집의 손님=주인들이 처음 방문하는 관문과 같은 역할을 했다. 아랫집에 들어와 살다가 빈마을에 익숙해지면 다른 집들도 가보고 원하는 집으로 옮겨서 사는 것이 보통이었다. 아랫집은 개인방이 없었지만, 다른 집에서는 필요에 따라서 개인방이나 커플방을 두기도 해서 좀 더 안정적인 공동체로 운영되기도 했다.

초기 빈집의 재정 관리는 정말 단순했다. 재정 담당을 맡은 사람이 은행 통장과 자율모금통에 모인 돈을 한 달에 한 번 확인해 월세와 식비와 공과금을 내고, 남으면 은행 통장에 입금하고, 모자라면 장기투숙객들에게 알려 조금씩 더 낸다. 이게 전부다. 다들 가난한데다가 일도 많이 하지 않았기 때문에 작은 돈에도 상당히 민감했음에도 불구하고, 돈이 모자란 달은 몇 번 없었기 때문에 특별히 걱정하지는 않았다. 장을 보는 사람은 자율모금통에서 공동 식재료 구입비를 꺼내 썼고, 굳이 영수증을 일일이 챙기지도 않았다. 말하자면 재정 또는 회계 감각은 물론 그 필요성을 느끼는 사람도 별로 없었던 것이다. 전체를 모르긴 해도 아마 개인 가계부를 쓰는 사람도 거의 없었을 거라 생각한다. 어찌 보면 은행이나 금융과는 가장 거리가 먼 사람들이 모여서 특이한 은행을 만든 셈이다. 빈집과 빈고를 만든 사람들의 특이한 금융생활은 아래와 같은 대화에서 엿볼 수 있다.

☐ **A. 자기 집 보증금은 원래 있는 돈 다 끌어다가 그냥 묻어두는 거 아냐?** 공동 주거 공간에 자기가 가진 대부분의 돈을 출자했지만 돈이 돈을 벌 수는 없다며 다른 사람과 똑같이 비용을 분담하고 보상을 거부하는 주체

☐ **B. 몰라. 신세지기도 싫고, 혜택받을 이유도 없어. 낼 거 내고 당당하게 살 거야.** 출자와 차입으로 인해 월세가 줄어들었지만 내가 혜택을 받을 이유도 없고 받는 게 부담스러우니 한사코 시세대로 비용을 분담하고 출자도 하겠다는 주체

☐ C. 그냥 일단 모아 놔. 집 지을 나무를 장작으로 불 때버리면 안 돼. 추가적인 출자와 월세와 이자로 빠져나가던 돈을 절약해서 생긴 잉여금을 소비해 버리지 말고 잘 모아서 새로운 공간을 더 얻는 데 사용하자고 주장하는 주체

☐ D. 빈집은 누구나 올 수 있어야 하는데, 멀어서 못 오는 사람들도 있잖아. 그 사람들에게도 돌아가야 하는 거 아냐? 남는 돈은 삶을 위협받는 사람들, 투쟁하는 사람들, 빼앗기는 사람들에게 돌아가야 한다고 주장하는 주체

☐ E. 이 건 내 돈이 아닌데… 내가 자본가가 된 건가? 뜻밖에 1억 정도의 상속을 받고 어리둥절한 채 자신의 돈이 아닌 이 자본을 어떻게 사용하는 것이 반자본주의자의 실천인지를 고민하는 주체

☐ F. 그 돈을 빌려주면 우리가 보증금으로 잘 쓸게. 귀한 돈 그냥 쓸 수는 없으니 이자도 줄게. 이름을 공개하기 싫다면 'OO재단'이라고 하지 뭐. E의 돈을 빌려서 빈집 보증금으로 쓰기로 한 주체

☐ G. 돈 안 쓰는 게 환경운동인거 같아. 빈집 살면 한 달 사는 데 얼마 안 들겠는데? 소비를 극단적으로 줄이는 게 올바르고 재미있는 삶의 방식이라고 생각하는 주체

☐ H. 돈은 모아두면 안 돼. 돈 벌어서 뭐 하나 친구들하고 노는 데 나 써야지. 돈은 친구들과 노는 데 아낌없이 써버리는 게 좋다고 생각하는 주체

☐ I. 일 그만둬. 적게 일하고 적게 쓰면 되지. 우리는 백수가 필요해. 임금노동에 반대하고, 적게 노동하고 적게 벌면서 자신의 시간을 충분히 확보해서 필요한 것을 직접 생산하거나 재활용하는 것이 더 좋겠다고 생각하는 주체

☐ J. 나도 돈 있는데, 그냥 새집 구할 때 써줘. 이자? 아 몰라. 그냥 써줘. 이미 계약한 집에 들어왔는데 전에 살던 집 보증금이 남아 있어서 같이 써달라고 하는 주체

☐ K. 이자 주는 게 제일 깔끔하고 속 편해. 누구 돈인지 신경 안 써도 되잖아? 보증금에 출자한 사람들에 대해서 굳이 이자를 줘야 한다고 주장하는 주체

☐ L. 야, 내가 이자를 받으면 돈놀이 하는 거 같잖아. 그건 좀 아닌 거 같아. K의 주장에 대해서 굳이 사양하는 주체

☐ M. 그럼 그냥 내고 싶은 사람 내고, 출자하고 싶은 사람 내고, 그거 모아서 다음 집 구할 때 보태자. 타협책을 제안하는 주체.

☐ N. 야, 나는 은행 이자가 세상에서 제일 아까워. 남는 돈 있으면 빌리고 이자를 차라리 너 줄게. 어쩔 수 없이 은행에 진 빚을 갚고 있지만 은행에 이자를 주는 게 너무 싫어서 친구한테 빌릴 수 있다면 친구한테 이자를 주고 싶다고 생각하는 주체

☐ O. 귀찮아. 돈 계산하는 데 신경 쓰는 게 제일 아까워. 돈 계산 따위는 신경조차 쓰지 않는 주체

☐ P. 잔액이 십 원까지 딱 맞으면 기분 좋지 않아? 이익과는 무관하게 돈 계산을 엄밀히 하는 데 쾌락을 느끼는 주체

위의 대화는 실제로 있었던 내용으로 정확한 문장을 그대로 기억할 수는 없지만, 누가 어떤 상황에서 얘기한 건지는 잊히지 않는다. 이 발언들은 빈집이 새로 생기고 변화를 겪을 때마다 있었던 재정정책의 변동, 빈고의 성립과 그 이후의 빈고의 정책과 발전 과정의 중요한 국면마다 영향을 미쳤다. 첫 번째 빈집은 출자자 A와 차입자 E와 운영자 F가 모여 전세 보증금을 마련하면서 만들어질 수 있었다. 빈집의 기본적인 재정정책은 출자자 A와 이용자 B의 관계에서 만들어졌고, 여기에 운영자 C와 연대자 D가 함께하면서 빈고의 초기 형태인 빈재단이나 빈마을금고의 기본 아이디어가 갖춰졌다. 빈집 초기에는 소비자 G와 같은 사람들이 대세를 형성해서 소비를 극단적으로 줄이는 걸 미덕으로 하는 문화가 형성됐지만, 소비자 H와 같은 사람들 덕에 먹고 마시고 노는 데는 부족함

이 없었다. 그래서 노동자 I처럼 노동을 최대한 줄이고 백수가 되는 걸 선택한 사람들이 늘어나기도 했다. 네 번째 빈집은 출자자 J의 기여로 만들어질 수 있었다. 빈고는 이용자 K와 출자자 L 그리고 운영자 M이 만나서 성립할 수 있었고 이용자 N과 같은 제안들이 있어서 빈고는 보증금뿐 아니라 공동체 구성원들 개인의 채무를 전환하고 생활을 지원하는 역할도 함께하게 되었다. 다수의 사람들은 운영자 O와 같았지만, 운영자 P가 함께 있었기 때문에 빈고는 많은 사람들의 돈 계산과 걱정을 없애주는 충분히 체계적이면서도 상당히 실용적인 시스템을 갖출 수 있었다.

위의 주체들은 자본주의적 상식에서 벗어나 있다. 분명 자본주의와는 거리가 있는 탈자본금융 주체들이다. 탈자본금융 주체라는 표현은 낯설겠지만 결코 특별한 사람은 아니다. 우리 주변에서 이따금씩 만나는 착하고 고맙고 함께하고 싶은 사람들이다. 온 세상이 금융자본주의에 지배되고 모두가 자본주의에 길들여진 것도 사실이지만 항상 그런 건 아니다. 만약 출자에 대해 정당한 보상을 요구하는 주체, 출자금의 혜택에 무임승차하는 주체, 공유지를 소비할 뿐 만들고 운영하고 확대하는 데는 무관심한 주체, 자본수익의 출처와 수탈되는 이웃에 무관심한 주체, 상속이 당연하다고 생각하는 주체, 과다한 소비, 째째한 소비, 과다한 노동, 개인적 저축, 개인적 대출을 하는 주체 등 자본주의적 금융 주체로만 세상이 가득하다면 우리는 숨을 쉴 수도 없을 것이다.

굳이 **주체**라고 **표현**한 이유는 그것이 특정 사람의 일관된 생각이나 행동은 아니기 때문이다. 사람의 주체성은 복합적이며 시간과 환경에 따라 변화한다. 서로 모순되는 생각들을 동시에 갖고 우왕좌왕하기도 한다. 어느 장소에 누구와 함께 있는가에 따라 판단도 바뀐다. 입장이 달라지면 어제와는 다른 얘기를 하기도 한다. 술을 거나하게 같이 하면 호탕해져서 얘기하다가도 다음날 깨어나면 혼자서 후회할 수도 있다. 따라서 특정 말을 하는 주체와 특정 사람은 구분할 필요가 있다. 위 탈자본금융 주체들도 자본주의를 살아가는 사람들이고, 외부의 모든 관계에 대해서도 일관되게 탈자본적으로 행동하지는 않는다. 그러나 이 와중에서도 서로를 즐겁게 하는 탈자본금융 주체는 이따금씩 그렇지만 분명하게 모습을 드러내고 또 서로를 전염시키기도 한다. 빈집에 특별한 사람들이 모였다고 볼 수도 있지만, 빈집이라는 독특한 공간이 특별한 주체성을 드러낼 수 있게 하는 환경이었다는 게 더 정확할 것이다. 그리고 그러한 주체들이 빈집에서 같이 살아가기 위해서는 지속적으로 이러한 주체를 환영하고, 지지하고, 유지하고, 재생산될 수 있는 환경을 만들 필요가 있었다.

　이처럼 빈집은 모양새도 주체도 각각이었지만 결국 변하지 않았던 어떤 원칙들을 공유하고 있었고, 나중에서야 공유, 자치, 환대라는 세 가지 단어로 원칙을 정리했다. 이 원칙들은 단순한 가치가 아니라 직접적으로 빈집에서의 실천과 직결되는 것이었다.
　먼저 공유의 원칙은 공간을 누구도 독점하지 않고 나눠 쓰는 데서 시작했다. 각자가 자기 방을 가질 수 있을 정도로 방이 많은 커다란 집을 구할 자금이 부족했던 우리는 더 많은 사람들이 함께 살기 위해서 자기만의 방을 포기하기로 결정했다. 오히려 처음 오는 손님에게는 손님방을 제공하기로 했다. 집이 여러 개 생기면서부터는 커플방, 개인방 등이 생기기도 했지만, 모든 빈집의 현관 비밀번호는 0221로 동일했고, 대부분의 공간은 마을 사람들과 손님들과 공유했다. 재정 면에서는 집을 구하기 위한 보증금이 가장 큰 문제였다. 처음에는 가족처럼 낼 수 있을 만큼 보증금에 보태고, 나갈 때는 돌려주되 다른 보상은 없는 걸로 했다. 하지만 집이 여러 채 생기고 보증금을 낸 사람이 집을 옮기거나 떠나는 경우들이 생기면서 점점 복잡해졌다. 출자금의 차이가 커서 집의 계약과 종료 시에는 발언력의 차이들이 생기기도 했고, 결국 이 문제를 해결하기 위한 노력들이 합쳐져 빈고라는 독특한 공유지은행을 만드는 것까지 나아갔다.

자치의 원칙은 주인이 없고 사람이 많아진 집에서 문제를 의논하기 위해 회의를 주기적으로 여는 것으로 구체화되었다. 일요일 저녁마다 밥을 먹고 얘기를 나누며 주로 살림을 어떻게 하고 무엇을 하고 놀지를 얘기하는 걸로 시작했다. 집이 많아지면서는 각 집마다 집회의가 열렸고, 팀마다 팀회의가 열렸고, 집마다 집사라고 부른 대표를 뽑아 집사회의가 열렸고, 한 달에 한 번 전체 마을회의가 열렸다. 협동조합이었던 빈가게와 빈고에서는 어떨 때는 매주, 적어도 한 달에 한 번씩은 회의가 열렸다. 어떤 문제가 발생할 때마다 그와 관련된 회의가 또 열렸다. 집의 대표인 집사와 마을의 대표인 주장, 빈고 대표를 뽑기도 했지만 대표가 특별한 힘을 행사한 적은 거의 없고 대부분 수많은 회의를 통해서 많은 것을 결정했다. 또한 어떤 사항이 결정되었다고 해서 강제력이 행사된 적 또한 거의 없다. 빈집이 가진 근본적인 유동성, 구성원이 들어오고 나가는 데 제약이 없고 이 집에서 저 집으로 이동하는 것도 자유로웠던 환경은 어떤 권력이나 위계가 생기는 걸 방지했다.

환대의 원칙은 집을 계약하고 아직 아무것도 없던 빈집에서 주인이 손님을 맞이하는 집들이가 아니라, 빈집에 누가 주인이 될 건지를 얘기했던 빈집들이에서부터 시작되었다. 파티에 왔던 사람들은 끝나지 않는 엠티 분위기로 며칠을 놀고.자고, 출근을 했다 돌아오고, 짐을 싸서 돌아왔다. 환대를 받은 사람들은 바로 다음에 온 사람을 환대했다. 새로운 주인이 오는 걸 막을 수 없었던 우리는 좁아진 집에서 살기 위해서라도 새집을 더 구하게 되었다. 빈집에서 달마다 정산해서 남는 잉여금은 가져갈 주인이 없으니, 다음에 올 사람들의 몫으로 적립되었다. 첫 번째 빈집처럼 무조건적인 환대는 쉽지 않아서 그 뒤의 다른 집들에서는 조금씩 변형되기도 했고, 협동조합 카페인 빈가게와 카페 해방촌이 환대의 역할을 맡는 형태로 이어지기도 했다.

공유, 자치, 환대라는 빈집의 원칙은 각각 자본주의, 국가주의, 가족주의에 대한 반대와 이를 넘어서기 위한 방법으로서의 의미를 갖는다. 이러한 빈집의 공유=탈자본, 자치=탈국가, 환대=탈가족의 원칙은 각 공동체의 상황에 맞게 구체적인 실천 방식이 자율적으로 변형되는 와중에도 큰 틀에서는 계속 이어지며 빈고의 정관에도 반영되었다.

> 제4조(이념) 빈고가 추구하는 이념은 다음 각 호와 같다.
> 1. 공유지: 우리는 각자의 자원을 모으고 함께 누리며 모두 수익은 사양함으로써, 공유지를 만들고 돌보고 넓힌다.
> 2. 자치: 우리는 수탈과 지배에 기반한 국가의 원리를 넘어, 자치를 실천한다.
> 3. 공유: 우리는 경쟁과 독점에 기반한 자본의 원리를 넘어, 공유를 실천한다.
> 4. 환대: 우리는 차별과 고립에 기반한 가족의 원리를 넘어, 환대를 실천한다.
>
> — 〈빈고 정관〉 중

3. 적게 일하고 더 많이 노는 법

 빈집은 만든 지 얼마 안 된 때부터 많은 단기투숙객이 방문했고, 장기투숙객도 두 달 정도 만에 적정 수준이라 생각했던 여섯 명을 넘어섰다. 예상치 못한 일이었다. 하지만 매일 출퇴근하듯 놀러오는 손님들도 있었기 때문에 빈집을 유지하고 생활하는 데 드는 비용은 걱정할 필요가 없었다. 그중 한 사람이 5개월 정도 실업급여를 받을 수 있어서 술값이나 일부 추가 비용도 충당할 수 있었다. 빈집의 첫 번째 장기투숙객들은 대략 30대 초반으로 회사나 시민사회단체에서 일한 경험이 있었지만, 각자의 이유로 일을 그만두고 새로운 삶을 모색하던 중이었다. 일을 그만둔 이유나 삶의 형태도 다르고 앞으로 무슨 일을 해야 할지도 잘 몰랐지만 되도록 일하는 시간을 줄이고, 적게 벌고 적게 쓰자는 데 대체로 공감하고 있었다. 그렇게 빈집에서는 최소한의 소득만 있으면 생활이 가능했으므로 각자 최소한의 아르바이트를 하는 걸로도 충분했다. 같이 사는 사람들이 별로 일하지 않고도 사는 걸 보고 있으니 외로움과 불안함도 그다지 느끼지 않았다. 최저임금이 될까 말까 한 시민사회단체 상근 활동비를 받는 친구들이 가장 소득이 많은 편에 속했다. 직장을 다니던 사람들은 퇴근해서 돌아왔을 때부터 시작하는 빈집의 술자리와 주말마다 바쁘게 돌아가는 농사일과 각종 모임들에 참여하다 보니 자연스럽게 퇴사의 유혹을 받았다. 술자리에서 직장에서 받는 어려움과 스트레스에 대한 얘기가 나올 때마다, 빈집의 백수들은 '그만둬도 살 수 있고 더 잘 놀 수 있다'고 쉽게 말하곤 했고 실제로 많은 사람들이 직장을 그만두고 같이 놀았다. 적게 쓰고 적게 버는 게 빈집의 모토처럼 얘기됐고 직장을 다니는 건 체계와 자본에 기여하며 소모되는 것이자 지양해야 할 것으로 받아들여지기도 했다.

그래서 처음의 빈집은 백수들이 모여서 매일같이 뭘 하고 뭘 먹고 어떻게 놀지를 궁리하는 게 일이었다. 다양한 능력이 있는 사람들이 모여 있고 시간이 많다 보니 여러 공부모임과 워크숍도 끊이지 않았다. 빈집이라는 장소를 이용한 외부 단체와 동아리 모임도 많았는데, 이런 모임들은 빈집 투숙객들에게도 다양한 참여의 기회를 주었다. [표 2]는 초기 빈집이 홈페이지로 사용했던 빈집 위키에 기록된 2008년 2월부터 2009년 10월까지의 일정을 목록으로 정리한 것이다. 물론 일일이 기록하지 못한 것들도 많다.

[표 2] 2008-2009년 빈집의 일정들

운영 관련 모임	농사/텃밭 활동	자전거 관련 모임/활동
· 빈집 집별 모임(매주) · 빈마을 회의, 청소, 만찬 (10회) · 기타 중요 회의 · 장기투숙객 회의(2회) · 빈집2 또는 빈가게 관련 회의, 이야기 모임(2회) · 대안화폐 빈 액션팀 모임 (2회) · 빈집 2.0 액션팀 모임(3회)	· 도봉산 텃밭 가기(파종, 관리, 김장 배추 무 수확, 5회) · 빈농사팀 밭에 가기(5회) · 화정 텃밭 가기(6회) · 부엽토 가져오기	· 발바리(두발과 두바퀴로 달리는 떼거리) MT · 발바리 떼잔차질(7회) · 자전거메신저네트워크 번개, 여행(2회) 등
잔치와 행사	**세미나 및 교육**	**먹거리 만들기**
· 빈집들이, 빈집 반돌잔치, 빈집 한돌잔치 · 큰 이사(4회) · 집들이 빈집, 윗집, 옆집, 건너집, 음악방 등(6회) · 뚜리 돌잔치, 벼룩시장 · 생일 파티(8회) · 포트럭 파티(2회) · 남산 봄꽃나들이, 해질녘 벼룩시장, 좀도리 잔치상 · 월남쌈 파티 · 대보름 행사(풍등 띄우기, 찰밥/부럼/나물 포함, 3회) · 결혼식 및 파티 등(2회) **손님맞이** · 일본 평화활동가 마사키상 과 워크나인 · 일본 미디어활동가 · 일본 에스페란티스토 다께시, 모떼끼 · 마쓰모토 하지메 · 최규석/연상호/허지웅 등	· ALOE 연구소 관련 모임 (세미나, 연구소 모임, 앙드레 고르 읽기 포함, 7회) · IT노조 리눅스 워크샵 · 위키, 갤러리 활용 워크숍 및 강좌 2회) · 오픈소스 초보 개발자 모임 및 리눅스 설치 관련 준비 · 에스페란토 공부 모임 및 합숙(3회) · 영어 공부 모임 · 불어 스터디(3회) · 채식모임 베지투스와 함께 하는 책읽기 모임 · 건강사회를위한약사회 회의 및 세미나 · 카우치서핑 친구들의 철학 과 문학 토론회 · 비폭력 대화 워크숍 · 빈공부(정치의 전복, SF 읽기/상영, 대안화폐, 카치 아피카스, 스쾃 관련, 6회) · 피자매연대 세미나(4회) · '대안 모둠살이 연구' 모임	· 빈맥주생산조합 총회 (창립, 정기 포함, 2회) · 주막 마루 맥주 담그기 (14회) · 흑맥주 만들기 워크샵 · 막걸리 담그기(2회) · 장 담그기, 가르기(6회) · 발효 음식 만들기(4회) · 김치, 김장 담그기 2회) · 채식 요리 모임/만들기 (두부 스테이크, 두유 스파게티, 쿠키, 자장면 포함, 4회) · 추석맞이 송편 만들기(2회) · '정착과 유목사이' 짱아찌 만들기 · 동지 팥죽 먹기 · 설날 맞이 만두 빚기 · 두유, 두부, 비지전 만들기 · 반찬 만들기 · 장보러 함께 가기 · 오백장터 출장음식

만들기 워크숍	문화예술 활동 및 공연	단체 활동/회의
· 빈컴퓨터 - 고치고 함께 배우기(2회) · 석관동 목공교실(7회) · '숲과 바람과 태양의 학교' 만들기 워크숍 · 화장품 만들기(2회) · 대안 선로션, 치약 만들기 · 실내 슬리퍼 만들기 워크숍 · 밀랍초 만들기 워크숍 · 속깊은 남친들의 사탕보다 면생리대 워크숍 · 지렁이 워크샵 및 분양	· 밴드 연습(크라잉넷, 다락, 살림/우당탕밴드, 굳은살 포함, 13회) · 밴드 공연(이물질, 다락 포함, 4회) · 빈집 KINO FESTO(숙박업소 영화제: 바그다드 카페, 안경, 동사서독, 안토니아스 라인 등) · 영화 상영회/관람(Sicko, 192-399, 코뮌, 서울환경영화제, G8 잡는 고양이 페스티발 포함, 5회) · 씨네마 빈 오픈 기념 상영회 · 영상촬영 장감독 작품, 미디액트 영상 등(3회) · 빈마을 운동회 · 닷닷닷(촛불과 낭송의 밤, 4회) · 투쟁 문화제 나들이	· 단체 MT(발바리, 언니네, 녹색연합, 더불어 가는 배움터 길, 옥상정원MT뻘 벙개대작전, 비혼 페미니스트 라디오방송 꽃다방, 대학 동아리 BN, 문화망명지 깃발없는자들, 외계인들의 생선가게, 가을맞이 포천 빈당, 민변 인턴, 글.아 MT, 빈집MT-장투와 친구들, 환경동아리 씨알, 한국비정규노동센터 포함, 16회) · '정착과 유목사이' 모임(2회) · 특정 프로젝트/단체 관련 회의(어린이의약품지원본부 회의, 진보신당 녹색위원회 회의 및 간담회, 2회) · 한국 독립미디어센터(IMC Korea) 준비/아웃리치 모임(3회) · 월경 페스티벌 OG 모임 · biopass 작당모의 및 액션 뒤풀이(2회) · 착한 여행 모임(3회) · 뒤풀이(평화캠프, 진보 블로그, 석관동 목공 포함, 4회) · 통과연 송년회 · 특정 친목 모임(동기모임, 동호회, 친구모임 등, 4회) · 대안학교 길 현장학습

이처럼 빈집의 초기 장기투숙객들은 백수였지만 매일매일 대단히 바쁘게 살았다. 돈 벌기는 거의 하지 않았지만, 돈 쓰기를 줄이는 일은 정말 열심히 했다. 밥을 식당에서 거의 사 먹지 않게 되면서 매일같이 밥을 해서 다른 사람들과 나눠 먹는 일이 제일 중요해졌고, 더 맛있게 먹기 위해 요리 실력을 함께 키워야 했다. 육식이나 가공식품은 소비를 줄이기 위해서라도 최소화하고, 적은 비용으로 모두가 먹기 위해서 저렴하고 건강한 채식 요리를 습득해 나갔다. 한 푼을 아끼려고 애쓰는 와중에서도 쌀이나 밀 같이 중요한 재료는 생협을 통해서 생태적이고 건강한 재료로만 구입하고, 나중에는 충남 홍성의 유기농쌀 생산자와 연결해서 직거래를 오랫동안 유지하기도 했다. 당시 엄청난 쌀 소비량으로 인해 쌀을 보내주던 농부가 우리를 궁금해하며 빈집을 찾아오기도 했다. 넓은 옥상에는 흙을 퍼 날라서 상당한 규모의 텃밭상자를 만들고 채소들을 키웠다. 농사지을 수 있는 밭을 찾아 서울 도봉구 무수골과 고양시 화정동에 밭을 얻어 채소를 기르고 수확했다. 워낙 많은 양의 음식을 하다 보니 다소 거리가 있더라도 도매가에 구입할 수 있는 시장에 가서 대량의 식재료를 구입해 자전거로 나르기도 했다. 보통의 집이라면 고립된 가사노동이었을 많은 음식 준비가 빈집에서는 더 잘하는 사람이 다른 사람들에게 알려주며 함께 실험하는 재미있는 워크숍이 되었다.

빈집 사람들은 각자의 옷을 수납할 공간이 많지도 않았고, 많은 생활이 집안에서 이뤄졌기 때문에 옷을 많이 살 필요도 별로 없었다. 한 방에 여러 명이 같이 살았고, 거실로만 나와도 더 많은 사람들이 모여 다양한 활동을 하는 사회를 이루고 있었기 때문인지 옷에 대한 감각도 무뎌졌던 것으로 보인다. 그나마도 서로 옷을 바꿔 입거나 중고 옷을 구해서 입는 경우가 많았다. 해방촌 동네는 물론이고 걸어서 갈 수 있는 이태원이나 명동에서 수면바지를 입은 채로 돌아다니는 빈집 사람들의 무리가 목격되기도 했다.

  수많은 단기투숙객들도 빈집에 많은 힘과 재미와 풍요를 더해주었다. 근처에 자기 집이 있는 사람들도 빈집의 친구들을 만나고 여러 모임과 워크숍을 만들고 참여하기 위해 자주 방문했다가 자리가 늦어지면 자고 가기도 했다. 올 때마다 집에서 안 쓰는 물건들, 빈집에서 여러 사람이 쓰면 더 좋을 물건들을 많이 들고 와서 선물해 줬기 때문에 유용한 물건들은 늘 충분했고, 다른 단기투숙객에게 다시 선물하기도 했다. 두 사람의 신혼살림으로 샀던 냉장고, 세탁기 등을 십여 명이 같이 썼는데도 부족함이 없었다. 가구와 물품은 초기 장기투숙객들이 이사하면서 가져온 것들을 제외하고는 대부분 동네 쓰레기장에 버려진 것들이었다. 딱히 새로 구매하지 않고 엄선해서 가져와 사용했다. 동네에는 의외로 쓸만하지만 버려진 것들이 많아서 빈집 사람들은 동네를 항상 유심히 살피고 다니면서 물건들을 수시로 챙겨왔다. 이러한 활동을 '노획'이라고 부르며 권장하는 분위기가 만들어졌고, 좋은 물건을 노획해 오면 박수를 받았다.

교통수단의 경우 선도적이고 급진적인 자전거 주자들이 여러 명 있어서 자전거로 도로를 달리는 법을 가르쳐주고, 저렴하고 실용적인 자전거를 골라주고 망가진 자전거를 고쳐줬다. 일상적인 교통비 지출을 줄이고 자전거를 타고 같이 떼를 지어 놀러가거나, 멀리 텃밭이나 시장까지 가서 저렴하게 식재료를 나르기도 했다. 자전거는 별도로 운동을 하지 않아도 될 뿐 아니라 생활비를 줄이는 데 큰 역할을 했다.

위와 같은 다양한 방법으로 빈집과 빈집 사람들의 소비는 극단적으로 낮아질 수 있었다. 빈집에서 먹고사는 비용은 하루에 2천 원 이상, 한 달에 6만 원 이상으로 충분했다. 여기에서 중요한 건 '이상'인데 만약 정말로 모든 사람들이 딱 2천 원씩만 냈다면 빈집의 기본적인 주거비와 공과금은 해결되었겠지만 빈집의 풍요는 없었을 것이다. 누군가는 돈을 더 냈고, 누군가는 음식과 물품으로 냈고, 누군가는 일을 하고, 누군가는 정리를 하고, 누군가는 기쁨을 줬다. 이러한 자발적인 분담이 원활하게 일어나자 소비를 극단적으로 줄인 가난뱅이들이면서도 전혀 궁핍하지 않았다. 초기 빈집에서는 월 20만 원만 벌면 살만하다는 분위기가 팽배하기도 했다. 누군가 월셋집을 구하거나 비싼 물건을 구입하려고 하면 이를 빈집 분담금을 단위로 몇 달치인지 환산하거나, 빈집 기준으로 대략 몇 명이 살 수 있는 집인지 어림하는 계산법이 자연스러웠다.

빈맥주

먹을거리 중에서 비용을 줄이기가 가장 곤란했던 건 다름 아닌

술이었다. 거의 매일 밤 술자리가 이어졌기 때문에 소비되는 술의 양이 상당했다. 그래서 처음에는 근처 마트에서 병맥주를 박스 단위로 주기적으로 주문하고 반납하기를 반복했고, 소주는 큰 됫병으로 구입해서 늘 준비해 뒀다. 술의 원가를 제시하고 마신 사람들이 자율적으로 돈통에 낼 수 있도록 했다. 그러다가 술값을 절약하면서도 더 맛있는 술을 먹어보자는 요량으로 직접 만들자는 아이디어가 나왔고 많은 사람들이 호응했다. 처음에는 단순히 남산에서 꽃을 따다 소주를 붓는 담금주를 만들다가 나중에는 책을 읽으면서 전통주와 막걸리에 도전했다. 막걸리를 수차례 담았고 청주도 만들었지만 많은 양을 일정한 맛으로 내는 게 어려워 술 빚는 일은 지속되지 못했다. 맛도 시중 막걸리와 많이 달라서 큰 인기가 없었는데, 근래에 많이 나오는 전통 방식의 막걸리와 맛이 비슷한 걸 보면 실패한 건 아니었던 것 같다.

 막걸리 빚기를 실패한 다음에는 맥주를 시도했는데, 수제 맥주를 만든 경험이 있는 친구가 장비까지 가져와서 워크숍을 해줬다. 시중 맥주보다 저렴하고 맛있다는 걸 확인한 후로는 맥주 발효조가 쉴 틈 없이 돌아갔다. 나중에는 빈맥주생산조합이라는 이름을 걸고 한동안 체계적으로 생산했다. 조합원은 빈맥주 생산의 전 과정을 이해하고 혼자서도 직접 생산이 가능한 능력을 보유해야 했고, 생산에 참여한 만큼 수익을 분배받을 수 있었다. 무역회사에 일했었던 한 친구의 도움으로 호주가 원산지인 원재료를 저렴하게 입수하기도 했다. 수제 맥주가 생소하던 시절 빈맥주는 꽤 소문이 나서 손님들과 이웃들에게도 팔려나갔다.

주류 주류 자본에 빼앗긴 술빚는 능력을 회복함으로써 비주류 주류의
생산을 촉진하고 비주류 주류 문화를 활성화하는 동시에…
빈마을 사람들의 소비생활의 거의 절반을 차지하는 주류를 원활하게
공급하는 한편…
생산자에게는 지속가능한 생산을 위한 능력의 향상과 안정적인 수입을,
소비자에게는 저렴하면서도 양질의 주류를 공급하고…
빈집은 이래 저래 재정적 도움을 얻고…
무엇보다도 지난 주에 빚은 술 마시고 또 빚어
다음 주에 마시기를 반복하면서…
서로서로 잘 놀아보자는 취지의…
빈맥주(Beer Bean) 생산자들의 협동조합.

- 빈집 위키, 〈빈맥주생산조합 소개글〉 중

빈가게+카페 해방촌

적게 쓰기 위한 고민과 활동이 이어졌지만 어쨌든 최소한의 소득은 필요했다. 그래서 적은 시간 일을 하고 조금만 벌 수 있는, 그러면서도 좋은 일에 대한 궁리가 시작되었다. 빈집에서는 이미 손님들을 맞이해서 식사와 안주를 내고, 담근 맥주를 내고, 직접 로스팅한 드립커피와 옥상에서 키운 허브차를 내고 같이 먹는 일이 많았다. 따라서 우리가 집에서 하는 작업을 마을로 확대해서 가게를 좀 더 본격적으로 하면 약간의 수입도 얻을 수 있겠다는 아이디어가 자연스럽게 나왔다. 2010년 11월에 여섯 명이 의기투

합해서 동네에 작은 점포를 구해서 '해방촌 일놀이터 빈가게'라 이름 지었다. 보증금은 빈고에서 이용하고 인테리어와 설비에 필요한 비용은 조금씩 출자해서 협동조합의 형태로 운영하기로 했다. 각자가 하고 싶은 건 조금씩 달랐지만, 동네의 작은 1층 가게 공간을 활용해서 할 수 있는 일은 다 해보자고 덤벼들었다. 기본적으로는 낮에는 카페고 저녁에는 술집이었지만, 한 켠에는 공동구매를 할 수 있는 생협 물품 코너와 중고 물품 코너도 두었다. 집에서 할 수 없었던 각종 모임과 공연, 장터도 열었다. 얼마 되진 않지만 수입은 각자가 일한 시간과 각자의 필요를 반영해서 매달 분배 파티를 열어 나눴다. 어떻게 보면 '일놀이'라는 이름에서처럼 빈집에서의 놀이와 빈가게에서의 일은 그다지 구분되지 않았다. 그래서 불충분한 부분도 많았지만 나름대로의 재미와 의의가 있었다고 생각한다.

제 2 조(목적)

제 1 항(즐거운 생산활동): 빈가게는 일-놀이 조합원들이 함께 만들어가는 공동체로서 자유롭고 즐거운 생산이 가능한 일터/놀이터가 되도록 한다.

제 2 항(해방 공간): 빈가게는 주인과 손님이 함께 일하고 놀이할 수 있는 공간으로, 해방촌민들의 꿈을 실현하도록 서로 격려하고 돕는다.

제 3 항(공유/나눔 실현): 빈가게는 생명/환경/평화/나눔의 가치를 실현하고 확장하기 위해 부단히 노력한다.

제 4 항(대안적인 일모델 실험): 공동출자, 공동경영, 공동노동, 공동분

배의 다양한 형식들을 고민하고 실험한다.

- 빈집 홈페이지, 〈빈가게 회칙 ver 1.06〉 중

하지만 가게 운영은 결코 쉽지 않았다. 쇠락한 마을에서 소자본으로 장사를 해서 충분한 수입을 얻는 건, 장사만을 목적으로 해도 어려운 것이었다. 더군다나 사업 경험이 없는 아마추어들이, 그것도 서로 조율하고 다투면서 잡다하게 만들어서는 어림없었다. 결국 이러한 스트레스는 함께 일하는 사람들의 신뢰와 협력도 위협했고, 생활도 어려워진 탓에 하나둘 떠날 수밖에 없었다. 그래서 첫 번째 가게는 마지막 남은 사람들이 포기하면서 그만 문을 닫게 되었다. 그러나 그즈음에 더 넓고 더 동네 중심지에 있는 가게가 나오자 몇 사람이 홀린 듯 이전했다. 컨셉은 비슷한 협동조합이었지만, 이번에는 좀 더 다수의 조합원을 모으고 빈마을보다도 해방촌 주민들과 함께할 수 있는 것들을 찾아보고자 했다. 두 번째 빈가게인 '카페 해방촌 빈가게'가 시작되었다.

카페 해방촌은 지역 주민과 빈가게를 지지하는 사람들을 포함해서 100여 명의 조합원을 모았다. 마스터라고 불렸던 일하는 조합원들이 함께 운영하고 일하는 시간에 비례해서 수익을 분배했다. 마스터와 조합원들이 하고 싶은 일들을 중심으로 공간을 활용해서 할 수 있는 일들은 대부분 시도해 봤던 것 같다. 해방촌의 신흥시장과 거리상점들과 함께 해방촌 지역화폐인 해방화폐를 발행해서 1년간 꽤 활발히 유통하며 해방장터를 열기도 했다. 해방 이후에 만들어진 마을이라는 해방촌의 역사를 모티브로 8월 15일을

해방절이라 부르고 매년 해방절 해방촌 축제를 열기도 했다. 물론 운영은 여전히 쉽지 않았다. 정책 자금을 일부 활용하기도 하는 등 여러 활로를 찾아보기도 했지만, 해방촌에 젠트리피케이션이 시작되면서 2016년 2월 결국 문을 닫았다. 이후 용산 나눔의집과 공간을 공유하면서 '해방촌이야기'라는 공간으로 다시 2년을 운영하다가 2018년 4월에 최종적으로 문을 닫았다.

빈농집

첫 번째 빈집은 30평 정도 되는 4층 빌라의 4층이었고, 건물주가 살면서 개조한 덕에 30평짜리 옥상을 단독으로 사용할 수 있었다. 이 집을 선택한 중요한 이유 중 하나가 바로 이 옥상이었다. 이 옥상은 빈집의 마당으로서 일상적인 생활은 물론 각종 놀이, 공연, 축제가 이뤄지는 공간이기도 했다. 가까운 남산으로 약수를 뜨러 다닐 때 조금씩 퍼온 흙을 주변 쓰레기장에서 가져온 스티로폼 박스에 담아 텃밭상자를 만들기 시작한 게 옥상의 절반 가까운 공간을 차지해 어엿한 텃밭이 되었다. 벽돌이나 블럭, 폐가구를 이용해서 아예 화단을 만들기도 했지만 방수 문제로 포기했다. 마지막에 선택한 최선의 방법은 목욕통으로 쓸 만큼 큰 빨간 고무대야를 구해서 구멍을 뚫고 텃밭상자로 사용하는 것이었다. 나중에는 이런 텃밭상자가 열 다섯개에 이르렀다. 이사를 나가게 되자 집주인이 원상복구를 요구했고, 이때의 절망, 눈물과 피땀을 흘리며 약 2톤으로 추정되는 흙과 텃밭상자를 다시 내렸던 기억, 그리고 놀랍게도 빠른 속도로 이를 집으로 나눠 가져가 농사를 이어간 동네 주민들에 대한 감사와 경외가 기억난다.

　초기에는 도봉산에 있는 주말농장을 분양받아 다니기도 했는데, 옥상 텃밭이 먼 곳에 가는 것보다 훨씬 좋고 생산량도 좋았다. 빈집 사람들끼리는 이를 '도시로 귀농하기'로 표현했고, 옥상에서 수확한 채소로 밥을 나눠 먹는 일은 많은 단기투숙객들에게 강한 인상을 주기도 했다. 여기에서 시작해 농사를 좀 더 본격적으로 지어보겠다고 의기투합한 사람들도 있었다. 당시 서울역 인근의 동자동사랑방과 인연이 되어 고양시의 화정동 밭을 같이 쓸 수 있게 되었다. 해방촌과는 거리가 있어서 아예 근처에 집을 구해 같이 지내면서 농사를 짓겠다고 의기투합한 네 사람에 의해 빈농집이 만들어졌다. 농사가 돈이 될 거라고 기대한 사람은 없었지만 도시에 살면서도 꽤 본격적으로 농사를 배우며 함께 했다.

> 항공대 오른편이자 화전역 뒤켠.
> 작년 현천동 밭보다 집에서 가까운 곳에 밭을 구했다.
> 작년 늦가을부터 잊을만 하면 들러
> 애원 반 부탁 반 말씀드렸던 동네 부동산 아저씨의 주선.
> 누군가 투자목적으로 구입한 땅. 운 좋게도 도지가 없다.
> 총 870평. 그리고 예상보다 덩이가 크다.
> 너무도 넓어 그 황량한 것이 만주벌판 같다.
> 중국여행 가면 이런 기분일까?
>
> 각자 고랑 앞에 서니 100미터 달리기라도 해야 할 것 같다.

요이땅과 함께 삽질이 시작됐다.

배수로, 빗물과 사람이 다닐 길을 다시 삽으로 만들어야 한다.

기계의 힘을 빌려 사람이 할 일을 해치울랬다

기계가 제대로 하지 못해 다시 사람에게로 돌아온 일.

삽으로 흙을 퍼 걷어 올려 길을 만들고 큰 돌들을 주웠다.

수색에 사는 친구가 싸고 사들고 온 메밀전과 해물전, 취나물, 막걸리.

이 맛난 새참 없었으면 농꾼들의 대반란이 있을 뻔도.

삽을 들고 있어 어찌나 위협적이던지.ㅎ

다마스, 빨간 빈수레를 타고 빈집에서 왔다.

빈농집 식구들, 이웃주민 포함 총 10명.

해도 지고, 힘도 딸리고, 빈마을 회의도 있고, 겸사겸사 일을 마쳤다.

870평에 지레 겁먹지 말고

올해 농사 재밌게, 맛있게, 함께 지어 먹어요. :)

- 빈농사쟁이들 블로그, 〈빈밭 870평 요이땅〉 중

빈농사쟁이들은 '농알단(농사알바단)'이라는 이름으로 다른 지인들의 농장에서 일을 하기도 했고, 빈가게에도 물품을 납품하고, 빈집에 200포기 정도의 김장 배추 등을 공급하기도 했다. 가까운 몇몇 단체들과 함께 공동으로 밭을 운영하기도 했고, 귀농귀촌에 관심이 있는 사람들과 모이고 연결되는 계기가 되었다. 이 친구들은 빈농집을 거쳐 장수, 제주, 상주 등의 지역으로 귀농, 귀촌해서 살고 있다.

자전거메신저

내가 선택한 일은 자전거를 타면서부터 해보고 싶었고, 자전거 여행에서 더 간절해졌던 자전거메신저였다. 오토바이를 대체해 자전거를 이용한 퀵서비스로, 서울에서는 우리가 사실상 처음 시작했다고 할 수 있다. 이걸로 생업이 가능할 거라는 기대보다는 안 해보면 계속 미련이 남을 것 같다는 생각에 얼마 안 가 그만두더라도 시도는 해보자는 심정이었다. 투자금도 필요 없이 자전거 한 대만 있으면 할 수 있는 일이었다. 우선 블로그부터 개설하고 시범운영을 시작했다. 조금씩 준비하면서 소문을 내기 시작해 3개월 후에는 월수입이 26만 원이 되었다. 당연히 생활에는 턱없이 부족한 돈이었지만 다행히 나는 빈집에 살고 있었고, 당시의 소비 수준으로는 심지어 흑자를 기록할 수 있었다.

메신저는 사람과 사람 사이를 달리는 사람입니다. 멀리 떨어진 사람과 사람을 잇고, 물건이 마땅히 있어야 할 적절한 곳으로 물건을 움직입니다. 그렇게 사람들 사이의 관계를 만들고 사람과 물건으로 이루어진 환경을 만들고 세상을 만듭니다. 사실 모든 사람은 일종의 메신저입니다. 어떤 교통수단을 이용하는가, 얼마나 많은 시간 동안 직업적으로 하느냐가 다를 뿐.

우리는 자전거를 선택했습니다. 자전거를 타는 것이 가장 즐겁기 때문입니다. 어떤 교통수단보다도 자전거 메신저가 만드는 세상이 가장 행복할 것이라고 생각하기 때문입니다. 자전거가 도로를 달리면 도로는 자전거 길이 됩니다. 자전거 메신저들이 늘어나고, 메신저와 함께 달리는 자전거들이 늘어날수록, 우리의 길은 점점 더 안전해지고 우리의 도시는 점점 더 살 만한 곳이 될 것입니다. 그렇게 우리는 오토바이와 자동차에 점령당한 길을 되찾을 것입니다. 우리는 아이들이 뛰어노는 골목길과 이웃들이 오며 가며 얘기 나누는 마을길을 다시 만들 것이고, 동물들이 지나다니는 숲길과 물고기가 헤엄치는 물길을 지켜낼 것입니다.

자전거 메신저 서비스는 단지 물건을 빠르게 배달하는 것이 아닙니다. 그것은 돈을 받고 하는 당연한 일에 불과합니다. 우리의 진정한 '서비스'는 돈으로 헤아려지지 않을 것입니다. 교통 사고로 인해 찰나에 목숨을 잃는 무수한 생명들, 자동차로 대표되는 경쟁과 위험, 낭비와 고립으로 인해 신음하고 있는 생명들, 화석 연료에서 비롯된 온갖 공해와 기후 변화로 인해 위기에 처한 하나뿐인 지구의 생명, 그리고 이 생명들을 사랑하는 가슴 아파하는 당신의 살아 숨쉬는 마음, 그 가치의 크기가 돈으로 헤아려지지 않기 때문입니다.

자전거 메신저는 당신의 바로 그 마음을 전하고 싶습니다.

- 자전거 메신저 블로그, 〈자전거 메신저 네트워크 소개〉

그래서 좀 더 해보자 했더니 몇 개월 후에는 같이 하자는 친구들이 생겨났고, 세네 명 정도의 자전거 메신저들이 함께 약 3년간 일을 했다. 우리 중에 사업에 재능이 있는 사람은 없었다. 다들 적은 시간을 일하고 적은 수입에 만족하면서 사는 기간으로 삼았기 때문에 사업은 크게 성장하지는 못했다. 지금은 온갖 배달앱들이 유행하고 스마트폰 내비게이션을 이용해 배달하는 게 보편화되었지만, 당시에는 스마트폰도 없이 커다란 상세지도 책을 가지고 다니며 서울 전역 구석구석에 있는 집을 찾아다녀야 했다. 하지만 다들 자전거를 너무 좋아하는 사람들이었고 주문을 기다리는 시간에 책을 읽거나 자기의 시간을 갖는 것을 좋아했다. 그리고 어쨌든 달리는 시간만큼 최저임금의 소득은 얻을 수 있었기 때문에 가늘고 길게 지속할 수 있었다. 각자의 사정으로 더 오래 본격적으로 일을 할 수는 없었지만 자동차와 오토바이가 지배하는 서울이라는 대도시에서 자전거로 배달할 수 있는 가능성을 보여주고, 실험과 고민의 결과를 블로그에 꼼꼼하게 기록하고 모았다는 점에서 나름의 의의가 있었다. 무엇보다 정말 재밌었다.

마을의 일

사실 빈집은 일종의 게스트하우스고, 게스트하우스에는 당연히 해야 할 노동과 노동을 하는 사람이 필요하다. 빈집은 게스트하우스에 필요한 노동을 모두의 일로 만들어 버렸다. 당연히 노동 자체는 없어질 수 없으니 노동의 개념만 달라졌다고 할 수도 있다. 빈집에는 늘 필요한 일이 있었고, 빈집의 주인들이 일을 원활하게 하지 않으면 빈집의 손님들이 불편을 겪을 수밖에 없었다. 하지만 문제는 이 주인과 손님이 동일한 사람이라는 점이었다. 또한 손님들은 이 일에 대한 비용을 지불하지 않기 때문에 불편하다면 본인이 직접하거나 다른 주인에게 같이 하자고 하는 수밖에 없었다. 경영자와 노동자, 노동자와 소비자의 경계가 희미해지고 일과 생활, 노동과 가사노동의 경계가 애매해졌다. 이상적으로는 모두가 자발적으로 균등하게 일한다면 그다지 힘들지 않다. 또 일 자체가 즐거운 놀이가 될 수 있고 실제로 그렇게 된 경우도 많았다. 하지만 언제나 그럴 수 있는 건 아니었다. 그럴 때마다 사람들은 불편을 이야기하고, 누군가는 일의 피로와 스트레스를 호소했다.

빈집이 첫 번째 빈집인 아랫집에서 확대되어 빈마을이 되면서, 구성원들이 늘어나고 공간적으로 분리가 이뤄졌다. 빈마을에서의 일 역시도 가사노동을 어떻게 나눠서 하는가의 차원을 넘어서, 마을에 반드시 필요하고 누군가는 하지 않으면 안 되지만 자발성에만 기대서는 불균등하게 나눠질 수밖에 없는 노동의 문제가 되었다. 처음 오는 손님을 맞는 일, 많은 사람들이 사용하는 만큼 빠르게 어질러지는 공간을 청소하는 일, 농사를 짓거나 대규모의 장을 보는 일, 마을 전체가 나눌 음식을 만드는 일 등. 이런 일들은 공간적으로는 마을의 중심지 역할을 하던 아랫집 사람들에게 더 많이 분배될 수밖에 없었고, 그다음은 빈가게가 그 역할을 맡게 되었다. 하지만 누군가에게 역할을 주고 대가를 지급한다는 생각은 빈마을에서는 대단히 낯선 것이었다. 기본적으로 적어도 매주 있었던 빈집회의에서 이런 문제들을 조율하려고 했지만 이것만으로 항상 충분하지는 않았다. 이 문제를 해결하기 위해서 집마다 시기마다 사람들마다 다양한 실험을 계속했다. 가장 성공적으로 오래 지속된 건 1인 1팀제였다. 마을의 일을 운영팀, 반찬팀, 주류팀, 영상팀, 재정팀 등으로 나눠서 운영했다.

목적

가려져 있던 빈집 공동의 일, 공간분담금 2,000원 '이상'에서
이상의 의미를 드러낸다.
빈집/빈마을에서 필요한 공동의 일, 주인으로서의 일을
더 잘 나누고 더 잘한다.
공동의 일에 익숙치 않은 사람들을 교육한다.
빈집들 사이의 교통을 촉진해서 마을 만들기에 기여한다.
이미 형성되어 있는 팀들을 지원한다.
각자에게도, 빈집들에게도, 그리고 지역 사람들에게도
좋은 활동을 추진/지원한다.
서로 도움과 선물을 주고 받는 데 있어서 부담은 줄이고
교통은 늘리고 질은 높이고 문턱은 낮춘다.
빈집을 영리적으로 이용하는 사람에게는 영리적인 가격을 받는다.

팀활동

농사팀: 옥상농사, 텃밭농사, 빈농네트워크, 농사교육,
　　　　농촌알바, 농산물 직거래 등
주류팀: 맥주 생산, 외부 주류 구매 및 판매 관리, 막걸리, 담금주 생산 등
주방팀: 식자재 공동구매, 반찬만들기, 반찬가게, 주방관리, '밥집 이상',
　　　　'밥그릇 빈' 등
소통팀: 온라인 관리, 연락담당, 외부 홍보, 빈마을신문 발행 등
공부팀: 세미나, 워크샵 기획, 빈공부방/빈사무실 관리, 외부 기고 집필,
　　　　빈책 집필 등
운영팀: 게스트하우스 관리 및 운영. 손님 맞이. 일정 조율.

재정팀: 빈집 재정관리. 예산 관리, 출자금 모금, 대출금 확보, 빈마을금고 관리 등.

영상팀: 빈다큐 제작, 씨네마빈 상영회 운영

- 빈집 블로그, 〈1인 1팀제도 도입안〉

여덟 번의 대안화폐 도전

빈마을에서 이런 문제를 해결하기 위해 수차례 시도한 것이 대안화폐다. 빈마을에서의 일을 가시화하고 지지하는 것이 필요했지만 화폐로 보상할 수는 없었기 때문이다. 우리는 생태주의 잡지 《녹색평론》과 일본의 사상가 가라타니 고진 등의 글들을 열심히 같이 읽으며 궁리를 했고, 시행착오를 거듭하며 총 여덟 번의 시도를 했다.

첫 번째로 지역화폐 LETS를 따라해, 당시 빈마을의 홈페이지였던 위키를 이용해서 사용자의 페이지에 서로 기록하는 형태로 대안화폐를 실험해 봤다. 두 번째는 빈마을잔치에서 빈마을의 동물 손님들을 모델로 디자인한 1만 빈, 1천 빈짜리 화폐를 나눠준 뒤 고마운 사람에게 화폐를 주고 뒷면에 내용을 기록하는 방식으로 활용했다. 우리는 이를 빈화폐 놀이라고 불렀다. 세 번째는 빈화폐를 더 본격적으로 도입한 것으로 '해방촌 빈화폐'를 지폐형태로 발행해 빈가게의 물품과 서비스를 거래하거나 활동비를 지급하거나 빈집 분담금을 낼 때 사용할 수 있도록 했다. 네 번째는 빈가게에서 조합원과 이용자들이 각자의 카드를 갖고 선불충전을 하거나 외상거래를 할 수 있도록 하는 '빈씨카드'를 만들어서 쏠쏠하게 사용했다. 다섯 번째는 빈고에서 조합원 배당을 쿠폰의 형태로 나눠주고 빈마을에서 사용할 수 있도록 한 '빈고 빈쿠폰'이다. 여섯 번째는 해방촌의 신흥시장과 주변 거리의 상점들을 가맹점으로 하고 해방촌 주민들까지 함께 사용한 '해방화폐'인데 약간의 지원금을 받아 실물 화폐로 발행해서 약 2년 정도 지속하기도 했다. 이때 '해방화폐로만 한 달 살기'프로젝트도 진행했는데, 빈집에서 사는 사람은 지역에서의 생활비는 물론 주거비까지도 모두 해방화폐로 지불할 수 있어서 상당 부분 생활이 가능하기도 했다. 일곱 번째는 스마트폰이 일반화되면서 이를 이용한 LETS 시스템을 도입하려는 시도였는데, 개발단계에서 중단되었다. 여덟 번째는 빈고가 2017년 총회에서 결정한 '화폐개혁안'이다. 빈고에서 움직이는 돈은 외부의 돈과 전혀 다른 돈이라는 점에서 화폐단위를 '원'에서 '빈'으로 일괄 변경하는 것이었다.

아무튼 많이 시도하고 많이 실패했다. 한계가 많았지만 배운 건 있다. 성공하기는 쉽지 않지만 실패한다고 큰 문제가 생기지도 않았다. 될 때까지 해보면 될 일이다. 대안화폐는 처음에는 빈고와는 구분되는 실험이었지만, 대안화폐와 대안은행은 결합되어야 한다는 결론에 이르렀다. 그리고 2025년 지금도 빈고는 빈고 앱을 개발해서 스마트폰으로 빈을 거래할 수 있도록 준비 중이다.

빈맥주, 빈가게, 빈농집, 자전거 메신저, 빈화폐 등의 재밌는 실험들이 있긴 했지만 이는 빈집 사람들 다수의 소득 활동이라기보다는 소득이 적어도 살 수 있는 빈집의 환경 덕에 소수의 사람들이 과감하게 용기를 낼 수 있었던 시도라고 얘기하는 게 더 정확할 것이다. 초기 빈집의 에너지와 속도감으로는 먼 미래를 내다보며 계획할 여유는 부족했다. 각자 오늘의 삶에 최선을 다했고, 계속 이렇게 살 수 있기를 바랐을 뿐이다. 다들 불안정한 노동자들이었지만 앞으로의 임금노동과 소득에 대해서는 놀라울 만큼 별 얘기가 없었다. 각자 별 대책이 있었던 것도 아니지만 별 걱정도 없었다. 비슷한 처지의 많은 사람들이 함께 있었기 때문이고 소득이 없더라도 할 수 있는 재밌는 일들이 많이 있었기 때문이다. 빈집 초기에는 더 많은 시간을 함께하기 위해 더 적게 일하는 걸 미덕으로 생각하다 보니, 많은 돈을 버는 건 경계하던 분위기까지 있었다.

  빈집은 소비를 극단적으로 줄이는 데는 성공적이었지만, 소득을 창출하는 부분은 유의미하게 성공하지 못했다고 평가할 수 있다. 원인은 여러 가지일 수 있지만 무엇보다도 뛰어난 사업가가 있지 않는 한 사업을 성공하는 건 쉽지 않았다고 봐야 할 것 같다. 투자금도 모으기 쉽지 않았던 사람들이 그나마 크게 적자를 보거나 고생하지 않고 실험을 마무리한 것만으로도 썩 괜찮은 성과라고 봐야 할 수도 있다.

  지금 돌이켜 봤을 때 어차피 우리가 협동조합과 같은 형태의 일자리를 만들어 내는 것이 현실적으로 어렵다면, 각자 좋은 일자리를 구하고 일을 하면서 서로 협력하는 방안을 시도해 봤으면 어땠을까 싶다. 빈집의 임금노동자들은 상대적으로 소수였고, 바쁜 백수들과 함께하기 위해서 저녁과 주말을 바쁘게 지내고 다시 출근하는 패턴의 삶을 유지했는데, 쉽지 않았다. 빈집은 놀이도 많았지만 집안일도 많아서 주 5일을 일하는 사람들의 경우는 아무래도 참여도가 떨어질 수밖에 없었고, 이는 부채감으로 쌓이기도 했다. 결국 적당한 일자리에 취직하고 수입이 생기면 독립적인 집을 구하는 형태로 빈마을에서 벗어나는 경우가 많았다. 각자의 돈벌이는 각자의 선택과 책임으로 온전히 맡겨두었던 빈집에서는 이런 임금노동의 문제에 대해서는 깊게 얘기할 기회는 많지 않았다.

 실제로 빈집은 시민사회단체, 여성단체, 인권단체, 노동조합, 협동조합, 사회적기업 등에서 일하는 사람들의 비율이 적지 않았다. 이런 일들은 일의 강도나 시간, 활동비 등을 고려한다면 만만한 일들이 아니기 때문에 꾸준히 오래 하는 건 누구에게도 쉽지 않다. 오히려 빈마을이 종료되고 나서 여러 명의 빈집 식구들이 각기 다른 노동조합의 상근자로 일하게 되고, 상급 노조 행사나 집회 등에서 만나는 일이 생기기도 했다. 이 사람들이 모여서 서로 힘을 나누면서 장기적으로 같이 할 수 있는 것들을 찾아봤으면 어땠을까 하고 생각해 본다. 빈고가 자리를 잡은 지금 돌이켜 본다면 빈고에서 우리가 함께하는 방법으로 돈을 벌고 더 많이 출자해서 공유지를 넓히는 실천은 너무나도 중요하다. 이런 의미에서 함께 전략적으로 멀리 내다보고 같이 대비했으면 더 좋았을 것이다. 나중에 어떤 사람들은 각자의 소득의 일정 비율을 공동의 돈으로 모으고 다시 각자에게 기본소득을 지급하려는 시도를, 역시 오래가지는 못했지만, 진지하게 해보기도 했다. 지금이라도 노동과 일의 문제를 단순히 개인이 일자리를 찾는 게 아닌 공동으로 계획하고 일하는 걸로 여기고 함께할 수 있으면 좋겠다. 언제든 다시 시작하지 못할 이유는 없다.

자치-탐구

더 큰 우리로
함께하기 위한 해법

I. 공동체의 규모와 이타성의 변화

 빈집이 확장되면서 빈집의 재정 규칙은 여러 차례 변화를 겪었다. 규모가 커지자 한 집일 때의 규칙을 그대로 적용할 수는 없었다. 여러 개의 집에는 다른 규칙이 필요했다. 상대와 상황이 달라진 탓도 있었지만 집단의 규모의 문제는 그 자체로 생각보다 훨씬 중요했다. 같은 사람이지만 집단의 규모에 따라 다른 선택을 하기도 했다. 예를 들어 한 집에서는 더없이 이타적으로 여겨지던 사람이 마을 차원에서는 전혀 다른 이기적인 선택을 하는 것처럼 보이는 경우도 있었다. 관계의 확장을 위해서는 이 문제를 해결해야 했다.
 우리는 공동체와 개인의 이익 사이에서 선택을 해야 하는 상황에 자주 놓인다. 차라리 이익을 수치화해서 계량할 수 있다면 쉬울지 모르겠지만, 그런 경우는 많지 않고 가치의 기준도 다양해서 문제의 복잡성은 더 커진다. 대체로 개인이 공동체의 이익을 선택할 경우, 그 이익은 공동체 구성원들 모두에게 돌아가지만, 자신만의 이익을 선택하는 데 비해서는 이익이 줄어들 수 있다. 하지만 공동체 구성원 각자의 이익을 모두 합한다면 자신만의 이익을 선택했을 때보다는 이익이 더 크다고 생각할 수도 있다.

여기에서는 문제를 단순화해서 규모에 따른 개인과 공동체의 이익 문제를 살펴보기로 한다. 우리 모두가 1천만 원을 갖고 있고, 자신의 돈을 공동계좌와 개인계좌 두 곳에 자유롭게 나눠서 예치할 수 있다고 하자. 개인계좌에 예치하면 연 3%의 수익이 나고, 투자한 개인이 수익의 전부를 갖는다. 공동계좌에 예치하면 연 12%의 훨씬 큰 수익이 나고, 공동체의 모든 사람이 수익을 똑같이 나눠 갖는다. 공동계좌에 예치하면 개인계좌에 예치할 때 비해 수익률이 네 배에 달하므로 공동체 차원에서는 당연히 공동계좌에 입금하는 게 좋다. 하지만 개인 차원에서는 꼭 그렇지는 않다. 개인에 따라, 공동체에 따라, 공동체의 규모에 따라, 개인이 공동체를 어떻게 생각하느냐에 따라 많은 경우의 수가 있을 수 있다.

이 사례는 빈집이 겪었던 실제 문제에서 비롯된다. 시간이 흘러 이율에는 변화가 있지만, 빈집에서 빈고를 만들면서 고민하던 당시의 전월세전환율은 대략 12%, 은행 이자는 3%였다. 전월세 세입자라면 자신의 돈을 보증금에 보탤지 은행에 예금할지 누구나 고민해 봤을 것이다. 우리 또한 그랬다. 다만 빈집은 함께 사는 곳이기에 보증금에 보탠다는 건 공동체에 출자한다는 걸 의미하기 때문에 조금 다른 차원의 결정이었다. 우리는 새로운 빈집을 계약할 때마다 돈을 가진 개인이 자신의 돈을 공동체에 출자해서 전월세 보증금에 보탤지 아니면 은행에 예금해서 이자를 받을지 결정해야 했다.

구성원이 네 명인 작은 규모의 공동체

[그림 5] 구성원이 네 명인 작은 규모의 공동체

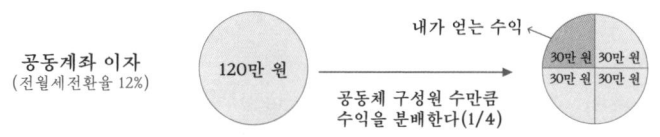

개인 자산 1천만 원을 공동계좌에 입금할 때

공동계좌 이자
(전월세전환율 12%)   120만 원   공동체 구성원 수만큼
수익을 분배한다(1/4)   내가 얻는 수익
30만 원 30만 원
30만 원 30만 원

개인 자산 1천만 원을 개인계좌에 입금할 때

개인계좌 이자
(은행이자율 3%)
30만 원   개인계좌의 수익과
공동계좌에서 분배받은 수익을 갖는다

 첫 번째, 네 명의 구성원이 있는 공동체의 경우를 살펴보자. 이 공동체의 경우 개인이 공동계좌에 예치했을 때 본인이 받을 수 있는 금액은 1천만 원의 12%인 120만 원의 1/4, 즉 30만 원이다. 개인계좌에 넣을 경우 받을 수 있는 금액은 3%, 30만 원이다. 이 경우 공동계좌에 전액을 넣는 건 개인에게도 손해가 아니다. 물론 본인을 제외하고 나머지 사람들이 모두 개인계좌에만 넣었다면, 다른 사람들은 각자의 30만 원에, 본인이 공동계좌에 넣어 받은 이익을 나눈 30만 원까지 더해서 60만 원씩 갖게 된다. 다른 구성원이 무임승차해서 더 많은 수입을 얻게 되거나 내가 남들보다 적은 수입

을 갖게 되는 걸 싫어하지만 않는다면 공동계좌에 전액을 넣는 건 전혀 손해가 아니고 오히려 당연해 보인다. 만약 모두가 함께 공동계좌에 넣는다면 120만 원씩 받을 수 있다. 반대로 이런 상태에서 공동계좌에 넣지 않는 사람이 한 명 생긴다면, 그 사람은 120만 원을 그대로 갖게 되지만 다른 세 사람의 수익은 90만 원으로 줄어들게 된다. 당연히 이러한 배반은 개인에게도 이익이 안 될 뿐더러 다른 구성원에게 비난만 받게 된다.

구성원이 열두 명인 중간 규모의 공동체

[그림 6] 구성원이 열두 명인 중간 규모의 공동체

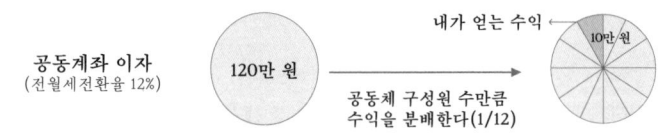

두 번째, 열두 명의 구성원이 있는 공동체의 경우를 살펴보자. 이 공동체의 경우 개인이 공동계좌에 넣었을 때 기대할 수 있는 수익은 120만 원의 1/12, 즉 10만 원이다. 모두가 개인계좌에 넣고

있는데 혼자서 공동계좌에 넣는다면, 그 사람만 10만 원을 받고, 다른 사람들은 모두 **30만 원+10만 원=40만 원**의 수익을 얻게 된다. 한 사람의 희생으로 모든 사람이 적지 않은 혜택을 얻는 것이다. 이 사람은 자신은 좀 손해를 보더라도 공동체 전체 또는 공동체의 다른 구성원들이 이익을 얻는 걸 선호하는 사람일 것이다. 공동체나 다른 구성원들의 이익이 곧 자기의 이익이라고 생각한다면 충분히 가능한 선택이다. 다른 구성원들의 입장에서도 이 사람의 희생으로 직접적인 이익이 돌아오므로 고마움과 존경심을 갖게 되고 그런 마음은 전파될 수 있다. 그 결과 두 번째로 공동계좌에 넣는 사람이 생긴다면, 공동계좌에 넣은 사람들은 20만 원을 확보하게 된다. 공동계좌에 넣는 사람이 세 명만 되어도 이들은 30만 원을 확보할 수 있고, 또 다른 구성원들에게 30만 원씩 추가 이익을 나눠줄 수 있다. 열두 명 중에 세 명만 조직된다면 더 이상 이 선택은 희생이 아니다. 더 많은 사람들이 동참하면 할수록 공동체 전체와 개인의 이익도 함께 늘어날 수 있다.

구성원이 120명인 큰 규모의 공동체

세 번째, 120명의 구성원이 있는 공동체의 경우를 살펴보자. 이 공동체의 경우 개인이 공동계좌에 넣었을 때 기대할 수 있는 수익은 120만 원의 1/120, 즉 1만 원이다. 마찬가지로 모두가 개인계좌에 넣을 때 혼자서 공동계좌에 넣는다면, 그 사람만 1만 원을 받고 다른 사람들은 모두 **30만 원+1만 원=31만 원**의 수익을 얻게 된다. 이 경우 두 번째 경우와는 다르게 한 사람의 희생이 대단히 커

[그림 7] 구성원이 120명인 큰 규모의 공동체

개인 자산 1천만 원을 공동계좌에 입금할 때

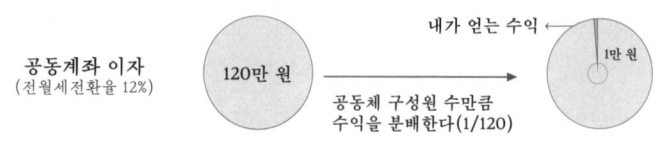

공동계좌 이자
(전월세전환율 12%)

개인 자산 1천만 원을 개인계좌에 입금할 때

개인계좌 이자
(은행이자율 3%)

개인계좌의 수익과
공동계좌에서 분배받은 수익을 갖는다

진다. 그리고 그 사람의 희생으로 전체가 동일한 혜택을 누리지만 각각의 구성원들의 이익은 크게 눈에 띄지 않는다. 아무리 공동체를 우선으로 생각하고, 올바른 행동에 대한 신념이 있는 사람이라도 이와 같은 선택은 쉽지 않다. 필사적으로 희생을 한다 해도 누구 하나의 관심도 끌기 어렵다. 세상의 매정함을 탓하면서 희생은 곧 원망으로 전환되기 쉽다. 원망의 이유가 없는 건 아니지만 듣는 사람의 입장도 편하지만은 않다. 대단한 혜택을 받는 것도 아닌데 도덕적으로 비난을 받게 되는 상황인 것이다. 공동체를 우선한 의도는 선했을 수 있으나 희화화되기 쉽고 그냥 바보짓에 불과해 보인다. 함께 공동계좌에 넣어줄 또 다른 바보 30명을 설득해야 겨우 본전을 얻을 수 있으니 말이다. 바보짓을 하면서 모두를 비난하는 사람을 좋아할 사람은 없다. 이 사람은 그냥 욕먹는 미치광이 바보가 된다.

세 경우 모두에서 공동계좌에 1천만 원 전체를 넣은 P라는 사람과 개인의 수익을 최우선으로 하는 Q라는 사람이 있다면, P와 같은 행동을 하는 사람이 많을수록 모두에게 좋다는 건 자명하다. 그렇지만 결과는 다를 수 있다. P의 선택은 일관되지만 구성원이 네 명인 공동체에서는 이타적인 것과 이기적인 것이 구분되지 않기에 P의 선택은 Q의 선택과 다르지 않다. 구성원이 열두 명인 공동체에서 역시 이기적으로도 좋은 선택이 될 가능성이 있고, Q는 피해에 대한 두려움을 벗을 수만 있다면 P를 따라갈 생각이 없지 않다. 하지만 구성원이 120명인 공동체에서 P의 선택은 여전히 이타적이지만 스스로를 파괴하는 선택이 되고, 그걸 따라할 Q는 없다. P는 작은 공동체에서는 평범하고 순박한 사람이었고, 중간 공동체에서는 윤리적인 선구자였고, 큰 공동체에서는 바보 미치광이가 되었다. P를 이타적이라고 하는 것도 아주 적절하지는 않지만, 반대로 Q를 이기적이라고 매도하는 것도 옳지 않다. 어쩌면 문제는 이기적인 선택과 이타적인 선택의 격차가 너무 커져버린 상황 자체라고 볼 수 있지 않을까.

다른 조건이 모두 동일한 상황에서, 집단의 규모는 생각보다 결정적이다. 구성원의 수가 커짐에 따라 자신과 타인 각자에게 돌아가는 몫은 점점 줄어드는 반면 이러한 상황을 해결하기 위해 소통해야 할 대상은 점점 늘어난다. 작은 규모의 공동체는 가족에 가깝다면, 중간 규모의 공동체는 가까운 시민들과의 공통체라 할 수 있고, 큰 규모의 공동체는 공동체라기보다는 사회라 할 수 있을 정도의 규모다. 소통의 수익은 줄어드는 데 비해, 비용은 늘어난다. 작은 규모의 공동체는 일정 정도 자연발생적으로 형성될 가능성이 크다면, 중간 규모의 공동체에서 충분한 수의 사람들이 P와 같은 선택을 하게 되는 데는 분명 어떤 의식적인 노력이 필요하다. 중간 규모의 공동체는 구성원의 특징과 성격에 따라 다양한 형태로 만들어 볼 수 있고, 이는 의미와 재미도 있다. 하지만 큰 규모의 공동체의 경우 일군의 노력만으로는 거의 불가능하다고 할 수 있다. 중간 규모의 공동체에서와 같은 의식성을 큰 규모의 공동체에서 기대하는 건 무의미할 뿐더러 더 안 좋은 결과를 낳을 수도 있다. 중간 규모의 공동체가 열 개 만들어진다면 자연스럽게 큰 규모의 공동체가 형성될 수 있을지, P가 다른 중간 규모의 공동체에서도 늘 같은 선택을 할 수 있을지 의문이다.

그리고 120명 정도의 규모가 된다면 이미 어떤 다양성이든 힘을 갖기 어려워진다. P가 열두 명의 공동체에서 기대했던 걸 120명의 공동체에서 기대하기는 어렵기 때문이다. 그리고 사실 P와 같은 선택을 하는 게 불가능한 근본적인 이유가 하나 더 있다. 바로 투자수익은 누군가는 빼앗겨야 발생하기 때문에, 작은 공동체라면 성공적인 투자를 할 수도 있지만 모두가 자본가가 되어 자본수익을 얻는 건 불가능하다. 큰 규모의 공동체에서는 중간 규모의 공동체에서의의 다양성과는 구별되는 보다 보편적인 원칙과 시스템이 작동되어야 한다.

새로운 공동계좌

[그림 8] 새로운 규칙을 적용한 공동계좌

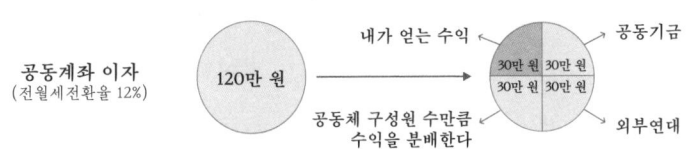

120명으로 구성된 공동체지만 공동계좌의 규칙을 다르게 적용해 본다면 어떨까. 공동계좌에서 발생한 수익 120만 원을 1/120으로 나누는 것이 아니라, 30만 원씩 네 개의 그룹으로 나눠서 30만 원은 투자한 개인에게 주고, 30만 원은 공동기금으로 남기고, 30만 원은 외부의 공동체에 선물로 나눈다. 마지막으로 남은 30만 원만 1/120로 나눈다. 누구도 희생하지 않고, 공동체의 안정성과 외부와의 연대를 함께 나누는 이런 시스템이라면 다른 선택을 할 수 있다. 작은 규모의 공동체에서처럼 모두가 갈등 없이 새 공동계좌에 투자할 수 있을 것이다. 이때 이기적인 선택과 이타적인 선택, 공동체의 이익과 개인의 이익에는 아무런 차이가 없다. 또한 여기에서는 공동계좌일 때 훨씬 더 큰 수익이 나는 것을 가정하고 있지만, 환경이 변해서 수익률이 떨어진다고 해도 선택이 달라질 이유는 없다.

빈고는 이러한 모델을 만들어 온 셈이다. 가족과 같은 작은 공동체에서는 수익률을 크게 계산해 보지 않더라도 구성원들 전체의 재산을 끌어모아 전세 보증금을 올리고 월세를 낮추는 선택이 당연하다. 중간 규모의 공동체가 사는 집이나 공간의 경우라면 누군가의 설득과 희생으로 보증금을 모으는 노력을 할 수도 있다. 그러나 그 이상의 범위라면, 가족이 아닌 친구에게, 나의 공동체가 아닌 이웃 공동체에게 보증금을 빌려주는 건 어렵다. 혹은 보증금에서 발생한 수익, 투자수익을 모두와 나누는 것도 불가능하다. 실제로 우리는 가족이라는 작은 공동계좌를 대부분 갖고 있고, 친척, 친구들, 동호회, 계모임 등의 중간 규모의 공동계좌를 이따금씩 갖고 있지만, 그 이상의 규모를 넘는 공동계좌는 찾기 힘들다. 빈고는 큰 규모의 공동계좌가 가능한 시스템을 고민한 결과라고 할 수 있다. 빈고는 모두의 출자금을 모아서 공동체가 이용하도록 하고, 공동체는 거기서 발생한 수익을 공유하고, 이를 다시 출자자, 이용자, 운영자, 연대자에게 분배한다.

빈고의 구성원과 공동체는 다양하지만 단 한 가지 원칙에 동의한다. 그건 돈이 돈을 버는 건 옳지 않다는 것이다. 그래서 투자라고는 하지만 보통의 투자의 목적과는 전혀 다르다. 자본수익을 위해서 투자하는 게 아니라, 자본수익에 반대해서 공유지에 출자한다. 철저히 이타적이지만, 이기적이지 않은 건 아니다. 누구도 희생하지 않고 누구도 착취당하지 않고 누구도 불평등하지 않다. 그리고 자본의 위기가 오고 수익률이 떨어진다고 해도 어느 누구도 두려워하지 않는다. 없어야 할 것이 없어진 것뿐이다. 그것이 빈고가 꿈꾸는 세상의 모습이다.

II. 자본을 가진 노동자의 딜레마

우리는 살기 위해 돈이 필요하고, 그래서 노동을 해야 하지만 사실 노동 외에도 소득의 원천은 대단히 다양하다. 사업을 통해 이윤을 얻을 수도 있고, 주식에 투자해 배당을 받거나 투자수익을 얻을 수도 있고, 부동산을 구입해서 임대료를 받거나 시세차익을 얻을 수도 있다. 어떤 사람은 채권에 투자할 수도 있고, 어떤 계기로 보험료를 받거나, 연금을 붓고 연금수입을 얻을 수도 있다. 그뿐인가? 특별한 재능이나 매력으로 수입을 얻을 수도 있고, 가족으로부터 용돈을 받을 수도 있고, 국가로부터 복지혜택을 받을 수도 있고, 종교단체에서 여러 가지 지원을 받을 수도 있고, 친구에게 도움을 받을 수도 있다. 하다못해 복권에 당첨되거나 도박을 해서 따거나, 심지어 범죄를 통해 취득할 수도 있다.

회계적인 의미에서는 나에게 소득을 만들어 주는 모든 건 나의 자산으로 간주될 수 있다. 그런 의미에서 이 모든 다양한 수입의 원천들은 엄밀한 정의는 아니겠지만, 자본으로 불리기도 한다. 사업자본, 주식자본, 부동산자본, 금융자본, 문화자본, 사회자본, 국가자본, 종교자본, 재능자본, 매력자본, 행운자본 등등.

우리는 노동자라는 점에서 공통점을 갖지만 사실 모두가 같은 노동소득을 얻을 수 있는 건 아니다. 같은 시간 노동을 해도 노동소득은 상당히 달라진다. 우선은 취직부터 되어야 하고, 그렇게 들어간 직장이 어디인지, 정규직인지 비정규직인지에 따라 같은 노동을 해도 소득은 크게 달라진다. 남성은 여성에 비해, 대졸자는 고졸자에 비해 더 많은 소득을 얻는다. 이처럼 직장, 직종, 고용형태, 신체, 젠더, 학력, 자격증, 지식, 언어, 국적 등에 따라 노동소득에도 차이가 생긴다. 노동소득이 이렇게까지 차이가 나고, 그로 인해서 같은 노동자의 처지가 판이하게 달라진다면 구분법을 좀 바꿀 수도 있다고 생각된다. 노동소득을 다시 누구든 받을 수 있는 법적으로 보장된 시간당 최저임금소득과 그 이상의 추가임금소득으로 구분할 수 있고, 추가임금소득은 자본소득 쪽으로 이동시켜서 표현할 수도 있다. 추가임금소득을 단지 노동만이 아니라 노동자에 덧붙여지는 어떤 특징과 속성에서 비롯된 소득이라고 한다면, 그 속성은 개인과 분리될 수 있는 건 아니겠지만 역시 자본으로 간주될 수도 있다. 인적자본, 신체자본, 젠더자본, 학력자본, 경력자본, 지식자본 등등.

오해를 피하자면 이러한 구분법은 결코 고소득 노동자를 자본가라고 비난하려는 것이 아니라, 우리가 정도와 종류의 차이는 있지만 '자본을 가진 노동자'로서 동일하다는 점을 강조하기 위한 것이다. 자본소득을 얻는 행위가 반드시 도덕적이지 않은 것도 아니다. 재능을 갈고 닦고, 지식을 쌓고, 인맥을 넓히는 행위 등은 자본소득으로 이어진다면 자본이라 할 수 있겠지만, 같은 행위를 자본소득을 목적으로 하지 않을 수도 있고, 의도하지 않았음에도 소득을 얻는 결과를 낳을 수도 있다. 우리 각자가 어떤 형태로든 자본을 갖고 있다는 건 인정할 필요가 있다.

노동소득은 원칙적으로 누구나 할 수 있고, 동일한 시간 동안 같은 소득을 얻는다는 점에서 평등하고 공정하다고 할 수 있다. 이에 반해서 다른 소득의 원천으로서의 다양한 자본들은 그 특성상 평등해질 수 없다는 문제가 있다. 만약에 모두에게 평등한 소득을 보장하는 자본이 있다면, 그건 사실상 개인이 소유한 자본이라고 하기 어렵다. 예를 들어 한국 국민 모두에게 동일한 기본소득이 주어진다면, 그 소득은 국민들 내에서는 자본이라 하기 어려운 당연한 소득이자 삶의 기본 조건일 뿐이다. 물론 이는 한국에 거주하는 이주민의 입장에서는 국가자본으로 기능하며 불평등의 원인이 된다.

노동소득과 자본소득의 관계

개인 입장에서는 노동소득이 늘든 자본소득이 늘든 합계 소득의 측면에서는 차이가 없고, 둘 다 늘면 더 좋다. 다시 말해서 개인의 소득 차원에서 개인의 노동과 개인이 소유한 자본은 아무런 갈등이 없고, 서로 협력한다고 할 수도 있다. 그런데 기업 또는 사회 전체 차원에서는 양상이 전혀 달라진다. 기업이나 사회가 개인들에게 분배할 수 있는 총소득의 양은 정해져 있고 이를 두고 총노동과 총자본은 제로섬 게임을 해야 한다.

개인소득↑↑ = 노동소득↑ + 자본소득↑
총소득 = 총노동소득↑ + 총자본소득↓

노동을 하는 모든 사람들은 노동소득을 올리는 데는 동의하겠지만 이 경우 자본소득은 그만큼 줄어들게 된다. 예를 들어 기업이 벌어들인 전체 수익이 있고, 이를 회사의 모든 구성원들이 나눠야 하는 상황을 생각해 보자. 다수의 노동자들이 노동소득을 늘리려고 한다면, 주주나 경영진과 같은 자본가들이 얻는 자본소득은 줄어들 수밖에 없고, 그 반대도 마찬가지다. 단결된 노동자 입장에서는 당연히 노동소득을 배타적으로 추구해야 하고, 위에서 봤던 개인의 경우처럼 노동소득과 동시에 자본소득을 추구하는 건 가능하지 않다. 반대로 보유한 자본이 많아서 노동소득보다 자본소득이 월등한 사람의 경우 자본소득을 배타적으로 추구할 테고 둘은 대결이 불가피하다. 물론 양측이 화합해서 다음 해에 더 많은 전체소득을 올리고 서로 윈윈하자고 할 수는 있겠지만, 그건 그다음 문제다. 하나의 기업이 아니라 전체 사회 차원에서도 마찬가지다. 이런 대결이 전면화된다면 사회 전체적으로 노동자와 자본가의 양보할 수 없는 싸움이 펼쳐지고, 노동자들은 서로 단결할수록 강한 힘을 갖게 될 것이다. 물론 자본가들은 자본이 있고 자

II. 자본을 가진 노동자의 딜레마

본가들끼리도 단결해서 대항할 것이다. 하지만 만국의 노동자가 단결할 수만 있다면 자본을 제압하는 것도 어렵지 않다는 결론에 이를 수 있다.

그런데 사태를 복잡하게 만드는 문제가 있다. 첫 번째 문제는 모든 노동자들이 동질적인 하나가 아니라 수많은 차이들로 분할되어 있다는 것이다. 따라서 노동자들 전체의 이익과 특정 노동자 개인 또는 그룹의 이익은 일치하지 않고, 심지어 어떤 노동자들의 이익이 다른 노동자들에게는 손해가 되기도 한다. 두 번째 문제는 노동자와 자본가의 구분이 명확하지 않다는 것이다. 노동자들 역시 노동소득만 있는 게 아니라 자본소득도 있다면 이 노동자의 행동은 결코 단순하지 않다. 노동자이면서 동시에 자본가와 같은 선택을 할 수도 있는 것이다. 세 번째 문제는 자본의 경우도 마찬가지로 수많은 다양한 개별 자본들로 분할되어 있어 서로 협력하면서도 경쟁하고, 어떤 자본은 전체 자본의 이익과는 무관하게 또는 정반대로도 변화될 수 있다는 것이다.

수많은 다양한 노동자들이 함께 있지만 논의를 단순하게 정리해 보기 위해서 단 두 사람 또는 두 그룹인 노동자1과 노동자2가 있다고 하자. 자본 역시도 두 그룹인 자본1과 자본2로 분할되어 있다고 하자. 그리고 노동자2가 자본1을 소유하고 있다고 하자. 자본1에서 발생한 자본소득은 노동자2의 소유가 된다. 노동자1과 노동자2는 노동소득에는 차이가 없고, 그들의 차이는 노동자2가 가진 자본1에서 기인한다. 예를 들어 노동자2는 남성이거나 정규직이거나 학력이나 능력이 더 있어서 노동자1에 비해서 더 많은 소득을 얻을 수 있고, 주식투자나 자영업을 해서 노동소득 외에도 약간의 이익이 발생했을 수도 있다. 여기서 노동자2는 노동자 정체성을 갖는 노동자1과는 다르게 '자본을 가진 노동자'로서 복합적인 정체성을 갖게 되고 모든 혼란이 여기서 발생한다. 이러한 복잡한 상황을 이해하는 방법은 크게 두 가지다.

[그림 9] 노동과 자본의 분할과 포섭

	잉여			
노동 vs. 자본	노동		자본	
노동과 자본의 분할	노동자1	노동자2	자본1	자본2
자본을 가진 노동자	노동자1	노동자2	자본1	자본2
순수한 노동자	노동자1	노동자2	자본1	자본2
노동하는 자본가	노동자1	노동자2	자본1	자본2
노동자의 커먼즈	노동자1	노동자2	커먼즈	자본2

자본을 가진 노동자

첫 번째는 노동자2를 여전히 노동자로 이해하는 것이다. 노동자2가 가진 자본1의 유무와는 관계없이 노동자1과 노동자2는 여전히 동일한 노동자로서 단결하고, 자본2에 대해서는 공동으로 투쟁할 수 있다. 노동자1은 같은 노동자이자 동지로서 노동자2가 운좋게 자본1을 가져서 약간의 추가적인 소득이 더 생긴 정도라면 얼마든지 축하해 줄 수 있다. 노동자2의 자본소득이 노동자1과는 무관하지만, 자본가들에게 돌아갈 자본소득을 빼앗아 옴으로써 노동자 전체의 소득을 증가시켰다고도 볼 수 있다. 만약 노동자2의 자본소득이 노동자 전체에게 균등하게 배분된다면, 이는 모두의 소득이고 노동자1에게도 돌아가므로 자본소득이라 불릴 이유도 없다. 전체 노동소득이 증가하고 노동이 자본에 대해 승리했다고 볼 수 있어 노동자의 단결은 더 강하게 유지될 수도 있다.

그러나 그렇지 않다면 노동자1이 봤을 때 노동자2는 자본소득을 가진 사람으로 보인다. 그리고 그 차이는 작더라도 가까이 있을수록 더 크게 보일 수 있다. 노동자1과 노동자2는 사실 대부분의 사안에 대해서는 입장이 비슷하더라도, 노동자2가 가진 자본에 대해서는 입장이 완전히 달라진다. 노동자1과 노동자2는 어색하게도 노동과 자본의 대립을 반복한다. 그리고 이 대립은 경제적으로는 아주 작은 차이더라도 정체성의 차원에서는 도드라진 차이가 될 수 있고, 이는 단결을 심각하게 저해하는 요소가 된다.

이런 상황에서도 계속 동지로서 단결을 유지하려면 자본1이라는 차이는 무시되어야 한다. 노동자1은 노동자2의 자본을 알면서도 대수롭지 않게 넘겨야 하고, 노동자2는 애써 숨기거나 굳이 얘기해서 차이를 드러내지 않아야 한다. 자본1에 대해 내놓고 얘기하는 건 노동자1과 노동자2의 차이만 부각시키고 갈등의 소지가 될 뿐이다. 따라서 자본1은 순전히 노동자2 개인과 가족의 사적 영역에 머물며, 자본1에 대한 토론이나 대안은 논의하기 어려워진다. 어느새 노동자2에게 자본1은 자연스럽고 당연한 자신의 소득과 권리의 일부로 여겨진다. 거대한 자본2에 비하면 자본1은 자본이라고 할 수도 없다고 여긴다. 자본1이 자본의 일종이라는 사실은 점점 잊혀져 간다. 자본1은 자본도 아니라고 생각되는 순간, 이제 노동자1이 자본1을 갖지 못한 게 이상한 일이 된다. 노동자2는 노동자1도 당연히 자본소득이 있을 거라 가정하고 노동자1의 어려움을 망각하거나, 기본적인 자본을 갖추기 위한 노력을 하지 않은 노동자1을 탓할 수도 있다.

노동자들은 자본2에 대해서는 공동으로 투쟁하더라도 자본1에 대해서는 곤란해진다. 노동자1은 자본1에 대해서도 투쟁해야 마땅하지만, 단결을 위해서는 이를 유예하고 자본2에 대한 투쟁을 우선해야 하는 상황이 된다. 자본2에 대해 함께 승리한다면 노동자1과 노동자2의 노동소득은 함께 늘어나지만, 자본1이 성장한다면 노동자1과 노동자2의 소득 격차는 더 벌어진다. 노동자1은 언제까지 노동자2와 함께할지를 고민하게 된다. 노동자2는 자본1에 대한 투쟁에 동의한다면 자신의 자본소득을 부정해야 하고, 자신의 자본소득을 지키기 위해서는 투쟁의 대열에서 빠져야 하는 상황에 빠진다. 전자를 선택하는 사례는 흔하지는 않지만 얼마든지 있다. 어떤 노동자2는 자본1을 포기하는 선택을 하기도 한다. 자본소득을 포기하고 노동소득만으로 만족하며 살아가는 것이다. 또는 전체를 포기하지 않더라도 자본1의 자본소득 추구를 굳이 자제할 수도 있다. 이러한 선택은 대단히 존중받아야 할 삶의 태도임에는 분명하다. 하지만 이 경우 자본1은 자본2와의 경쟁에서 뒤처져서 낭비되거나 자본2에게 쉽게 빼앗기는 결과를 낳을 수도 있다.

노동하는 자본가

두 번째 방법은 노동자2를 자본가로 이해하는 것이다. 이번에는 노동자2의 노동소득이 무시된다. 노동소득은 어쩔 수 없이 노동해야 하는 사람들의 기본적인 소득에 불과한 것이다. 여전히 노동을 하고 있지만 노동은 언제나 힘들고, 어차피 노동소득만으로 생활하기도 어렵고, 노동소득은 잘 오르지도 않는다. 일하고 싶다고 해도 언제까지나 노동을 계속 할 수 있는 것도 아니고 언젠가는 은퇴해야 한다. 노동소득 외의 다른 소득원이 필요하다. 오히려 노동자2가 집중해야 하는 건 자신이 가진 자본1을 더 경쟁력 있게 운용해서 더 많은 자본소득을 얻는 것이다. 이제 노동자라는 정체성은 거추장스러운 것일 뿐이고 이제 나를 증명하는 건 나만이 갖고 있고, 나의 특성과 장점을 증명하는 자본1이다. 나보다 훨씬 큰 자본2와의 경쟁에서 승리해야 하므로 효율적으로 더 최선을 다해 자본 운영에 매진함으로써 자본을 늘려 더 뛰어난 내가 되어야 한다. 이제 노동자2는 자본을 가지고 있고, 자본소득을 얻고 있으며, 자본이 소득을 얻는 게 정당할 뿐더러 필수적이라고 생각하고 있다. 노동자2가 자본가처럼 생각하는 노동자라고 할 수도 있지만, 그보다는 자본의 크기는 작더라도 자본가로 변신한 거라고 볼 수도 있다.

노동자1에게 노동자2의 이러한 변화는 변절로 받아들여질 법도 하다. 노동자1은 열심히 투쟁해서 공동의 노동소득을 위해 싸웠지만, 노동자2는 같이 싸우지도 않고 투쟁의 성과에는 무임승차하면서 실제로는 자본가로서 이윤을 추구하는 데 열중하고 있다. 노동자2가 자본가의 정체성을 반성하지 않고, 자본소득을 더 늘리는 데만 주력한다면 그는 노동을 하더라도 노동자가 아니다. 그가 자본가가 되어버린다면 그의 노동소득도 자본가의 소득일 뿐이다. 그렇다면 더 이상 노동자2의 행운과 성공을 바랄 수는 없다. 차라리 노동자2는 단결의 대상에서 빼고, 적으로 간주하는 게 더 낫다고 생각된다. 심지어 가까이 있는 자본1은 멀리 있는 자본2에 비해서 더욱 고통스럽게 느껴진다. 동지의 뼈 아픈 배신은 남은 사람들의 단결을 더 어렵게 한다. 노동자2의 선택을 이해해 보려는 노동자1의 노력은 오히려 스스로가 세상물정 모르는 바보였던 건 아닐까 하는 반성과 후회로 돌아온다.

노동자2의 변신은 성공적일 수 있을까. 기대했던 대로 자본소득을 더 얻을 수만 있다면 단기적으로는 얼마든지 성공적인 선택이다. 하지만 몇 가지 문제가 있다. 첫 번째는 노동자2가 가진 자본1은 결코 크다고 할 수 없고 자본2와의 경쟁에서 이긴다는 보장도 없다. 오히려 자본1이 손실되는 결과를 낳는다고 해도 전혀 이상하지 않다. 두 번째는 다른 노동자들도 자신과 동일한 전략을 취해서 단결하지 않고 각자의 자본소득을 더 추구한다면, 전체로서의 노동소득이 감소하고 결과적으로 자신의 노동소득 감소로 이어질 수 있다는 것이다. 물론 이 과정에는 여러 과정과 오랜 시간과 각종 변수가 개입되기 마련이니 직접적인 인과관계를 체감하기는 어렵지만 장기적으로는 결코 좋은 전략이라고 보기 어렵다. 세 번째는 노동자들의 단결이 깨지는 건 단지 노동소득만 문제가 아니라 친구와 동지를 잃고 공동체가 해체되는 길 의미한다는 것이다. 자본가도 나선 이상 그는 만인을 상대로 경쟁해야 하고, 성공해도 혼자고 실패해도 혼자로 남게 된다. 네 번째는 자본의 논리에 동의해서 스스로 게임에 참여한 이상 자본 자체의 문제를 비판하는 게 어려워진다는 것이다. 억울함을 정당하게 호소한다고 해도 패배한 자의 뒤늦은 변명으로밖에는 들리지 않는다.

노동자의 단결과 자본의 전환

이렇게 노동이 단순히 두 그룹으로 분할되는 경우만 봐도 문제는 꽤나 복잡해지며 해결은 쉽지 않다. 그런데 실제는 더욱 복잡하다. 자본소득은 대단히 다양하고, 노동은 수없이 많은 분할선으로 나뉜다. 많은 노동자들 역시 다양한 형태의 자본을 갖고 있고 노동소득과 함께 자본소득을 얻고 있다. 사실 우리는 자기보다 자본이 많은 사람에 대해서는 노동자1의 입장이 되고, 자본이 적은 사람에 대해서는 노동자2의 입장이 된다. 우리는 노동자로서 노동소득을 얻을 때는 모두 동일한 입장에 서 있지만, 각자가 어떤 자본을 갖고 자본소득을 얻느냐에 따라서는 전혀 다른 입장에 서게 된다. 노동자들이 단결된 노동조합은 구성도 힘들지만 구성되더라도 외부에서는 곧장 이익집단이라는 식으로 비난받고 자본과 싸울 때도 충분한 지지를 받는 데 어려움을 겪는다. 이러한 상황에서 모든 노동자가 단결해서 자본과 대결해서 승리하는 시도는 난망해지고 만다.

한편, 자본 역시 한 덩어리는 아니다. 자본도 다양하게 분할되어 있고 자본끼리 경쟁한다. 자본은 그 자체로 인격은 아니지만 자본을 소유한 사람들은 쉽게 결합하고 나뉘며 경쟁하기를 반복한다. 자본주의에서 소득을 추출해 내는 자본의 힘이 막강한 건 사실이지만 자본은 얼마든지 쪼개질 수 있고, 너무 쉽게 얼마든지 성격이 변화될 수도 있다. 자본을 가진 사람이 자본을 배타적으로 소유하지 않고, 자본소득을 추구하지 않겠다고 선택할 수 있다면 말이다. 다소 예외적인 경우지만, 자본이 자본의 일부를 노동에게 양보하는 일이 발생할 수도 있다. 또는 노동과 일부 결합한 자본이 자본소득을 독점하지 않고 공유하는 경우도 있을 수 있다. 이 경우에는 자본이라고 부를 필요가 사라진다. 자본주의 기업이 노동자소유기업 또는 협동조합으로 전환하는 경우도 있다. 개인적 차원에서 자신의 재산을 공동체를 위해 내어놓거나, 유산을 사회를 위해 남기는 사람들도 있고, 자본가 집안 출신의 활동가들이 자신의 전 재산을 노동자와 노동운동을 위해 사용하는 경우도 있다. 그리고 국가나 지역의 정치 차원에서 자본의 성격을 일부 변화시킬 가능성도 있다. 특별한 사람만 자본을 전환할 수 있는 게 아니라 좀 더 보편적이고 일상적으로 전환할 수 있다면 어떨까.

자본을 가진 노동자에게는 자신의 정체성이 변화될 수도 있는 위기 상황이고, 노동자가 가진 자본 역시 노동자의 선택에 따라 전혀 다른 것으로 변화할 수도 있는 위기 상황에 처한다. 따라서 세 번째 선택이 가능하다. 사실 앞서 검토한 첫 번째 방법인 노동자를 여전히 노동자로 이해하는 것과 두 번째 방법인 노동자를 자본가로 이해하는 건 공통점이 있는데, 그것은 다름 아니라 노동자가 가진 자본에 대해서 함께 얘기하지 않는다는 것이다. 첫 번째 경우는 단결을 위해서 감춰져야 했고 두 번째 경우는 각자 쟁생해야 해서 얘기할 수 없었다. 세 번째 방법은 우리가 자본을 가진 노동자라는 걸 서로 인정하면서도 단결을 유지하고, 각자가 가진 자본을 노동자의 공유지로 그 성격을 조금씩 전환하는 것이다. 한순간에 자본을 포기할 필요는 없다. 다만 그것이 우리의 단결을 저해한다는 걸 인정하고, 자본에 함께 대항하는 길이 맞는 방향이라는 데 동의한다면 충분하다.

예를 들어 남성 비정규직 노동자와 여성 정규직 노동자는 여성 차별과 비정규직 차별에 대해 완전히 다른 입장을 가질 수 있다. 만일 남성 노동자가 여성 차별을 당연시하고 정규직 노동자가 비정규직 차별을 방관한다면 모두가 망하는 길로 가게 된다. 우리는 남성의 권리를 모두가 누리도록, 정규직의 권리를 모두가 누리도록 단결해서 투쟁해야 한다. 하지만 투쟁은 길고 투쟁이 끝날 때까지 우리는 원하지 않아도 차별적인 현실을 살아가야 한다. 자신의 자본과 특권을 포기하는 건 쉽지도 않을 뿐더러, 특권을 포기함으로써 하향평준화되다면 결과적으로 자본에게만 좋을 일이 된다. 사실 외부 현실은 차별적이어도 단결된 우리 내부에서는 즉각 현실을 시정할 수 있다. 남성 노동자가 남성의 특권을 함께 공유하고, 정규직 노동자가 정규직의 특권을 함께 공유해 함께 투쟁함으로써 노동자의 공유지를 더 넓혀가는 것이다. 각자가 가진 자본의 크기가 다르고 자본수익의 크기도 다르겠지만, 우리가 이를 공유한다는 전제가 있다면 그 차이는 아무런 장애가 되지 않는다.

노동과 자본의 대립이 단기적으로 직접 체감되지 않을 수는 있지만, 전체적인 차원에서 노동소득 전선의 후퇴는 모든 노동자들의 개인적 전투 역시 점점 어려운 국면으로 몰고 간다. 따라서 노동자로서 자본과 대결해서 노동분배를 높이는 전략은 모두에게 필수적이다. 이를 위해서는 여러 어려움에도 불구하고 노동자들이 서로 단결하지 않으면 안 된다. 최저임금인상과 노동시간단축 투쟁은 어떤 형태로든 노동을 하는 사람이라면 모두가 단결하는 것이 옳고 동시에 자신의 이익에도 부합한다. 기업 단위의 노동조합에서부터, 지역별 부문별 노조와 상층 노동조합총연맹까지 단결하는 건 개인의 차원에서도 꼭 필요하다. 그 목표의 수준이 권력을 장악하고 자본을 접수하고 임금 노동을 폐지하는 선까지 이어질지, 현실에서 노동조건을 개선하는 선에서 만족할지는 그다음 문제다. 앞서 해결해야 하는 문제는 위에서 봤던 것처럼 수많은 차원에서 분할되어 있는 노동자들을 단결시킬 수 있는 조건과 근거를 계속해서 만들어 가는 일이다. 여기에서 핵심은 노동자들을 구분 짓는 노동자들이 보유한 자본과 거기에서 비롯된 자본소득을 개인적인 차원에서 그리고 전체적인 차원에서 어떻게 제어할 건가 하는 점이다. 자본은 단순한 외부의 적이 아니라 항상 내부로 침투해 있는, 내부의 단결을 저해하는 적이다.

자본의 침투를 어떻게 막아내고 단결할까. 또는 더 나아가 역습할 수 있을까. 자본소득을 전환하는 사례들은 드물지만 가능성과 상상력을 제공하는 원천이 된다. 이는 새로운 주체가 탄생해야 하는 일이다. 자본가는 자신의 자본이 더 이상 자본이길 그만두고, 노동자는 자본에 종속된 사람이나 자본을 소유한 사람도 아니지만 세계의 주인으로서 다른 주인들과 모두 함께하는 주체로 거듭나야 한다. 그러나 이러한 주체의 전환이 쉽지 않은 만큼, 다수의 사람들이

동시에 전면적으로 변화할 거라는 기대는 난망하다. 그러나 노동자들이 단결하기 위해서는 이 과정이 필수적이기 때문에 어렵다는 이유로 언제까지나 미뤄둘 수는 없다.

논리적으로 총노동자가 총자본과 대결한 끝에 전체 노동소득을 확보했지만 이를 노동자들끼리 차별적으로 나눈다면, 어떤 의미에서는 그 차별이란 노동자들이 스스로 만든 게 된다. 자본가가 소득을 차별적으로 지급한다고 하더라도 기술적으로 가능하기만 하다면 노동자들 전체가 모든 임금을 합친 후에 다시 공평하게 나눌 수도 있다. 이게 불가능한 이유는 단지 기술적인 문제가 아니라, 상층 노동자가 다른 노동자에 비해 배타적인 소득을 확보할 수 있는 자본을 보유한 사람이기 때문이다. 어떤 의미에서는 자본가 역시 별 특별한 적이 아니라 자본의 숙주로 그저 자본의 욕망을 대신할 뿐인, 먼저 희생당한 애처로운 사람일 뿐이다. 노동자와 노동자 사이의 갈등, 이른바 노노갈등은 없다. 이는 노동자와 자본을 가진 노동자 혹은 노동하는 자본가의 갈등이라고 보는 게 더 정확하다. 결국 우리가 가진 자본 또는 우리에게 침투한 자본을 어떻게 상대할 건가의 문제다. 우리의 투쟁이 승리해서 생활이 더 나아졌다는 게 자본시장에서 더 성공적인 투자를 했다는 것과 어떻게 다른가. 언제나 전체 노동자의 일부일 수밖에 없는 노동자 집단의 투쟁이 승리한다는 건 전체 노동자와 세계에게 어떤 의미가 있는가. 여기에 대한 답이 없다면 우리는 한발짝도 나아갈 수 없다. 이 질문에 대한 답이 우리가 함께한다는 의미 그 자체이기 때문이다. 우리가 어떤 사람들인지에 대한 답 없이 함께 승리할 수는 없다.

마르크스가 노동자계급을 혁명의 주체라고 한 이유는 노동자가 쇠사슬 말고는 잃을 게 없는 사람들이기 때문이다. 만약에 혁명이 두렵다면 그건 우리가 어떤 부분에서는 쇠사슬 말고도 잃을 것, 즉 자본을 갖고 있기 때문이다. 그러나 자본이 없더라도 우리는 여전히 일할 수 있고 서로 돕고 사는 친구들이 있다. 무엇이 두렵겠는가. 우리가 사는 데는 하등의 문제가 없다. 다만 우리가 가지고 있었던 자본소득이 없어질 뿐이다. 그리고 이건 원래 없었어야 할 것이 없어진 것뿐이다. 그것 때문에 집값이 높아지고, 임금노동을 했어야 했고, 모두를 상대로 경쟁해야 했고, 친구와 동지를 잃고 있었던 것이다. 앞서 쇠사슬이 아닌 무엇이라고 했지만, 어쩌면 우리가 가진 자본이야말로 가장 강고한 쇠사슬일지도 모른다. 자, 다시 한 번 되뇌어 보자. "우리가 잃을 것은 오직 쇠사슬이요, 얻을 것은 전 세계이다. 만국의 노동자여 단결하라."

III. 노동자=소비자=공유자의 탈자본운동

우리는 누구나 돈을 벌고, 쓰고, 모으고, 빌리고, 빌려주고, 선물하고, 선물받으면서 살아간다. 돈은 삶의 여러 장면마다 각각 다른 모습으로 우리와 마주한다. 그리고 돈을 언제 어떻게 마주하냐에 따라서 사람들의 태도와 모습은 사뭇 달라진다. 각자는 돈과 마주하는 여러 계기에 따라서 여러 개의 각기 다른 주체가 되고, 그 여러 개의 주체가 중첩되고 종합된다. 먹고살기 위해서 돈을 벌어야 할 때는 대부분 노동자가 되고, 번 돈을 쓸 때는 소비자가 된다. 노동자 주체와 동시에 소비자 주체이기도 하다는 점에서 '노동자=소비자'라고 표현할 수 있다.

그런데 우리는 노동자=소비자로서만 존재하지 않는다. 노동자=소비자는 노동하고 소비할 뿐만 아니라 저축을 하고 부채와 자산을 갖는 금융의 측면에서도 능동적 주체라는 점을 함께 주목해야 한다. 금융자본이 발전할수록 이러한 경향은 더욱 커진다. 복식부기 회계의 기본등식을 이용해서 화폐와 관계하는 계기들과 각각의 계기와 대응되는 주체성을 확인할 수 있다. 우선 수지계산서의 등식 **수입-지출=잉여**에서 우리는 노동자로서 수입을 얻고 소비자로서 지출을 하고 난 뒤 남은 금액은 저축을 한다. 만약 손실이 있다면 대출을 받는다. 이것이 보통 노동자=소비자가 가계부를 적는 방식이자 생활 방식이다.

[그림 10] 노동자=소비자의 수지계산서

수입	-	지출	=	잉여
노동자		소비자		예금자/대출자

여기에는 특정 기간 동안의 화폐 흐름은 나타나지만, 자산상태는 나오지 않는다. 자산이 크지 않고 자산거래가 많지 않을 때는 이를 예외적인 것으로 여기고 따로 기록만 하면 위의 등식만으로도 충분할 수 있다. 하지만 자산이 늘어나고 거래가 점점 복잡해진다면 자산상태를 보여주는 또 하나의 회계등식을 도입할 필요가 있다. 아래와 같은 재무상태표의 등식인 **자산=부채+자본**이다.

[그림 11] 자본가의 재무상태표

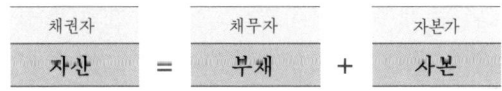

한 사람의 전체 자산은 자본(자기자본)과 부채(타인자본)를 합한 것이다. 재무상태표는 특정 시점에서 보유한 모든 재산의 목록과 현황을 보여주고 그것을 구성하는 자원의 출처를 파악할 수 있게 한다. 자산에 투자할 때는 채권자로서 수익을 얻기 위해 행동하고, 부채를 동원할 때는 채무자로서 비용을 줄이기 위해 움직인다. 그리고 이 둘을 동시에 관리함으로써 결과적으로 자본수익률을 높이고 자기자본을 늘리는 걸 목적으로 하는 자본가로서 살아간다. 채권자와 채무자의 정체성은 반대되지만, 부채가 증가하면 자산도 함께 증가하므로 실제로는 항상 결합되어 있다. 경영자는 물론 재테크를 하는 개인 투자자 역시 항상 이러한 정체성으로 민감하게 이 등식을 관리한다. 이는 자본가가 화폐를 파악하는 방식이자 생활 방식으로서 금융자본의 영역이다.

애초에 노동자=소비자에게 금융은 수입과 지출의 불일치에서 비롯된 단순한 잉여/손실에 불과한 계기다. 노동자=소비자의 일차적인 관심은 잔액이 없어져 당장 필요한 것을 살 수 없게 되는 상태를 피하는 것이다. 다음번 수입이 들어올 때까지 잔액이 없어지지만 않는다면 잉여가 얼마나 남았고, 남은 잉여를 어떻게 활용할 건가는 이차적인 문제다. 잔액보다 더 많은 지출을 해야 하는 상황이라면 어쩔 수 없이 대출을 받아야 하는 곤란한 처지가 된다. 하지만 신용카드나 마이너스통장처럼 너무 간편해서 대출로 인식되지도 않는 대출 수단이 많으므로 약간의 손실이 있더라도 미리 쓰고 다음 달에 보충하면 그뿐이다. 향후에 필요한 소비를 위해서 잉여를 모아둬야 할 수 있지만, 결국 언젠가는 모두 소비하기 위한 목적이라면 지연된 소비일 뿐 금융의 의미는 크지 않다. 다시 말해 노동자=소비자에게 금융은 필수적인 것도 익숙한 것도 아니다.

하지만 노동자=소비자의 저축이 점점 늘어나고 집을 구하기 시작하면서부터는 아주 새롭고 낯선 정체성을 마주하게 된다. 어떤 사람은 이 새로운 정체성을 두고 어색해하고 혼란을 겪으며 머뭇거리고, 다른 어떤 사람은 빠르게 받아들여 단순한 예금자에서 어느새 자산가로, 채무자로, 채권자로, 투자자로, 그리고 이 모든 걸 종합하는 자본가로서의 정체성을 갖게 된다. 그리고 이들의 작은 차이는 경제 성장과 부동산 가격 상승 과정에서 심각하게 벌어질 수도 있다. 각자의 생각과 의지의 차이에도 불구하고 금융자본주의는 우리 모두에게 자본가 정체성을 강요하고 있다.

자본가가 되어버린 노동자=소비자

복식부기 회계에서 수지계산서의 등식과 재무상태표의 등식은 긴밀하게 서로 얽혀 있다. 잉여가 누적되면 자본이 늘어나고 동시에 자산도 늘어난다. 자산이 효과적으로 운영된다면 수입이 증가한다. 부채를 끌어온다면 그에 따라 지출이 늘어난다. 만약 빌려온 돈을 소비하지 않고 자산을 증가시키는 데 쓴다면 이는 추가적인 수입을 가져올 수도 있다. 각 계기 사이의 이런 관계를 [그림 12]에서 화살표로 간략히 표시했다. 금융자본주의가 고도화될수록, 그리고 노동자=소비자가 보유한 자산이 늘어날수록 두 등식은 결합하고 각각의 정체성도 서로 얽힌다. 단지 예금자로서 수입과 지출의 단순한 차이인 잉여만 바라보던 금융의 영역은 자본, 부채, 자산이 꿈틀대는 자본주의의 세상으로 확장된다. 금융은 이제 결코 단순하거나 무시해도 좋을 종속적인 계기로 간주할 수 없다. 금융은 우리의 여러 정체성을 연결하고 종합적인 전략을 계획하는 과정에서 핵심적인 위치를 갖는다.

[그림 12] 금융자본의 영역

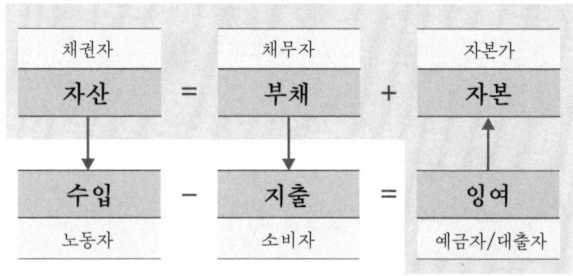

고전적인 자본가의 이미지는 스스로 종잣돈을 모아 땅을 사고, 기계를 사고, 노동자를 고용해서 사업을 시작하는 사람이다. 이런 사업가를 자본가라고 한다면 자본가는 극소수에 불과하다. 종잣돈이 있더라도 사업을 일으키고 또 성공해서 자본가가 되기란 지극히 어렵다. 그런 자본가를 찾아서 자신의 잉여금을 직접 투자하는 것도 거의 불가능한 일이다. 그러나 현대적인 금융자본주의는 누구라도 자본가로 만들어 줄 수 있다. 적극적으로는 회사의 주식을 매입한다거나 펀드에 가입하는 방법도 있고, 소극적으로는 은행에 예적금을 하거나 단지 그냥 입금된 월급을 남겨두는 것만으로도 금융자본주의에 기여하고 또 성과를 분배받을 수 있다. 돈을 그저 장롱에 넣어두는 사람은 바보다. 잉여금은 당연히 은행에, 가능하다면 더 많은 이자를 주는 은행에 넣어두어야 한다. 하지만 은행 이자율이 물가상승률을 넘지 못한다면 그냥 은행에 돈을 넣어두는 사람도 바보가 된다. 좀 더 수익률이 높은 펀드나 채권에 가입해야 한다. 그리고 좀 더 똑똑하고 공부를 했다는 사람들은 직접적으로 주식과 부동산과 코인에 투자한다. 이렇게 우리는 모두 쉽게 자본가의 정체성을 가질 수 있고 자본가처럼 생각할 수 있다.

물론 자본가로서의 정체성을 갖는다고 실제로 자본가가 된다는 건 아니다. 하지만 금융의 영역에서 자본가로서 바라보는 세상은 이제 노동자=소비자와는 사뭇 달라진다. 노동자=소비자에게 자산이나 부채는 그저 부수적인 수입이나 지출의 요소일 뿐이라서 그다지 중요하지 않을 수 있다. 그러나 자본가는 거꾸로 생각한다. 자산은 수입의 원인이고, 부채는 지출의 원인이며, 자본은 잉여의 누적합계로 구성된다. 다시 말해 자본가에게 **수입-지출=잉여**의 등식은 노동하고 생활하는 것과는 다른 의미를 갖는다. 이제 수입은 곧 자산수익이고, 자산을 얼마나 전략적으로 구성해서 투자하고 효율적으로 운영해서 성과를 냈는가를 보여주는 지표다. 지출은 부채를 활용한 데 따르는 비용으로 누구에게서 어떤 성격의 자금을 동원하고 반환할 건가를 계산해서 레버리지를 극대화하기 위해 필요한 지표다. 그리고 그 차액인 잉여는 자본순익, 즉 이윤으로 자본가의 최종 성적표가 된다. 만약 성공적이라면 자본은 늘어나고 확대 재생산된다. 우리의 노동자=소비자는 여전히 노동하고 소비하고 있다. 다만 의미가 좀 바뀐다. 초기 자본을 확보하기 위해 노동하고, 부채를 동원해서 소비를 조정한다. 자신의 신체와 노동력을 자산으로 삼아 자산가치를 더 높이고 자본수익을 더 높이기 위해 노동하고 소비한다. 이제 소득은 단지 노동소득만이 아니라 자산소득을 포함한 합계소득을 의미한다. 소비는 내가 필요하고 원하는 걸 소비하는 것만이 아니라, 내가 선택해서 활용하는 부채에 대한 이자비용을 기꺼이 감당하는 걸 포함한다. 그렇게 우리의 노동자=소비자는 금융의 영역에서, 적어도 자신의 생각 속에서는 자본가로서 세상을 바라보고 자본가가 된다. 자본가와 노동자=소비자의 대결 구도는 성공한 자본가와 실패한 자본가의 차이가 되었다.

탈자본운동의 두 계기로서 노동운동과 소비운동

노동자=소비자의 상대편에는 자본이 있다. 노동자는 자본에 고용되어 자본에게 노동력을 판매하고 일을 하고 임금을 받는다. 소비자는 자본의 쇼핑몰에서 자본제 상품을 구매함으로써 생활 수단을 구하고 그걸로 살아간다. 노동자의 주체성과 소비자의 주체성은 각각 노동현장과 소비현장으로 공간적 시간적으로 분리되어 있어, 관념적으로 동일시되는 것과는 다르게 실제로는 결합되기 쉽지 않다. 노동현장에서는 노동자로서만 사고하고, 소비현장에서는 소비자로서만 사고하는 것이다. 노동운동 활동가라도 마트에서 자신이 구입하는 물건을 생산하는 노동자의 임금이 올라가

길 바라기는 어렵고, 소비운동 활동가라도 직장에서 자신이 생산하는 물건이 더 윤리적으로 더 적게 소비되길 바라기는 어렵다.

  노동자와 소비자의 정체성이 종합적으로 연결되는 장소는 오히려 홀로 조용히 가계부를 작성하고 재정계획을 세우는 곳이다. 이곳 금융현장에서 개인은 노동자와 소비자로서의 정체성을 종합해 자신의 삶을 계획하고 각각의 정체성을 조정한다. 하루의 대부분을 차지하는 노동과 소비의 시간에 비해서 금융의 시간은 매우 짧지만 삶의 방향을 결정하는 매우 중요한 시간이다. 재정목표를 어떻게 설정하고, 이를 위해서 노동을 어떻게 할 것이고, 소비를 어떻게 할 것인가. 부채를 어떻게 하고, 저축을 어떻게 할 것인가. 그리고 투자를 어떻게 할 것인가. 이런 결정들에 따라서 이후 일상이 흘러간다. 특히 주택, 자동차, 교육, 의료 등의 대규모 소비를 계획하는 결정은 삶의 상당 시간을 지배한다.

  노동자=소비자의 삶을 개선하기 위한 전통적인 두 가지 방법이 바로 노동운동과 소비운동이다. 노동자=소비자는 수입이라는 계기에서는 노동자로서 얻는 수입, 즉 임금을 중요하게 여기고 노동자의 정체성을 갖는다. 고용된 노동자이므로 자본에 협조하지 않을 수는 없지만, 자본과 대결해서 노동조건을 개선하고 임금 인상을 요구할 수 있다. 개인으로는 어려운 일이기 때문에 다른 노동자들과 단결해서 노동조합을 결성해 사측과 협상하거나, 자본의 착취에 저항하는 파업을 할 수 있다. 지출이라는 계기에서는 소비자의 정체성을 갖는다. 자본의 상품을 구매하지 않을 수는 없지만, 소비자협동조합이나 윤리적 기업의 상품을 구매하거나 특정 상품을 불매하는 방식으로 자본과 대결해 상품의 질을 개선하고 가격을 낮추는 노력을 할 수 있다. 다른 소비자들과 단결해서 소비자단체를 조직한다면 기업의 폭리와 부정에 대해 불매운동과 같은 소비자운동으로 투쟁할 수도 있고, 좀 더 정직하고 윤리적이고 친환경적인 소비를 하며 자본의 생산을 강제할 수도 있다. 노동자와 소비자는 각각 다른 주체이지만 자본과 상대해서 투쟁한다는 점에서 같은 목표를 가진 반자본운동 또는 탈자본운동으로 결합할 수 있다. 여러 어려움이 있고 시간도 걸리겠지만 노동자=소비자가 충분히 단결할 수만 있다면 자본을 극복하는 것도 얼마든지 가능하다. 그리고 두 가지 운동의 결과로 만들어진 수입과 지출의 차액인 잉여는 금융의 영역으로 들어간다.

가라타니 고진은 자본의 순환에서 위의 두 가지 계기를 언급하며 노동자와 소비자의 탈자본운동에 대해 논한다. 대표적인 다음의 두 가지 전략, 안토니오 네그리가 말하는 "노동하지 말라", 마하트마 간디가 말하는 "소비하지 말라"를 결합해서 가라타니는 노동자=소비자의 동일성을 강조하는 노동자로서의 소비자운동을 제안한다.

자본의 운동 M-C-M′(화폐-상품-화폐′)에서 자본이 만나는 두 개의 위기적 계기가 있다. 그것은 노동력 상품을 사는 것과 노동자에게 생산물을 파는 것이다. 만약 이 가운데 어떤 것이든 실패하면 자본은 잉여가치를 획득할 수 없다. 바꿔 말하면 자본일 수 없는 것이다. 노동자는 여기서 자본에 대항할 수 있다. 하나는 네그리가 말한 것처럼, "일하지 말라"는 것이다. 물론 그것은 **"노동력을 팔지 말라"**(자본제 아래서 임노동을 하지 말라)는 것이 아니라면 의미를 이루지 못한다. 또 하나는 **"자본제 생산물을 사지 말라"**는 것이다. 그것들은 노동자가 '주체'가 될 수 있는 장에서 행해진다. 그럴더라도 노동자(소비자)에게 **'일하지 않는 것'**과 **'사지 않는 것'**을 가능하게 하기 위해서는, 일하며 살 수 있는 또 다른 어떤 것이 있어야 한다. 그것이 바로 생산-소비 협동조합이나 LETS 등의 어소시에이션밖에 없다. 이리하여 비자본제적 생산-소비 협동조합이나 지역통화의 존재는 자본제 경제 안쪽에서 일어나는 투쟁을 지지한다. 그와 동시에 후자의 불매(不賣)-불매(不買) 운동은 자본제 기업을 생산 협동조합으로 재편성해가는 것을 재촉할 것이다.

- 가라타니 고진, 송태욱 옮김,《트랜스크리틱》, 49쪽

가라타니의 주장은 다음과 같은 점에서 특별하다. 첫 번째, 기존 노동자운동이 임금노동 관계 안에서의 투쟁에 주력했다면, 가라타니는 그보다 임금노동을 거부하는 투쟁이 본질적임을 강조한다. 이것은 폴 라파르그의 '게으를 수 있는 권리'나 앙드레 고르의 '노동시간단축' 그리고 네그리의 '노동거부'에 적극적인 의미를 부여하는 것이다. 두 번째, 기존 소비자운동이 탈자본운동의 한 계기로서의 가능성을 가지고 있고, 그럴 때만 의미가 있음을 강조한다. 이것은 간디로 대표되는 불매운동, 로버트 오웬 등으로 대표되는 협동조합운동에 적극적인 의미를 부여한 것이다. 세 번째로 두 가지 계기를 모두 강조하면서도 사실상 소비자(물론 노동자로서의 소비자)로서의 계기에 더 방점을 찍는다. 그 이유는 노동자가

III. 노동자=소비자=공유자의 탈자본운동   171

종속적인데 비해서 소비자는 주도권을 가지고 개개인이 주체가 되어 초국가적인 네트워크를 형성할 가능성이 있다는 점 때문이다.

가라타니의 주장을 대부분 긍정적으로 받아들인다고 하더라도 여전히 난점이 남는다. 첫 번째, 소비자로서의 계기만으로 충분히 주체적일 수 있는가 하는 점이다. 물론 가라타니의 말대로 불매운동은 노동자가 '사는 입장'으로 나타날 수 있는 지점이고, 자본이나 국가가 어찌해 볼 도리가 없다는 점은 수긍할 수 있다. 그러나 노동자가 노동력을 팔지 않고는 살 수 없듯이, 소비자도 소비하지 않고는 살 수 없다. 일부 상품에 대한 불매는 가능해도 자본제 상품 전반에 대한 불매는 가능하지 않다. 생산협동조합이 충분히 소비에 필요한 상당 부분을 제공할 만큼 성장하지 않는다면 소비자로서 충분히 주체적이기는 어렵다. 또한 소비자의 정체성은 무한히 다양하기 때문에 특정 이슈에 대해서 특정 소비자들이 단결할 수는 있겠지만, 그것이 실질적인 변화를 불러일으킬 정도까지 확장성을 가지는 건 쉽지 않아 보인다.

두 번째는 노동자로서의 소비자라는 규정의 애매함이다. 가라타니도 얘기한 바와 같이 화폐를 가진 '사는 입장'은 노동자와 비노동자가 구별되지 않는 시민으로 등장한다. 다시 말해 노동자와 소비자는 분리되어 등장하고, 두 주체의 결합이 결코 자연스러운 건 아니다. 오히려 보통의 경우에는 두 주체는 잘 결합되지 않는다. 내가 노동자로서 일할 때 내가 생산한 물건이 비싸게 팔리길 바라는 건 당연하다. 다른 한편 소비자로서 시장에 갔을 때는 당연히 필요한 물건을 되도록 싸게 사길 바랄 것이다. 양쪽의 태도는 물론 양립할 수 없는 모순된 것이다.

하지만 현실에서는 이렇듯 분리된 주체 그대로 살아가는 데 아무 문제가 없어 보이는데, 이게 가능한 이유는 앙드레 고르가 자본주의 사회의 가장 큰 비극이라고 설명했던 "아무도 자신이 소비할 것을 생산하지 않고, 아무도 자신이 생산하는 것을 소비하지 않는" 상황 때문이다. 오히려 사건은 상품이 겹쳐지고, 주체가 겹쳐질 때 발생하는 걸로 보인다. 예를 들어 환경단체 회원인 소비자가 자신이 일하는 공장에서 친환경적이지 않은 상품을 생산하는 걸 보고 문득 소비자 주체성이 튀어나오는 경우, 또는 반대로 노동조합 조합원이 노동탄압을 하는 기업의 저렴하고 좋은 품질의 제품을 구입할 때 노동자 주체성이 튀어나오는 경우다. 이런 점에서 노동자=소비자를 이어주는 등호는 원래 그렇다기보다는 그렇게 연결되어야 한다는 걸 강조하기 위한 표현이라고 할 수 있다. 시민으로서의 소비자의 선택과 노동자로서의 소비자의 선택은 어떻게 달라지는지, 소비의 현장에서 노동자로서의 주체성은 어떻게 나타날 수 있는지, 이 부분에 대한 실천적인 해답이 없다면, '노동자로서의 소비자'는 그저 수사적인 표현에 그칠 뿐이다. 현실에서도 가라타니의 주장은 노동자운동에 비해 소비자협동조합과 소비자운동에서 상대적으로 더 수용된 측면이 있지만, 소비 행위에서 노동자의 정체성이 어떻게 전략적으로 구현될 수 있을지, 노동조합이 소비자운동에 어떻게 참여할 수 있을지 구체화된 바가 많지 않다.

세 번째는 노동자=소비자 등식이 충분하지 않다는 것이다. 앞서 검토한 대로 수지계산서와 그에 대응하는 주체성으로 보자면 등식은 **노동자=소비자+예금자**가 되어야 한다. 무시해도 될 정도의 예금이라면 노동자=소비자로 충분하겠지만, 예금과 자산이 만만치 않은 수준이 되고 그에 따른 자산수익이 큰 부분을 차지하게 된다면 정체성 자체가 변한다. 현실적으로 모든 화폐가 금융자본으로 전환되는 상황에서 탈자본운동은 점점 난처한 상황에 빠져든다. 노동자운동의 결과로 수입이 늘어나고, 소비자운동의 결과로 지출이 줄어들어 노동자=소비자에게 더 많은 돈이 돌아오고 잉여가 증가한다면, 여기까지는 탈자본운동의 성과로 볼 수 있다.

그런데 그다음, 늘어난 잉여는 어떻게 되는가. 여기서부터는 금융의 영역이다. 여기에는 지금까지 함께하던 노동조합도 시민단체도 개입할 수 없고 오롯이 개인이 스스로 결정하고 책임지는 사적인 선택만이 있다. 자본주의의 합리적 금융소비자라면 여러 은행과 금융회사가 제시하는 금융상품을 꼼꼼히 비교해서 되도록 안정적이면서도 높은 수익을 주는 상품을 선택할 것이다. 그리고 수동적으로 소비하는 것에 멈추지 않고, 한 명의 투자자로서 은행, 펀드, 보험, 채권, 부동산 등 적극적으로 금융투자 범위를 넓혀갈 것이다. 여기서부터는 더이상 노동자=소비자가 아닌 현명한 자본가의 선택이 이어진다.

다른 대안이 없다면 이처럼 노동자운동과 소비자운동이 자본으로부터 탈취해 온 우리의 돈이 곧바로 금융자본이 되는 역설적이고 비극적인 이율배반에 빠지게 된다. 이러한 이율배반이 심각하게 느껴지는 건 단지 논리적인 오류에서 그치지 않고 탈자본운동이 직접적으로 뼈아프게 경험하는 현실이기 때문이다. 어떤 노동조합이 단결해서 임금협상에 성공해 노동자가 더 나은 노동 조건에서 일하고 빈곤에서 벗어나게 되는 건 모두가 바라는 일이지만, 그 결과로 노동자가 아파트와 주식에 투자하게 된다면 얘기는 달라진다. 내가 다니는 회사의 구조조정은 반대하지만, 내가 투자한 회사의 구조조정은 환영해야 하는 상황이 될 수도 있다. 나의 추가적인 수입을 위해서 하청기업과 비정규노동자의 상황을 외면한다면 더 이상의 단결은 불가능하다. 노동자=소비자가 스스로를 그리고 함께했던 동료들을 배반하게 되어, 지금까지의 단결도 깨어질 위기에 빠지는 심각한 상황은 자본이 가장 좋아할 것이다. 하지만 이런 선택을 마냥 비판할 수만은 없는 건 다른 선택이 없기 때문이다. 탈자본의 신념을 가진 사람이 자본을 갖게 되었을 때 어떤 선택이 가능한가?

나의 자산은 타인의 부채이고, 나의 부채는 타인의 자산이다. 나의 자산이 벌어온 소득은 결국 누군가의 주머니에서 나왔고, 부채에 대해 내가 지불하는 이자는 결국 누군가의 자산소득이 된다. 그래서 자신의 자산상태를 파악했을 때 우리가 고립된 개인으로서 할 수 있는 선택은 아주 고약한 양자택일밖에 없다. 착취할 것인가, 착취당할 것인가. 그리고 누구라 할지라도 후자를 선택할 사람은 없다. 어차피 착취를 없앨 수 없다면 덜 착취당하고 더 착

[그림 13] 탈자본운동으로서의 공유자운동

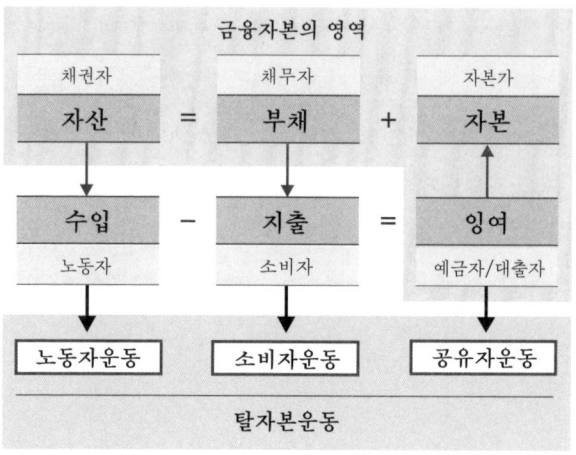

취하는 편이 낫지 않겠는가.

자본의 논리에 반대하는 사람의 한 가지 태도는 자산에 대해 적극적으로 무관심해지는 것이다. 그래서 순수한 소비자로 살아가고 그 삶을 유지하기 위해 성실한 노동자로 살아간다. 자산에 대해서는 관심을 갖지 않고, 혹시 자산을 보유하고 있더라도 애써 무시한다. 자산가가 되는 걸 거부하는 이러한 태도는 분명 존중받아야 할 삶의 양식일 수 있다. 그러나 이런 태도는 자산이나 부채 없이 사는 게 거의 불가능한 현실 속에서 일관성을 갖기 대단히 어렵다. 또한 역설적으로 이러한 순수한 소비자와 성실한 노동자는 자본이 가장 선호하는 주체가 될 수도 있다. 그래서 우리에게는 다른 전략이 필요하다. 게다가 우리가 이렇게 고립되어 버린다면 금융자본주의의 고약한 착취의 양자택일에서 벗어날 방법은 없다.

따라서 우리는 고립되지 않고 단결해야만 한다. 노동자가 단결하고 소비자가 단결하는 것처럼, 금융의 영역에서도 단결하지 않으면 안 된다. 바로 이 지점, 자본의 원리가 완전히 지배하고 있는 걸로 보이는 금융의 영역에서 자본에 대항하는 탈자본운동을 상상해 보자. 우리가 단결해서 금융의 영역에서도 탈자본적 주체가 되고, 탈자본주의 금융운동을 함께 실행하는 것이다. 여기서 우리의 구호는 앞서의 자본을 위해 '일하지 말라'와 '사지 말라'에 이어 자본을 위해 '저축하지 말라'와 '대출하지 말라'는 구호를 추가할 수 있다. 탈자본주의자의 자본을 거꾸로 작동시켜서 자본에 대항하는 '자본이 아닌 자본'으로 만들어 갈 수 있을까. 아니 반대로 금융의 영역에서 탈자본운동이 불가능하다면, 탈자본운동 자체가 불가능하다고 얘기해야 할 것이다. 노동자운동과 소비자운동이 결합하고 그 성과를 잃어버리지 않고 단결을 유지하기 위해서라도 금융에서의 탈자본운동은 반드시 필요하다.

  금융의 영역에서 탈자본운동을 실행하는, 자본의 원리가 아닌 다른 방식으로 저축하고, 투자하고, 대출하고, 조직하는 주체들, 자신의 화폐를 타인과 주고받으며 움직이며 공유하는 주체들의 이름을 공유자라고 하자. 그리고 이런 공유자들로 조직된 탈자본운동을 공유자운동이라고 하자. 이로써 그동안 이상하게 새어나가고 왜곡되었던 탈자본의 화폐 순환이 완성될 수 있다. 노동자가 자본과 상대해 돈을 벌어오고, 소비자가 자본과 상대해 돈을 지킨다. 이렇게 생겨난 돈은 자본이 아니라 공유자들의 공동의 자원, 공유지가 되어 다른 노동과 다른 소비가 가능한 세상을 만들어 갈 수 있다. 우리 중 누가 돈을 더 벌더라도, 그 돈을 모두가 공유하는 공유지로서 활용된다는 합의와 신뢰를 지킬 수 있는 시스템이 있다면, 누가 돈을 벌어도 질투하고 반목할 이유 없이 더 단결할 수 있다. 노동자=소비자의 탈자본운동은 이제 확장되어야 한다. 노동자=소비자=공유자의 탈자본운동으로.

IV. 탈자본금융의 화폐 흐름

공유자운동이 무엇이고 어떻게 가능할 수 있는지 검토하기 위해서 노동자=소비자의 화폐 흐름을 파악해 보자.

[그림 14] 노동자=소비자의 화폐 흐름

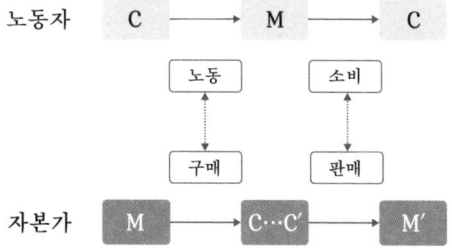

노동자는 노동력 상품(C)을 팔아서 임금(M)을 벌고, 소비를 하

면서 노동력 상품(C)을 회복한다. 노동자=소비자의 화폐 흐름에서 노동력 상품의 가치(C)는 단순히 노동력을 재생산하는 데 필요한 가치로 가정하기 때문에 노동으로 얻은 임금은 이를 재생산하는 생활에 모두 써버리는 게 된다. 이러한 화폐 흐름이 가능하려면 반대편에서 정반대의 교환을 하는 자본가가 필요하다. 자본가는 자본(M)을 투자해서 노동력과 다른 상품(C)을 구매해 새로운 상품(C′)을 생산하고, 이를 소비자에게 판매해서 자본은 회수하고 수익(M′)을 벌어들인다. 두 가지 화폐 흐름 모두 상품과 화폐의 연속적인 교환으로 나타난다는 공통점이 있지만, 교환의 목적과 화폐의 위상은 완전히 다르다. 노동자의 화폐 흐름(C-M-C)에서 화폐는 교환을 위한 수단이다. 노동자는 생활하기 위해 필요한 재화를 구입해야 하고, 이를 위해 노동을 한다. 반면 자본가의 화폐 흐름(M-C-M′)에서 화폐는 더 많은 화폐를 버는 자본이고 자본의 끊임없는 확대 자체가 교환의 목적이 된다. 이러한 자본의 끊임없는 확대 재생산과 이윤추구가 자본주의의 모든 문제를 집약적으로 보여준다. 반대로 같은 화폐를 사용하면서 교환의 수단으로 화폐를 사용하는 노동자의 화폐 흐름은 그런 폐해로부터 자유롭지만 자본의 화폐 흐름으로부터 착취되고 있다. 하지만 [그림 14]의 도식은 노동자와 자본가의 관계를 단순화해서 설명하는 기본 모델일 뿐, 현대의 노동자가 실제로 화폐와 마주하는 현실은 좀 더 복잡하다.

현대 자본주의에서 노동력 상품은 그냥 만들어지지 않는다. 한 사람의 노동자는 가족으로부터의 선물(양육과 재생산)과 국가의 복지(교육과 지원 정책), 자본의 대출 상품(학자금대출)으로 만들어진다. 노동자 또는 노동력 상품은 사회생활의 시작부터 각종 부채로 구성된다. 그리고 이렇게 만들어진 노동력 상품은 자본에 판매됨으로써 임금 수입을 발생시킨다. 임금 수입은 물론 소비를 통해 지출되지만, 동시에 그동안 누적된 부채를 탕감해야 하고, 앞으로의 미래를 위해 저축하고, 자산을 확보하는 데도 쓰인다. 앞서 노동자=소비자의 화폐 흐름의 좌우에 부채(M)와 자산(M″)이라는 계기를 추가하면 아래와 같은 확장된 화폐 흐름이 만들어진다.

[그림 15] 노동자=소비자의 확장된 화폐 흐름

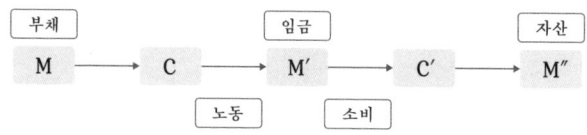

부채와 자산까지 포함하면 노동자=소비자 역시도 M-C-M′-C-M″이라는 자본의 화폐 흐름과 유사한 M-C-M′ 흐름이 연속되어 발생하는 것처럼 보인다. 이는 단순히 착각이 아니다. 실제로 노동자=소비자도 화폐에서 시작해서 더 많은 화폐를 추구하는 주체가 된다. 스스로 자본가와 동일시하고 실제로 동일한 행동을 하지만, 극소수만 성공한 자본가가 되는 데 성공하고 대부분은 실패한 자본가가 되어 비참한 말로를 걷는다. 실패한 자본가는 이미 노동자가 아니므로 자본주의를 탓할 수도 자본가와 투쟁할 수도 없고, 나은 노동자와 연대할 수도 없고, 실패의 책임을 오로지 홀로 짊어져야만 하는 운명에 처한다.

노동자=소비자의 화폐 순환을 조금 확장해 보자. 노동자(C)가 임금(M)을 모두 소비한다면, 노동력의 가치와 노동자의 삶은 단순 반복에 불과하다. 그런데 노동자가 노동을 많이 하고 소비를 절약했거나, 아니면 여러 이유로 자본으로부터 더 많은 분배를 받아서 저축이 가능해진다면 어떨까. 저축이 가능해진다면 노동력의 단순재생산이 아닌 다른 흐름이 만들어진다.

[그림 16] 자본에 휩쓸리는 화폐 흐름

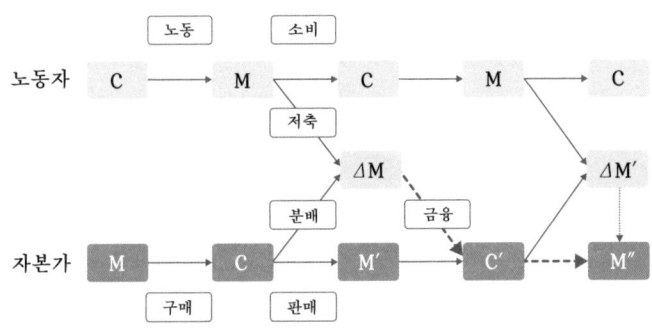

보통의 경우라면 노동자=소비자의 저축(ΔM)은 안타깝게도 다시 자본의 흐름에 휩쓸리게 된다. 노동자가 자본의 은행에 저축을 하거나 더 적극적으로 기업의 주식을 구매한다면, 결국 이 돈의 소유자는 노동자임에도 다시 자본(M′)과 결합해서 재투자(C′)에 활용된다. 이 흐름을 표시한 것이 [그림 16]의 점선 경로($\Delta M\text{-}C'\text{-}M''$)다. 노동자 개인이 보유한 화폐의 규모라면 큰 의미가 없을 것이다. 그렇지만 노동자 전체의 저축 또는 노동자 전체가 모은 연기금이라면 결코 대자본도 무시할 수 없는 영향력을 갖는다. 그럼에도 불구하고 자본의 힘을 견제하는 방식으로 사용할 수 없는 이유는 노동자들의 화폐는 이미 자본이 되어서 노동자의 흔적은 찾을 수도 없게 되었기 때문이다. 물론 성공적인 노동자는 약간의 이자 또는 투자수익을 자본으로부터 더 분배받을 수는 있다(C-ΔM). 그러나 더 분배받아도 그 돈은 다시 점선 경로를 따라 자본으로 흘러간다. 자본의 입장에서는 노동자에게 더 분배하더라도 어차피 다시 투자에 활용할 수 있는 시스템이 있는 셈이다. 그렇다면 실제로는 노동자가 분배받는다기보다는 자본이 노동자에게 잠시 맡겨놓는 데 지나지 않는다. 그래서 노동자의 저항을 누그러뜨리고 오히려 적극적인 협조를 구할 수 있다면 약간의 비용 정도는 감수할 수 있다. 그리고 주기적으로 닥치는 위기상황을 통해 노동자가 투자금을 손실하게 됨으로써 맡겨둔 자본 정도는 언제든 쉽게 회수할 수도 있다.

그런데 만약 자본의 흐름에 휩쓸리지 않는 탈자본금융이 있고 노동자=소비자가 이를 선택할 수 있다면 어떨까. 노동자의 저축(ΔM)은 탈자본금융(ΔB)으로 전환되어 자본과는 다른 흐름을 생성한다. 이것이 [그림 17]의 진한 선 경로(ΔM-ΔB-C+ΔB)다. 이러한 금융은 생산자협동조합이나 노동자가 소유한 기업에 활용되거나 자본과는 다른 생산물을 만들어 낼 수 있다(C+ΔB). 그것은 화폐의 형태일 수도 있고 아닐 수도 있지만, 그것이 무엇이든 다른 노동자=소비자의 삶을 만들어내는 수단이 될 수 있을 것이다. 그

[그림 17] 자본에 휩쓸리지 않는 탈자본금융

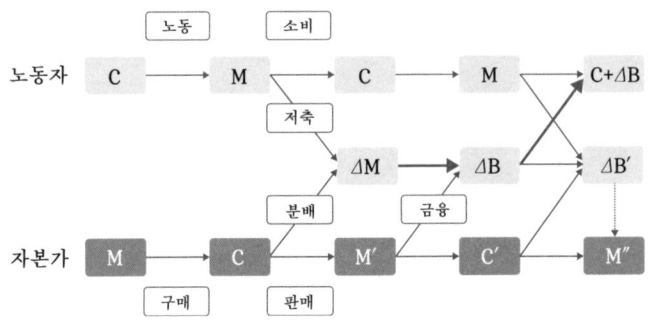

리고 이러한 탈자본금융 시스템이 있다면, 기존 자본의 일부를 흡수해서 탈자본화(M′-ΔB)하는 것도 가능하지 않을까.

 탈자본 노동자=소비자에게 금융이라는 영역은 현대 자본의 본진에 해당하기 때문에, 당연히 적대시해야 하고 윤리적으로 가까이 해서는 안 될 영역으로 여겨져 왔다. 그렇게 해서 가까이 하지 않을 수 있다면 좋겠지만 누구도 금융자본주의의 굴레에서는 자유로울 수 없다. 모두가 금융자본의 피해자가 되거나 아니면 적극적으로 그 일부가 되어 살아가지 않으면 안 된다. 화폐 흐름 분석에서 본 것처럼 금융은 오직 자본만이 활개치는 영역은 아니다. 금융의 영역은 자본도 모험을 하지 않으면 안 되는 위기와 기회의 영역이다. 금융은 자본과 탈자본, 금융자본과 금융커먼즈가 격돌하는 투쟁의 현장으로 재조명되어야 한다. 우리가 금융의 현장에서도 자본에 대항해 단결함으로써 탈자본 공유자운동을 시작한다면 전혀 다른 새로운 화폐 흐름을 만들어 낼 수 있을 것이다.

공유-생활

이자를 사양하는 사람들, 커먼즈은행 빈고

1. 우리가 자본까지 공유할 수 있다면

　첫 번째 빈집 하나만 있을 때는 여느 가족이나 작은 공동체가 그렇듯이 자산을 가진 구성원이 자신의 자산을 출자해서 집을 구하고, 이를 구성원들이 공유하는 것만으로 충분했다. 출자자는 모든 구성원이 혜택을 공유하는 데 만족했고, 공동체의 수입과 지출이 균형을 이룰 정도만 된다면 아무 문제가 없었다. 별다른 재정정책도 필요하지 않았다. 출자금과 차입금 덕분에 빈집은 전셋집으로 계약할 수 있었고, 이자와 공과금 정도만을 분담하면 충분했다. 그리고 여러 사람이 나눠서 냈기 때문에 각자의 분담금은 매우 낮아질 수 있었다. 자산에서 비롯한 수익은 눈치채지 못하게 발생했고 모두가 동등하게 공유하고 있었기 때문에 일상에서 자산의 존재와 그 소유권 문제는 쉽게 잊힐 수 있었다. 분담금이 이상하게 저렴하다고 느낄 수는 있었겠지만 그저 행운이라 생각하기 쉬웠다. 출자자가 굳이 내세워서 강조하지 않는다면 이 행운이 어디에서 비롯되었는지 알 수 없었고, 누가 기여 또는 희생을 하고 있는가를 묻는 경우는 별로 없었다.

하지만 두 번째 빈집이 생기면서 빈집이 아랫집과 윗집 두 개로 분리되고, 두 집의 재정 상황이 완전히 달라지자 문제가 가시화되기 시작했다. 아랫집은 전세 1억 2천만 원으로 계약했고, 월 이자 비용이 40만 원이었던 데 비해서, 윗집은 월세로 보증금 2천만 원에 월세는 45만 원이었고 이자까지 더하면 월 비용은 50만 원이 들었다. 하지만 집의 넓이는 절반 정도밖에 되지 않았고 당연히 같이 살 수 있는 사람 수도 적었다. 두 집이 완전히 분리된 집이라고 한다면 분담금은 아랫집의 2천 원의 두 배인 4천 원까지도 올라가야 했다. 하지만 빈집이라는 공동체의 구성원들은 이런 차이를 용납할 수 없었고, 아랫집에 그동안 쌓여 있던 잉여금과 매달 남은 분담금 및 각종 자원을 윗집으로 이전시키고 재정도 통합해 운영해서 분담금을 동일하게 맞췄다.

아마도 빈집이 단단한 공동체였다면 집은 두 채이지만 단일한 공동체로서 한 집일 때와 동일한 재정정책으로 유지되었을 수도 있다. 하지만 빈집은 대단히 유동적인 공간이었기 때문에 공간이 두 개로 분리되는 순간 공동체도 사실상 두 개로 자연스럽게 나뉘어졌다. 매일 얼굴을 보고 밥을 같이 먹는 식구들과 자주 또는 가끔 보는 동네 이웃집 친구들 정도의 차이가 생겨났고, 이 차이를 크게 보는 사람과 작게 보는 사람의 차이도 생겼다. 생활의 패턴도 달라질 수밖에 없었는데 모든 손님=주인들이 처음 방문하는 빈집의 관문과 같은 아랫집과 상대적으로 안정된 소수가 조용하게 지내는 윗집은 각자의 선호가 크게 달랐다. 두 집을 독립적으로 보고 재정도 분리해야 한다는 의견과 같은 빈집이니까 재정을 통합해야 한다는 반대 의견이 모두 있었다. 여기에는 단지 재정만이 아니라 빈집의 원칙과 가치, 권리와 의무, 자원과 일의 분배 등에 관한 여러 차원의 문제가 결합되어 있었다. 수많은 날들을 회의와 술자리와 갈등과 고민으로 보낸 기억들을 여기에서 상세히 얘기하기는 어렵다. 결과적으로 처음에 통합되었던 재정은 이후에는 분리되었다. 하지만 여러 문제로 다시 재통합되어야 했는데, 처음의 통합과 같은 방식일 수는 없었다. 이와 같은 문제와 더불어 빈마을에는 다음과 같은 재정 고민이 생기기 시작했다.

먼저 새로운 공동체의 공간을 만들기 위해서는 충분하고 안정적인 보증금의 조달이 필요했다. 빈집은 누구나 손님으로 올 수 있는 집이다. 이게 가능하려면 늘 빈 공간이 있어야 했다. 새로운 사람이 들어오고 또 들어와도 다음 사람이 들어올 수 있는 자리가 늘 필요했다. 그리고 새집을 구하려면 보증금이 필요했다. 공동체는 공간이 필요하고, 공간을 위해서는 돈이 필요하다. 월세는 구성원들이 조금씩 분담하는 것만으로 해결할 수도 있다. 부족하다면 지금부터 일을 더 해서 보충할 수도 있다. 문제는 목돈인 보증금이다. 누구든 보증금 없이는 공간을 구할 수 없다. 구성원들이 보증금을 모을 수 없다면 계약 자체가 불가능하다. 보증금이 모자란다면 다른 곳에서 빌려서 동원하지 않으면 안 된다. 공동체와 공동체 구성원의 생각이 어떻든지 간에 일을 거부하든, 저축을 거부하든, 보증금에 반대하든, 이자 낳는 자본에 반대하든, 돈에 반대하든, 보증금이 없으면 공동체는 불가능하다. 누군가 돈이 있는 사람이 쾌척하면 좋겠지만 그런 행운을 기대할 수는 없다. 소수의 핵심 구성원들의 돈으로 모자란다면, 더 많은 수의 구성원과 더 나아가 주변 관계자의 돈까지도 모아야 하는데, 여러 사람의 돈을 모으는 건 그만큼의 노동과 감정노동이 필요하다. 대출을 받는 것도 마찬가지로 빌리는 사람의 수고와 불편함이 따르기 마련이다.

그리고 공동체의 보증금에 출자하는 건 출자자 입장에서 결코 쉬운 일이 아니다. 공동체 또는 계약자를 완전히 신뢰하지 못한다면 물론이겠지만, 신뢰한다고 해도 마찬가지다. 보증금은 특성상, 계약 전까지 목돈을 모두 준비해야 하고, 계약 종료 시까지 안정적으로 유지할 수 있어야 한다. 따라서 우선 출자자가 공동체 입장에서 유의미한 정도의 돈을 가지고 있어야 하고, 계약 전까지 동원 가능해야 한다. 계약기간 안에는 급한 일이 생겨도 뺄 수가 없다. 공동체 입장에서 이런 경우에 대비해서 반환할 돈을 준비하지 않는다면 서로 곤란한 일이 생긴다. 사람은 언제나 오고 가기 마련인데 출자금은 그렇지가 않다. 공동체에 살다가 나갈 때 보증금을 두고 가기는 쉽지 않고, 특히 그 돈이 그 사람이 다른 곳에서 살 집을 구할 때 필수적인 돈이라면 더욱더 그렇다. 그렇다고 보증금 때문에 머물러야 한다면 그것도 문제다. 오히려 출자금을 내지 않은 사람이 상대적으로 훨씬 자유롭다. 반환의 어려움이 출자의 어려움의 원인이 되기 때문에 반환을 가능하게 그리고 되도록 편리하게 할 수 있도록 해야 한다.

공동체 구성원들이 나눠서 출자해 무사히 계약을 했다 해도 문제는 남는다. 월 분담금은 아주 많은 게 아니라면 똑같이 낼 수 있지만 출자금은 같을 수가 없다. 각자의 경제 사정이 다르고 직업이 다르고 공동체에 대한 애정의 결도 다르다. 출자금의 양은 평등할 수 없는데, 출자금의 차이는 공동체 내에서 권력의 차이로 쉽게 전환되기 일쑤다. 소수가 대부분의 출자금을 낸다면 집을 계약하거나 계약을 해지하거나 방을 배치하는 등 여러 경우에 목소리가 더 크게 작용할 수밖에 없다. 구성원 사이에 갈등이 생겼을 때도 마찬가지다. 보증금의 대부분을 출자한 사람과 그렇지 않은 사람의 갈등이 해소되지 않는다면 누가 나가야 하는가는 뻔한 문제다. 출자금에 대해서 현금으로 보상을 하면 일상에서의 부채감은 줄어들 수 있으나, 계약과 관련된 중대하고 민감한 사안일수록 이 차이는 다시 떠오른다. 공동체 내에서 구성원들이 동등함을 유지하려면 실재하는 출자금의 양의 차이를 누를 수 있는 다른 기준과 방법이 필요하다.

공동체에 출자하는 것도 쉽지 않지만, 비슷한 취지의 다른 공동체가 있을 때 그쪽으로 자원을 이동하고 배분하는 건 더더욱 쉽지 않다. 사실 옆집의 보증금을 걱정하는 일은 당연히 전혀 일반적이지 않은데, 빈집의 경우 는 손님들이 집들 사이를 자유롭게 오길 수 있었기 때문에 그 이상함이 발견된 셈이다. 만일 공동체가 하나라면 그래도 가족과 같은 방식으로 운영하는 게 가능하다. 집은 집에 같이 사는 사람들을 자연스럽게 하나의 식구로 만들어 주는 효과가 있기 때문에 복잡한 계산 없이도 내부에서 자원을 공유하는 건 자연스러운 면이 있다. 집 문을 열어주고, 얼굴을 보고, 밥을 같이 먹는 것만으로도 충분할 수 있다. 그러나 그 효과는 문턱을 넘어서까지 확장되기는 어렵다. 내가 사는 집에 보증금을 내는 건 당연하게 느껴져도, 같은 공동체라 하더라도 옆집에 보증금을 내는 건 전혀 다른 문제가 된다. 내가 사는 집에 보증금이 충분해 여윳돈이 남아 있어도 쉽지 않지만, 만약 보증금이 부족해서 아쉬운 상황이라면 식구들이 이를 옆집에 주는 데 불만을 가지는 건 당연하다. 내 집은 전셋집이고, 옆집은 월셋집이라고 해도 마찬가지다.

또한 두 번째 집을 월셋집으로 구하면서 빈집이 대단히 낮은 분담금으로 유지될 수 있었던 건 당연히 전셋집이었기 때문이라는 사실이 명확하게 드러났다. 월셋집은 더 작고 열악했음에도 불구하고 도저히 전셋집만큼 낮은 분담금으로 유지할 수 없었다. 전셋집에서는 출자금과 차입금을 보증금으로 넣음으로써 자본수익이 발생하고 있었고 그 혜택을 받고 있었던 것이다. 그럼에도 불구하고 이를 자본수익으로 여기지 않았던 건 첫 번째로 자본수익을 내부에서 공유하고 있었고, 두 번째로 누구나 손님으로 오는 순간 공유할 수 있기 때문이었다. 우리는 자본수익을 만인과 공유한다고 표현하기도 했다. 그러나 이는 많은 손님이 방문하는 개방적인 공동체에서는 가능할 수 있지만 그렇게 하기 어려운 공동체에게는 현실적이지 않다. 그렇다면 어떻게 자본수익을 만인과 공유할 수 있을까. 만일 찾아오는 모든 손님과 함께하는 좁은 의미의 환대를 포기한다면, 환대의 윤리는 어떻게 이어갈 수 있을까. 그리고 환대가 아니라면 찾아가서 함께하는 연대의 방식은 어떻게 가능할까. 내부의 잉여금을 아직 오지 않은 손님=주인과 함께 나눌 방법이 필요했다.

또한 공동체가 여러 개가 되면 각 공동체들 사이의 차이점이 나타난다. 구성원 각자의 삶의 방식과 취향이 다르고, 기본적인 집의 구조에서부터 환경, 계약조건, 가구, 배치 등, 그리고 시간 속에 쌓여온 경험과 기억과 전통에서 수많은 차이가 있다. 다양한 공동체들이 공동의 어떤 목적과 취지에 동의하는 건 결코 쉽지 않고, 동의한다고 하더라도 실제로 그걸 해석하고 적용하는 건 또 다른 문제다. 그래서 여러 빈집들도 같은 빈집이라는 몇 가지 공통점은 있었지만 실제로는 대단히 다른 사람들이 다르게 살아가는 집들이었다. 이런 집들에 공통의 기준을 적용하거나, 공통의 재정원칙으로 운영하는 건 문제가 있었고, 그렇다고 각 집을 완전히 별개로 운영한다 해도 문제는 있었다. 당연히 각 집은 자율성을 가져야겠지만, 그럼에도 불구하고 지켜야 할 것의 통일성을 어떻게 담보할지는 어려운 숙제였다.

게다가 공동체의 운영은 항상 계획대로만 되지 않는다. 사람이 많으니 개인이 홀로 있을 때보다 위험에 더 잘 대응할 수도 있지만 그렇지 않은 경우도 있다. 작은 위기도 적절히 해결하시 못히면 갈등이 눈덩이처럼 불어나 공동체의 해체로 이어지기까지 한다. 공동체를 시작하는 건 누구에게나 큰 모험이고, 그 결과가 너무 큰 피해로 남으면 누구도 다시 시작하기 어렵다. 공동체들의 위험에 대해서 공동체들이 함께 대비하거나, 서로 도움을 주고받을 수 있어야 했다. 빈집도 작게는 식구가 줄어서 운영이 어려워지거나, 집에 목돈이 필요한 하자가 발생하는 등의 문제들이 심심치 않게 일어났고 이를 위한 공동의 기금을 고민하게 되었다.

그렇다면 공동체 내의 위기가 아닌 구성원 각자의 삶에서 위기가 닥쳤을 때 공동체는 어떻게 함께 대응할 수 있을까. 공동체 구성원의 위기는 직접적으로 공동체의 위기가 될 수 있다. 공동체 구성원들의 힘으로 위기를 함께 이겨낸다면 위기는 연대의 힘으로 전환되곤 한다. 따라서 모든 공동체는 구성원의 위기에 어떻게든 도움을 주려고 하겠지만 쉽지만은 않다. 우선 위기가 왔을 때 이를 감지하고 공동체 전체에 알려 다른 구성원의 지원을 요청하는 누군가가 필요하다. 위기에 처한 본인은 그럴 경황이나 여유가 없을 수 있고, 공동체에 폐가 된다고 생각하고 알리지 않는 경우도 많기 때문이다. 공동체가 이런 경우를 대비해 자체적인 기금을 적립하고 있으면 도움이 된다. 구성원 각자가 함께 저축하는 형태로 돈을 모을 수도 있고, 공동체의 잉여금에서 일부를 적립할 수도 있다. 그리고 공동체 자체만으로는 역부족이라면 주변 사람들과 공동체들이 함께 대응할 수 있는 시스템이 있다면 좋을 것이다.

또한 공동체 내부에서 이뤄지는 다양한 거래를 위한 좋은 도구가 있다면 좋다. 공동체 구성원 각자가 공동체 계좌로 회비를 정기적으로 입금하는 거래, 구성원이 공동체에 출자금을 입금하거나 반환하는 거래, 공동체가 구성원에게 활동비 등을 분배해서 지급하는 거래, 공동체의 비용을 구성원이 먼저 지급하고 사후에 공동체가 일괄 지급하는 거래, 공동체 구성원 간에 돈을 주고받는 거래, 구성원 간에 현금으로 선물을 주고받는 거래, 구성원 중 한 명이 결제하고 다른 구성원이 비용을 모아서 주는 거래 등등. 이런 내부거래의 대부분은 사실 법정 화폐로 거래할 필요가 없고 대안화폐로 거래하는 게 더 좋을 수도 있지만, 이런 거래를 별도로 주고받거나 기록하고 관리하는 건 번거로운 일이 될 수 있다. 큰 지역 단체라면 CMS나 회계 서비스를 사용하거나, 재정 담당자를 두거나, 대안화폐 시스템을 운영할 수도 있겠지만 작은 공동체들도 편하게 사용할 수 있는 수단이 필요하다.

그리고 공동체는 영원할 수는 없다. 그럴 필요도 없으며 오히려 해산할 필요가 있는데 어떤 이유 때문에 해산할 수 없다면 그게 더 큰 문제다. 공동체의 결성만큼 해산도 부드럽게 하기는 쉽지 않다. 어렵고 고통스러운 해산 과정은 결성을 어렵게 하는 원인 중 하나기도 하다. 그런 갈등은 결과적으로 재정문제로 드러날 가능성이 많고 그 경우 갈등은 더욱 곤란해지기 일쑤다. 공동체 해산 시에 출자금과 차입금 반환, 잉여금 또는 손실금의 분배와 처분, 개인 부채의 해소와 이전 처리 등등의 문제를 해결할 수 있는 중재자가 있다면 도움이 될 것이다.

공동체 해체의 경험은 누구에게나 뼈아픈 것이다. 공동체가 소중하고 행복했던 만큼 없어지는 건 더욱더 슬프고 아프다. 그때시 공동체의 해체를 겪은 사람들은 자책에 빠지거나 소중했던 사람들과 공동체를 다시는 돌아보지 않게 되기도 한다. 하지만 우리가 기억해야 할 건 각자의 과오가 있지만, 그걸 제외한다면 훨씬 많은 시간과 큰 부분에서 우리는 충분히 잘해왔다는 것이다. 반성할 부분이 있더라도 우리의 역사와 가치와 원칙을 함께 내다버릴 필요는 전혀 없다. 우리는 언제든 다시 시작할 수 있고, 다음번에는 더 함께 잘할 수 있다. 그리고 헤어져서 불편한 관계라 할지라도 금융적으로 협동하지 않을 이유는 없다. 우리는 공동체 해체 이후에도 함께할 수 있는 방법, 공동체를 같이 할 수는 없어도 그 삶과 활동을 지지할 수 있는 관계를 이어갈 필요가 있다.

──

　이상의 문제들은 단지 빈집과 빈마을만이 아니라 공동체, 그리고 공동체가 여러 개 모인 공동체의 공동체라면 조금씩 찾아볼 수 있는 문제로 이를 해결하는 건 결코 만만하지 않다. 하지만 빈마을은 빈고를 만들어냄으로써 이러한 문제를 충분히 성공적으로 해결해 냈다고 평가할 수 있다.

　집들을 전세로 구하거나 매입해서 살 수 있을 정도는 아니지만, 적어도 공동체가 공간을 구하기 위한 최소한의 보증금을 공급하는 데는 부족함이 없었다. 출자금은 꾸준히 늘어왔고, 초기에 큰 금액을 반환하는 데 몇 달 지연되면서 이자를 함께 지급했던 단 한 건을 제외하고는 대부분 즉시 반환하는 데 문제가 없었다. 빈고는 물론 각 공동체에서도 출자금의 차이로 인한 권력관계와 갈등은 드러나지 않았다. 공동체 구성원의 출자금이 다른 공동체로도 흘러가는 게 자연스럽고 당연해졌다. 공동체들은 분담금을 빈고에 내고, 빈고는 잉여금을 지구분담금이라는 이름으로 외부와 연대하는 것을 자연스럽게 생각한다. 공동체들은 각자 자율적으로 운영되면서도 재정원칙 면에서는 빈고의 조합원이자 공동체로서 빈고의 가치에 동의하고 같이하고 있다. 매년 빈고적립금으로 잉여금을 적립하고 분배하면서 자체 위험에 대비하고, 공동체기금으로 공동체의 위기를 함께 이겨내고 있다. 건강보험계로 조합원의 병원비에도 공동으로 대응하고, 공동체 구성원은 공동체의 요청에 따라 개인적 필요에 따른 이용활동도 가능하다. 조합원으로 가입한 공동체 구성원들의 거래는 대부분 빈고를 통해서 처리하는 게 가능해져서 대안화폐와 같은 기능도 구현하고 있다. 그리고 빈고는 많은 공동체가 결성된 만큼 또 많이 해산하기도 했는데, 그 과정에서 재정과 관련한 곤란함은 거의 없었으며, 특별한 손해를 입은 사람도 없었다. 또한 공동체를 나오거나 공동체가 끝나도 여전히 빈고의 조합원으로 함께하고 있다.

결국 앞서 빈고가 해결하려고 했던 과제들은 어느 하나 쉽게 볼 수 있는 것들은 아니었음에도 빈고는 이를 상당 부분 성공적으로 수행해 왔다. 그러나 빈고가 목표를 달성했음에도 불구하고 안타깝게도 빈고를 만들어 냈던 해방촌 빈집과 빈마을은 사라졌다. 공동체와 마을이 유지되는 데 경제적인 문제는 필요조건이지만 충분조건은 아니었다. 해방촌의 젠트리피케이션으로 어려움을 겪은 것도 사실이지만, 경제적 어려움은 빈집과 빈마을에게는 처음부터 언제나 있었던 상수였다. 모여 있는 게 즐거울 수 있었던 수많은 요인들이 생명력을 다했기 때문이었는지도 모른다. 빈집의 모든 활동, 선물, 관계 속에서 화폐로 표현되거나 환원된 건 아주 일부일 뿐이기에 그 모든 게 계량되지 않고 기록되지 않아 각자의 기억 속에서 희미해지고 있는 건 안타까운 일이다. 공동체, 그리고 공동체들의 공동체가 유지되기 위해서는 훨씬 더 많은 것들이 필요했고, 그건 금융조합인 빈고의 한계를 넘는 것이었다. 어쩌면 빈고가 어느 누구도 경제적 손실을 입지 않고 별다른 반목 없이 연착륙하며 사라지는 데 기여했다고 볼 수도 있다. 그것 역시 빈고의 기능 중에 하나였으니 말이다. 빈고를 만들었던 빈마을이 없어졌으니, 빈마을을 위한 은행이었던 빈고 역시 그 역할을 다하고 사라지는 것이 자연스러웠을지 모른다. 그럼에도 불구하고 빈고는 어려움 속에서도 계속되었다. 빈마을을 구성했던 사람들은 여전히 전국의 여러 삶의 현장에서 함께 살아가고 있고, 빈마을이 만났던 수많은 사람과 여러 공동체가 함께하고 있기 때문이다.

2. 문턱을 넘나드는 사람들이 만든 은행, 빈고

 빈마을의 재정 문제를 해결하기 위한 처음의 아이디어는 '빈재단'이라는 이름으로 등장했다. 빈집과 빈고의 역사에서 '재단'은 여러 번 등장한다. 이는 모두 익명을 원하는 우호적인 차입자들에게 붙인 이름들이다. 대부분은 부모님이 주거나 빌려준 돈을 갖고 있는 구성원들이 그 돈을 처리하는 방식이기도 했다. 이 차입자들은 빈집이라는 공동체에 구성원으로 직접 등장하지 않고, 시세보다 다소 낮은 정도의 이자를 받고 돈을 빌려줄 뿐이었는데, 빈집의 안정성에 적지 않게 기여했다. 빈집 구성원들 모두 구성원이 낸 출자금과는 다르게, 재단의 차입금에 대해서는 이자를 내야 한다는 데 이견이 없었다. 물론 고맙지만 특별한 부채감을 갖지는 않았다. 편하게 돈을 사용해서 집을 구하고, 모인 돈이 있으면 그때그때 반환해서 이자 부담을 줄이고, 계약이 종료될 때 전체를 반환하는 등의 방식으로 활용했다. 그런 면에서 빈집의 복잡한 재정 문제를 종합해서 해결할 계정으로서 빈재단의 이름이 떠오른 건 자연스럽고 실용적인 선택이었다. 하지만 외부의 재단에서 돈을 빌리는 것과 마을의 네 개의 집에 들어 있는 전체 재정을 통합적으로 관리하는 건 완전히 다른 문제였다. 그리고 이런 방식의 통합 재정은 그럴듯해 보이기는 했지만 누구도 해보지 않았고 사례도 찾을 수 없었기 때문에 아주 낯설었다. 빈재단의 아이디어는 1년 가까이 아이디어 차원에서 머물렀다. 빈집들이 후 2년이 다 되어가서 첫 번째 빈집의 재계약을 할지 말지, 한다면 어떻게 할지를 결정해야 하는 시점이 다가오자 고민은 깊어졌다. 당시에 있었던 빈집 다섯 개의 보증금과 대출금, 월세와 이자, 장기와 단기 투숙객 수를 종합해서 운영하는 안이 구체화되었고, 그 이름을 '빈마을금고'라 했다.

하지만 합의는 결코 쉽지 않았다. 각 집들이 만들어진 계기와 방법들은 차이가 있었고, 각 집의 구성원이 살아왔던 익숙한 삶의 방식들이 있었다. 출자자와 비출자자, 고액출자자와 소액출자자, 집에 출자하는 사람과 마을에 출자하는 사람, 이 차이를 해소하는 게 목표기도 했지만, 그건 다른 말로는 변화에 따라 각자의 경제적인 유불리가 명확히 드러난다는 뜻이기도 했다. 그리고 집의 재계약은 단지 경제적인 문제뿐만 아니라 구성원 간의 수많은 현실적이고 감정적인 문제들이 얽혀 있는 복합적인 문제였다. 수많은 날들을 회의와 토론과 분석으로 지새우고도 모두를 만족시키는 방법을 도출하는 건 불가능했다. 가장 중요했던 첫 번째 빈집을 누구의 이름으로 재계약할지의 문제조차 합의에 이르지 못하고 회의는 파행으로 흘러갔다. 그 사이 시간은 흘러버렸고 임대인이 아무런 연락도 하지 않아서 기존 계약 그대로 계약 연장이 되어버렸다. 어수선한 분위기를 수습하며 빈마을 사람들은 다시 마을회의를 재개하고 '빈마을 칼차파티'를 준비하고 빈가게를 추진하는 등 에너지를 모아갔다.

그리고 2010년 4월 아랫집, 옆집, 앞집 세 집의 장기투숙객들 스무 명 전원의 방을 재배치하기로 하고, 여러 재배치 방법에 대해 얘기하다가 가장 공정하고도 재밌어 보인다는 이유로 사다리타기를 단행한다. 이렇게 한 날에 스무 명의 대규모 이사가 동시에 진행되었고 각 집의 구성원들은 완전히 무작위로 섞여 다시 시작하게 되었다. 빈집이 어떤 곳인가를 상징적으로 보여주는 이 유례 없는 사건은 기발하고도 재밌었지만 그 결과가 좋았다고 할 수는 없다. 예를 들자면 오랫동안 친해진 식구들이나 짝꿍을 다른 집으로 보내고, 채식주의자들과 비채식주의자들의 집을 뒤섞는 문화적 격변이 평온할 수는 없다. 3개월 정도 후에는 좀 더 온건하게 재배치 위원회를 구성해서 각자의 선호를 반영한 두 번째 재배치를 했고, 다시 얼마 후에는 각 집별로 테마와 기능을 분리해, '공부집', '생산집', '실험집', '낭만집'으로 이름을 붙이고 그에 따라 사람을 다시 모으는 세 번째 재배치가 진행되었다.

빈마을의 전면적 재배치는 여러 단점이 드러나면서 이후로 더 반복되지는 않았다. 하지만 이 과정에서 빈마을 사람들은 각 집들만의 구성원이 아니라 빈마을의 구성원이라는 정체성을 더 강하게 갖게 되었고 집들 간의 교통도 한층 활발해졌다. 각 구성원의 출자금도 집을 넘어서 마을의 출자금이 될 수 있었고 각 집의 분담금도 일관된 기준으로 정해졌다. 결국 이러한 격변을 통과하며 빈마을금고 창립준비위원회가 구성되었다. 몇 개월간의 준비를 거쳐 2010년 6월 27일 빈마을금고 창립총회가 열렸고 창립조합원들은 '빈마을금고 취지문'을 함께 낭독했다. 빈마을금고의 줄임말인 '빈고'가 좋은 생각이 나거나 답을 찾았을 때 외치는 '빙고(BINGO)'와 같아서 재밌고, 우주가 집 우(宇)와 집 주(宙)를 쓴다는 데서 착안해서 단지 돈을 다루는 조합이 아니라 우주의 살림을 함께하는 조합이라는 여러 아이디어가 뒤섞여 '우주살림협동조합 빈고'로 정해졌다. 이것이 빈고라는 독특한 은행의 시작이다.

> 빈집은 만인에게 열려 있는 집, 만인과 공유하는 집입니다. 빈집은 가난한 사람들이 살아가는 집이고, 가난하게 살고자 하는 사람들의 집입니다. 빈집에 사는 사람들은 자신이 가진 물건과 재능을 만인과 공유하며, 그로 인해 모두가 즐겁고 풍요롭습니다. 돈도 마찬가지입니다. 빈집의 분담금이 상대적으로 저렴할 수 있는 이유는 첫 번째 우리가 모여서 같이 살기 때문이지만, 이에 못지 않게 중요한 두 번째 이유는 누군가 자신이 모은 돈과 그 돈에서 비롯된 수입을 타인과 함께 공유했기 때문입니다. 돈 가진 것이 자랑이 아니고, 돈이 돈을 버는 것이 옳지 않다고 생각하는 것, 그래서 돈에서 비롯된 수입은 돈을 가진 사람이 아닌 우리 모두가 같이 나눠야 한다고 생각하는 이러한 공유의 실천이 빈집을 가능하게 합니다. […]

우리는 돈을 적게 쓰고도 얼마든지 행복하게 살 수 있고, 오히려 돈을 적게 써야만 행복하고도 올바르게 살 수 있다는 것을 알고 있습니다. 그래서 우리는 적게 벌어도 충분하고, 적게 일할 수도 있습니다. 우리는 우리를 갉아먹고, 세상을 망치는 일들을 거부할 것입니다. 우리는 우리가 원하는 일, 온 세상이 기뻐하기 때문에 우리도 기뻐할 수 있는 일을 하면서 살아갈 것입니다. 우리의 일은 기발한 놀이이자 창조적 예술이 될 것입니다. 우리는 그 과정에서 얻어지는 성과와 작품을 그 자체로 만인과 함께 즐길 것입니다. 그리고 아울러 돈도 함께 만들어진다면, 조금씩 꾸준히 모아서 그 돈을 마을 사람들과 아직 오지 않은 미래의 사람들과 모든 생명들과 공유하고 기뻐할 것입니다.

빈집은 비어있는 집, 언제나 비어 있어야 합니다. 사람들이 들어오고 또 들어오더라도 그다음 사람을 위한 빈자리를 만들어 두어야 합니다. 빈집을 유지한다는 것은 빈집을 확장하는 것과 같은 의미입니다. 그렇게 빈집은 계속 늘어나야 합니다. 빈집은 세상 모든 사람들과 세상 모든 생명들을 다 받아 안은 후에야, 빈집이 온 세상이 되고서야 확장을 멈출 것입니다. 그 과정에서 빈마을금고는 사람들의 힘을 모으고 나누고 주고 받는 데 기여할 것입니다.

- 〈빈마을금고 취지문〉 중

빈고가 만들어지면서 여러 빈집이 나눠 갖고 있던 출자금과 차입금을 모두 모았다. 그동안의 누적된 잉여금도 모으고, 새로운 조합원들로부터 상시적으로 출자금을 모았다. 출자금은 언제든 가능한 한에서 즉시 반환하기로 했다. 그리고 각 빈집은 빈고로부터 다시 보증금의 전체를 대출하는 형태로 바꿨다. 각 집이 갖고 있던 차입금 중 이자부담이 큰 건 먼저 상환했다. 분담금은 일관된 원칙으로 분배하고, 각 집은 자율적으로 운영한다. 모든 의사결정에서 출자금의 차이를 없애고, 1원=1표가 아닌 1인=1표의 협동조합 모델을 채택한 건 당연한 일이었다. 각 집에서는 누가 출자금을 얼마나 냈는지를 몰라도 되었고 사람이 이 집에서 저 집으로 이동해도 문제가 없었다. 대신 출자금에 대해서 배당을 하기로 했는데, 배당을 현금으로 하는 건 취지에 맞지 않아 각자에게 적립했다가 탈퇴할 때 돌려주는 것으로 타협책을 삼았다.

 빈집이라는 주인이 없고 모두가 주인으로서 함께 사는 공유지라는 환경에서 탈자본의 독특한 감각을 가진 금융 주체들이 발견되었고, 그들의 결합으로 만들어진 특이한 재정원칙이 집의 문턱을 넘어 다른 집과 마을로 확장되는 과정에서 빈마을금고의 아이디어가 만들어졌다. 그리고 실제로 빈마을금고가 시작되기 위해서는 무엇보다도 우선 현실적으로 '빈마을'과 '빈마을 사람들'이라는 주체가 먼저 만들어져야 했다. 그 과정에서 많은 사람의 지난한 논의들과 파격적인 합의들과 수많은 일상적 노력들이 있었음은 두말할 필요가 없다. 빈고의 성립 이후로 만들어진 20여 개의 빈집들은 모두가 빈고의 조합원이 되어 각자가 빈고에 출자하고 공동체가 빈고의 공유자원을 이용하는 방식으로 만들어졌다. 빈고는 탈자본금융 주체들이 만들어 가는 은행이고, 동시에 탈자본금융 주체들을 만들어 가는 은행이다.

빈마을금고 또는 우주살림협동조합이라는 이름에서 알 수 있듯이 빈고는 기본적으로 빈집이라는 주거공동체의 재정문제를 해결하기 위한 주거생활협동조합에서 시작했다. 2010년에 작성한 빈고 취지문에서 빈고는 빈집에서 '돈에서 비롯된 돈은 우리 모두가 같이 나눠야 한다고 생각하는 공유의 실천'을 발견하고 이 방법을 '집 문턱을 넘어서 마을로, 세상으로' 넓혀가자고 제안한다. 빈집이라는 주거공동체에서 주거협동조합으로 한 발 나아갔다고 평가할 수 있다. 그 뒤로도 한동안 빈고의 주요 과업은 빈집을 유지하고 새 빈집을 만드는 것이었다. 2010년 겨울 빈가게가 만들어졌고 여기에도 빈고가 보증금을 공급했다. 이때 빈고가 빈가게의 노동에 대해서 일부 지원하는 걸 두고 큰 논쟁이 벌어지기도 했지만 이 때의 빈가게는 빈집에서 하던 손님맞이와 여러 일들을 좀 더 공개적인 장소로 옮겨서 진행한 것으로 여길 정도로 또 하나의 특수한 빈집으로 여겼다.

빈고 3년 차인 2012년에 이르러 빈마을은 큰 변화를 겪게 된다. 우선은 빈고의 성립 당시에 있었던 집들이 대부분 재계약을 결정해야 하는 기간이 되었다. 첫 번째 빈집인 아랫집은 전세가가 크게 오른데다가 마을 전체의 장기투숙객 수는 늘어났다. 환경이 변하면서 더 많은 집을 구해야 할 필요도 있었기 때문에 아랫집 계약을 종료하고 전세금을 쪼개서 여러 개의 월셋집을 구하기로 결정했다. 아랫집을 작은 집 두 개로 나누는 걸 두고 서로의 욕망과 미묘한 갈등이 있었지만, 모두가 만족하는 인원 배치를 찾기 위해서 수차례의 배치 방법을 시도하고 다시 하기를 반복해서 결국은 모두가 행복하게 합의했던 장면이 기억난다. 또 하나의 전셋집이었던 옆집은 주요 구성원들이 연대하고 교류하던 팔당 두물머리 유기농 단지로 이사를 결정하면서 계약 종료를 결정했다. 다른 집들도 여러 이유로 같은 동네 안에서 이사를 해야 하는 상황이 되었고 새로 합류한 사람들의 집들도 구해야 했다.

대략 1년 정도 기간에 일곱 개의 빈집(계단집, 해방채, 작은집, 살림집, 사랑채, 구름집, 마실집)을 새로 계약했다. 여기에 더해서 집이 아닌 동네의 공간들에도 보증금을 공급할 필요가 생겼다. 첫 번째 빈가게가 운영의 어려움으로 문을 닫기로 결정한 무렵에 해방촌 마을의 중심가에 있는 더 넓은 상가 자리가 나왔고, 빈마을을 넘어서 해방촌 지역에 더 결합하고 수익도 더 내자는 취지로 '카페 해방촌 빈가게'를 시작했다. 청년 단체 '만행'과 연구공간 '수유너머R'도 해방촌에 공간을 구하게 되었다. 또한 빈집의 초기부터 관계를 맺어온 친구 공동체인 충북 청주에 있는 '생활교육공동체 공룡'도 구성원들이 살 수 있는 집을 구해야 했다. 전셋집 두 개에 연결되어 있던 큰 규모의 출자금을 반환해 주면서 자산이 크게 감소하는 와중에도 약 1년간 여섯 개 공간의 계약이 종료되고, 열한 개 공간을 새로 계약했다.

빈고는 이 크고 복잡한 전환을 갈등과 무리 없이 해냈다. 빈고가 없었다면 불가능했을 것이다. 이 과정을 거치면서 빈고는 이제 빈마을만의 것도 아니고 주거생활협동조합도 아니고 해방촌에 국한된 것도 아닌 다양한 공동체들의 금융조합으로 모양새를 갖추게 되었다. 공동체공간뿐만 아니라 공동체활동이나 공동체회원에게 필요한 돈을 공급하는 경우도 많아졌다. 물론 이 과정에서는 수많은 논쟁이 있었고 빈고의 운영도 조금씩 변화를 겪는다.

빈마을에 오고 가는 사람이 늘어나고 교류의 폭도 넓어지면서 알고 지내던 다른 공동체들이 해방촌에 사무실이나 상가 공간을 구하는 일이 여러 차례 있었다. 이 공동체들은 보증금이 부족할 때는 자연스럽게 빈고에 문의를 했고, 빈고는 여기에 응답해야 했다. 다른 공동체의 보증금을 빌려주는 일은 어떤 사람들에게는 또 하나의 빈집이 늘어나는 것처럼 자연스러웠지만, 다른 사람들에게는 굳이 그럴 필요가 있는가라는 의문이 따라붙었다. 전자의 사람들에게 빈집은 처음부터 다 다른 공간이었다. 아랫집과 윗집이 달랐고, 윗집과 옆집도 다 달랐기 때문에 새로운 집을 구할 때 기존 빈집의 자원을 사용하는 게 아무렇지도 않았던 것처럼, 새로운 이웃 공동체에게 자원을 공급하는 걸 당연하게 여겼다. 그러나 후자의 사람들에게 빈집은 개방적이지만 독특한 시스템을 갖는 공동체였다. 따라서 그들은 빈집의 자원은 우선적으로 빈집을 위해 쓰여야 한다고 주장했다. 후자의 의견도 충분히 합리적이었던 건 빈집이나 빈고가 결코 돈을 여유롭게 보유하고 있지는 않았기 때문이다. 부족한 공간을 보충하기 위해 전셋집 보증금을 쪼개서 여러 개의 월셋집을 구하는 과정에서 약간의 여유자금이 생겼을 뿐이다. 이 시기의 빈집 사람들은 전셋집들이 없어지면서 분담금은 올라가지만 주거환경은 악화된 상황을 체감하고 있었다. 그 와중에 이웃 공동체를 위해 돈을 사용한다는 건, 보통 사람들이 아무리 절친해도 웬만해서는 친구의 집 보증금에 보태기 위해서 자기 집의 보증금을 빼서 빌려주지 않는 것처럼 비상식적인 일이었다.

하지만 빈고는 결국 비상식적인 선택을 했고, 빈집을 넘어서 여러 공동체와 함께하게 되었다. 그렇게 결정한 이유로는 다음과 같은 점들을 꼽을 수 있다. 첫째, 빈고라는 금융조합이 조합원들과 운영위원들이 동의하는 목적에 따라 자원을 공급하는 건 아무 문제가 없다. 둘째, 보유하고 있는 공유자원은 어떤 공동체라도 잘 활용하는 게 사용하지 않고 은행에 방치하는 것보다는 항상 좋은 일이다. 셋째, 공동체가 해방촌 지역에 있다는 건 어떤 형태로든 빈마을을 더 풍성하게 하는 효과가 있으므로 결과적으로는 빈마을에 기여한다. 넷째, 빈고는 자산 수익을 구성원에게 나눠주는 게 아닌 외부로 다시 흘러가도록 하는 걸 중요하게 여긴다.

이 전환을 위해서 빈고는 빈고와 함께하는 '빈고 공동체'를 새로 정의해야 했다. 우선은 '공동체'라는 말부터 논쟁의 대상이 되었다. 왜냐하면 빈집은 시작부터 폐쇄적일 수밖에 없는 일반적인 공동체에 대한 경계를 분명히 하면서 시작했고 스스로를 '공동체'로 얘기해 본 적이 거의 없었기 때문이다. 공동체의 정의는 사람마다 너무 다양하기 때문에 공동체가 아니라고 할 수도 없었지만, 그보다는 손님들의 집(guests' house)이 더 강조됐고 굳이 공동체의 의미를 담기 위해서는 '코뮌(commune)'이라는 단어를 사용하기도 했다. 하지만 무조건적으로 손님을 맞이하는 빈집의 특징을 다른 공동체에까지 확장할 수는 없었고, 코뮌이라는 다시 정의해야 하는 외래어를 쓰는 것도 마땅치 않았기 때문에 결국 공동체라는 단어를 받아들이게 되었다. 동시에 빈집의 원칙인 자치, 공유, 환대는 그대로 가져가되 유연하게 확장된 의미로 사용하게 된다. 자치는 빈집의 구성원들이 동등한 주인으로서 회의를 통해 빈집을 운영하는 것, 공유는 각자가 가진 돈, 물품, 능력 등을 모두와 함께 사용하는 것, 환대는 새로 오는 손님을 조건 없이 맞이하는 것이었다. 하지만 이 빈집의 원칙들을 빈고 공동체 모두에게 적용할 수는 없었다. 그래서 자치, 공유, 환대는 꼭 지켜야 하는 구체적인 원칙으로 큰 틀에서 동의하고 나름의 방식으로 실천하면 되는 추상적인 가치로 확장되었다. 여기에 동의한다면 어떤 공동체도 빈고 공동체로서 함께할 수 있다.

재정 원칙에도 변화가 있었다. 빈고 초기에는 빈집이 최소한의 분담금을 유지하도록 하고 빈집을 지원하는 게 빈고의 주목적이었다고 할 수 있다. 이때는 빈집이 빈고에서 보증금을 이용할 때의 이용분담금(이자)을 약 6%로 설정해서 당시 12%였던 전월세전환율에 비하면 6% 정도의 이익이 빈집에게 돌아가도록 했다. 하지만 이 설정은 결과적으로 더 많은 보증금을 이용하는 공동체에게 더 많은 이익이 돌아가게 되는 문제가 있었고, 이는 공동의 자원을 균등하게 분배하는 데 어려움으로 작용했다. 결국 이런 문제가 빈집들이 빈고에 의존하는 결과를 낳고, 빈고의 자원이 다른 공동체에게도 흘러가는 걸 부자연스럽게 한다고 판단했다. 2013년 총회를 준비하면서 빈고는 각 집들마다 돌아다니면서 이 문제에 대해서 설명하고 협조를 요청했고, 각 집들이 흔쾌히 동의하면서 총회를 통해 빈고의 자원을 이용하려는 공동체는 전월세전환율과 동일한 이용분담금(이자)를 내는 데 원칙적으로 합의했다. 즉 빈고의 주요 이용자인 공동체 또한 빈고를 이용해서 얻는 경제적 이익을 사양하기로 한 것이다. 물론 공동체의 운영이 어렵거나 위기를 맞았을 때는 목표에 미치지 못하는 분담금을 내는 건 아무 문제가 없다. 이로써 출자자와 마찬가지로 이용자(공동체)도 빈고로 인해서 혜택을 받거나 자본수익을 목적으로 빈고를 이용하는 게 아니라 자본수익을 함께 사양하고 공유지를 넓히는 걸 목표로 하는 동일한 입장에 서게 되었다.

이런 변화를 통해서 빈고는 조합원 3인 이상이 모여 공동체를 만들고 활동계획을 세우면 빈고와 협력해서 활동하며 빈고의 자원과 시스템을 다양한 방식으로 이용할 수 있는 금융조합으로 틀을 갖춰 갔다. 빈고는 2014년 총회에서 '빈집을 위한 주거생활협동조합'에서 '자치, 공유, 환대하는 공동체들의 금융협동조합'로 확장하면서 명칭도 '우주살림협동조합 빈고'에서 '공동체은행 빈고'로 변경하기로 결정했다. 2016년 총회에서는 '빈고 선언문'을 채택해서 스스로를 금융협동조합으로 다시 정의하기에 이르렀다. 그리고 2022년 정관을 제정하면서 공식 명칭은 '빈고'로 하고, 앞의 수식어는 공동체은행, 공유지은행, 커먼즈은행 등으로 자유롭게 쓰고 있다.

3. 커먼즈를 만드는 커머너의 은행

　빈고 선언문에서는 '공유지'와 '사양'이라는 단어가 짧게 포함되어 있을 뿐이지만, 이후 연구활동에 관심이 있는 조합원들을 중심으로 빈연구소가 만들어지고 이론적인 발전 과정을 거치면서 더 중요한 위치를 갖게 되었다. 상품교환, 세금교환, 선물교환에 이어 네 번째 교환양식을 사양교환이라고 이름 짓고 공유지를 사양교환을 통해 만들어지는 시스템으로 정의했다. 빈고는 사양교환을 기반으로 공유지를 만들고 확장해가는 커먼즈은행으로 스스로를 설명하고 있다.

　사실 우리는 여러 학자들이 사용하는 논쟁적인 개념으로서의 '커먼즈'에 대해서는 충분히 잘 알지 못한다. 하지만 빈고가 정의하는 공유지 혹은 커먼즈는 빈고에게 개념적 통일성과 여러 가시 편리함을 주었다.

첫 번째, 공동체를 대체하는 단어다. 애초에 사람이 살고 있는 집을 '빈집'으로 명명한 것은 명백히 모순된 것이었다. 빈집 사람들은 어떤 집들보다도 사람들로 꽉 차 있는 빈집에 살면서 끊임없이 빈집이란 무엇인가를 되묻지 않을 수 없었다. 상업적인 게스트하우스는 아니고, 세금으로 운영되는 복지시설도 아니고, 닫혀 있는 공동체도 아닌 이 특이한 장소를 설명할 언어가 필요했다. 자유롭고 평등한 공동체라는 점에서 코뮌이라는 단어를 사용하기도 했지만 코뮌을 정의하기도 어려웠고, 코뮌과 공동체의 차이도 설명하기 어려웠다. 빈집은 공동체라기보다는 주인이 사라진, 그래서 모두가 주인일 수 있는 어떤 장소라는 점에서 공유지라는 표현이 적절했다.

두 번째, 자본=국가=가족과는 구분되는 체계를 표현하는 단어다. 빈집에서 자본을 둘러싸고 벌어진 출자자와 이용자의 사양교환은 묘한 상황을 만들어 냈다. 상품교환, 세금교환, 선물교환과 다른 이 상황을 설명할 언어가 필요했다. 소유의 여러 형태들로서 사유, 국유, 공동체소유와는 다른 이 소유 형태를 무엇이라 불러야 할까? 가라타니 고진은 여기에 어소시에이션이라는 이름을 붙이기도 하고, 아예 적극적인 이름을 붙이기를 거부하며 그저 'X'로 표현하기도 했는데 어느 쪽도 만족스럽지 않았다. 사양이 만들어 낸 상황은 각자가 소유를 사양하기 때문에 어떤 소유의 형태와도 다르다. 빈고는 이렇게 사양으로 만들어진 상황을 소유와는 구별되고 반대되는 의미에서의 공유로 정의하고 이를 체계화된 것을 공유지이자 커먼즈로 부르는 게 적당하다고 생각했다.

세 번째, 노동자와 소비자가 아닌 금융의 영역에서 자본과 상대할 사람들로서의 우리의 이름이다. 금융활동을 하지만 기존의 금융과는 전혀 다른 원칙과 이유로 움직이는 사람들을 기존 금융의 언어로 설명할 방법을 찾을 수 없었다. 은행가도 예금자도 투자자도 대출자도 적절하지 않았다. 이 역시도 자연스럽게 노동자와 소비자를 연결하며 금융의 영역에서 탈자본운동을 하는 또 하나의 주체인 공유자로 명명되었다. 공유자는 자본과 상대하는 노동과 소비의 결과로 생긴 돈을 공유지에 출자하고, 공유지에 모인 돈을 이용해서 실제의 공유지를 만들어 내는 사람들이다. 이로써 탈자본 노동자=소비자=공유자의 결합으로 탈자본운동의 화폐 흐름은 완결되고 재생산될 수 있게 된다.

네 번째, 자산과 부채를 대체할 단어다. 빈고는 여러 사람들의 복잡한 거래를 정리하기 위해 빠르게 복식부기 회계를 도입했다. 하지만 **자산=부채(타인자본)+자본(자기자본)**이라는 재무상태표의 회계등식의 언어는 늘 불편했다. 우리의 화폐는 수익을 창출하는 걸 목표로 하는 '자산'이라는 단어와는 맞지 않았다. 또한 자기자본과 타인자본을 나누고 자기자본의 수익률을 최대화하는 계산법과 구도도 맘에 들지 않았다. 이 등식을 다르게 표현할 언어가 필요했다. 그래서 빈고는 재무상태표의 회계등식도 변경했다. 자산은 우리가 함께 사용할 수 있는 공유지로 변경하는 한편 자기자본과 타인자본을 구분하지 않고, 각자의 조합원들이 방법에 차이가 있을 뿐 모두가 공유지를 만들며 공유자로서 함께하고 있음을 표시하는 걸로 충분했다.

빈고는 이를 '공유상태표'라는 이름의 등식인 **공유지(커먼즈)= 공유자(커머너)**로 표현하고 있고, 도표 형태로 시각화해서 조합원들과 공유한다. 공유지에는 공동체공간, 공동체활동, 공동체회원, 출자자와 이용활동팀이 이용활동을 통해서 만들어 낸 공유지들이 포함되어 있다. 공유자에는 출자자, 공동체통장, 차입자들이 각각의 방식으로 공유한 출자금과 적립금과 잉여금이 포함되어 있다. 이 둘은 재무상태표의 회계등식과 마찬가지로 수치상으로 항상 동일하게 맞아야 한다. 이 도표에서 면적은 곧 해당하는 금액과 비례하고, 공유지 도표와 공유자 도표의 넓이는 항상 동일하다. 이 표는 어떤 공유자들이 어떻게 공유지를 만들었는지, 그 공유지가 어떻게 각각의 공유지들로 나뉘어 구성되어 있는지를 보여준다. 즉 이 등식은 공유지와 공유자의 삶의 방식을 말해준다. 공유자는 공유지를 구성하고, 공유지는 공유자의 삶을 가능하게 한다.

그동안 빈고는 취지문과 선언문의 내용은 있지만 정관은 굳이 만들지 않고 운영회의와 총회에서 모든 걸 결정하는 방식으로 진행해 왔는데 어느 정도 체계가 안정화된 상황에서 이제는 정관이 필요하다는 공감대가 형성되었다. 빈고는 2022년 총회에서 드디어 정관을 제정했다. 그동안 빈고가 만들어 왔던 빈고의 생각과 활동을 온전히 담아서 빈고를 이해하고자 하는 사람들에게 도움을 주려는 목적이었다. 빈고는 정관에서 빈고의 독특한 공유지 개념을 바탕으로 빈고의 세계관, 목적, 가치, 활동을 일목요연하게 정리하고자 했다.

우리가 살아가는 세상은

모든 생명이 함께 누리고 가꾸며 살아가는 공유지다.

우리는 공유지를 망치는 독점과 수탈과 차별에 반대한다.

우리는 돈이 돈을 버는 자본의 질서에 반대한다.

우리는 자본의 은행에서 벗어나

탈자본의 은행을 함께 만들기 위해 모였다.

우리는 우리의 화폐가 자본이 아닌

공유지가 될 수 있도록 하는 실천을 함께 한다.

우리는 자본을 위한 저축을 거부하고, 빈고의 공유지에 출자한다.

우리는 자본을 위한 대출을 거부하고, 빈고의 공유지를 이용한다.

우리는 자본수익을 사양해서,

자본에게 빼앗긴 빈고의 외부와 연대하고 환대한다.

우리는 황폐한 공유지나 또 하나의 자본이 되지 않도록,

빈고를 자치적으로 운영한다.

우리는 자본의 원리를 넘어 공유를,

국가의 원리를 넘어 자치를, 가족의 한계를 넘어 환대를

실현하는 공유지, 공동체은행 빈고를 함께 만들어간다.

우리는 공유, 자치, 환대하는 공동체들의 공동체로서,

스스로 공유지가 되어 지속적으로 확장한다.

능력에 따라 출자하고, 필요에 따라 이용한다.

기쁘게 연대하고, 재밌게 운영한다.

― 〈빈고 경관〉 전문

물론 우리는 커먼즈를 단지 자원으로만 바라보는 데 문제가 있다는 걸 알고 있다. 커먼즈는 단지 자원이 아니라 활동, 관계, 규칙, 집단, 체계라는 데 완전히 동의한다. 하지만 그럼에도 불구하고 커먼즈가 자원이 아니라면 아무것도 아니라고 생각한다. 우리가 살기 위해서는 다른 무엇보다도 자원이 필요하기 때문이다. 그리고 그 모든 자원은 우리가 원하지 않아도 화폐로 전환되고 화폐로 얻을 수 있다. 따라서 우리가 바라보는 커먼즈는 무엇보다도 화폐 그 자체, 즉 빈고의 커머너들이 자신의 삶의 현장에서 자본과 상대해서 악전고투하며 탈환해 빈고로 옮겨온 소중한 화폐, 이제 다른 수많은 형태의 커먼즈로 변형되고 확장될 준비를 갖추고 있는 화폐다. 빈고의 공유지는 2025년 현재 약 6억 빈이다. 물론 이건 단순한 화폐가 아니고, 단순한 자원이 아니다. 이는 모든 빈고 조합원들의 활동, 관계, 규칙, 집단, 체계 모든 것이 집약되고 누적된 성과의 지표다. 커먼즈를 계량화하는 것의 위험성을 지적하는 것도 이해 못할 바는 아니나, 커먼즈에서도 숫자는 중요하다. 10억 원을 10명이 커머닝하는 커먼즈와 1억 원을 100명이 커머닝하는 커먼즈가 같을 수는 없다.

※

금융자본주의에서 커먼즈가 만들어지는 건 가능할까. 사실 커먼즈를 지지하는 사람들이 대체로 부자는 아니겠지만, 돈이 아주 없는 것도 아니다. 2024년 가구당 평균 자산은 약 5억 4천만 원이고, 하위 20%의 평균 자산도 약 1억 7천만 원이다. 커먼즈라고 할 수 있는 영역에 이미 들어와 있는 돈도 많다. 문제는 돈이 없는 게 아니라 돈을 적절히 모으지 못하고 있는 것이다. 여러 커머너와 커먼즈가 서로 소통하거나 거래하거나 투자하는 건 쉽지 않다. 각 커먼즈의 현재 상황을 파악해서 지금 자원이 필요한지, 아니면 활용되고 있지 못한 자원이 있는지 파악하는 것도 곤란하다. 여러 커먼즈의 계획을 종합해서 우선순위를 정하고 중요하고 필요하고 긴급한 쪽으로 자원을 집중시켜 힘을 실어주는 것도 결코 쉽지 않다. 결국 이런 과정을 모두 거쳐 자금이 유의미한 규모로 적절한 시기에 적절한 곳에 쓰이는 건 불가능에 가깝다.

사례를 하나 들어 보자. 한 마을의 중심 상가에 작은 가게가 하나 있다. 가게 주인이 장사를 더 이상 할 수 없는 상황이 되어 가게를 내놓았다. 그리고 이 가게를 평소에 눈여겨보던 두 집단이 있다. 한 곳은 지역의 큰 부동산 회사고 다른 한 곳은 마을 주민들 일부가 모여있는 '카페 커먼즈'다. 가게 주인은 적정 가격만 맞는다면 부동산 회사든 카페 커먼즈든 누가 들어와도 상관없다. 부동산 회사는 이 가게를 매입하고 임대해서 수익을 얻고자 하고, 카페 커먼즈는 평소 마을 주민들이 편하게 모여서 얘기 나눌 수 있는 카페 공간을 만들어서 커먼즈로 운영하고 싶어 한다. 부동산 회사는 돈이 없는 건 아니지만 투자 대비 수익률을 계산해 자기자본은 일부만 투입하고, 투자자들로부터 투자금을 끌어오고, 필요한 나머지는 은행 대출을 받기로 한다. 카페 커먼즈는 주민들에게 출자를 모금하고, 개인적으로 차입도 하지만 나머지는 은행 대출을 받기로 한다. 작은 가게를 둘러싸고 부동산 회사와 카페 커먼즈, 곧 자본과 커먼즈의 한판 대결이 시작된다. 결과는 어떻게 될 것인가.

 사실은 모두가 결말을 예상할 수 있다. 도대체 어떤 은행이 전문적인 부동산 회사가 아닌 실체를 알 수 없는 카페 커먼즈에 대출을 할까. 카페 커먼즈는 아직 법인을 설립한 것도 아니고, 대표자나 직원이 확실한 것도 아니다. 자본금도 별로 없고 출자금을 얼마나 모을 수 있을지 모르고, 모은다고 해도 안정적이라는 보장이 없다. 사업계획도 아직 구체적이지 않고, 회의에서 누군가가 다른 얘기를 하면 계획이 언제 바뀔지 모른다. 수익이 되는 가게가 아니라고 하니, 일하는 사람들이 먹고는 살 수 있는지 알 수 없다. 결국 은행은 부동산 회사에 대출하고, 부동산 회사는 요새 가장 수익률이 좋다는 가게, 예를 들어 복권방을 차릴 것이다. 그렇게 해서 지역에 수익성 높은 기업이 생기고, 일자리도 생기고, 세금도 늘어나니 지역 경제도 살아나고 참 좋은 일 아닌가. 부동산 회사도 돈을 벌고, 은행도 돈을 벌고, 부동산 회사와 은행에 투자한 사람들도 모두 돈을 벌 수 있다. 처음부터 복권방을 바랐던 사람은 별로 없겠지만, 복권방이 들어오면 꽤 많은 사람들이 들락거릴 것이다.

 혹은 카페 커먼즈의 누군가가 매입은 어려우니 임대를 제안할 수도 있다. 부동산 회사는 공간을 매입하고 카페 커먼즈에 임대해서 수익을 번다. 은행은 부동산 회사에 매입 자금을 대출하고, 카페 커먼즈에 임대 보증금과 투자금을 대출한다. 얼마 지나지 않아 임대료는 오르고 부동산 가격도 오른다. 카페 커먼즈는 높아진 임대료를 감당하지 못한다. 부동산 회사는 가게를 팔아 시세 차익을 얻든지, 더 높은 임대료로 다른 업체에 임대해야 한다. 다시 복권방이 들어왔다. 카페 커먼즈를 포함해서 마을 주민들 대부분은 실망하겠지만 어쩌겠는가. 지금 커먼즈의 힘이 이것밖에 안 되는 걸 탓할 수밖에.

금융자본의 세계에서 커먼즈가 자본과 경쟁한다는 게 가능할까. 커먼즈의 힘은 정말 여기까지인 걸까. 만약 마을 주민들을 대상으로 복권방인가 카페 커먼즈인가를 투표해서 결정하기로 했다면 분명히 카페 커먼즈가 이겼을 것이다. 문제는 주민들에게 투표할 권한도 방법도 없고, 결정은 은행이 한다는 것이다. 마을에는 시중은행의 지점이 하나 있다. 주민들은 대부분 집에서 가까운 이 은행에 저축을 하고 있다. 카페 커먼즈의 구성원들이나 다른 커먼즈의 구성원들도 마찬가지다. 물론 구성원 중에 큰 부자는 없어서 소액들뿐이고, 언제든 쓸 수 있어야 하는 돈이라서 투자하기에는 망설여진다. 하지만 그렇게 생각하는 커먼즈 구성원이 수백 명이라서 이 모든 금액을 합치면 상당한 액수가 되기 때문에 카페 커먼즈가 필요한 돈 정도는 충분히 대출할 수 있다. 그렇지만 주민들의 이러한 돈은 은행이 아니라면 모을 수가 없고, 은행에 모인 돈의 사용은 주민들이 결정할 수 없다. 이 은행은 커머너들의 돈을 이용해서 한 부동산 회사에 대출을 승인했고, 그 부동산 회사는 복권방을 차렸다. 다시 말해 은행이 주민들의 돈을 모아서 주민들의 의지에 반하는 결정을 하더라도 주민들은 아무것도 할 수 없는 상황이다. 주민들이 자본을 지지하거나 대단한 자본수익을 얻고자 마음을 먹고 자본의 은행과 거래해 온 건 아니다. 그저 다른 대안이 없다고 생각했기 때문이다. 커머너들이 자본의 은행과 특별한 계약을 한 것도 아니고, 복권방을 만드는 데 동의를 한 것도 아니다. 그저 당장 쓰임새가 없는 돈을 넣어두었을 뿐이다. 많은 사람들이 그렇게 했을 때 그것으로 큰 힘을 만드는 게 금융과 은행의 역할이다. 그 역할을 자본의 은행이 독점하고 있다는 것이야말로 정말 큰 문제가 아닐까.

은행에 넣어두지 않고 투자를 하더라도 결과는 비슷하다. 어떤 사람들은 노후를 위해 모아둔 약간의 여윳돈이 있다. 또 곧 나이가 들면 동네 사람들하고 보내는 시간이 길어지니 카페 커먼즈가 있으면 좋겠다고 생각하고 있다. 그리고 여윳돈은 노후를 위해 꼭 필요해서 혹시라도 손실되거나 필요할 때 돌려받지 못하면 곤란하기 때문에 소중하게 관리해 왔다. 그런데 소문에 어떤 투자회사가 있는데 확실한 투자처가 있어서 원금 걱정은 할 필요도 없고, 이익을 많이 돌려줄 수 있다고 한다. 약간 의심쩍긴 하지만 주변 사람들도 투자한다고 해서, 늦으면 안 될 것 같아 일단 투자를 했다. 그 투자회사는 한 부동산 회사의 프로젝트에 투자를 결정했고, 그 부동산 회사는 복권방을 차렸다.

카페 커먼즈 내부에서도 투자금을 모으는 건 쉽지 않다. 사실 카페 커먼즈 내부에서는 공간에 대해서 대립하는 두 개의 의견이 맞서고 있다. 한 그룹은 아이들이 언제든 들어올 수 있는 공간을 만들고 싶어 한다. 다른 그룹은 동네 사람들끼리 술도 한잔할 수 있는 술집의 역할도 하길 바란다. 그런데 술을 팔면 아이들이 올 수 없으니 타협이 불가능하다. 다수의 결정에 따라 카페 커먼즈로 결정했지만, 술집 커먼즈 그룹은 카페에는 투자할 생각이 없다. 향후에 다른 공간에 술집커먼즈를 독립적으로 만들 수 있게 된다면 그때 투자해야 할 수도 있기 때문이다.

만약 커먼즈를 지지하고 각종 커먼즈에 속해 있는 사람들이 시중은행이 아니라 금융커먼즈와 거래를 하고 있었거나 여러 커먼즈들이 금융커먼즈를 공유하고 있었다면, 그리고 커머너들이 금융커먼즈에 당장은 쓰임새가 없는 돈을 모아뒀다면 카페 커먼즈에 적절히 자금을 공급할 수도 있었을 것이다. 이를 실행하는 데 대단한 결의와 복잡한 협의가 필요한 걸까. 여러 자본의 은행은 기업의 모든 걸 파악하고 있지도 않으며, 기업들이 서로 협력하려고 자본의 은행을 이용하는 것도 아니다. 이들은 단 한 가지의 원칙, 모두가 자본수익을 추구한다는 데 동의하고 은행이 이를 공정하게 배분할 거라고 기대하며 서로를 이용한다.

금융커먼즈도 마찬가지일 수 있다. 모두가 자본수익을 기대하지 않고, 우리의 돈이 자본수익을 만드는 자본이 아니라 공유지를 만드는 커먼즈가 되길 기대하고, 금융커먼즈를 함께 만들어 보면 어떨까. 금융이라는 수단을 통해 커먼즈들이 연결되고 확장되는 세상. 우리는 단지 내 돈이 나쁜 데 쓰이는 게 싫고, 재테크도 귀찮고, 당장 쓸 데도 없어서 돈을 넣어둘 뿐이지만, 금융커먼즈가 확대되면서 마을에는 차례대로 카페 커먼즈가 생기고, 술집 커먼즈가 생기고, 식당 커먼즈는 돌봄 커먼즈를 만들고, 농지 커먼즈에서 함께 일하고, 주택 커먼즈가 건축되고, 노동자 커먼즈가 기업을 협동조합으로 전환하고, 그렇게 커먼즈 세상이 점점 더 넓어질 수 있지 않을까. 물론 금융커먼즈만으로는 어렵겠지만, 금융자본의 세계에서 금융커먼즈 없이 커먼즈 세상이 열릴 수는 없다.

 공유-탐구

사양의 경제학:
교환양식 게임이론

앞서 〈환대-탐구 II. 함께 살기의 정치경제학〉에서 정리한 [그림 3]의 네 번째 공유의 방식은 빈집에서 발견한 독특한 아이디어다. 빈마을 사람들은 이 아이디어를 일반화된 원칙으로 정하고, 재정적으로 제도화해서 빈집과 빈마을에 정착시켰고, 빈고에서도 이어갔다. 처음에는 스스로도 이를 이해하기 어려웠고 혼란스러웠지만, 계속해서 새로 같이 살게 되는 손님=주인들에게 반복해서 설명하는 과정에서 점점 정리되었다. 그 과정에서 묘하게 이 도식이 가라타니 고진의 교환양식론의 도식과 구조적인 유사성이 있음을 발견하게 되었다. 그래서 한편으로는 가라타니의 이론으로 빈고를 바라보고, 동시에 빈고의 관점에서 가라타니의 이론을 진전시키는 시도를 해봤다.

[그림 18] 가라타니 고진의 교환양식론

국가	교환양식 B	네이션	교환양식 A
약탈과 재분배 **복지국가자본주의**		증여와 답례 **국가사회주의**	

자본	교환양식 C	X	교환양식 D
화폐와 상품 **자유주의**		대안화폐 LETS **어소시에이션**	

가라타니 고진의 교환양식론을 간단히 설명하면 다음과 같다. 기존의 마르크스주의 생산양식론은 자본주의 경제체제를 토대로

두고, 국가와 민족(네이션) 등은 여기에 다양한 형태로 종속되는 상부구조로 다뤄왔다. 이에 대해 가라타니는 자본만이 경제체제가 아니고, 국가와 네이션도 모두 각각의 교환양식에 기반한 경제체제로서 독립적이면서 서로 얽혀 있는 자본=국가=네이션의 삼위일체 구조를 만들어 낸다고 주장했다. 자본이 상품과 화폐의 교환양식 C에 기반한다면, 국가는 수탈과 재분배의 교환양식 B, 네이션은 선물과 답례의 교환양식 A에 각각 기반해 있다고 본다. 교환양식 A, B, C는 결합되어 상보적인 구조를 이루고 있어서 어느 하나를 소멸시킨다거나 다른 하나로 대체하는 식의 대응은 불가능하고, A+B+C를 함께 넘어서는 교환양식 D가 필요하다는 결론이다. 가라타니는 교환양식 D를 다양하게 표현하고 있다. '교환양식 A를 부정하면서 고차원적으로 회복된 것', '어소시에이션의 어소시에이션', '규제적 이념으로서의 X', '보편종교의 창시기에 존재한 공산주의적 집단', '노동자운동으로서의 소비자운동', '공동기탁', '생산자-소비자협동조합', '지역화폐시스템 LETS', '세계공화국' 등등. 교환양식론은 단순한 교환관계에서부터 세계질서까지, 과거에서부터 현재까지 연속적인 설명의 틀을 제공한다. 가라타니는 《세계공화국으로》에서 세계 평화를 위해 주권국가들이 무력을 고차원적으로 증여하는 비전에 대해 말하고, 《세계사의 구조》에서 교환양식론으로 세계사의 시작부터 현대에 이르는 역사를 구조론적으로 서술하고 있다. 이는 마르크스의 생산양식론이 단순한 생산현장에서부터 세계혁명에 이르는 변혁 과정에 대한 통합적인 이론으로서 힘을 가졌던 것과 유사한 매력을 갖는다.

하지만 네 번째 교환양식이 도대체 어떤 건지에 대한 질문은 끝나지 않는다. 교환양식 A, B, C가 분명한 교환관계에 기반하고 있는 데 반해 교환양식 D의 교환관계는 불분명하다. 가라타니는《트랜스크리틱》에서는 지역화폐시스템 LETS를 강력하게 지지한다. 하지만 가라타니를 중심으로 한 NAM 운동은 LETS를 시도했으나 실패했고, 한국에서도 다양한 LETS 실험이 진행되기도 했으나 가라타니가 주목한 정도의 성과를 거두지는 못했다. LETS 외에 생산자-소비자협동조합이나, 노동자운동으로서의 소비자운동 등도 이론적인 설득력에 비해 현실적인 운동으로 자리 잡지 못했고 이후 가라타니의 관심도 세계공화국으로 넘어간 걸로 보인다. 세계공화국에 관한 논의도 흥미롭고 주목할 부분이 있지만 당장 실천할 수 있는 대안을 실현하는 교환양식 D의 구체성은 포기되었고, 실제로 현실에서 가라타니 이론의 영향력도 줄어들었다. 따라서 교환양식론의 장점을 폐기하지 않으려면 교환양식 D의 구체성을 다시 재정립할 필요가 있다. 그리고 이를 위해서 교환양식 A, B, C 역시 재검토가 필요하다.

교환양식의 종류는 관점에 따라 여러 방법으로 분류되곤 한다. 먼저 마르크스는《자본》에서 상품교환(C)에 대한 분석을 집중적으로 수행했고 성공적이었다. 하지만 그가 의도했든 안 했든 간에 국가(B) 또는 네이션(A)의 문제는 상대적으로 덜 다뤄졌다. 그 이후의 사람들은 자본주의에서 상품교환이 토대가 되고 국가나 네이션은 그에 종속된다는 관점을 일반적인 것으로 받아들였고, 마르크스의 국가나 네이션에 대한 입장의 해석은 항상 논란의 지점이 되었다.

　마르셀 모스는《증여론》에서 선물(A)을 단순한 물질적 교환이 아니라 사회적 관계를 형성하고 유지하는 핵심이자 시장교환과는 구분되는 원리로 설득력 있게 설명해서 새로운 장을 열었다. 하지만 많은 후속 연구에도 불구하고 선물과 교환에 대한 여러 논란은 계속되고 있고 선물교환은 여전히 모호하게 남아 있는 걸로 보인다. 예를 들면 이런 질문들이 이어진다. 선물교환은 선물로서 완료되는 것인가 아니면 답례까지 포함되어야 하는가. 선물교환은 답례를 바라는 선물과 답례를 바라지 않는 선물로 구분할 수 있는가. 또는 얼굴이 있는 선물과 얼굴이 없는 선물을 구분해야 하는가. 선물과 뇌물은 어떻게 구분되는가. 심지어 진정한 선물은 불가능한 게 아닌가. 이쯤 되면 선물이 도대체 무엇을 말하는지 미궁에 빠진 것 같다.

　칼 폴라니는《거대한 전환》과《초기제국에 있어서의 교역과 시장》에서 시장, 호혜제와 함께 재분배를 사회를 구성하는 세 가지 사회통합 형태의 한 축으로 정립한다. 호혜제(A)는 교환이 대칭적인 데 비해서, 재분배(B)는 하나의 중심을 향해 거둬들여지고 또 그 중심으로부터 배분되는 고대의 중앙집권적인 국가들로부터 현대 국가에 이르기까지 일관적으로 적용된 기본 원칙이다. 하지만 여기서도 호혜제(A)와 재분배(B)를 결합해서 시장(C)과 구분되는 하나의 비시장경제로서 볼 건가, 재분배(B)를 뒤집어진 선물(A)로 동일하게 볼 건가 하는 점은 불분명하다.

　현재의 시스템을 자본(C)이 국가(B)와 공동체(A)를 압도하며 통합하고 있는 상황이라고 했을 때, 우리가 이를 넘어서는 시스템을 만들려고 한다면 그것이 자본(C)에 대항하는 공동체+국가(A+B)인지, 자본+공동체(C+A)를 통제하는 국가(B)인지, 자본+국가(C+B)와 독립적인 공동체(A)인지는 전략적으로 중요한 문제가 된다. 이러한 맥락에서 보자면 가라타니는 폴라니가 정립한 삼분법에서 자본=국가=네이션을 삼위일체의 시스템으로 보고 이에 대항하는 교환양식 D를 추가함으로써 기존의 혼란을 일거에 정리하는 명쾌함을 갖고 있다고 볼 수 있다. 하지만 문제는 자본=국가=네이션을 제외하면 도대체 무엇이 남고, 무엇을 만들어 가야 하는가가 여전히 의문이라는 점이다. 그러다 보니 오히려 자본=국가=네이션이 너무나도 강고하고 심지어 완벽해서 넘어설 수 없을 것처럼 느껴지기까지 한다. 이제 여기에서는 각각의 교환양식을 선명하게 정의해 구분하고 교환양식 D의 단단한 정립을 위해서 하나의 모델을 도입해 보려고 한다.

I. 단순한 교환관계: 제안과 응답

교환은 단순한 행위인 것 같지만 이를 복잡하게 하는 수많은 변수들이 있다. 교환하는 두 사람과 그 사이에는 여러 역사와 관계와 환경 등의 복합적인 배경이 있고, 교환의 대상인 물건이 어떤 것인가 역시도 교환 자체의 성격을 결정하는 중요한 변수가 된다. 또한 반대로 교환이 성립되면 물건만 이동하는 게 아니라 교환을 수행한 두 사람도 정체성과 권력의 변화를 겪고, 두 사람 간의 관계도 변화하게 된다. 이렇게 형성된 관계를 **교환관계**라고 하자. 이렇게 성립한 교환관계는 다음번 교환에 영향을 줄 수 있고, 다음 교환이 어떻게 되느냐에 따라 변화되거나 강화되면서 점점 복합적인 성격을 갖게 된다. 따라서 어떤 교환은 서로 다른 것이지만 비슷하게 보이기도 하고, 같은 교환이지만 전혀 다르게 보이는 혼란함이 있다. 도식화와 단순화의 위험에도 불구하고, 교환의 단계를 분해해서 제안과 응답으로 나누어서 각 교환의 차이점을 중심으로 분석해 보자.

① 교환은 두 사람 사이에서 물건이 이동하고 물건의 소유자가 변경되는 것이다.
② 한 사람이 교환을 **제안**하고 다른 한 사람이 그 제안에 대해 **응답**하면, 그 결과에 따라 교환의 종류가 결정된다.
③ 제안의 내용은 자신이 가진 물건을 상대에게 주겠다는 **주기**와 상대의 물건을 자신이 갖겠다는 **갖기** 둘 중 하나다.
④ 응답은 상대의 제안에 **순응**해서 제안대로 교환하거나, **반발**해서 다른 방식으로 교환하거나 둘 중 하나다.

제안자 P가 갖기 또는 주기를 선택하고 응답자 Q는 순응 또는 반발을 선택하면, [그림 19]와 같이 네 가지 교환이 성립한다.

교환 A. 선물관계 (P→Q)
- P가 주기로 할 때 Q가 순응하면, P가 소유했던 물건의 소유자가 Q로 변경된다.
- P는 선물하는 자(증여자), Q는 선물을 받는 자(피증여자), 교환된 물건은 선물이라고 할 수 있다.

교환 B. 수달관계 (P←Q)

[그림 19] 교환의 분해

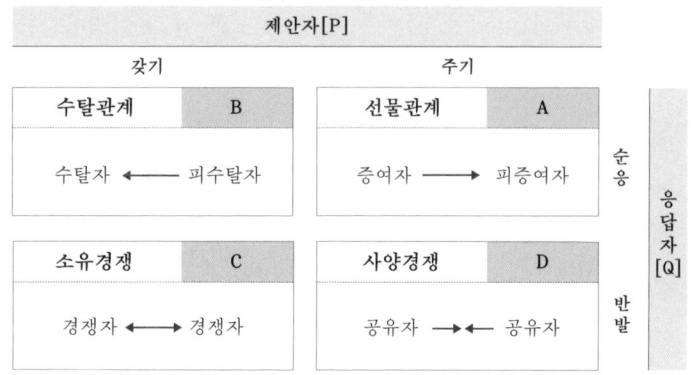

- P가 갖기로 할 때 Q가 순응하면, Q가 소유했던 물건의 소유자가 P로 변경된다.
- P는 수탈하는 자(수탈자), Q는 수탈되는 자(피수탈자), 교환된 물건은 수탈물이라고 할 수 있다.

교환 C. 소유경쟁 (P↔Q) ▸ 상품관계
- P가 갖기로 할 때 Q가 반발하면, 서로 갖기 위한 경쟁이 진행된다. 경쟁이 끝나기 전에 물건은 이동하지 않는다.
- P와 Q는 모두 갖기를 추구하는 동등한 소유의 경쟁자다.

교환 D. 사양경쟁 (P→←Q) ▸ 사양관계
- P가 주기로 할 때 Q가 반발하면, 서로 주기 위한 경쟁이 진행된다. 경쟁이 끝나기 전에 물건은 이동하지 않는다.

- P와 Q는 모두 주기를 추구하는 동등한 사양의 경쟁자이자 공유자다.

 일반적으로 P와 Q 모두 물건을 소유하기를 추구한다고 가정한다면, 이에 부합하는 건 교환 C라고 할 수 있다. 하지만 다른 경우도 교환이라고 불릴 이유는 충분하다. 교환 A는 P의 제안으로 시작하겠지만, Q가 순응하지 않는다면 진행되지 않는다. Q가 순응하고 선물을 받는다는 것만으로 P는 제안의 목적을 충족했다고 볼 수 있다. 둘 사이에 합의가 이뤄지고 물건이 이동했고 관계가 성립된다. 교환 B는 P의 제안으로 시작하겠지만, Q가 순응하지 않는다면 진행되지 않는다. Q가 어떤 이유로든 수탈되는 데 순응해야 비로소 물건이 이동한다. Q가 수탈을 용인하고 납득하는 과정을 P가 거쳐야 한다는 점에서 일종의 교환이라고 볼 수 있다. 교환 C는 당연해 보이지만 오히려 즉각적으로는 교환이 이뤄지지 않는다. Q가 반발하고 P가 포기하지 않는다면, 경쟁이 시작되고 경쟁이 끝나기 전까지는 물건은 이동하지 않는다. P가 강세로 물건을 점유한다고 하더라도 원래의 소유자 Q가 동의하지 않았다면 소유권은 여전히 Q에게 남아 있다고 할 수 있다. 교환 D 역시 마찬가지다. P가 주려고 할 때 Q가 반발하고 P 역시 포기하지 않는다면, 서로 주기 위해 경쟁하고 사양하는 과정이 진행된다. 다만 이 경우는 소유자가 소유권을 포기하려 한다는 점에서 물건은 소유자가 불분명한 채 둘 사이에서 왔다 갔다 이동하거나 어딘가에서 머물게 된다. 여기시도 경쟁이 끝나기 전까지는 원래의 소유자 P의 형식적 소유권은 여전히 남아 있게 된다.

교환 A와 교환 B에서는 교환의 결과 P와 Q 두 주체 사이에 비대칭적인 관계가 성립된다. 물건은 Q의 순응과 동시에 한 방향으로 이동하고 마무리되지만, 이제 P과 Q는 증여자와 피증여자, 수탈자와 피수탈자로 이전과는 다른 정체성을 가진 사람이 되었다. P와 Q의 관계는 이제 다른 사람들과의 관계와는 질적으로 달라져서 교환 A에서는 선물관계를 교환 B에서는 수탈관계를 맺는다. 교환은 순응과 함께 즉각적이고 간명하게 완료된다. 하지만 이를 통해 형성된 정체성은 상당 기간 지속된다. 이와 달리 교환 C와 교환 D의 경우 P와 Q는 대칭적인 관계를 갖고 있어서 경쟁의 결과 승패가 갈릴지라도 근본적인 정체성의 변화는 일어나지 않는다. 교환 C에서는 동등한 소유의 경쟁자들이 맞서는 소유경쟁, 교환 D에서는 동등한 사양의 경쟁자들이 맞서는 사양경쟁이 나타난다고 할 수 있다. 이 두 경쟁상태에서 물건의 소유자는 아직 확정되지 않았다. 제안과 반발로 서로의 입장을 확인했으면 실제의 교환을 위한 과정은 이제부터 시작이다. 교환이 완료되기 위해서는 치열한 경쟁과 복잡한 협상을 거쳐야 한다. 교환은 모호하고 복잡하게 이어진다.

[그림 19]에서의 교환 A, B, C, D는 가라타니 고진의 교환양식 A, B, C, D에 정확하게 대응한다. 말하자면 이 도식은 교환을 제안과 응답으로 분해하고, 교환을 두 주체의 독립적인 선택 행위의 결과로 해석함으로써 가라타니의 교환양식론을 게임이론의 형태로 다시 썼다고 볼 수 있다. 교환양식론을 이와 같은 형태로 다시

쓰는 게 이론적으로 또는 역사적으로 타당한지를 검토하는 건 어렵지만, 다음과 같은 실용적인 장점은 있다. 첫째, 각 교환양식의 원리와 차이를 분명하게 비교할 수 있고, 교환양식이 왜 정확히 네 가지로 구분되며 다른 경우의 수는 의미가 없는지 구조적으로 설명할 수 있다. 둘째, 각 교환양식이 상호 간에 어떻게 전환되고 상보적일 수 있는지를 역동적으로 분석할 수 있다. 발달된 게임이론의 방법론을 도입한다면 더 심층적이고 전략적인 다양한 모델을 만들고 탐구하는 것도 가능할 것이다. 셋째, 가라타니에게도 다소 모호하게 남겨져 있던 교환양식 D의 실체적 원리를 발견하고 이를 제도화하는 시스템을 기대해 볼 수 있다.

II. 반복된 교환관계: 선물, 수탈, 상품 그리고 사양

지금까지는 한 번의 교환으로 이뤄지는 단순한 교환관계를 살펴봤다. 교환은 여러 차례 반복되어 누적되고, 역할을 뒤바꿔서 역전되기도 하면서 반복된 교환관계로 공고해진다. 두 사람뿐 아니라 사람이 더 늘어나면서 확장된 교환양식이 되고, 화폐가 개입되어서 더욱 제도화된 일반적인 교환양식 체계를 갖추게 된다. 이 과정을 차례대로 따라가며 각 교환양식의 특징을 살펴보고 네 번째 교환양식 D를 찾아가는 탐구를 같이 진행해 보자.

교환 A. 선물하고 답례하는 선물교환

선물교환이 반복되면, 선물은 Q에게 누적되고, 선물관계 역시 점점 강화된다. 선물하는 자와 선물받는 자의 정체성은 더 강화되고 연결은 더 단단해진다. 선물이 반복을 넘어 고착화되면 P에게

[그림 20] 반복된 교환관계

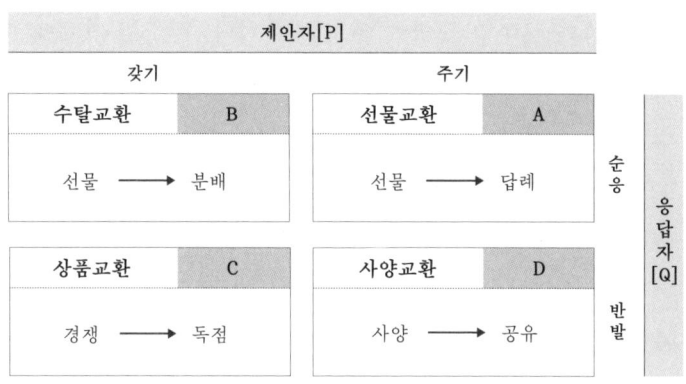

선물은 당연히 수행해야 할 삶의 방식이나 의무로 굳어진다. 그리고 일방향의 지속적인 선물이 가능하려면 P는 특별한 수입의 원천이 있어야 한다. 다른 한편 Q에게 선물은 충분히 예상 가능한 것으로 삶의 기본적인 조건이자 당연한 권리로 기대된다. 이러한 경향은 선물이 연속될수록 확대 재생산된다. 만약 P나 Q가 이러한 상황을 더 이상 견딜 수 없다면 언젠가 선물이 중지되거나 아니면 파국으로 끝날 수도 있다. 이러한 불균형 상태는 다음번 선물교환이 반대 방향으로 일어나면 해소될 수 있다. 이번에는 Q가 P에게 주기를 제안하고 P가 순응하는 것, 즉 답례다. 선물은 모습을 바꿔서 다른 물건으로 P에게 돌아가고 선물하는 자와 받는 자의 관계는 뒤바뀐다. 일방적인 관계는 이제 시간차를 두고 선물과 답례를 주고받는 호혜적인 관계가 된다. 선물과 답례는 한 쌍이 되어 하나의 호혜적 교환이 둘로 나뉘어져 진행되는 설로 보일 수 있다.

그러나 선물교환의 비대칭성은 본질적이다. 선물에 대한 가치평가가 지극히 주관적일 수밖에 없기 때문이다. 선물의 가치에 대한 P와 Q의 관점이 다르고, 답례의 가치에 대해서도 마찬가지로 다르다. 또한 P와 Q의 상황과 맥락에 따라 다르고 시간에 따라 변하기도 한다. 선물을 받아주는 것만으로도 선물이 완료되었다고 생각할 수도 있고, 답례가 이뤄져야 한다고 생각할 수도 있고, 답례가 이뤄져도 부족하다고 생각할 수도 있다. 이런 점에서 선물교환의 어려움과 난해함이 있다. 선물과 답례물은 동일할 수도 없고 동일해서도 안 되지만, 균형을 이뤄야 한다. 선물과 답례물은 질적 양적으로 다르기 때문에 가치를 비교할 수는 없다. 동일하다면 답례가 아니라 선물을 되돌려 주고 거부하는 것이 된다. 선물과 답례는 차이가 있어야 하지만, 그럼에도 불구하고 눈에 띄게 차이나는 것도 곤란하다. 그 차이는 작더라도 누적되면 확대될 수 있다.

선물이 답례에 비해 큰 상황이 반복된다면 차이는 점차 커지고 답례의 효과는 떨어지게 된다. P에게는 의무로, Q에게는 부담으로 남아 누적될 수 있다. 장기적으로 이러한 상황은 관계에 변화를 일으킬 여지가 있다. P가 더 작은 선물을 주기로 하고 Q의 답례 역시 마찬가지라면 관계는 점차 소멸되는 국면으로 들어간다. 차이가 지나치게 누적되기 전에 특별한 답례가 필요하거나, 반대로 답례가 선물보다 커질 수도 있다. 하지만 그렇다면 이번에는 P에게 다시 선물=답례의 의무와 부담이 생긴다. P는 더 큰 선물로 답례하고, Q 역시 마찬가지라면 선물은 확대 재생산되며 모스가 관찰했던 북미대륙 원주민의 '포틀래치(potlatch)'처럼 상대가 파산할 때까지 이어질 수도 있다. 또는 P의 선물에 비해 Q의 답례가 큰 상태로 반복되고 차이가 커진다면, 선물의 성격이 변화될 가능성도 있다. 답례를 노리는 뇌물이 되거나, 선물의 가치를 부풀려 답례물을 취하는 사실상의 수탈에 가까워질 수도 있다.

선물이 제도화된다면 관계에서 선물은 단순히 개인의 우연적인 호의가 아니라 주기적으로 반복되는 의례가 된다. 복잡한 과정을 통해서 선물 자체보다도 서로 관계를 만드는 게 더 중요한 목적이 되고 여기에는 상당한 기술과 노력이 필요하다. 그래서 이러한 과정은 가족이나, 가족에 가까운 공동체에서나 가능해진다. 선물은 공동체의 필수적인 요소이자 자원 분배의 한 양식이 된다.

교환 B. 수탈하고 재분배하는 수탈교환

수탈교환이 반복되면 수탈물은 P에게 누적되고 힘의 불균형은 더욱 심화된다. Q가 다음번 수탈에도 더 순응할 수밖에 없다면, 수탈하는 자와 수탈당하는 자의 정체성은 더 강화된다. P는 수탈하는 게 당연해지고, Q는 수탈당하는 게 당연해지는 것도 얼마든지 가능하다. P가 제안하는 절차가 생략되고, Q의 의사와는 상관없이 P가 Q의 것에 대해 자동적으로 소유권을 갖는 것처럼 보일 수도 있다. P와 Q는 서로 동등하게 교환하는 개인이라기보다는 본질적으로 차원이 다른 사람이 되는 것이다. P는 Q를 지배하고 그의 수탈물에 의존하고, Q는 수탈물을 P에게 제공하는 걸 필연적인 것으로 받아들인다.

하지만 Q가 반발을 선택할 수도 없게 예속되어 있다고 해도 수탈이 계속될 수 있는 건 아니다. 계속된 수탈에 Q의 삶이 불가능해지거나, 적어도 Q를 더 이상 수탈하는 것 자체가 어려워지는 상황이 될 수도 있다. 그럼 이번에는 반대로 Q가 P에게 갖기를 제안할 수 있다. P가 이 제안에 순응하면 재분배가 진행된다. P가 재분배를 달가워할 리는 없겠지만, Q의 최소한의 생존과 생산성을 보존하기 위해서라도 재분배 요구에 순응할 수밖에 없는 상황에 이르게 된다. 이는 다음번 수탈을 위해서라도 필수적인 과정으로 자리 잡는다. Q가 특수한 경우에 재분배를 요구할 수 있다는 건 Q가 P의 수탈에 순응하는 이유이자 전제조건일 수 있다. 그런 면에서 재분배는 역방향의 수탈이라고 할 수도 있다. 재분배는 P의 의무이고, Q는 재분배받는 걸 당연한 권리로 생각한다. 수탈하는 자와 수탈되는 자의 입장은 뒤바뀐다. 일방적인 수탈은 이제 시간차를 두고 수탈과 재분배를 주고받는 위계적인 관계로 전환된다.

수탈교환이 반복될수록 힘과 지위의 격차는 공고해진다. 단순히 물건에 대한 수탈을 넘어서 Q라는 사람 자체가 P에 종속된다. 이렇게 수탈이 제도화된다면 P와 Q는 단순한 입장이 아니라 신분 또는 계급의 차이가 있는 지배관계가 성립한다. 수탈과 재분배는 한 쌍이 되어 하나의 위계적인 지배관계의 양 측면으로 보인다. 수탈교환의 비대칭성 역시 본질적이다. 수탈물과 분배물은 직접 비교되지 않고, 애초에 지위가 다른 만큼 서로가 원하는 것에도 차이가 크다. 심지어 동일한 물건을 수탈하고 다시 분배한다고 하더라도 물건 자체가 다른 입장을 가지면서 P의 너그러움을 증명하는 게 된다. 또는 단지 P가 수탈을 중지하는 것만으로도 커다란 선물로 느껴질 수도 있다. 심지어 P가 선물처럼 재분배를 하고 Q가 이를 커다란 은혜로 받아들인다면 Q는 P를 위해 무엇이든 해야 한다고 느낄 수도 있다. 그러나 이것이 선물이 아니라는 건 분명하다. 반면 Q가 더 이상 순응하지 않고 반발하기 시작한다면 수탈관계는 바로 소유경쟁으로 전환된다.

교환 C. 경쟁하고 독점하는 상품교환

소유경쟁에서 물건을 갖기 위해서는 힘과 능력으로 상대의 반발을 누르고 승리해야 한다. 당연히 상대적으로 힘이 더 강한 쪽이 승리하는 결론을 예상할 수 있지만, 약한 쪽이 승복하지 않고 끝까지 투쟁한다면 경쟁은 쉽게 끝나지 않는다. 그 과정에서 상대의 피해와 함께 자신의 피해도 감수해야 하는 점에서 경쟁의 위험을 내포하고 있기 때문에 누구라도 선호하는 선택일 수는 없다. 그렇다고 일단 시작된 경쟁을 그만두는 건 쉽지 않기 때문에 경쟁은 불가피해진다. 만약 어느 한쪽이 경쟁을 원하지 않아 포기한다면 소유경쟁은 바로 일방적인 수탈관계 또는 선물관계로 전환되는데, 이는 경쟁에서 패배한 것과 구분되지 않는다.

경쟁이 무한히 지속되는 건 그 자체로 파멸적인 결과를 낳는다. P와 Q 누구도 갖지 못하고 경쟁 과정에서 힘만 소모된다. 이러한 결과는 누구에게도 좋지 않다. 경쟁을 중지하는 게 경쟁을 지속하는 것보다 더 가질 수 있는 방법이라면, P와 Q 모두 여기에 합의할 수 있다. 자신이 욕망하는 물건을 얻기 위해서는 타인이 욕망하는 다른 조건을 제시함으로써 타협하지 않으면 안 된다. 물건의 이동은 쌍방향으로 이뤄져야 하고, 서로 반대 방향으로 이동하는 두 물건의 질과 양을 모두 견주어서 균형을 맞추는 복잡한 작업이 수반되어야 한다. 결국 경쟁이 타협으로 마무리된다면 반복되는 소유경쟁이 일단락되고 교환이 성립한다.

문제는 P와 Q가 서로 요구하는 물건들의 질과 양의 수준을 모두 맞추는 건 사실 불가능에 가깝다는 것이다. 물물교환도 부분적으로 가능할 수 있겠지만, 여기에는 필연적으로 교환수단으로서 화폐가 개입될 수밖에 없다. 결국 소유경쟁은 P와 Q의 합의로 가격이 정해지면서 상품과 화폐가 교환되는 상품교환으로 제도화된다. 이 과정은 마르크스가 《자본론》에서 충분히 설명한 부분이다.

상품교환은 선물교환이나 수탈교환과 달리 생각보다 복잡한 과정을 거쳐야만 가능하다. 하지만 양쪽 모두가 수긍할 수 있는 상품교환이 이뤄진다면 다음번 교환은 앞서의 경쟁과정을 생략하며 쉽게 반복될 수도 있다. 경쟁의 승리자와 패배자가 불분명하고, 마치 서로가 교환을 통해서 이익을 얻는 호혜적인 걸로 보여질 수도 있다. 하지만 상품교환은 근본적으로 소유경쟁을 내재하고 있다. 언제든 자신에게 더 유리한 교환조건을 위해 새로운 경쟁이 시작될 수 있고, 상대의 위협에 대비해 경계하며 경쟁은 끝없이 반복된다. 지금은 내가 소유하고 있더라도 상대가 경쟁에 나선다면 다음에는 빼앗길 수도 있는 불안한 상태가 지속된다.

상품교환에서 두 사람은 교환이 일어나기 전까지는 경쟁관계에 있지만, 그 이후 둘의 관계는 종료된다. 반대 방향의 교환도 일어날 수 있다. Q가 P의 상품을 요구하고 가격을 지불한다. 그러나 이

두 번의 상품교환은 서로 아무런 필연적 관계가 없다. 상품교환이 무수히 반복된다고 해도 각각의 교환은 독립적이고, 두 사람도 아무런 필연적 관계를 맺지 않고 매번 경쟁 상대로 다시 만난다. 단골가게처럼 꾸준히 거래를 이어가는 건 이미 상품교환에 신뢰와 우애라는 선물교환의 요소가 결합되어 있는 예외라고 볼 수 있다.

또한 상품교환은 기본적으로는 경쟁에서 비롯된 객관적인 가치평가가 따르기 때문에 등가교환의 형태를 띤다. 상품과 화폐의 가치 비교, 상품의 객관적인 가치평가가 필수적이다. 그러나 그렇다고 교환의 결과가 항상 동등한 건 아니다. 양쪽의 경쟁력에 차이가 있는 상황에서 등가교환에는 경쟁력의 차이가 이미 반영되어 있다고 봐야 한다. 힘이 센 쪽이 언제나 더 이익이 되는 거래를 할 수 있다. 단적으로 P가 Q로부터 화폐를 지불하고 물건을 구매했을 때, 입장을 바꿔서 같은 물건으로 같은 양의 화폐를 달라고 한다면 교환이 가능할까. P와 Q가 가진 상품의 질이 완전히 다르다면, 모든 질적 차이를 무시하고 화폐의 양으로 평가해서 정확히 등가라고 하는 건 원리적으로 불가능하다.

상품을 가진 자와 화폐를 가진 자의 입장은 다르다. 형식적인 등가교환 속에 힘이 센 쪽이 더 힘이 세지고, 약한 쪽은 더 약해지는 방향으로 교환 결과는 점차 확대 재생산된다. 그 결과 화폐를 가진 자는 점점 더 많은 화폐를 독점하게 되고 그 반대편에 선 자는 모든 걸 잃고 마지막 남은 자신의 노동력을 상품으로 팔지 않으면 안 되는 처지로 내몰리게 된다. 그러나 형식적으로 두 사람은 여전히 '공정한' 경쟁과 상품교환에 참여한 두 거래자로 보이고, 거래가 끝나면 아무 관계도 남지 않기 때문에 패배자는 홀로 사라져갈 뿐이다.

교환 D. 사양하고 공유(空有)하는 사양교환

사양경쟁은 P와 Q 모두 물건의 소유를 사양하고 서로 주기 위한 경쟁이다. 물건은 둘 사이를 반복적으로 이동하는 것처럼 보이지만 누구에게도 소유되지 않는다. 여기서도 어떤 타협이 이뤄지지 않는다면 사양경쟁은 끝없이 이어지게 된다. 한쪽이 상대가 주는 걸 받는 대신에 다른 물건을 주려고 한다면 타협이 될 수도 있지만, 새로운 물건마저도 사양경쟁 속으로 휘말린 채 지속될 수도 있다. 다만 소유경쟁에서는 모두가 갖는 게 불가능하지만, 사양경쟁에서는 모두가 갖지 않는 건 얼마든지 가능하고 다양한 소유형태가 가능하다. 물건은 방치될 수도 있고, 중간 지대에 남아 있을 수도 있고, 번갈아서 소유할 수도 있고, 공동으로 소유할 수도 있고, 어떤 경우는 한 쪽이 소유하거나 제3자가 가져갈 수도 있다. 하지만 최종적인 형태가 어찌 되든 양쪽이 기본적으로 서로 사양하는 공유자라는 건 변함이 없다. 이러한 결과에 둘 다 만족한다면 그걸로 교환과정이 완료될 수도 있다. 이 네 번째 교환을 사양교환이라고 하자.

사양교환에서는 결국 둘 다 물러서서 소유권을 사양하지만 그렇다고 완전히 포기될 수도 없는 형태로 보유하게 된다. P와 Q 모두 소유하는 것도 아니고 소유하지 않는 것도 아닌 채로 공존하는 상태, 이 상태를 공유라고 표현할 수 있겠다. 그런데 우리말의 공유는 교환양식 A와 어울리는 공동체소유를 뜻하는 **공유(共有)**와 교환양식 B와 어울리는 국가나 공공기관의 소유를 뜻하는 **공유(公有)**의 의미를 모두 갖기 때문에 이와 구분해서 교환양식 D에 적합한 건 비어있는 소유라는 의미에서 **공유(空有)**라고 표현해도 좋겠다. 공유(空有)의 구체적인 형태는 다양할 수 있는데, 두 사람의 합의에 따라 공유(共有)나 공유(公有)가 될 수도 있다. 따라서 앞으로 공유라고 하면 기본적으로는 사양교환의 결과인 공유(空有)의 의미지만, 넓게 봐서는 공유(共有)와 공유(公有)도 일정 정도 포함하는 용어로 생각해도 좋겠다.

사양교환은 상품교환과 다르게 공유물이 남아 있기 때문에 둘의 관계는 해소되지 않는다. 상대가 사양하는 공유자라는 것이 확인되고 나 역시 충분히 사양해도 괜찮다는 강력한 신뢰가 형성된다. 그리고 공유물이 잘 관리된다면 굳이 내가 소유하지 않아도 공유물을 이용하거나 혜택을 얻는 걸 기대할 수 있다. 다음번의 교환에서 이번에는 Q가 P에게 줄 것을 제안하고, P 역시 반발한다. 다시 사양의 경쟁이 진행되고, 같은 과정을 반복하느니 앞서와 같이 공유물로 만드는 게 좋다는 결론이 보다 쉽게 난다. 공유물은 축적되고, 둘의 관계는 더 큰 공유물로 이어져 지속된다. 이러한 상황은 양쪽의 공유자가 모두 사양할 수 있는 충분한 힘이 있다면 변화가 없을 것이다. 그러나 만약 Q가 어떤 이유로든 힘이 부족해 사양할 수 없게 된다면 공유물은 Q에게로 이동할 수 있는데 이 경우는 선물과 동일한 결과를 낳는다. 이것으로 Q가 힘을 회복해서 다시 사양할 수 있게 된다면 힘은 다시 균형을 회복하게 된다. 사양교환은 P와 Q 모두에게 아무런 혜택을 주지 못할 수도 있지만, 공유물에 따라서는 양쪽 모두에게 간접적인 혜택을 가져다 줄 수도 있다. 그리고 공유물로 남아 있는 상태에서 그 가치의 측정이나 비교는 불필요하다. 다만 사양경쟁의 과정에서나 공유를 해소할 경우를 대비한다면 상대가 기여한 정도를 기록할 필요는 있다. 또한 공유물의 일부를 사양하면서도 선물을 받지 않을 수 없는 상황이 된다면, 이를 되돌리기 위해서라도 필요하다.

III. 확장된 교환양식: 가족, 국가, 자본 그리고 커먼즈

 앞에서는 교환이 두 사람 사이에서 벌어지는 것으로 가정했다. 이번에는 세 번째 사람 R이 등장하면서 만들어지는 작은 사회에서 각 교환이 확장된 교환양식으로 제도화되는 과정을 추론해 보도록 하자. 여전히 단순화된 모델이지만, 교환이 복수의 다각적인 관계로 확장되면서 발생하는 여러 경우의 수를 살펴본다면 각 교환의 특징이 더 잘 드러날 수 있을 것이다.

[그림 21] 확장된 교환양식

자원집중	국가
위계	

선물순환	가족
고립/확장	

시장확대	자본
독점	

커먼즈확대	커먼즈
공생	

교환양식 A. 고립 또는 확장되는 선물의 공동체

◎ 기존 선물-답례 유지, R의 배제 또는 수탈

선물은 P와 Q 사이에서 오가고 있었는데 여기에 R이 나타난다. R이 나타난다고 해서 P와 Q의 관계에 직접적인 변화가 생기지는 않는다. 이 경우 P+Q의 선물 공동체가 유지되면서 P와 Q가 의도하지 않았어도 R은 배제되는 결과가 나온다. 특별한 노력이 없다면 현상을 유지하는 이 공동체는 R의 입장에서는 폐쇄적이고 고립된 걸로 보일 수밖에 없다. 경우에 따라 P+Q의 공동체는 공동체의 필요에 의해 공동체 외부의 R을 수탈할 수도 있다.

◎ 확장된 선물의 순환과 공동체

P가 Q에게 선물하고, Q가 R에게 선물하는 경우도 있을 수 있다. P는 답례받지 못하고 분노할 수 있지만, R이 다시 P에게 선물한다면 P는 선물의 순환을 거쳐 간접적으로 답례를 받는 걸로 만족할 수도 있다. R에게도 선물을 나누고 환대함으로써 공동체는 확장된다.

◎ Q와 R의 갖기경쟁

$$P \longrightarrow (\ Q \text{ OR } R\ )$$

선물하는 자로서 P는 Q가 아니라 R에게 선물할 가능성도 있다. 이 경우에 R은 Q와 마찬가지로 선물을 받고 답례하는 자가 된다. P의 선물은 Q와 R에게 나눠서 줄 수도 있는데, 이 경우 Q와 R은 경쟁자가 된다.

◎ P와 R의 주기경쟁

$$(\ P \text{ OR } R\ ) \longrightarrow Q$$

R은 선물하는 자로 등장할 수도 있다. R은 Q에게 선물하고, Q는 R에게 답례한다. 이 경우 R은 P와 경쟁자가 될 수도 있다. Q는 모두에게 선물받은 자인 동시에 답례하는 자가 된다. 경쟁은 공동체에 긴장을 불러온다.

경쟁의 결과에 따라서 공동체는 변경될 여지가 있다. P+Q의 공동체가 단단하다면 R은 배제되거나 확장된 공동체의 일원이 되거나 둘 중 하나다. 그리고 특별한 변화를 시도하지 않는다면, R을 배제하는 게 훨씬 익숙하고 편한 선택이 된다. Q가 R에게 선물하는 건 선물받는 데 익숙한 Q에게 쉽지 않을 뿐더러, 공동체 차원에서는 손실의 위험을 감수해야 하는 일이기 때문이다. 하지만 공동체가 확장되어 공동체의 규모가 커진다면 선물의 방식도 그에 따라 달라질 수 있다. 만약 누군가가 모두에게 선물하고 모두에게 답례받는 게 제도화된다면, 이는 수탈교환과 순서만 다를 뿐 유사하게 보일 수도 있다. 이때 현실적으로 선물이 불가능하더라도 상징적인 선물이 공동체의 구성요소로 기능할 수도 있다. 선물의 공동체는 가족에서 친족, 부족, 민족, 네이션으로 확장된다.

교환양식 B. 집중되는 수탈과 위계적인 국가

◎ 기존 수탈-재분배 유지. R의 배제

R의 등장으로 기존의 수탈관계가 직접적으로 변화하지는 않는다. P나 Q가 무관심하다면 R은 배제되고, 수탈되지 않지만 재분배 역시 요구할 수 없다.

◎ P가 Q를, Q가 R을 수탈하는 위계적인 수탈교환의 연쇄

Q는 P에게 수탈당하고 있지만, 이제는 R을 수탈할 수도 있다. Q가 R에게서 가져온 수탈물을 P에게 전달하는 형태가 될 수도 있다. 이 경우 재분배 역시 반대방향으로 P가 Q에게, Q가 R에게로 진행된다. P와 Q와 R의 단계적 위계가 형성되고 계층은 세분화될 수 있다. Q는 중간에 위치해 있지만 R을 더 수탈하고 P에게 덜 수탈당하는 경우에는 P보다 더 큰 힘을 갖게 될 여지도 있다.

◎ P가 Q와 R 모두를 수탈하는 수탈교환의 집중과 국가의 형성

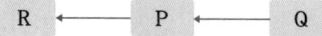

P가 R도 직접 수탈한다면 P는 Q와 R 모두를 수탈하는 입장에 선다. P는 Q를 수탈해서 힘이 더 커진 상태이므로 R도 수탈할 수 있고, 그래서 힘은 더 커진다. P에 의한 지배는 Q에 이어 R까지 확장되고 강화된다. 동시에 P가 Q와 R 모두에게 재분배할 필요도 발생한다. 하지만 이제 복수의 피수탈자가 있으므로 수탈과 재분배가 반드시 대응될 필요는 없다. P의 필요에 따라서 Q에게 수탈해 R에게 재분배할 수도 있게 된다.

◎ R이 P를 수탈하면 권력이 교체되지만 국가 체계는 동일

R ← P ← Q

만약 R의 힘이 더 강하고 P를 수탈할 수 있다면 지배자가 변경되어 권력이 교체될 수도 있다. 그러나 지배의 양상 자체가 변화되지는 않는다.

수탈관계는 선물관계와는 다르게 연속적으로 확장될 수 있다. P가 수탈하려는 목적과 힘을 충분히 갖고 있다면 Q에 이어 R을, R에 이어 네 번째 사람 S를 수탈하는 데 아무런 장애가 없다. 선물은 대상이 중요한 반면, 수탈은 대상이 중요하지 않다. 마인을 수탈할 수 있다면 하지 않을 이유가 없다. 경쟁자가 있다면 어느 한

쪽이 수탈될 때까지 경쟁이 이어지고, 어느 쪽이 이기든 수탈은 집중되고 권력도 집중된다. 따라서 수탈교환의 확장은 최종적으로는 만인을 수탈하는 한 사람과 수탈당하는 만인의 일대다(1:N)의 관계로 변화되는 게 특징이다. 모든 게 하나로 모이고, 다시 모두에게 재분배된다. 이렇게 수탈관계가 보편화되어 한 사람을 정점으로 만인이 지배되고 위계화되면서 신분 또는 계급으로 제도화된 결과가 국가라고 할 수 있다. 국가는 원리적으로는 무한히 확대되어 전 세계를 하나의 국가로 만드는 것도 가능하겠지만, 현실에서는 다른 국가의 존재로 인해 제약을 받고 여러 개의 국가가 국경을 경계로 세계를 분점하게 된다. 국가권력은 모든 국민을 체계적으로 수탈하는 수탈교환의 결과로 형성된 구조로서 그 정점에 누가 있고 누구로 변경되는지와는 무관하게 존재한다. 권력자가 바뀌더라도 국가는 유지되어야 하므로 권력자 개인이 아닌 체계와 법률의 지배가 요청된다. 국가권력이 집중될수록 국가의 부가 증가하고, 국가는 국민의 재분배 요청에 응답하지 않을 수 없다. 모두를 평등하게 수탈할 수 있지만, 모두가 순응할 수 있을 정도의 정당성을 갖춰야 한다. 그리고 모두가 수탈될 수 있을 정도의 안녕을 유지하도록 적절한 재분배를 실행하는 체계가 필요해진다.

교환양식 C. 경쟁의 심화와 무한히 확장되는 상품시장과 자본

상품교환은 기본적으로 등가교환이고, 교환과 동시에 관계가 종료되기 때문에 R이 적절한 상품 또는 화폐만 있다면 상품교환

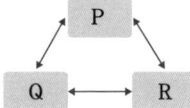

관계망으로 들어오는 데는 아무런 문제가 없다. P가 Q와의 교환을 즉각 R과의 교환으로 변경할 수 있고, Q 역시 마찬가지다. 하지만 Q와 R이 같은 종류의 상품을 소유하고 있고, P는 화폐를 소유하고 있다면 Q와 R은 경쟁하게 된다. 또는 P와 R이 화폐를 소유하고 있고 Q만 상품을 소유하고 있다면 P와 R은 경쟁하지 않을 수 없다. 경쟁에 따라 가격은 변동할 수 있다. R뿐만 아니라 누가 들어오더라도 교환이 늘어나고 시장이 확대되는 데는 논리적으로 아무런 문제가 없다. 상품교환은 기본적으로 모두가 경쟁자가 되어 모든 경쟁자를 상대하며, 중심이 있어도 언제든 변화할 수 있는 다대다(N:N)의 무한 경쟁이다. 화폐의 영역도 확대되고 경쟁도 심화된다. 무언가를 갖고자 하는 사람은 이제 화폐를 획득한 후 시장에 나가서 상품을 구입하면 된다.

모든 사람이 갖고 있는 상품인 노동력과 소수가 갖고 있는 화폐와의 교환 역시 표면적으로는 등가교환이다. 그러나 등가교환만이 연속되는데도 원래 힘이 있었던 자에게 점점 더 많은 힘이 집중되고, 원래 화폐를 많이 갖고 있던 자에게 더 많은 화폐가 돌아간다. 교환을 통해서 점점 더 불어나는 화폐, 즉 자본이 탄생한다. 자본으로 무의미해 보이는 교환을 반복해서 더 많은 화폐를 얻는

자들이 생겨난다. 한편에 팔 수 있는 다른 상품이 없는 노동자들이 있고, 그 반대편에 노동력을 구매해서 상품을 생산하고 이를 판매해서 더 많은 화폐를 얻고자 하는 자, 즉 자본가가 있다. 자본가의 화폐는 점점 더 불어나는데 그 원인은 잘 눈에 띄지 않는다. 자본가들도 서로 경쟁하지만 어느 쪽이 이기든 자본은 점차 소수에게 집중된다. 자본의 집중과 독점이 심화될수록 모든 권력이 하나로 집중되는 국가의 수탈교환과 유사한 형태를 갖게 된다 해도 이상하지 않다. 차이가 있다면 자본은 공정한 경쟁의 외피를 쓰고 재분배의 의무 따위는 신경쓰지 않는다는 것이다.

교환양식 D. 공생하는 커머너와 넓어지는 커먼즈

◎ P와 Q가 R에게 선물, 또는 R이 공유물을 수탈

P와 Q가 공유하고 있는 곳에 R이 등장한다. R이 소유자가 명확하지 않은 공유물을 취하는 건 자연스러운 일이다. 단지 주인 없는 물건을 발견한 건지, P+Q가 선물한 건지, R이 P+Q의 공유물을 수탈한 건지는 다소 불분명하다. P+Q가 공유물을 방치하거나 어떻게 관리하고 있었는지 혹은 받아들이는 R의 입장에 따라서도 달라질 수 있다. 하지만 어느 쪽이든 특별한 문제가 발생하지는 않는다. 대상은 달라졌을지라도 P와 Q가 주려고만 하고 갖지 않으려는 목적은 오히려 달성되었다고 볼 수 있다. P+Q가 함께 R에게

선물했다면 이는 선물교환에서 공동체가 확장된 것과 유사하겠지만 다소 차이는 있다. P+Q는 자신의 소유물이 아닌 공유물을 R에게도 제공했으므로 답례를 기대하지 않는다. 이는 단지 사양의 범위가 확장된 것이다. R이 P+Q의 공유물을 수탈했다면, 이는 수탈교환에서 국가로 집중되는 것과 유사하겠지만, 역시 차이가 있다. P+Q는 선물에 반발했을 뿐 수탈에 순응한 바가 없다. R이 힘이 약하다면 그대로 방치할 수도 있겠지만 R이 힘이 커진다면 P+Q는 공유물을 지키고 반발할 수 있는 경쟁력을 가지고 있다.

◎ 공유물의 확장, 커먼즈. 확장된 균형

$$P+Q+R$$

R 역시도 P+Q의 공유물을 사양할 수 있다. 이 경우 공유물은 셋 모두의 P+Q+R 공유물로 확장된다. R도 자신의 것을 주려고 한다면, 공유물은 더 확대된 채로 P와 Q와 R 모두가 소유하고 있으나 동시에 누구도 소유하고 있지 않은 상태가 된다. 선물교환의 공동체는 매번 사람이 올 때마다 새로운 경쟁과 긴장이 발생하지만, 사양교환의 공동체에서는 R에 이어 또 S가 등장한다 해도 기존 관계에는 아무런 변화가 없다. 공유물은 늘어날 수도 있고 줄어들 수도 있지만 여기에 참여하는 사람은 꾸준히 늘어날 수 있다. 누구도 특별한 이익을 얻지는 않지만, 누구도 자원과 힘이 부족해 홀로 쓰러질 수는 없다. 사양할 힘이 없어지는 순간 공유물을 갖게 되는 공생의 체계 속에서 언제든 다시 사양할 힘을 회복할 수

있기 때문이다. 이렇게 사양과 공생으로 체계화된 사양교환이 제도화된 것을 공유지(커먼즈), 공유지를 만들고 관리하는 데 참여하는 사람을 공유자(커머너)로 정의할 수 있다.

시장이 확대될 수 있는 것처럼 공유지도 확장 가능성을 갖고 있다. 사양은 애초에 대상이 중요하다기보다는 자신이 갖지 않고, 자신보다 더 필요하고 적절한 사람이 있다는 걸 염두에 두고 있기 때문에 원리적으로는 보편적인 가치에 기반해 확대된다는 특징이 있다. 만약 적절히 제도화되어 안정적인 커먼즈가 형성된다면 이제 이 커먼즈에 속한 모든 사람은 개인적으로 관계하는 것과 전체로서의 커먼즈와 관계하는 것과의 차이가 없어진다. 개인과의 관계에서 사양하는 건 곧 모두에 대해 사양하는 것이다. 만약 사양할 수 없는 상황이라면 모두로부터 선물을 받게 되고, 다시 사양할 수 있도록 회복하는 게 모두에게 답례하는 셈이 된다. 하지만 현실적으로는 모두가 사양한다면 누군가는 사양의 결과로 생성된 커먼즈를 관리하면서 보존해야 한다. 커먼즈가 확장될수록 효율적이고 적절하게 관리하는 시스템도 필요해진다. 커먼즈가 적절히 관리되지 못하고 관리에 지나치게 많은 노력과 비용이 소모된다면 커먼즈가 유지되고 확장되는 데 심각한 약점으로 작용한다. 아마도 이것이 커먼즈가 다른 교환양식에 비해 뚜렷한 체계를 갖추지 못하고 있는 원인일 것이다. 커먼즈가 체계를 이룬다면 그것은 공동체나 국가와 유사한 것으로 전환되기 쉽다. 즉 공유(空有)는 그 자체로 체계화되기 어렵다면 결과적으로 공동체에게 선물하는 공유(共有)의 체계가 되거나, 사실상의 수탈과 유사하게 국가가 소유하는 공유(公有)의 체계가 되어 그 특징을 상실할 수 있다. 사양이 의무나 윤리가 되어 사실상 강제되고 따라서 사양을 중지하고 선물을 받는 게 점차 불가능해진다면, 이는 수탈과 다르지 않은 결과를 낳을 수 있다. 사양은 오롯이 자발성에 근거해야 하며, 언제든 회수될 수 있어야 한다. 또한 무리하게 사양하는 사람을 찾아내고 적절한 자원을 공급하는 돌봄 역시 모두가 모두에 대한 의무가 되는 것이 필수적이다. 이는 분배를 요구하는 피수탈자에 대해 수동적으로 대응하는 수탈자의 입장과는 완전히 구분되는 것으로 상대가 요구하지 않아도 적극적으로 지원하는 커머너의 입장이다.

IV. 화폐가 일반화된 교환양식:
   금융자본에서 금융커먼즈로

 마지막으로 각 교환별로 화폐가 도입되어 체계화되는 과정을 탐구해 보자. 화폐가 도입되고 유통이 일반화되면서 모든 걸 화폐로 측정하는 게 당연한 상황에 이르렀다. 지금까지의 분석에 의하면 화폐는 상품교환(C)에서는 처음부터 필수였고 빠르게 확대되었지만, 다른 선물교환(A), 수탈교환(B), 사양교환(D)에서는 불필요하거나 개입되면 안 되는 것이었다. 하지만 상품교환의 화폐가 자본이 되어 모든 교환을 압도하면서 이제 모든 교환에 화폐가 개입하는 건 불가피해졌고, 그에 따라서 각 교환양식도 변화하게 된다. 그럼에도 각 교환양식에는 분명한 차이가 있고, 화폐의 기능도 구분된다.

[그림 22] 화폐가 일반화된 교환양식

지급수단	세금교환		선물수단	선물교환
국가화폐			공동체화폐	
축적수단	상품교환		공유수단	사양교환
금융자본			금융커먼즈	

선물교환. 선물수단으로서의 공동체화폐

 선물교환에 화폐가 개입되는 건 선물의 본질을 흔드는 것처럼 보인다. 선물과 답례의 가치를 평가하는 건 어렵고 무례하다. 증여자는 선물에 대한 평가를 부풀리거나 축소시키기 일쑤고, 답례자 역시 마찬가지다. 그러나 화폐가 전면화되고 선물 자체를 대부분 상품으로 구매하는 상황에서 가치평가를 피할 수는 없다. 물론 여전히 애써 가치를 평가하지 않거나 외면해야 한다. 화폐가 개입되면 선물교환은 큰 변화를 겪기 때문에 선물의 공동체는 적극적으로 화폐를 배제하거나 축소하려는 노력을 한다. 예를 들어 화폐 자체를 선물로 써야 할 때면 반드시 봉투에 넣어 노골적인 평가를 회피하려고 한다. 그러나 그렇다고 해도 선물의 미묘함은 상당 부분 사라진다. 화폐로 전달함에 따라 선물과 답례의 가치가 투명해져 버린 것이다. 그럼에도 화폐는 선물수단으로서 여러 장점도 갖고 있다. 우선 받는 사람의 취향이나 상황과 무관해 항상 적절하고 누구에게나 선물할 수 있다. 이는 선물의 관계를 더 쉽게 확장시킬 수 있다는 특징이 있다. 선물을 여러 사람에게, 그것도 완전히 공평하게 나눌 수 있게 된 것이다. 또한 선물의 가격이 객관적으로 정해지면서 국가가 선물에 대해 정해진 증여세를 매기는 것도 가능해진다.

선물로서의 화폐는 독특한 특징을 가질 수도 있는데, 화폐가 선물로 활용되는 순간, 반대로 선물도 화폐로 기능할 수 있게 된다. 공동체 내에서만 통용된다면 공동체 내에서 선물수단이자 답례수단으로 쓰일 수 있는 무엇이든 화폐가 될 수 있다. 공동체 구성원 각자가 화폐를 발행하는 것도 가능하다. 누군가 그것을 받아주기만 한다면 선물로서 화폐는 충분한 역할을 한다. 심지어는 화폐가 실물이 아니고 단지 기록되는 것만으로도 선물을 주고받는 효과를 가질 수도 있다. 물론 선물수단으로서의 화폐의 가치평가는 일반적인 화폐와는 다르고 다른 선물처럼 사후에 얼마든지 달라질 수 있다.

세금교환. 지급수단으로서의 국가화폐

수탈교환에 지급수단으로 도입한 화폐는 곧 세금이다. 국가는 국가사업을 위해 화폐를 발행하고 화폐로 세금을 걷는다. 국가는 화폐 발행량과 화폐의 가치를 조정할 수 있고, 세금의 기준도 설정할 수 있다. 물론 국민들이 용인해서 권력을 유지하는 데 무리가 없는 한도 안에서라면 말이다. 다른 한편 국가는 국가의 여러 기능과 정책을 위해 세금을 사용한다. 화폐의 형태로 재분배하는 경우는 일반적이지 않고, 안보나 치안, 각종 복지정책의 형태로 국민에게 돌아간다. 따라서 수탈교환은 국가가 국민으로부터 세금을 걷고 국민의 요구에 따라 세금을 사용하는 세금교환으로 전환된다고 말할 수 있다. 세금교환이 정착되면 세금은 너무나 당연해지고, 세금의 수탈은 시스템적으로 자동화된다. 수탈 과정의 폭력은 은폐되어 평화롭게 보이며, 국민 각자의 승인 과정도 거의 생략되다시피 한 채 조세 회피나 탈세는 법으로 금지된다. 세금교환이 자동화되면 마치 상품교환처럼 국민이 국가로부터 행정서비스를 받고 화폐로 대가를 지불하는 걸로 보일 수도 있다. 반대로 국민은 세금을 냈으므로 국가로부터 최대한의 서비스를 제공하라고 소비자처럼 당당하게 요구할 수 있다.

세금교환은 모두가 세금을 내야 하고, 정해진 법률에 따라서 세금의 양이 결정된다는 점에서 만인에게 평등하다고 할 수 있다. 각 개인이 내는 금액에 차이가 있다고 해서 불평등하다고 할 수는 없다. 세금은 부자가 더 많이 내고 빈자는 더 적게 내야 평등하다. 복지예산은 빈자에게 더 많이 돌아가고, 부자에게는 적게 돌아가야 평등하다. 결국 부자를 수탈해서 빈자에게 재분배하는 것도 국가의 기능 중에 하나이기도 하다. 국가는 기본적으로는 모두를 수탈하고 지배하는 권력기관이고, 그 권력으로 평등을 구현한다는 게 모순적이기도 하지만 현실적일 수도 있다. 국가에게 이 역할을 크게 기대하면 국가권력을 장악해 자본의 불평등을 해소하려는 기획도 가능하다. 세금을 어느 정도 수탈하고 어느 정도 재분배할지를 결정하는 국가의 조세징책과 예산편성은 국가의 핵심이다.

세금은 상품교환과 달리 일회적이지 않고 시간을 두고 진행될 수 있다. 적자 예산을 편성해서 현재에 더 재분배하고 미래에 더 증세하는 계획도 가능하며, 그 반대도 가능하다. 현재의 국민과 미래의 국민 사이의 재분배도 국가 세금교환의 기능이라 할 수 있다.

국가가 지급하고 국가가 다시 받아주기만 한다면 그게 무엇이든 얼마든지 지급수단으로서 기능할 수 있다. 따라서 국가 또는 지방자치단체가 발행하는 지역화폐는 그 자체로서 화폐와 동일한 기능을 할 수도 있다. 하지만 이 경우 화폐는 어디까지나 지급수단이고, 공급할 때 할인을 해준다면 일종의 재분배 기능을 해 상품교환의 화폐와 구분된다. 한편 분배를 화폐로 직접 지급하는 기본소득 또는 그와 유사한 아이디어의 경우, 국민의 입장에서 세금과 재분배가 직접 교환되는 방식으로 상품교환과 유사해지는 효과가 있는 것으로 보인다.

상품교환. 축적수단으로서의 금융자본

상품교환에서 화폐는 처음부터 필연적이었지만, 이제 선물교환과 세금교환을 비롯한 모든 교환에 화폐가 개입되면서 화폐는 그 자체로 상품교환만의 특성이라고 볼 수 없어졌다. 상품교환에서 화폐의 특징은 화폐가 축적되고, 축적된 화폐가 화폐를 낳는 화폐, 즉 자본으로 전환된다는 데 있다. 그리고 화폐가 단지 화폐가 아니라 자본이 되면서 화폐를 자본으로 전환하려는 동기는 극대화된다. 상품교환에서 화폐는 단순히 교환을 위해 사용하는 수단만이 아니라 축적하고 집중해서 자본으로 전환시키기 위한 축적

수단으로 기능하게 된다. 그리고 더 많은 자본을 축적할수록 더 많은 이익이 발생하기 때문에 축적수단의 기능은 갈수록 중요해진다.

그리고 이러한 과정을 광범위하고 철저하게 효율적으로 진행하는 것이 금융의 역할이다. 모든 화폐는 자본이 된다. 단지 은행에 예금하는 것만으로도 화폐는 전체 자본의 일부인 자본이 된다. 그리고 모든 자본은 금융자본이 된다. 금융의 역할이 중요해질수록 금융자본은 생산자본에 대해서 우위를 점한다. 금융자본의 흐름에는 제약이 없고, 이동 속도에도 제한이 없다. 금융자본은 세계화되어 어디에 있는 어떤 화폐도 빨아들이고, 어디로든 흘러가서 자본이 지구를 지배하는 데 기여한다. 전 지구화된 금융자본의 존재는 공동체 내부의 의미와 기능과 무관하게 어떤 비자본주의 공동체, 국가, 그리고 공유지의 화폐도 금융자본으로 전환시키고자 하는 동기를 부여한다. 기원이 다른 여러 화폐의 기능들은 통합되어 이제 화폐의 전능함을 증명하는 여러 속성으로 간주되고 있다.

금융자본주의에서 전 세계는 자유롭고 평등한 수평적 네트워크로 이어진다. 전 세계의 누구와도 연결되고, 무엇과도 교환할 수 있다. 노동자로서 전 세계로 공급되는 상품을 생산하고, 소비자로서 전 세계 곳곳에서 생산되는 상품을 소비한다. 전 지구가 하나의 공동체가 된다. 그러나 이것은 자본의 환상이다. 실제 남은 건 전 지구적 자본과 자본에게 착취되고, 수탈되고, 개별화된 수많은 생명이 있을 뿐이다. 사람들은 자본을 위해 노동하고, 자본을 위해 소비하고, 자본을 위해 저축하며, 자본을 위해 대출하며 자신은 물론 지구의 모든 생명을 잃어가고 있다.

사양교환. 공유수단으로서의 금융커먼즈

공유된 상태의 공유물은 가치 측정이나 화폐의 도입이 반드시 필요하지는 않다. 공유물은 각각의 특징에 따라 잘 보존, 관리 및 활용되어 공유자들에게 좋은 결과를 줄 수 있으면 될 뿐이다. 실제로 많은 공유물은 아무리 가치 있고 중요한 것이어도 화폐상으로는 쉽게 공짜로 간주된다. 또는 너무나 중요하기 때문에 거래할 수 없는, 그래서 가치를 따질 수 없는 걸로 여겨지기도 한다. 그러나 선물의 경우와 마찬가지로 공유물 역시 금융자본주의 환경에서 화폐로 평가되는 것은 불가피하다. 모든 공유물은 공유자들의 생각과는 구분되어 시장가격으로 평가될 수 있다. 다만 상품교환에서 화폐는 자신의 소유를 위한 계산이지만, 사양교환에서는 상대가 얼마나 필요한가 또는 내가 어느 정도까지 사양할 수 있는가를 가늠하기 위한 것이다.

한편 화폐는 그 자체로 가장 중요하고 보편적인 자원이기에 이를 서로 사양함으로써 함께 공유하는 것도 충분히 가능하다. 이 경우 화폐는 공유수단으로 기능하는데 여기에는 대단히 중요한 장점이 있다. 먼저 소유의 경쟁에서처럼 사양의 경쟁에서도 일관된 기준으로 가치를 측정하거나 비교할 수 있다. 일반적으로 공유물은 특징에 따라서 분할이나 양도가 불가하고, 이동이 어려워서 여럿이 사용하기에 불편하고, 시간이 지남에 따라서 가치가 감소하고, 각자가 공유한 기여도를 평가하기 어렵고, 공유자에게 그대로 환원하기도 어려운 경우가 많다. 많은 경우 공유한 이후의 관리 원칙을 정하거나 관리에 필요한 품을 내기가 어렵다 보니 공유지가 생성되거나 유지되지 않는다. 그러나 공유수단으로 화폐가 도입되면 이 모든 어려움은 사라질 수 있다. 상품교환에서 소유경쟁을 하는 데 화폐가 필수적이고 효율적인 것처럼 사양경쟁에서도 유사한 기능을 한다. 상품교환에서처럼 사양교환에서도 모든 물건과 재화는 화폐로 전환될 수 있고, 이 경우 공유물은 모두 화폐의 형태로 보관되게 된다. 이제 사양교환에서 발생하는 공유물의 관리 문제는 공유수단으로서 축적된 화폐를 어떤 원칙으로 관리할지로 넘어간다. 이러한 시스템이 안정적으로 운영될 수만 있다면 사양과 공유가 갖는 여러 곤란함이 해결되고, 소규모의 공동체를 넘어서 보편적으로 확장되는 것도 가능할 수 있다.

　화폐를 공유하는 건 물론 위험성도 있다. 자본주의 환경에서 모든 화폐가 금융자본이 되는 것처럼, 공유물로서의 화폐 역시 금융자본의 일부가 될 수 있다. 누구도 소유하지 않고, 누구도 자본수익을 추구하지 않지만, 의도하지 않아도 금융자본이 되어 수익을 발생시킨다. 이는 공유지의 풍요와 혼동될 수도 있지만 분명한 자본수익이다. 모순된 표현이지만 '공유자본'은 공동체 내에서는 그저 화폐일 뿐이라도 공동체 밖의 자본주의에서는 금융자본으로 기능한다. 공유자본이 수익을 외부로부터 끌어오는 상황은 공유지로서는 나쁠 것도 없지만, 꼭 필요한 건 아니다. 사양과 공유의 취지로 보자면 오히려 모순된 상황이다. 따라서 공유자본이 아니라 화폐를 커먼즈로 만드는 시스템이 필요하다.

토지가 공유지라면, 누군가가 토지를 활용해서 농사를 짓고 생산물의 일부를 토지를 갖지 못한 사람과 공유하는 행동이 바람직할 것이다. 마찬가지로 화폐가 공유지라면, 이를 누군가가 활용하고 수익이 발생한다면 공유하는 게 바람직하다. 화폐를 이용하는 사람이 화폐를 외부에 사용해 수익을 끌어온다면, 이 수익의 일부 역시 공유되어야 마땅하다. 그리고 외부에서 온 수익은 다시 외부로 나가서 만인에게 돌아가야 한다. 자본수익을 사양하는 자본은 더 이상 자본이 아니라 커먼즈다.

축적수단으로서의 화폐는 자본으로 전환되고, 자본수익을 추구한다는 단 하나의 원칙을 갖는다면, 이와 유사하지만 정반대로 공유수단으로서의 화폐는 커먼즈로 전환되고, 자본수익을 사양한다는 단 하나의 원칙을 갖는다. 자본가는 모든 걸 자본으로 전환시켜 줄 금융자본이라는 막강한 수단을 발전시켜 왔다. 공유자 역시 상시적으로 자신의 잉여 화폐를 공유하고 화폐가 필요할 때는 공유화폐를 이용하며, 여기서 발생한 자본수익을 사양해서 다시 외부와 공유하는 시스템, 곧 금융커먼즈 또는 커먼즈금융을 발전시켜 갈 수 있다. 자본이 전 지구적 금융자본으로 성장하고 모든 걸 통합하고 지배하며 이윤을 추출하고 있지만, 커먼즈 역시 전 지구적 금융커먼즈로 성장해서 자본에 맞서 커먼즈 세계를 만들어 낼 가능성을 갖고 있다.

교환양식 게임이론 정리

지금까지의 분석을 통해서 얻을 수 있는 결론들을 정리해 보도록 하자.

단순한 교환관계에서 우리는 네 가지 교환을 구분하고 원리적으로 비교할 수 있는 틀을 마련했다. 교환은 두 사람의 선택과 상호적인 관계에 따라서 그 성격이 결정된다. 각 교환을 통해서 교환물이 이동하고, 각 교환주체의 정체성이 변화하며, 교환관계가 형성된다. 교환에는 선물교환, 세금교환, 상품교환에 이어 네 번째 사양교환이 있다. 사양교환은 독특하지만 분명한 교환으로서의 위치를 갖는다.

반복된 교환관계에서는 각 교환의 특징을 더 명확하게 구분할 수 있었다. 선물교환에서 선물은 답례와, 수탈교환에서 수탈은 재분배와 짝을 이루며 불균형한 교환관계가 공고해진다. 상품교환은 필수적으로 화폐가 개입하고 독점이 이뤄지고 교환의 성립과 함께 관계는 소멸된다. 사양교환에서는 누구의 소유도 아닌 공유물이 남고 이를 사이에 두고 동등한 공유자들의 관계가 형성된다는 특징이 있다.

확장된 교환양식에서 우리는 각 교환이 확장되며 형성되는 체계의 속성을 추론해볼 수 있었다. 선물교환에 기반한 가족/공동체는 확장될 수도 있지만 폐쇄적이기도 하다. 수탈교환은 위계적인 수탈의 확장을 통해 국가 체계를 형성해 간다. 상품교환은 화폐가 자본으로 전환되고 끊임없이 확대 재생산된다. 사양교환은 원리적으로는 확장되는 데 문제가 없지만 공유물을 효율적으로 관리할 체계를 갖추는 데 어려움을 겪는다.

화폐가 일반화된 교환양식에서 모든 건 화폐화되고 자본의 일부분이 된다. 선물교환의 미묘함은 사라지고, 수탈교환은 세금교환으로 전환된다. 자본은 금융자본으로 발전하고 전 지구를 지배하며 모든 화폐를 빨아들인다. 하지만 커먼즈에서 화폐는 공유화폐로 기능하며 커먼즈를 효율적으로 관리할 수 있는 체계로 발전할 수 있다. 금융자본과 비슷하지만 정반대로 자본수익을 사양하는 금융커먼즈는 자본을 넘어서는 커먼즈의 세계를 만들 가능성을 갖는다.

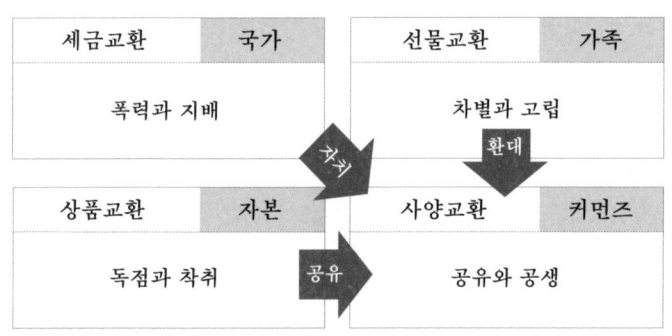

[그림 23] 자본을 넘어서는 금융커먼즈

사양교환의 특징을 다른 교환과 비교해 말하자면 다음과 같다. 사양교환은 선물교환과 동일하게 선물하는 동기와 우애와 가치를 공유하지만, 선물을 사양해서 커먼즈를 만듦으로써 공동체를 넘어서 보편적인 커먼즈로 전환한다. 세금교환과는 동일하게 모든 사람이 공동으로 기여하고 이를 모두가 누린다는 평등의 가치를 공유하지만, 수탈과 폭력이 아닌 자발성에 기초해서 커먼즈를 구성한다는 데서 차이가 있다. 상품교환과 동일하게 경쟁의 관계로서 동등한 대결하고 타협하는 자유의 가치를 공유하지만, 힘이 강한 쪽이 아닌 약한 쪽이 갖게 된다는 점에서는 반대다.

커먼즈는 자본, 국가, 가족의 한계를 넘어설 수 있는 참조점이 된다. 자본은 자유의 원리에 기반해 있지만, 독점과 착취의 위험성을 갖고 있다. 국가는 평등의 원리에 기반해 있지만, 폭력과 지배의 위험성을 갖고 있다. 가족/공동체는 우애의 원리에 기반해 있지만, 차별과 고립의 위험성을 갖고 있다. 자본, 국가, 가족의 이러한 위험성은 커먼즈의 원리를 참조해서 보완될 수 있다. 자본은 공유의 실천을 통해서 독점과 착취를 벗어나고, 국가는 자치의 실천을 통해서 폭력과 지배를 벗어나고, 가족은 환대의 실천을 통해서 차별과 고립을 벗어나 커먼즈로 전환될 수 있다. 자유, 평등, 박애가 온전한 의미를 갖기 위해서라도 공유, 자치, 환대의 실천이 필요하다.

과연 사양교환에 기반한 커먼즈가 현실적으로 안정적으로 존재할 수 있을까. 자본=국가=가족에 대항해서 버틸 수 있을 정도로 충분히 강력한가. 사실 사양교환의 단서는 가라타니 본인의 분석에서 몇 번 등장한다.

씨족사회 이전에 존재했던 유동적 밴드사회는 일부 복혼을 포함한 단혼적 가족 몇 개가 모여서 만들어졌다. 밴드의 응집성은 **공동기탁**이나 공식(共食, 함께 먹기)의례에 의해 확보된다. 하지만 밴드의 결합은 고정적이지 않으며 언제든지 니가는 것이 가능하다. 그것은 대개

25~50명 정도의 소집단이다. 그 수는 음식의 공동기탁이 가능한 정도 이상으로 증대되지 않으며, 또 공동의 수렵이 가능한 정도 이하로 감소하지도 않는다. 또 밴드가 고정적이지 않을 뿐만 아니라, 가족의 결합도 고정적이지 않다. (…) 밴드사회와 씨족사회의 차이를 명확히 해야 한다. 요약하자면 그것은 **공동기탁과 호수의 차이**라고 해도 좋다. (…)

루이스 모건이 발견한 '살아있는 코뮤니즘', 또는 마르크스가 '원시적 코뮤니즘'이라고 부른 것은 수 세대로 이루어진 밴드사회에만 존재한다. (…) 밴드사회는 **공동기탁, 즉 재분배에 의한 평등**을 원리로 삼는다. 이것은 수렵채집의 유동성과 분리할 수 없다. 그들은 끝없이 이동하기 때문에 수렵물을 비축할 수 없다. 그러므로 그것을 사유할 생각이 없기 때문에 전원이 균등하게 분배해버린다. 혹은 손님에게도 대접한다. 이것은 **순수증여여서 호수적이지 않다**. 수확물을 비축하지 않는다는 것은 내일 일을 생각하지 않는다는 것이고, 또 어제 일을 기억하지 않는다는 것이다. **유동적 밴드사회에서는 유동성(자유)이야말로 평등을 가져오는 것이다.**

　　　　　　- 가라타니 고진, 조영일 옮김,《세계사의 구조》, 72-84쪽

(강조는 저자)

루이스 모건이 발견하고 마르크스가 원시적 코뮤니즘으로 부른 건 밴드사회의 교환원리, 즉 공동기탁(pooling)이다. 공동기탁은 선물과 달리 대상을 특정하지 않는다. 밴드 안의 특정 관계인일 필요도 없고, 밴드 밖의 손님이어도 상관이 없다. 오히려 공동기탁은 답례를 기대하는 선물이라기보다는 순수한 증여이다. 그러나

순수한 증여라고 해서 신이나 사욕이 없는 수련된 사람만이 할 수 있는 특별한 건 아니다. 중요한 건 내일 떠나기 위한 유동성(자유)을 위해서 소유하지 않고 사양하는 것이다. 누구에게 줄 건가, 답례를 받을 가능성이 있는가 하는 질문은 차후의 문제이다. 그러한 행동으로 더 큰 사회의 일원임을 증명하고 나중에 어려울 때 분배받는 게 더 현명한 판단일 수 있다. 유동적이고 불특정한 사람을 대상으로 한다는 점에서 선물은 사회 전체에 대한 순수한 증여, 즉 공동기탁이 된다. 소유를 사양해야 하는 어떤 필요 또는 윤리가 자리잡고 있다면 공동기탁은 가능하다.

가라타니는 호수(선물교환)와 구분되는 교환으로서 공동기탁을 발견했음에도 소규모 밴드에서만 가능하다고 보고, 어떠한 양식과 체계도 만들지 못한 원시적인 교환으로 간주했다. 그래서 여기에 대해 더 깊게 나아가지는 않은 걸로 보인다. 교환양식 D를 설명할 때도 공동기탁은 사라지고, '교환양식 A의 고차원적 회복'으로, 세계공화국을 설명할 때는 '군사적 주권의 증여'라는 식으로 말한다. 그러나 교환양식 게임이론을 통해 얻은 결론으로 보자면, 공동기탁이야말로 사양교환의 결과를 통해 공유물이 발생하는 형태로, 교환양식 D로 보는 게 적절하다. 가라타니는 교환양식 D를 교환양식 A의 고차원적 회복으로 설명하려 했지만, 교환양식 B나 C의 고차원적 회복으로 설명할 수도 있다. 위 인용문에서처럼 공동기탁(D)은 '재분배에 의한 평등(B)'과 '유동성의 자유(C)'와도 관련이 있기 때문이다. 가라타니가 구상하는 '세계공화국' 역시 군사적 주권을 타국에 증여하는 것이라기보다는 군사적 주권을 전체 인류에게 사양함으로써 커먼즈로 만드는 걸로 파악하는 게 더 명확하다.

말하자면 가라타니가 다양한 방식으로 설명했음에도 여전히 모호했던 교환양식 D는 사실 세계사의 처음부터 이미 존재했던 것이다. 비록 체계화되지 못해서 가족, 국가, 자본의 등장과 함께 시야에서 사라져 버려 눈에 띄지 않았을 뿐, 항상 우리 곁에 있었던 커먼즈가 바로 그것이다. 비로소 우리는 커먼즈의 교환양식으로서 사양교환을 재발견했고 선물, 세금, 상품 교환양식과 구분해서 정립할 수 있게 되었다. 상품교환이 금융자본을 발전시켜 자본=국가=가족의 삼위일체로 전 지구를 지배하고 있는 지금, 우리는 금융자본에 대항하고 대체할 수 있는 수단으로 사양교환이 만드는 금융커먼즈를 시작하고 있다. 이렇게 세계사의 새로운 국면을 맞이한다.

연대-생활

우리는 모여서
새로운 세상을 만든다

1. 자본에 맞서는 대항은행 만들기

　자본주의가 문제고, 은행이 문제라는 건 누구나 알고 있다. 그럼 은행을 털면 되지 않을까. 은행털이는 불법이고 성공 가능성도 거의 없지만 간혹 이런 단순한 생각을 실제로 실행하는 사람들도 있다. 하지만 성공한다 해도 실망하게 될 것이다. 왜냐하면 은행에는 금고에 있는 약간의 현금을 뺀다면 정말 아무것도 없기 때문이다. 예금자가 저축한 돈은 이미 대출자를 거쳐 다른 곳으로 가 있다. 은행에 있는 건 예금자가 예금했다는 증서들, 대출자가 대출했다는 증서들뿐이다. 사실 문서 자체도 없다. 모든 건 디지털화되어 어딘가에 저장되어 있다. 은행은 사실상 무수한 거래와 계약의 다발로, 단지 훔치는 것만으로는 몰수할 수 없다. 그리고 만약에 그런 시도를 한다면 그건 은행 자체가 아니라 수많은 개인의 예금을 훔치는 것일 뿐이다.
　국가 권력을 장악해서 은행을 접수하는 것도 한 가지 방법이다.

마르크스와 엥겔스는 《공산당선언》에서 은행 국유화를 가장 시급하고 중요한 과제의 하나로 꼽았다. 현실에서도 엥겔스는 〈프랑스내전〉에서 1871년 파리 코뮌이 프랑스은행을 접수하지 않았던 것을 '중대한 정치적 실수'로 지적하며 '은행 정문 앞에서 공손하게 서 있으면서 지녔던 신성한 외경심'에 대해 한탄한다. 레닌은 1917년 혁명 전야에 〈임박한 파국, 어떻게 그것과 싸울 것인가〉에서 은행의 국유화가 가장 중요하고 필수적일 뿐더러 당장 실행 가능하고 아주 쉬운 일이라고 단언한다. 또한 이는 결코 사유재산 몰수가 아니며, 자본주의 선진국들의 경우도 사실상 몇 명의 금융 거물들이 국가 관료와 결탁해서 은행을 독점하고 있다고 주장한다. 혁명적 노동자들의 국가가 민주적으로 은행을 접수하는 건 단지 '작은 차이'일 뿐이라고 말이다. 현대의 은행은 국가와 더 밀접하고, 오히려 초국적 금융자본이 국가를 포섭하고 있는 상황에서 이 전략은 다소 회의적이지만, 자본을 상대하기 위해 은행을 바꿔야 한다는 주장은 여전히 유효하다.

　모두가 자본수익을 추구하는 걸 당연하게 여기고, 이를 전제로 한 시스템이 현재의 자본금융이지만 모두가 모든 상황에서 자본수익만을 추구하지는 않는다. 사실 자본수익을 실현하는 건 소수고 경쟁은 형식적일 뿐이며 대다수는 자본으로부터 착취당하고 있을 뿐이다. 하지만 모두가 자본수익을 추구한다는 그럴싸하고 쉽게 부정하기는 애매한 전제가 자본의 시스템을 정당화하고, 자본금융이 성장하면 할수록 이 허약하고 비난받던 전제는 인간의 본성에 가까운 사실이 되어간다. 그리고 삶을 살아가는 당연한 전략이자 적극적으로 따르지 않으면 안 되는 윤리로 자리 잡으며 자본의 세계는 공고해지고 있다.

하지만 사람들은 선물하는 걸 좋아하고, 어려운 사람을 돕는 걸 좋아하고, 다른 사람을 위해 이익을 양보하는 걸 좋아한다. 오히려 대부분의 사람들은 그렇게까지 철저하게 자본수익을 추구하며 살지 않고, 오히려 그런 사람들을 비난한다. 우리가 빈집에서 발견했던 것도 같은 것이다. 기꺼이 자신의 전 재산이라 할 수 있는 보증금을 모두를 위해 출자하는 사람이 있고, 정해진 비용보다 굳이 더 많이 내겠다고 하는 사람들이 있다. 문제는 이런 아름다운 행동들, 아름다운 사람들을 위한 시스템이 없다는 것이다. 그렇다면 모두가 자본수익을 사양하는 시스템을 우리가 만들어 보면 어떨까. 우리는 자본수익을 사양하는 것도 인간의 본성에 닿아 있는 것이라고 생각한다. 물론 모두가 항상 그럴 수 있는 건 아니다. 자본의 세상에서 살아갈 수밖에 없기 때문에 우리는 분명 자본수익에 기대지 않을 수 없고 때로 적극적으로 추구할 때도 있다. 그렇다고 해서 우리가 자본수익을 사양하는 금융을 만들 수 없는 건 아니다. 만약 우리가 사양의 시스템을 살아가고 익숙해진다면, 사양은 어느새 우리의 본성과 같은 사실로 굳어져 새로운 삶의 윤리가 될 수 있을 것이다.

빈고는 이러한 시스템을 만들려는 노력이 어렵게 만들어 낸 작은 결과라고 할 수 있다. 자본의 은행은 자본수익을 추구하는 예금자와 대출자, 은행이 경쟁하고 있는 시스템이다. 빈고는 이자를 바라지 않고 출자히는 출자자와 차익을 바라지 않는 이용자와 이윤을 목적으로 하지 않는 운영자가 결합되어 있다. **출자자**는 예금자로서 은행에 예금했던 돈을 탈환해서 이자를 바라지 않고 빈고에 출자한다. **이용자**는 대출자로서 은행에서 대출받는 대신에 빈고의 공유자원을 이용하고 은행에 내던 이자를 탈환해서 빈고와 공유한다. 이용자가 자본수익을 탈환함으로써 발생한 잉여금을 사양하면 빈고에는 누구도 원하지 않았던 잉여금이 발생하게 된다. **운영자** 역시도 이렇게 발생한 잉여금을 사양하면 출자자, 이용자, 운영자 모두가 서로 사양하는 와중에 빈고의 잉여금은 갈 곳을 잃고 모두가 공유하는 상황이 된다. 모두에게 권리가 있지만 누구도 가지려고 하지 않는 잉여금은 각자에게 분배되어도 여전히 모두가 함께 누리고 함께 관리하는 공유지가 된다. 마지막으로 자본수익은 자본으로부터 수탈되고 착취당한 사람들, 자본과 싸우고 있는 사람들인 **연대자**에게 돌아갈 수 있게 되고 이로써 공유지가 더 확장된다. 이를 요약한 것이 [그림 24]다.

이렇게 출자자, 이용자, 운영자, 연대자 네 주체의 네 가지 활동을 통해서 우리는 자본의 은행에서 빈고로 조금씩 화폐와 자원과 권력을 옮겨올 수 있다. 이건 앞서 말한 은행을 한꺼번에 털거나 접수하는 게 아니라 시나브로 옮겨오는 것이다. 그리고 상대적으로 아주 쉽고 확실하면서도 완전히 합법적이고 평화적인 방법이다. 은행은 사실상 무수히 많은 채권채무 계약들의 집적인데, 우리는 자본과의 계약을 끊고 우리끼리 새로운 계약을 만들어 갈 수 있다. 물론 자본의 은행은 거대하고 그에 비해 우리가 가진 건 보잘 것 없다. 우리의 은행 역시 마찬가지다. 하지만 아무리 작더라

[그림 24] 빈고의 사양의 시스템

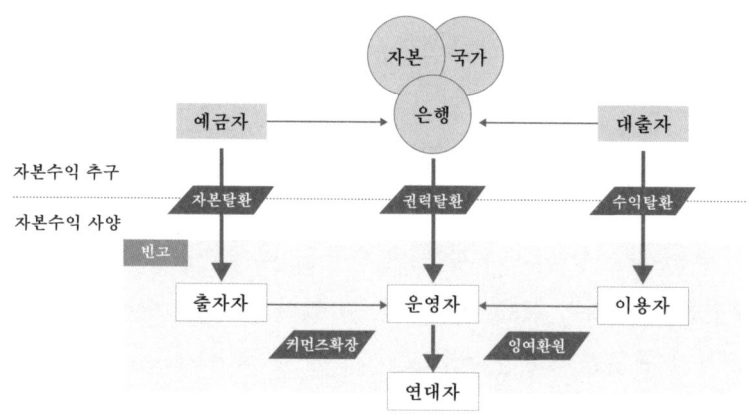

도 그것이 우리의 삶과 우리가 맺는 관계에서 갖는 비중은 결코 작다고 할 수 없다. 우리는 자본수익을 추구하는 예금자나 대출자가 아니라 공유지를 함께 만들어 가는 공유자로서의 정체성을 더 크게 갖게 된다. 우리가 점점 더 늘어나고 우리의 삶의 더 많은 부분을 함께할 수 있다면, 우리는 언젠가는 사회적으로도 의미 있는 규모로 은행을 전환할 수 있을 것이다.

빈고의 네 가지 활동을 수행하는 출자자, 이용자, 운영자, 연대자는 각각의 역할에 따라 구분해서 설명했을 뿐 빈고의 조합원은 이 네 가지 역할을 모두 함께하는 사람들이다. 물론 각자의 상황과 의지에 따라서 참여하는 정도의 차이가 있겠지만 네 가지 활동을 다 같이 할 때 우리는 서로를 이해하고 서로 동등한 입장에서 서로 사양할 수 있다. 어찌 보면 빈고는 우리가 가진 돈에 차이가 있어서 동등한 입장에서 서지 못하고, 의사결정의 권한에 격차가 생기고, 어색한 채권자-채무자 관계가 생기는 걸 제어하기 위해서 만들어진 조직이라고 할 수도 있다. 하지만 그럼에도 불구하고 큰 금액을 출자만 하는 출자자의 입장과 늘 이용활동만을 하는 이용자의 입장은 달라질 수밖에 없다. 그래서 빈고는 반복적으로 이 네 가지 활동을 함께할 것을 요청하고 있다. 빈고는 결국 이 네 가지 활동, 출자활동, 이용활동, 연대활동, 운영활동을 함께하는 조합원들이 만드는 공유지라고 할 수 있다. 다음은 이러한 빈고의 네 가지 활동을 표현한 구호다.

"능력에 따라 출자하고, 필요에 따라 이용한다. 기쁘게 연대하고, 재밌게 운영한다."

앞의 문구는 물론 마르크스가 공산주의의 원칙을 설명한 유명한 문구인 "능력에 따라 일하고, 필요에 따라 분배한다"를 금융조합에 맞게 오마주한 것이다. 이제는 터무니없이 불가능한 몽상 취급을 받는 이 문구를 오늘날 당장 실행할 수 있는 지침으로서 복원하려는 의도를 담고 있다. 마르크스의 문구는 물론 생산과 분배를 다루고 있고, 이는 정치, 사회, 인간에 근본적인 변화가 있어야 비로소 가능하겠지만, 금융의 영역인 출자와 이용에 대해서라면 얼마든지 가능하다는 게 우리의 생각이다. "일인은 만인을 위해, 만인은 일인을 위해"라는 협동조합운동의 상징적인 구호가 가장 직접적으로 들어맞는 것도 금융의 영역일 수 있다. 한 사람의 출자활동으로 모두가 사용할 수 있는 공유자원이 되고, 모두가 모은 공유자원을 한 사람이 이용할 수 있게 된다. 하지만 자본금융은 이 모든 공유의 관계를 왜곡하고 파괴함으로써 자본수익을 추출한다. 하지만 우리가 커먼즈의 금융의 관계망 속에서 함께한다면 능력에 따라 출자하고 필요에 따라 이용한다는 건 결코 과장이 아니다. 물론 여기에서의 능력은 돈을 많이 버는 능력이 아니고, 자신의 돈과 자신의 삶을 어느 정도로 자본에서 공유지로 옮겨올 수 있는가 하는 능력이 될 것이다. 마찬가지로 필요 또한 자본에 의해 강제되거나, 자본수익을 위한 필요는 아닐 것이다. 다음 문장인 기쁘게 연대하고 재밌게 운영한다는 연대활동과 운영활동에서 잊지 말아야 할 태도와 자세를 요약한 것이다. 우리와 함께 그리고 우리보다 더 고통받고 있는 외부의 타자들을 만나고 연대하고 환대하는 건 우리의 목적이자 의무이며 희망하는 것으로서 늘 기쁘게 함께할 일이다. 마지막으로 운영활동은 출자자, 이용자, 연대자를 연결하고 빈고의 시스템을 유지하는 일로 재밌게 할 수 있는 놀이이자 학습이 되었으면 하는 마음이다. 필수적인 노동은 당연히 있겠지만 효율적으로 운영해서 최소로 줄이고, 나눠서 할 수 있는 것들은 되도록 나눠서 하는 게 좋다고 생각된다.

우공이산(愚公移山)의 고사에서 모두가 거대한 태산의 크기와 사람의 하찮은 힘을 비교하며 우공의 어리석음을 탓할 때, 우공은 방법이 분명하고, 성과가 누적되는 확실한 계획을 제시한다. 태산의 돌덩이는 삼태기에 담아 발해까지 옮겨서 버리면 되고, 혼자의 힘으로 안 되더라도 대대손손 멈추지 않고 수행하면, 태산의 아무리 크다 한들 유한하니 끝내는 평평해진다는 것이다. 고사에서 결국 산을 옮기는 건 신들이시지만, 그 신들을 두렵게 만든 것은 우공의 단순한 계획에 자손들과 이웃의 아이까지 동참했기 때문이다. 우리도 지치지 말고 재밌게 함께하다 보면 누군가는 두려워할 것이다. 예상치 못한 큰 일들이 벌어질지 누가 알겠는가.

2. 커먼즈은행 빈고 사용법

 빈고의 취지에 동의해 빈고의 활동을 함께할 사람이라면 누구나 홈페이지를 통해서 쉽게 빈고 조합원으로 가입할 수 있다. 조합원 수는 2010년 첫해에 37명으로 시작해서 매년 50여 명씩 꾸준히 증가했다. 2025년에 600번째 조합원이 가입했고, 그간 60명 정도가 탈퇴해서 현재 약 540여 명이 활동하고 있다. 지금까지는 주로 빈집을 비롯한 빈고의 공동체를 통해서 가입한 조합원들이 많았다. 하지만 조합원은 개인 자격으로 가입하므로 특정 공동체에 반드시 가입해야 하는 건 아니다. 조합원은 연조합비로 1만 빈을 납부하는 것 외에는 재정적인 의무가 없다. 출자금은 능력에 따라 출자하면 되고 언제든 필요할 때 반환받을 수 있다. 출자 잔액이 1만 빈 이상이면 정조합원이 되며, 운영활동이나 이용활동을 비롯한 다른 활동을 할 수 있는 권리를 갖는다.

빈고 조합원은 고유한 조합원명을 사용하고, 이는 곧 출자계좌(빈통장)의 이름이기도 하다. 홈페이지 등에서도 조합원명을 사용하고 다른 조합원의 빈통장으로 입금하려면 조합원명만 알고 있으면 된다. 법적인 금융기관이 아닌 덕분에 특별한 신원확인을 하지 않고, 주민등록번호를 수집하지도 않는다. 따라서 단체나 타인 또는 어린이나 동물도 특수조합원으로 가입할 수 있다. 어린이의 이름으로 저축이나 용돈을 따로 모으기도 하고, 빈집 동물 친구들의 사료값이나 병원비에 보태기 위해 대신 출자하기도 한다. 다만 이 경우는 대리인 역할을 하는 조합원이 있어야 하고, 조합비가 면제되는 대신 의결권은 가질 수 없다. 또한 조합원을 탈퇴하는 것도 가능하다. 탈퇴하지 않고 출자금을 남겨놓고 사망하는 경우는 '영구조합원'으로 전환하고 출자금을 그대로 보전하고 영원히 기억하고 있다. 처음에는 서울 용산의 해방촌을 중심으로 했지만 이제는 조합원이 전국적으로 분산되어 대략 서울이 50%, 경기·인천·강원이 20%, 충청권, 경상권, 전라권이 각 5-10%, 제주와 강원이 각 2% 정도, 해외가 1% 정도다.

　빈고는 개인 조합원뿐 아니라 여러 공동체들이 함께하고 있다. 빈고 공동체는 빈고의 조합원 세 명 이상이 모여서 활동계획을 세우고 빈고와 공유하면 누구나 만들 수 있다. 공동체의 종류도 다양하다. 빈집과 같은 주거공동체들도 있고, 사무실을 운영하는 단체나 상점을 운영하는 가게들도 있다. 이렇게 빈고의 공유자원을 활용해서 공동체들이 운영하고 있는 주택, 사무실, 가게, 토지 등을 좁은 의미에서의 공유지 또는 공동체공간이라고 부르며, 현재 15곳이 있다. 공간은 없어도 특정한 목적으로 함께 돈을 모으고 운영하는 활동공동체는 현재 24곳이 있다. 그밖에도 여러 이유로 공동의 돈을 보관하기 위해서 만든 특수공동체가 14곳이 있다.

'카페 해방촌'이 문을 닫고, 2018년 마지막 해방촌 빈집들(우정국, 해방촌학숙/밝은정원, 노는집/소담, 넓은집/이락이네)이 문을 닫거나 이사를 가면서 해방촌 시대는 막을 내렸다. 이후에는 은평구에서 '골목쟁이네', '평집', '단편집'이 빈집 공동체를 이어가다 2021년 모두 종료했다. '빈집'이라는 이름은 없어졌지만, 서울 인근의 이곳저곳에서는 여러 주거공동체(부천 모두들, 인천 비행, 얼티즌, 명륜동쓰리룸, 웬자족, 망집1/2, 이층집, 오백집)들이 생겨났고, 몇 곳은 여전히 빈고와 함께하고 있다. 그밖에 사무공간(온지곤지, 이룸, 들, 연구자의집, 읽기의집)과 상점공간(빈컴퓨터, 해방촌사람들, 더스페이스, 레드북스, '에밀리,숲', 경의선공유지 연대가게)을 운영하는 여러 단체들도 작은 인연으로 시작해서 빈고를 같이 운영했다.

경기도 양평의 두물머리에서 팔당 유기농단지가 사대강사업 자전거도로 공사로 없어지게 되었을 때 빈마을과 자전거메신저, 발바리(두발과 두바퀴로 달리는 떼거리들)를 중심으로 두물머리까지 '자전거도로에 반대하는 자전거 행진'을 하게 되면서 주민들과 인연을 맺게 되었다. 두물머리 유기농 농부들과 함께 싸우고, '팔당에코토피아' 생태주의 캠프를 하며 많은 사람들이 두물머리의 매력에 빠져들었고 아예 터를 잡아 살게 되었다. 빈집에 살던 사람들을 중심으로 지역 주민들과 함께 '두물머리' 공동체를 구성해서 생활에 필요한 돈을 융통했다. 빈고는 주거공동체 '언덕집'과 마을식당 '두머리부엌'의 설립 과정에도 함께할 수 있었다.

청주의 '생활교육공동체 공룡'은 빈고에서 가장 오래 활동하고 있는 공동체다. 공룡은 진보블로그를 통해서 빈집을 만났고, 서로 오가는 인연을 계기로 빈고와 함께하게 되었다. 공룡은 영상활동을 위한 사무공간, 지역주민을 만나는 마을카페 '이따', 구성원들의 주거공간인 '끝집'과 '앞집', 이따 윗층의 게스트하우스 등 공간을 구할 때마다 이용활동을 열심히 해주고 있다. 농사짓기, 영상장비 마련, 차량 구입 등 공동체활동에서도 적절히 이용활동을 하기도 했다. 본업이라고 할 수 있을 정도로 전국의 투쟁현장과 결합하는 연대활동에도 늘 최선을 다해서 빈고의 연대활동을 빛내주고 있다.

부산에서는 부산 빈집을 자처하고 서로 반갑게 오갔던 주거공동체 '잘자리' 1호와 2호가 있었다. 대구의 주거공동체 '우리집'도 여러 개의 집들을 운영하며 금융실험을 하기도 하고, 빈고에서는 처음으로 주택을 매입해서 '그린집'을 만드는 과감한 시도를 하기도 했다. 강릉의 '내일상회'도 제로웨이스트샵과 사무공간을 임대, 매입하는 과정에서 빈고와 함께 했다. 해남의 '미세마을', 순천의 '여덟집', 구례의 '캄사모/시파푸니', 그리고 진안의 '담쟁이'도 각 지역에서 독자적으로 활동하며 빈고와 인연을 이어가고 있는 고마운 곳들이다.

홍성 '공유주택 키키'는 빈땅조합이 '홍성빈땅'을 매입하고, 공유주거협동조합이 건축을 해서 키키족이 살고 있는 집이다. 건축하기 전까지 살았던 '홍부집'을 임대하거나, 공유공간 '스튜디오

402'를 운영하거나, 공유차량을 운영하는 '홍성키트'까지 모든 곳에서 빈고와 함께하고 있다. 각자 약 3천만 원 정도의 건축비를 부담했고, 저축이 있던 사람은 먼저 낸 후 25년간 차감하고, 부족한 사람은 빈고에서 이용하고 25년간 나눠내는 것으로 했다. 25년 후에는 온전한 공유주택으로 우리는 물론 누구든 무료로 지낼 수 있도록 재정적으로 완공하는 계획이다. 공유주택 키키는 건축의 효율성을 높이기 위해 카페 하나와 방갈로 일곱 개를 전부 붙여서 짓는 방식으로 설계해 건축했다. 실제로 어떤 면에서는 대단히 독립적이고 개인적인 자유가 소중한 사람들이 모여 있는 집이다. 그리고 식구들이 나이가 들어갈수록 더 적절한 집이 될 수 있지 않을까 생각한다.

이처럼 빈고는 해방촌의 빈집들을 비롯한 여러 공동체 구성원들을 중심으로 시작했지만, 이제는 공동체에 속하지 않은 개인 조합원들이 더 많아지고 있다. 빈고의 조합원은 빈고의 4대 활동, 즉 출자활동, 이용활동, 연대활동, 운영활동을 함께하며 살아가는 사람들로서 활동가로도 불린다. 각자의 활동 방식은 각자 자신의 계획에 따라서 하고 싶고 할 수 있는 만큼 진행되므로 저마다 다양하게 이뤄진다. 아래는 구체적으로 빈고 조합원과 빈고 공동체가 빈고를 활용하는 방법을 떠올려 볼 수 있도록 빈고 조합원의 일상의 실제 사례를 모아서 조합해 각색해 봤다.

출자활동

김출자는 한 달에 한 번은 빈고를 생각한다. 매월 초 빈고가 선달의 활동 내역과 잔액을 문자메시지로 보내주기 때문이다. "김출자 조합원님 빈고 1월 재정공유 확인해 보세요. 김출자님 1월 출자활동은 +15만 빈, 출자반환 -5만 빈, 합계 +10만 빈이고, 잔액은 510만 빈입니다. 늘 고맙습니다." 메시지를 받으면 한 달의 수입과 지출을 헤아려 보고, 다음 달의 출자와 이용계획을 생각해 본다. 김출자가 빈고에 출자하기 시작한 건 빈집을 만나면서부터다. 대학을 다니기 위해서 서울로 올라와서 살 곳을 찾다 지인의 소개로 빈집을 알게 되었다. 처음 빈집에 들어갔을 때 마루에서는 이미 술자리가 벌어져 있었고, 같이 앉아서 직접 만들었다는 빈맥주를 마셨는데 의외로 맛이 좋았다. 처음 보는 사람이 끼어드는 걸 전혀 낯설어하지 않는 분위기가 이상하게 편했고, 그렇게 놀다가 그 날부터 같이 살게 되었다. 아르바이트로 생활비를 벌면서 학교를 다녀야 했던 상황에서 하루 '2천 원 이상'이라는 저렴한 금액으로 지낼 수 있다는 게 좋았고, 낯선 서울에서 나름 재밌게 지낼 수 있었다. 일요일마다 식구모임을 하면서 청소를 같이 하고 밥을 먹는 것 말고는 특별한 규칙도 없었다. 사실 가장 이해하기 어려운 건 빈고였다. 처음에는 단순히 분담금을 입금하는 은행계좌라고 생각했는데, 보증금처럼 1만 원이라도 출자를 하면 다같은 주인으로서 함께할 수 있다고 했다. 그걸로 새 빈집의 보증금을 모으기도 하고, 급한 생활비를 무이자로 빌려주기도 하는 등 꽤나 은행 같은 모양새였다. 빈마을 안에서 몇 번 집을 옮겼지만, 그 집들을 구하는 데 필요한 보증금을 누가 냈는지 몰라도 그만이었고 항상 빈고를 통해서 구했다. 김출자는 수입이 늘 들쑥날쑥이라 소액을 조금씩 출자했고, 또 이따금씩 비상금이 필요할 때마다 출자반환을 신청해서 돌려받기도 했다. 그래도 어느새 13년이 지났고 모인 출자금이 생각보다 많다는 걸 확인하니 살짝 뿌듯하다. 지금은 빈집에 살고 있지는 않지만 누군가 자신이 살던 집에 출자해 주었던 것처럼 나도 다른 공동체의 공간에 출자하는 게 그저 자연스럽다. 빈고 홈페이지에 접속하면 그동안의 거래내역을 볼 수 있다. 거래내역은 출자와 반환의 기록은 물론이고, 다른 빈고의 친구들과 주고받은 선물들과 함께했던 시간들의 기록이라서 가끔 확인해 보면 재밌는 기억이 떠오른다. 지난주에 기후정의행진 집회 뒷풀이에서 기분 좋게 놀고 서로 술값을 내겠다고 다투다가 결국 김출자가 냈는데, 어느새 함께 있었던 박출자가 빈고에 빈빵서비스를 신청했고, 빈고는 참가자 사진을 확인하고는 알아서 1/7로 금액을 나눈 뒤, 나머지 여섯 명의 빈을 모아서 김출자에게 보내줬다. 아무튼 못 말린다.

박출자는 빈고에서 하던 공유지 세미나에 참여하면서 빈고에 가입하게 되었다. 원래는 환경을 위해서 소비를 되도록 줄여온 편이었는데, 저축에 대해서는 별로 생각해본 적이 없었다. 재테크에도 특별히 관심을 가진 적은 없었지만 주변에서 하도 안 하면 뒤처질 것처럼 얘기해서 해야 하나라고 생각하고 있을 때 빈고를 만났다. 과도한 생산을 하고 과도한 소비를 부추기는 건 다름 아닌 자본인데, 내가 저축한 돈이 결국은 자본에게 돌아가고 있다는 건 새로운 발견이었다. 친환경적 소비를 하듯이 친환경적인 저축이 필요한 게 아닐까라고 생각하게 되었다. 나의 돈이 자본이 되어 어디선가는 잉여를 추출하고 생명을 파괴하고 있다고 생각하니 참을 수가 없었다. 박출자는 작년에 만기된 예금을 빈고에 출자했다. 딱히 당장 쓸 곳이 없었고, 얼마 되지 않는 이자를 신경쓰는 것보다는 빈고에 출자하는 게 맘이 편했다. 정기적인 임금을 받을 때는 월급날 일정 금액을 적금하듯이 빈고에 출자하기도 했다. 지금은 수입이 일정하지 않아서 수입이 있을 때마다 수입의 10% 정도는 빈고에 넣으려고 계획하고 있다. 이번 달은 수입이 많지 않았지만 그래도 3만 빈을 빈고 전화번호와 동일한 빈고의 계좌번호로 이체한다. 얼마후 빈고폰에서 입금 확인 메시지를 보내온다. "박출자 조합원님 안녕하세요. 출자활동 3만 빈 입금 확인했습니다. 덕분에 공유지가 이만큼 늘었습니다. 고맙습니다." 이렇게 매달 조금씩이라도 계획한 출자를 하다 보면, 빈고는 매년 1월 초 한 해의 재정정산을 마치고 1년 동안의 출자활동을 정리해서 문자로 보내준다. "박출자 조합원님 안녕하세요. 2024년 출자활동은 총 12회, 출자반환 3회, 합계 출자금은 +55만 빈이 늘었습니다. 꾸준한 출자활동 고맙습니다! 2025년 총회는 1월 23일에 열립니다. 꼭 만나요!" 총회를 앞두고 빈고의 운영활동가 정운영이 연락을 한다. 총회 참석을 안내하며 올해의 특별한 출자활동, 이용활동 계획이 있는지 묻는다. 박출자는 올해 오랜만의 긴 여행을 준비중이다. 가을 쯤에 300만 빈을 반환할 수도 있다고 하자 정운영은 전체 계획에 반영하겠다고 하며, 그 정도 금액은 즉시 반환이 가능하다고 알려준다. 혹시 부족하면 이용활동을 할 수도 있으니 얘기하라고도 덧붙인다. 총회에서 잉여금 분배를 마치고 다시 메시지가 온다. "박출자 조합원님 안녕하세요. 총회에서 정해진 대로 출자지지금 2만 5,497빈이 적립되어 박출자 조합원님의 누적 출자지지금은 8만 2,831빈입니다. 출자활동 고맙습니다." 빈고는 은행 못지 않은 금액을 나에게 적립해 주고 있다. 출자지지금은 말하자면 누적된 이자의 총합이라고 할 수 있는데, 그동안의 개인 출자활동의 성과이기도 하고 그에 비례해서 빈고 공유지에 기여한 정도를 표현하는 지표이기도 하다. 빈고는 출자지지금의 50배까지는 개인 이용활동이 가능하도록 한다. 박출자는 언젠가 꼭 필요하다면 출자지지금을 쓸 수도 있겠지만 그런 일은 없을 거라고 생각한다.

윤출자는 어머니가 돌아가시기 전에 필요할 때 쓰라고 선물로 주신, 유산이라고 할 수 있는 돈 1천만 원 정도가 있다. 윤출자는 고민하다가 이 금액을 어머니의 이름으로 빈고에 특수조합원 계정을 만들어 출자했다. 어머니는 그 사이에 돌아가셨지만 어머니의 계정은 여전히 빈고의 영구조합원으로 남아 있고 윤출자가 관리하고 있다. 특별히 잘 사용할 용도가 떠오르기 전까지는 빈고에 남겨두려고 한다. 매년 총회에서는 영구조합원의 이름이 자료집에 올라오고, 총회가 끝나면 영구조합원에게도 출자지지금이 적립되었다고 감사의 메시지가 온다. 윤출자는 어머니의 이름으로 빈땅조합에 빈땅 세 평을 구입해서 공유지로 만들었다. 내년에는 빈땅에 어머니가 좋아했던 나무를 심을 생각이다. 빈땅조합은 한 평(1평=10만 빈)씩 땅을 사서 공유지를 만들고 운영하는 조합이다. 공유지의 활용은 공유지를 관리할 관리자공동체를 선정해서 위탁하고, 관리자공동체는 사용료를 내고 사용료는 전액 다시 공유지를 넓히는 데 사용한다. 누구나 키키의 마당에서 캠핑을 할 수 있고, 하루 1-2만 빈의 분담금에 손님방을 쓰고 식사를 같이 할 수 있다. 빈땅조합원은 1년에 한 번은 무료로 사용할 수 있다. 매년 6월 6일 전후에 빈땅조합의 공유지주들이 모여 1박 2일 빈땅캠프를 하고 빈땅총회를 함께하며 놀고 먹고 의사결정을 한다. 첫 번째 빈땅캠프는 땅의 매입이 완료되기도 전인 2015년 개천절에 빈땅에 모여서 진행했다. 그 이후로 여덟 번의 빈땅캠프가 홍성과 강릉, 진안에서 열렸고, 이는 공유지주들의 연례행사로 자리를 잡았다. 빈땅캠프가 있기에 홍성빈땅이 공유지로 유지될 수 있는 게 아닌가 한다.

임출자는 빈고 건강보험계에 가입되어 있다. 분기별로 한 번씩 건강보험계 회비 월 1만 3천 빈이 출자금 통장에서 건강보험계 공동체통장으로 자동이체되고 건강보험계 텔레그램방에 안내가 올라온다. 이번 달에는 여섯 명의 계원이 총 14회 병원을 방문했고 총 41만 빈을 곗돈으로 지급했다고 한다. 다행히 크게 다치거나 아픈 사람은 없는 것 같다. 임출자는 지난 달에 다리를 다쳐 병원에 다녀왔다. 병원에서 상세 영수증을 받아서 사진을 찍은 후 건강계 유사인 유책임에게 보낸다. 유책임은 한 달에 한 번 영수증을 정리해서 계원들에게 보낼 곗돈을 기준에 따라 계산해서 운영회의방에 올린다. 임출자는 곧 자부담액 중에서 급여 100%, 비급여 60%에 해당하는 곗돈이 지급되었다는 메시지를 받는다. 회비의 납부도 곗돈의 수령도 모두 빈고에서 처리되는데, 보험이 복잡할 거 같지만 빈고라는 은행이 있으니 어렵지 않은 것 같다. 건강보험계는 어느새 10년 동안 운영하면서 5천만 빈이 넘는 병원비를 계원들에게 지급해 왔다. 회칙을 정하고 곗돈 지급과 잉여금의 처분 등의 주요 사안은 계원들이 자치적으로 결정한다. 빈고는 회비를 분기별로 한 번씩 걷고, 정해진 곗돈을 지급하는 재정처리를 대신하고 있다. 곗돈 신청을 받고 한 달에 하루 정도 영수증을 확인하고 정리하는 계의 실무자인 유사의 역할에 활동비를 지급하는 걸 제외하면 사실상 아무런 추가 경비가 필요하지 않다. 매년 계 모임을 해서 정산을 하고 잉여금은 다시 계원들에게 돌려주거나 다음 해 회비를 낸 걸로 처리하기도 하고, 한도가 넘어 지급하지 못했던 의료비를 추가로 지급하기도 했다. 또 실손보험이라면 지급하지 않을 의료비에 대해서 지급하기도 하고, 다음을 위해 적립하기도 했다. 물론 한 번에 수천만 원을 보장하지는 못하지만 그럴 일은 지금까지 있지도 않았다. 여러 차례 있었던 수백만 원 정도의 의료비는 대부분 감당할 수 있었고 계원 수와 적립금이 늘수록 그 한도는 자연스럽게 증가하고 있다. 빈고의 책임활동가나 운영활동가들에게 활동비를 주거나 4대보험에 가입시켜 주지는 못하지만 건강보험계 회비를 지급해서 의료비 걱정은 덜어주고 있다. 여전히 작은 규모지만 어렵지 않게 자치적인 협동조합보험을 만들 수 있다는 희망을 찾아볼 수 있다.

이용활동

최이용은 갑자기 몸이 아파서 하던 일을 한동안 쉬게 되었다.

당분간의 생활비에 기존에 상환해야 할 대출금도 있어서 난감했다. 빈고폰에 연락을 해서 생활비 이용을 문의했다. 필요한 금액은 3백만 빈 정도였는데, 최이용 개인이 이용 가능한 금액은 1백만 빈 정도였다. 최이용은 과거에는 주거공동체로 같이 살면서 빈고에 가입했었는데, 현재는 공동체가 사라지면서 소속 공동체가 없다. 공동체에 소속되어 있었다면 공동체회원이용 프로그램으로 이용활동이 가능했을 것이다. 연락을 받은 고책임은 이와 같은 상황을 운영회의에 알렸고, 운영활동가 김운영은 과거에 최이용과 함께 주거공동체에서 살던 사람으로 최이용의 이용활동을 도울 수 있다고 얘기했다. 고책임은 최이용에게 이용활동가와 함께 이용활동을 보조할 다른 조합원과 팀을 이뤄 고립되지 않고 활동을 함께하는 이용활동팀 제도를 설명했다. 이용활동 보조자의 역할은 이용활동가와 함께 상의하고, 빈고와의 소통과정에서 위축될 수도 있는 이용활동가를 도와 소통을 지원하는 것이다. 보증인과 같은 책임은 없다. 최이용은 김운영 그리고 담당자인 고책임과 함께 이용활동팀을 구성하는 데 동의하고 이야기를 나눌 채팅방을 만들어서 계획했다. 논의하는 과정에서 최이용의 생활비 중 상당 부분이 대출 원리금 상환액이고, 대출금의 액수는 5백만 원, 이율은 8% 정도라는 것을 알게 되었다. 김운영은 금액이 다소 크기는 하지만 5백만 원의 기존 대출금을 빈고로 전환하는 걸 포함해서 총 8백만 빈을 이용하는 걸 제안했다. 결과적으로 최이용은 우선 5백만 빈을 이용해서 대출금을 상환하고, 아파서 일하지 못하는 3개월은 매달 100만 빈씩 추가 이용을 해서 총 8백만 빈을 이용하고, 일을 시작하면 매달 40만 빈씩 반환하는 빈고활동 계획안을 작성했다. 빈고 이용활동을 통해서 탈환할 걸로 예상되는 자본수익인 이용수입도 같이 추정해 봤다. 생활비는 소비에 사용되는 것이니 무이자라고 보고, 대출금은 기존의 8%의 이자를 아낄 수 있게 된 것을 고려해 이용수입을 대략 6%로 잡았다. 최이용은 6%의 이용수입 모두를 빈고의 이용분담금으로 내겠다는 목표를 잡았고, 고책임은 이용활동이 끝난 후에 평가해서 6% 이하의 범위에서 자율적으로 결정해서 내도 된다고 안내했다. 최이용은 출자활동으로 이용반환 후에 정기출자하기로 했고, 연대활동으로는 빈땅캠프에 참여하고 싶다고 했다. 그리고 운영활동으로는 뉴스레터에 글을 연재하기로 했다.

박이용은 복돌이집 공동체의 공동체활동가다. 3년 전 친구 두 명과 함께 같이 살 집을 구할 때, 맘에 드는 집의 보증금이 2천만 원이었는데 친구들과 돈을 모아보니 1천만 원 정도가 부족했다. 은행 대출을 알 아볼까 하다가 은행에 이자를 주느니 빈고에 주는게 좋겠다는 생각이 들어 빈고폰에 문자를 보냈다. "안녕하세요. 친구들과 같이 살 집을 구하고 있는데요, 1천만 빈 정도 이용이 가능할까요?" 답이 왔다. "박이용 조합원님 안녕하세요. 박이용 조합원님 현재 출자금은 50만 빈이고, 적립된 출자지지금은 6만 빈입니다. 그동안의 출자활동 고맙습니다. 출자지지금의 50배까지는 출자자 이용활동이 가능하니까 3백만 빈은 개인으로서 이용가능합니다. 세 분이 같이 공동체를 구성하고 활농계획을 세운다면 공동체공간 이용활동으로 1천만 빈 또는 그 이상도 가능합니다."

그렇게 고책임과의 상담이 시작되었다. 빈고 조합원이 아니었던 한 친구는 새로 가입을 했다. 박이용과 같이 사는 개 복돌이도 특수조합원으로 가입했고 세 친구가 복돌이의 양육비로 매월 1만 빈씩 정기이체하기로 했다. 그래서 공동체의 이름도 복돌이집이 되었다. 신입 조합원 교육과 공동체공간 이용 안내를 겸해서 온라인으로 고책임과 정운영을 만나서 화상회의를 진행하며 설명을 들었다. 몇 가지 질문에 간단히 대답을 하고 나니 고책임은 활동계획 초안을 대부분 작성해서 보내줬다. 초안에는 박이용과 친구들의 빈고 활동 기록과 빈고활동상 수상내역이 꼼꼼히 적혀 있었고, 이용활동계획도 표로 일목요연하게 정리되어 있다. 박이용은 공동체 구성원들과 얘기해서 빈고 조합원들에게 알리는 공동체 소개글을 적었다. 그리고 이용활동 외에 다른 활동계획, 그리고 하고 싶은 말을 적었다. 출자활동은 이용활동이 끝난 후에 조금씩 하기로 했고, 연대활동은 평소에 관심이 있었던 성소수자운동을 지원하겠다고 했다. 운영활동 부분은 정운영이 운영활동가를 선뜻 제안하기도 했지만 일단은 총회에 참석하고 복돌이집에 오는 사람들에게 빈고를 소개하겠다고 적었다. 고책임은 계획은 계획일 뿐 향후에 변경해도 괜찮으니 부담없는 선에서 간단히 적으면 된다고 안심시켰다. 빈고 홈페이지에 있는 많은 활동계획 중에서 다른 주거공동체의 계획을 참고할 수 있었다. 그렇게 복돌이집은 시작했고 아직도 이용활동을 꾸준히하며 운영 중이다. 매달 계획된 금액을 반환하고 있고, 어떤 달에는 못 낼 때도 있지만 그럴 때는 빈고폰으로 간단히 이번 달에는 어렵겠다는 문자를 보내면 곧 답이 왔다. "박이용 활동가님 변경된 활동계획을 알려주셔서 고맙습니다. 이용활동 고맙습니다." 빈고에서는 금액을 반환하는 것도 이용활동이지만, 메시지를 보내는 것도 같은 이용활동으로 기록된다. 작년에 한 친구가 사정상 집을 나가야 했고 그 친구가 낸 보증금을 돌려줘야 했을 때는 추가 이용을 하기도 했다. 활동계획을 간단히 수정하는 걸로 충분했다.

연대활동

강연대는 팔레스타인평화연대의 일원으로 활동하고 있는 평화활동가다. 가자지구에 대한 공격이 시작한 이래로 긴급구호를 위한 활동에 참여하고 있다. 긴급구호를 위한 모금 활동이 시작되자 강연대는 빈고 지구분담금을 떠올렸다. 지구분담금이라는 이름의 유래는 빈집의 분담금에서 시작되었다. 빈집이라는 공유지에서 함께 살아가며 비용을 분담하는 것처럼, 지구라는 공유지를 살아가는 우리가 당연히 분담해야 할 돈이라는 뜻이었다. 지구분담금은 빈고 총회에서 분배되어 금액이 정해지고 빈고 외부와 연대할 때 조합원 누구나 신청하면 쓸 수 있다. 강연대는 연대활동 게시판에 지구분담금 50만 빈을 팔레스타인 연대활동에 사용하자는 제안글을 올렸다. 고책임은 이를 운영회의 안건으로 운영회의 텔레그램 방에 올렸고, 온라인상으로 논의가 시작되었다. 열 명의 운영활동가들은 빠르게 동의했고, 일반적인 지구분담금은 30만 빈 정도씩 나눠서 사용하지만 사안의 중대성으로 고려해서 50만 빈을 그대로 집행하기로 했다. 정운영이 추가로 조합원들 중에 개인적으로도 모금에 참여할 사람들을 모아보자는 제안을 더했다. 다른 운영 활동가 박이용이 그러면 조합원들의 모금액에 1+1로 매칭해서 지구분담금을 추가로 더 집행하자고 아이디어를 냈다. 여기에 대부분 동의해서 승인되었고, 조합원들에게 뉴스레터와 메시지로 홍보를 진행했다. 결과적으로 17명의 조합원이 조금씩 모아서 50만 빈이 되었고, 지구분담금 50만 빈을 추가로 사용해서 강연대는 합계 150만 빈을 연대활동에 전달할 수 있었다. 빈고에서는 지금까지 이런 방식의 연대활동이 118건 진행되었고, 총 26,546,550빈의 지구분담금이 전달되었다. 특별히 기획한 건 아니지만 조합원들의 관심사가 다양한 만큼 노동, 공동체, 여성, 성소수자, 인권, 장애, 청소년, 환경, 기후, 탈핵, 평화, 국제, 빈곤, 투쟁현장 등 다양한 이슈에 골고루 사용되었다. 절대적인 규모가 큰 건 아니지만, 말하자면 가난한 사람들이 돈을 모아서 보증금을 만들고 여기서 아낀 월세를 쓰지 않고 모아서 만든 금액치고는 결코 적다할 수 없을 것이다.

　김연대는 지난 겨울 주말마다 빈고 깃발을 들고 탄핵 집회에 참가했다. 빈고 조합원들뿐만 아니라 깃발이 없는 사람들과 함께 만나며 밤을 지새웠다. 그 과정에서 빈고 얘기가 나오고 빈고에 새로 가입한 조합원들이 여럿 늘었다. 김연대가 늘 공유하는 사진을 보며 집회에 참석하고 있지만 지방에 있어서 참석이 어려웠던 운출자는 집회에 참석한 사람들에게 따뜻한 음료나 식사를 선물하고 싶다며 '빈고보투' 공동체통장을 제안했다. 집회 참가자들에게 선물할 사람은 누구나 입금할 수 있고, 참가자들은 누구나 출금해서 사용할 수 있도록 하는 공동의 통장이다. 여러 사람들이 호응해서 후원금이 모였고, 김연대는 집회 참가자들과 함께 식사를 하고 빈고폰으로 사진과 함께 누가 얼마를 결제했다고 알렸다. 고책임은 바로 빈고보투 통장에서 출금해서 해당 금액을 송금했다. 동시에 참석한 사람들의 연대활동을 꼼꼼히 기록했다.

운영활동

빈고에는 현재 세 명의 책임활동가가 있다. 꼭 책임지고 해야 할 업무를 하면서 활동비를 받는 활동가를 책임활동가라고 한다. 고책임은 재정과 빈고폰을, 김책임은 홈페이지 개발과 운영을, 유책임은 건강보험계의 유사(계의 실무자)를 각각 맡고 있다. 활동비는 시간당 최저임금에 해당하는 금액을 책정하려 하고 있다. 하지만 빈약한 예산으로 활동 시간을 충분히 확보하고 있지는 못하고, 실제로는 많은 부분이 무상의 자발적인 활동으로 이뤄지고 있다. 고책임은 빈고의 재정 업무를 되도록 효율화해서 노동시간을 최소로 줄이려고 한다. 그리고 나머지 통계작업이나 재정시스템을 개선하는 등의 작업은 자신의 취미생활이기도 하다며, 남들이 재테크에 투자하는 시간을 여기에 쓰는 정도에 불과하다고 얘기한다. 김책임은 빈고뿐만 아니라 인권시민사회단체들 여러 곳의 홈페이지를 무료 또는 유료로 제작 및 관리하고, 틈틈이 추가적으로 개발해서 기능을 업그레이드하고 있다. 빈고 홈페이지는 조합원들이 자신의 거래내역은 물론 공동체의 거래내역도 소회할 수 있고, 게시판 글들을 모아 뉴스레터로 만들어 발송하는 등의 기능이 늘어나고 있다. 유책임은 건강보험계에서 영수증을 접수하고 등록해서 곗돈을 지급하는 실무 말고도 건강계모임을 하거나 계원들의 매일의 운동을 함께 체크하는 건강계챌린지도 주도하고 있다. 운영활동가들은 자발적으로 여러 가지 활동을 기획하고 참여한다. 운영활동가는 매달 한 번씩 온라인과 오프라인으로 진행되는 운영회의에 참석하고, 일상적으로도 때때로 올라오는 이용활동, 연대활동 건의 계획서와 제안서를 꼼꼼히 살피고 의견을 낸다. 이밖에도 각자가 할 일을 찾아서 진행한다.

대표활동가 정대표는 조합원들의 일상적인 모임을 활성화하겠다는 의지를 밝히며, 오프라인 운영회의를 전국의 여러 지역을 돌면서 진행하고, 봄, 가을에 진행하는 조합원 소풍과 빈땅캠프, 여름 여행들을 계속 기획해 냈다. 정대표가 있었던 기간 동안은 늘 놀거리와 먹을 거리가 풍성했다. 김운영은 뉴스레터팀에서 활동하며 매달 중순에 그달의 소식들을 모아서 뉴스레터를 편집해서 이메일과 문자메시지로 발송한다. 빈고의 뉴스레터는 조합원과 공동체들의 일상적이고 소소한 소식들을 홈페이지와 텔레그램방 등에서 수집해서 모아낸다. 빈고의 조합원들이 전국적으로 퍼져 있고 일상적으로 만나기가 어려워지면서 뉴스레터의 중요성은 훨씬 커졌다. 뉴스레터에 예산을 투입하기 어려운 빈고 상황에서 그때그때 가능한 사람들이 가능한 만큼 발행하다보니, 일정이 늦어지거나 내용이 짧아지거나 건너뛰는 달도 많았는데, 꼼꼼한 김운영이 맡고부터는 그런 일이 없어졌다.

정운영은 올해로 3년째 빈고의 운영활동가로 참여하고 있다. 3

년 전 총회에 참석했다가 충동적으로 손을 들어서 운영활동가가 되었다. 매달 한 번씩 온라인과 오프라인에서 만나서 그달의 안건을 논의하는 게 기본적인 일이다. 매년 초에는 총회 준비로 바쁘다. 빈고의 총회는 여러 공동체들이 빈고의 상황이나 다른 공동체들의 계획을 참고해서 새해 계획을 잡을 수 있도록 연초인 1월에 진행한다. 정운영은 다른 총회준비위원들과 함께 공동체활동가들에게 연락해서 올해의 대략적인 계획을 물어본다. 집이나 사무실의 계약이 언제 끝나는지, 계약을 갱신할 건지 아니면 새로운 공간을 구할 생각이 있는지를 확인해서 대략 어느 정도의 현금 흐름이 있을지를 예상해 본다. 이렇게 10여 개의 공동체공간, 30여 개의 공동체들의 올해 재정계획을 확인하고, 일부 조합원들에게도 연락해서 큰 규모의 출자반환이나 이용활동 등의 변동 사항이 있는지도 조사한다. 이렇게 수집 내용을 전달하면 재정담당 책임활동가 고책임은 빈고의 예치금 현황과 차입 가능한 금액, 매달 평균적인 출자와 출자반환 액수와 잉여금까지 종합해서 하나의 표로 정리한다. 이를 바탕으로 총회준비위원회에서 새롭게 만들어질 공동체를 위한 예비 자금 등도 반영하면 빈고의 올해 공유지계획안(자산변동계획안)이 나온다. 공유지계획안을 보면 다른 빈고 공동체들의 계획과 그에 따른 빈고의 여유 자금 현황을 알 수 있고, 각 공동체들은 이를 참고로 다시 올해의 계획을 수정하거나 새로운 계획을 기획해 볼 수 있다. 한 공동체가 새로운 공간을 위해서 많은 자금을 필요로 하면 다른 조합원들이 출자활동을 좀 더 적극적으로 계획한다든지, 여유 자금이 충분하다면 새로운 이용활동을

적극적으로 추진하는 등의 협조를 요청하기도 한다. 이렇게 자연
스럽게 여러 공동체들이 함께 공동의 재정계획을 세우는 건 공동
체들의 공동체로서 빈고의 특징을 보여주는 꽤나 독특한 장면이
라고 생각한다.

  총회에서 제일 중요한 결정사항은 지난해의 운영을 통해서 남
은 잉여금을 어떻게 분배할 것인가를 결정하는 잉여금분배안이다.
빈고를 구성하는 네 가지 주체, 출자자, 이용자, 연대자, 운영자에
게 각각 분배하는 출자지지금, 이용지지금/공동체기금, 지구분담
금, 활동가기금과 마지막으로 빈고 자체의 위기에 대비한 빈고적
립금까지 크게 다섯 가지로 잉여금을 분배한다. 잉여금의 액수가
큰 것은 아니지만, 이를 결정하는 데는 늘 약간의 긴장이 있고, 때
로는 빈고의 원칙을 두고 제법 치열한 논쟁이 벌어지기도 한다. 한
가지 기억해야 할 건 빈고는 원칙적으로 출자자, 이용자, 운영자
모두가 자본수익을 사양하는 사람들이라는 것이다. 다시 말해서
출자자가 출자지지금을, 이용자가 이용지지금을 늘리려고 하는
경우는 원칙적으로 없다. 가끔은 그런 유혹이 있다고 하더라도 전
체의 결정에 반영되지는 않는다. 따라서 분배가 필수적으로 해야
할 빈고의 의무는 아니다. 하지만 잉여금분배안을 준비하는 운영
자는 자본수익을 사양하는 출자자와 이용자 사이에서 이용자를
대신해서 출자자에게 사양하고, 출자자를 대신해 이용자에게 사
양하는 입장에 선다. 출자자의 사양에도 불구하고 함께 사양해서
출자지지금을, 이용자의 사양에도 불구하고 함께 사양해서 이용
지지금을 분배하는 것이다. 출자자에게는 신협 예금 이하에서 출

자지지금을 적립하고 출자자가 탈퇴할 경우에 일괄 지급한다. 이용자에게는 잉여금의 10% 정도를 이용지지금 또는 공동체기금으로 분배하고 공동체의 위기 상황이나 특별한 활동이 있을 때 사용할 수 있도록 한다. 지구분담금은 사양할 사람이 없으니 잉여금의 10%를 우선 분배한다. 잉여금이 많은 경우에는 운영자의 사양에도 불구하고 책임활동가에게 활동가기금을 분배하기도 한다. 나머지는 빈고적립금으로 빈고에 적립해 총회의 결정에 따라 사용하는데, 주로는 이용활동이 원금을 반환하지 못한 채로 종료할 때 사용된다. 지난 총회에서는 출자지지금이 신협 이자율에 부족하니 조금 더 분배하자는 1안과 지구분담금과 빈고적립금에 더 분배하자는 2안이 대립해서 정운영과 고책임 등의 토론이 있었고 투표로 의결하기도 했다.

2017년부터는 총회 때마다 빈고활동상(BINGO AWARDS) 수상자를 몇 명씩 선정해 왔는데, 2023년부터는 방식을 바꿔서 각 활동 부문별로 기준을 정하고, 그 기준을 만족하는 모든 조합원에게 상을 부여하기로 했다. 부문은 다섯 가지, 출자활동상, 이용활동상, 연대활동상, 운영활동상, 공동체활동상이다. 한 명의 조합원이 복수의 상을 받을 수 있고 최대 5관왕도 가능하다. 출자활동상은 출자 액수뿐만 아니라 출자 횟수와 증가량, 첫 번째 출자활동도 고려해서 부여한다. 이용활동상의 경우는 이용활동을 새로 시작했거나 성공적으로 진행하고 완료한 경우 이용활동팀과 공동체에게 함께 주어진다. 연대활동상은 올해 지구분담금을 신청했거나 모금에 함께한 사람들 그리고 다양한 연대활동에 참여해서 주전을 받은 사람이 받는다. 운영활동상은 운영활동가, 책임활동가, 감사, 갈등조정위원 등의 역할을 하거나 총회나 조합원 모임 등 여러 가지 운영활동에 참여한 시간을 꼼꼼히 기록해서 총 열 시간 이상 참여하는 조합원에게도 돌아간다. 공동체활동상은 공동체활동가와 공동체 책임자들 그리고 공동체에 직접 출자하거나 회비를 모으는 공동체 구성원들의 경우에 받을 수 있다.

이와 같은 기준으로 2023년에는 109명이 168개, 2024년에는 127명이 214개의 빈고활동상을 받았다. 수상을 하면 《빈고 핸드북》에 있는 5개년×5개 부문 빙고판에 붙이는 스티커를 받아 붙일 수 있다. 사소한 재미일 뿐이지만, 조합원 각자의 소중한 활동 기록이다. 빈고는 수상기록을 계속 누적해서 관리하고 조합원의 이용활동 등의 활동계획에 중요한 참고사항으로 활용한다. 또한 조합원 전체의 활동상 갯수는 빈고 자체의 활동이 충분히 활발한지, 전년도에 비해서 나아졌는지를 판단할 수 있는 중요한 지표가 된다. 빈고는 조합원 각자가 출자, 이용, 연대, 운영, 공동체활동을 함께하는 곳이고, 이를 잘 보여주는 것이 빈고활동상이라고 할 수 있다.

조합원들의 일상적인 생활이 곧 빈고의 활동이고, 조합원들이 곧 활동가다. 소소한 활동들이 쌓이고 합쳐져 우리의 삶을 만든다. 한 사람의 삶이 여러 가지 모습을 갖고 있는 만큼 출자활동가,

이용활동가, 연대활동가, 운영활동가는 서로 겹쳐진다. 이 모든 과정에서 자본수익을 추구하는 대신 서로 사양하며 함께 살아간다. 자본을 공유지로 전환하는 멋진 금융생활이다. 모든 조합원 각자의 수많은 아름다운 이야기가 있지만 여기에 다 담을 수는 없다. 앞으로 펼쳐질 당신의 삶의 이야기도 기대해 본다.

3. 커먼즈은행 빈고의 열 가지 특징

빈고는 금융조합으로서 아래와 같은 열 가지 특징을 갖는다.

첫 번째, 공동체와 공유지를 만드는 조합이다. 빈고는 주거협동조합으로 시작했고, 여전히 조합원들의 공동의 주거공간이나 사무실, 상점 등의 공간을 유지하고 만드는 역할을 많이 하고 있다. 출자자 이용이나 공동체회원 이용과 같은 개인 조합원의 이용도 점점 늘어나는 추세지만, 여전히 공동체가 공간과 활동을 이용하고 있는 비율이 전체 이용의 85%를 차지하고 있다. 공간은 공동체가 가장 필요로 하고 큰 돈이 들기 때문이다. 또한 임대 보증금이 가장 손실 위험이 적고 안정적인 운영이 가능하다는 현실적인 조건도 반영되었다. 때로는 손실을 예상하고 이용을 승인하는 경우도 있지만 이런 경우는 빈고가 감당할 수 있는 능력 범위 안으로 제한하고 있다.

두 번째, 조합원들의 주거래 은행이다. 빈고는 같이 사는 집의 보증금을 모으는 것에서 시작했고, 당연히 그 돈은 출자자들의 전 재산이라고 할 수 있는 돈이었다. 가난한 사람들이라 큰 금액은 아니었지만, 출자금 외에 가진 게 거의 없었기 때문에 절대로 손실이 생겨서는 안 되는 돈이었다. 다시 말하자면 빈고는 처음부터 돈이 많은 사람들이 누군가를 후원한다는 생각으로 손실되어도 좋은 정도의 돈을 출자하는 은행이 아니었다. 이런 상황은 빈고를 운영하는 활동가들을 항상 긴장하게 했고 조합원이 전 재산을 출자하는 주거래 은행으로서 기능할 수 있도록 만들어 왔다. 빈고는 큰 규모의 출자금도 제한 없이 받았다. 또한 출자금이어서 즉시 반환할 의무가 있는 건 아니지만, 당장 살 집을 구해야 하는 조합원의 필요에 따라 즉시 반환할 수 있는 준비를 갖춰야 했다. 이런 이유로 사실상 빈고의 출자금은 수시 입출금통장처럼 활용되고 있다. 실제로 빈고에는 전 재산 또는 개인집에 들어간 재산을 제외한 가용할 수 있는 금액의 대부분을 출자하거나, 다달이 급여의 대부분을 출자해 두고 필요할 때만 찾아 쓰는 조합원들이 있다. 이들에게는 빈고가 주거래 은행이고, 시중은행 계좌는 최소한의 생활비 금액만을 두고 이체 거래의 편의상 사용하는 데 불과하다. 물론 이 정도로 빈고를 이용하는 조합원의 비율이 크다고 할 수는 없지만, 빈고는 조합원이 원하기만 한다면 언제든 책임을 받을 준비가 되어 있다.

세 번째, 대출이 아닌 이용활동을 하는 조합이다. 이용활동은 은행의 일반적인 언어로 얘기한다면 '대출'에 해당하는데, 단지 이름만 바꾼 건 아니다. 빈고는 이용활동이 조합원의 중요한 활동이라고 생각한다. 출자활동으로 모인 공유자원은 화폐 형태이기 때문에 현실의 공간, 장비, 활동, 생활 등의 구체적인 공유지로 전환해야 쓸모가 생기고, 함께 쓸 수도 있고, 수익도 탈환할 수가 있다. 이 작업은 결코 저절로 이뤄지지 않고, 쉬운 일도 아니다. 어떤 개인 또는 공동체가 꼼꼼히 계획하고 성실히 수행하고 평가도 해야 완성되는 꼭 필요하고 중요한 활동이다. 이용활동가가 제안을 하면 담당자가 함께 검토해서 활동계획서를 만들고, 운영활동가들까지 함께 논의를 거쳐서 활동계획을 승인한다. 활동계획은 이용활동뿐 아니라 출자, 연대, 운영활동도 포함하며 되도록 다른 조합원들도 같이 볼 수 있도록 공개된다. 이용 한도는 기본적인 기준은 있지만 이용활동가의 역량과 상황에 따라서 유연하게 적용한다. 보증인의 개념은 없고, 이용활동가가 홀로 활동하기 어렵다면 이를 지원하고 소통을 돕는 이용활동팀을 구성한다. 이율, 기간, 상환방식 등의 세부적인 규정은 활동가의 계획에 따라 정해지고, 활동기간 중에도 변경이 가능하다. 연체, 연체 이자, 독촉, 추심 등의 개념도 없다. 단지 활동계획이 달라지면, 변화된 환경에서 다시 활동계획을 수립하면 된다. 이자에 해당하는 금액이 이용활동 분담금일텐데 이는 처음에 계획할 때 이용활동에 따른 수입을 예상해서 그 이하로 정하고, 이용활동이 종료된 후에 평가를 통해 조정할 수도 있다. 아쉬운 건 활동에 대해서 활동비를 지급할 여력이 많지 않다는 것이다. 대신 이용지지금이나 공동체기금

등을 사용하거나, 원금 반환이 어려운 경우 빈고적립금을 사용하는 게 가능하다. 빈고는 이용활동가를 돕지 않는다. 오히려 이용활동가가 빈고 공유지에 도움이 되는 활동을 한다.

 네 번째, 금융사업만으로 운영하는 조합이다. 한국의 현실에서 대안금융을 하는 금융조직이 금융사업만으로 조직을 운영하고 유지하는 건 매우 어렵다. 금융사업만으로 운영 경비를 충당하기 위해서는 무엇보다도 자산의 규모가 성장해야 하고 적정 수준의 예대마진이 확보되어야 하는데 어느 쪽도 쉽지 않다. 그래서 보통은 모단체의 회비나 사업비와 자원활동으로 금융 조직의 활동비와 비용을 충당하는 경우가 많다. 빈고는 부족하더라도 자체 수입만으로 운영하면서 조금씩 확대해 가는 방법을 택하고 있다. 노동시간과 비용을 최소로 줄이고 꼭 필요한 일에는 최저임금에 해당하는 활동비를 지급한다는 원칙을 갖고 있다. 빈고 일의 많은 부분은 여러 활동가들이 대가 없이 수행하는 것들인데, 일과 놀이가 섞인 재미있는 것이 되도록 애쓰고 있다. 전체 수입에서 50% 정도를 비용으로 지출하고, 비용에서 50% 정도를 활동비로 책정하는 걸 이상적인 배분으로 생각하고 균형을 맞추려고 노력해 왔다.

 다섯 번째, 대항화폐 빈을 사용하는 조합이다. 빈고의 공유지에서 움직이는 돈은 보통의 돈과는 전혀 다르다는 점에서 이를 구분하기 위해 2017년 빈고 총회에서 화폐단위를 '빈(BIN)'으로 바꾸는 화폐개혁을 단행했다. 이로써 '빈고'는 금이 있는 금고가 아니라 대항화폐 빈이 움직이는 빈고라는 의미를 더 갖게 되었다. 화폐의 가치는 1빈=1원으로 동일하다. 기존 1만 빈 단위 출자에서 1빈

단위 출자도 가능하게 했다. 그리고 작은 금융조합치고는 특이하게 조합원 간 거래 시스템을 갖췄다. 실물화폐를 발행하는 건 아니지만, LETS와 같은 대안화폐를 거래할 때처럼 빈고 전용전화 빈고폰으로 연락하면 이체거래가 가능하다. 빈고 조합원끼리 거래할 때 '원'으로 얘기하면 은행을 통해서 거래한다는 것이고, '빈'으로 거래하는 것은 빈고를 통해서 출자금을 이체한다는 의미가 된다. 빈집에서부터 수차례 시도했던 대안화폐 실험의 역사는 일단은 이렇게 한 매듭을 맺었다. 언젠가는 필요에 따라서 실물화폐나 디지털화폐를 발행한다거나 환전 환율을 적용한다거나 하는 추가적인 시도가 가능할 수도 있을 것이다.

여섯 번째, 은행과 유사해 보이는 대항은행이다. 어떤 사람들은 빈고가 출자자에게 배당을 하고 이용자에게 이자를 받는 은행과 다를 바가 없고, 심지어 이율도 큰 차이가 없다고 얘기할 수 있다. 상품교환과 사양교환, 소유경쟁과 사양경쟁은 정반대되는 것이지만 역설적으로 결과에는 큰 차이가 없어 보일 수 있기 때문이다. 같은 양을 두고 서로 갖겠다고 경쟁하나, 서로 주겠다고 경쟁하나 양쪽의 힘의 큰 차이가 없다면 결과적으로는 대략 50:50으로 나눠 갖게 된다. 그러나 이를 두고 숫자가 똑같으니 의미가 없다고 하는 사람은 사랑하는 부부가 함께 살며 서로 고르게 나누는 것과 이혼 법정에서 공정하게 나누는 것의 차이도 구분하지 못할 것이다. 만약 빈고가 실패한다면 은행과 유사하게 분배하는 걸로 마무리하게 되겠지만, 성공적이라면 비슷한 듯 전혀 다른 세상을 살아가게 된다. 빈고가 수치상으로 은행과 유사하게 운영된다는 지적은 어떤 면에서는 비판이 아니라 찬사라고 생각한다. 경쟁하지 않고 서로 사양하면서도 같은 효율성을 내고 있다는 의미이기 때문이다. 우리가 자본의 은행을 통째로 옮겨와도 당장 아무도 피해받지 않고, 아무 문제도 발생하지 않고, 이제부터 전혀 다른 은행과 세상을 만들 수 있다는 얘기가 된다.

일곱 번째, 함께 가난하게 사는 은행이다. 빈고는 조합원을 부자가 되게 할 능력이 없다. 사실 우리 모두가 지금보다 더 부자가 되는 건 불가능하다. 인류는 이미 지구 용량의 1.7배를 쓰고 있고, 한국 사람들은 하위 20%를 제외한 대부분이 전 세계 상위 10% 부자에 해당한다. 모두가 이렇게 살려면 지구가 다섯 개가 있어도 모자란다. 빈고는 가난한 사람을 부자로 만들어 주는 게 아니라 가난한 사람이 즐겁게 살 수 있는 세상을 만드는 걸 목표로 함께하는 조합이 되어야 한다고 생각한다. 우리의 삶은 나아지겠지만, 그건 각자가 자본에 의존해 자본수익을 추구해서가 아닌, 공유지가 더 풍요로워지고 우리가 더 즐겁게 함께할 수 있기 때문이다. 각자는 돈을 잘 벌 수도 있고 조금 벌 수도 있지만 그렇게 모인 돈이 공유지가 된다면, 우리는 돈이 조금 더 있어도 여전히 가난하게 함께 살 수 있고, 돈이 좀 없어도 즐겁고 당당하게 살아갈 수 있다.

여덟 번째, 투명하고 체계적인 회계시스템을 갖고 있다. 조합원들이 주거래 은행으로 사용하는 만큼 빈고는 그에 맞는 회계 시스템을 발전시키지 않을 수 없었다. 초기에는 당연히 금융거래는 물론이고 회계 개념을 아는 사람도 아무도 없었다. 비인가 신용협동조합인 영등포 다람쥐회의 도움을 받아 다람쥐회 총회 자료집을 흉내내면서 시작했다. 협동조합 회계를 공부하고 복식부기 장부를 도입했다. 빈고의 회계장부와 홈페이지를 연동해서 개인과 공동체의 거래내역을 바로 확인할 수 있도록 하는 큰 개선도 있었다. 이후로도 빈고의 상황에 맞게 노동시간을 최소화하면서도 재정현황을 실시간으로 파악하고 오류 검증이 가능한 시스템으로 꾸준히 개선해 오고 있다. 초기 빈고는 모두가 같이 사는 사람들이라는 기본적인 신뢰관계가 바탕이 되었다. 하지만 현재는 그 수준을 넘어섰다. 비법적 조직인 빈고가 조합원들에게 신뢰를 주려면 최대한 투명하고 체계적으로 빈고의 상황을 공유하고, 위험에 대비할 수 있는 적립금을 보유하는 것뿐이다. 빈고는 매달 재정공유를 하고, 분기별로 재정감사를 진행하고, 각 조합원별 거래내역을 문자로 발송하며 소통하고 있다. 회계시스템에 대한 최후의 검증은 각 조합원이 스스로 자신의 거래내역을 확인하고, 빈고 전체의 상황을 체크하는 것이다. 빈고는 숫자와 계산이 삶에 중요한 자리를 차지해야 한다고 전혀 생각하지 않는다. 다만 자본에 대항하기 위해서 누군가는 정확하고 철저히 계산해야 하고, 그 목적은 수익이 아니라 사양이어야 한다고 생각한다.

아홉 번째, 빈고는 빈고 스스로를 견제하는 조합이다. 빈고가 출자금을 반환하고 출자지지금을 적립하는 또 하나의 중요한 이유는 빈고가 유의미한 활동을 못하거나, 방만한 운영으로 위태로워지거나, 원칙에서 벗어나 변질될 경우를 견제하기 위함이다. 모든 조직은 정체되거나 변질될 위험을 갖고 있고 이를 원천적으로 막을 방법은 없다. 출자지지금을 적립하지 않고 이를 전부 빈고적립금으로 보유하는 방법도 있을 수 있다. 그러면 빈고적립금의 규모는 크게 늘어날 수 있다. 이렇게 되면 빈고 조합원 모두가 적립하고 소유한 금액이 빈고의 자본금에 해당한다고 볼 수 있게 되는데, 이는 빈고가 경계하는 공동체소유의 형태가 된다. 물론 빈고적립금은 빈고가 건강할 때는 위험에도 대비하고, 과감한 이용활동을 추진하는 등 장점이 될 수도 있다. 하지만 만약 빈고가 관료화되고 민주적인 절차가 훼손된다면 빈고적립금은 모두의 것이지만 사실상 소수 관료의 것이 된다. 이 경우 관료는 관성화되어 자본금 때문에 남아 있고, 조합원은 힘 없이 모든 걸 남겨두고 떠나버리는 현상이 나타날 수도 있다. 물론 이런 일은 없어야겠지만, 빈고는 변질된 공동체보다는 개인 조합원을 더 신뢰한다. 따라서 탈퇴할 때 출자지지금을 찾아갈 수 있도록 하는 게 낫다고 생각하고, 필요 이상의 빈고적립금을 적립하지 않는다. 조합원이 탈퇴하기 전까지는 출자지지금과 빈고적립금은 같은 공유자원으로서 기능할 수 있고, 공유자들이 탈퇴해도 언제든 새로운 커먼즈은행을 만들 수 있기 때문이다. 빈고는 조합원의 탈퇴에 대해 늘 긴장하고 건강함을 유지하려 하며, 이를 위해 적정 출자지지금을 적립하려고 노력한다.

마지막 열 번째로 빈고는 법률적 의미에서 '은행'은 당연히 아니다. 국가의 보호와 규제를 받는 '은행'은 허가를 받지 않으면 설립이 불가능하고 '은행'이라는 단어도 쓸 수 없다. 또한 은행만이 원금과 이자를 약속하는 수신 행위인 '예금'을 받을 수 있으므로 빈고는 예금도 받을 수 없다. 은행보다는 문턱이 낮은 '신협'이나 '새마을금고'도 각각 법으로 규정되어 있어 역시 허가를 받지 않는 이상 설립이 불가능하고 외환위기 이후로 신규 설립된 곳은 사실상 없다. 2012년 제정된 협동조합법에서도 금융협동조합은 불가하도록 못 박았다. 비영리법인인 사회적협동조합에는 일부 소액대출을 허용하는 규정이 있다고는 하지만 복잡한 규정 때문에 실제로 실행한 사례를 들어본 적이 없다. 현재 빈고를 비롯한 여러 대안금융단체들이 있지만 이들을 제도화할 수 있는 법률은 아직 없다. 결국 모든 대안금융단체는 원하든 원하지 않든 법적인 지위는 계모임 정도의 비법적인 조직일 수밖에 없고 빈고도 마찬가지다. 공익성이 충분하고 건강하게 운영되고 있는 금융단체를 제도화하지 못하는 건 공공의 책임이고 손실이다. 빈고는 적절한 법인이 있다면 제도화할 수도 있겠지만, 현재로서는 굳이 공공의 지원을 받을 필요가 없고, 규제도 받을 생각이 없기 때문에 조합원의 인정이 중요할 뿐 법적 인정이 시급한 상황은 아니다. 빈고는 또 하나의 은행이 될 생각은 없다. 빈고는 돈이 오가는 은행(銀行)이 아니라 은혜가 오가는 은행(恩行)이다.

빈고의 조합원은 다양하다. 공동체 구성원으로 살아가면서 공동체의 필요에 따라서 가입한 사람들, 공동체를 지원하는 하나의 방법으로서 빈고에 출자하는 사람들, 반자본주의 실천을 함께하고자 가입한 사람들, 대안적인 금융실험에 관심이 있는 사람들 등등. 빈고를 활용하는 방식도 다양하다. 지출과 이체를 위해서 소액을 출자하는 사람부터 전 재산에 가까운 금액을 출자하는 사람도 있다. 필요와 이익을 위해서 활용하는 사람도 있고, 신념과 호혜를 위해서 활용하는 사람도 있다. 제각각의 이유로 활동을 쉬고 있는 사람들도 있다. 이렇게 다양한 조합원이 각자의 방식으로 살아가며 각자의 생각대로 빈고와 함께하고 있다. 그러면 빈고는 그 조합원의 생각과 필요에 맞게 여러 모습으로 맞이하고 활동하고 변화한다. 빈고는 조합원 각자의 것이고, 모든 조합원들이 각각 만든 빈고들의 집합이 빈고다. 이제 당신은 어떤 빈고를 만들어 갈지 궁금하다.

4. 빈고 그다음, 탈자본금융의 가능성 상상하기

　빈고가 성공 사례라고 생각하지는 않는다. 빈고가 성공했다면 우리 모두 지금보다는 훨씬 더 나은 공유지의 세상을 살고 있어야 한다. 빈고는 단지 기존 은행과 다른 탈자본의 은행이 있을 수 있고, 나름대로 안정적으로 운영될 수 있다는 하나의 사례일 뿐이다. 탐구 과정에서 도출했던 탈자본금융의 비전은 여전히 가능성의 영역에 머물러 있다. 빈고는 앞으로도 빈고가 해오던 걸 지속할 것이다. 많은 변화를 시도하겠지만 모든 조직은 경로의존성을 갖고 있으므로 빈고 역시도 어쩔 수 없는 한계가 있을 수 있다. 빈고의 생각이나 운영에 잘못된 부분을 지적해준다면 그저 고마울 따름이다. 그리고 빈고가 더 나아지거나 아니면 더 좋은 금융조합이 새로 만들어질 수 있도록 함께 노력해 줬으면 한다. 수많은 다양한 형태의 탈자본금융, 커먼즈금융이 가능하다고 생각한다. 그리고 그렇게 많들어진 수많은 탈자본금융조합들이 다시 모여 협력한다면 우리는 다른 세상을 함께 만들어 갈 수 있을 것이다. 빈집 하나에서 모여 살던 가난뱅이들이 여기까지 왔는데, 만일 당신이 함께한다면 얼마나 많은 일들이 벌어질 수 있을지 기대된다.

빈고의 한계와 새로운 시도

빈고는 이제 16년이 되었다. 조합원도 공유지도 천천히 조금씩 늘어났고 매년 잉여금을 남기고 적립하며 성장해 왔다. 하지만 빈고 역시도 몇 가지 숙제를 안고 있다.

첫째는 해방촌 빈마을이 없어지면서 지역적 거점을 잃었다는 것이다. 그럼에도 불구하고 전국에 흩어져 있는 조합원과 공동체들이 금융적으로 연결되어 있고, 온라인상에서 활동이나 회의가 가능하도록 체계를 만들어 온 건 성과라고 할 수 있다. 하지만 일상적으로 소통하고 함께 삶을 만들어 가는 시간과 장소가 충분하지 않아 새로운 조합원을 맞이하기에 어려운 조건이라는 건 분명하다. 지금까지 빈고의 주된 확장 방법은 공동체활동을 통해서 공동체 구성원들을 조합원으로 받아들이는 것이었다. 그런데 이제 변화된 환경에서 새로운 방법이 필요한데, 하나는 다시 지역 거점 공유지를 만들어 가는 것, 다른 하나는 조합원 확대 방법을 다변화해서 여러 새로운 시도를 하는 것이다. 전자의 방법으로 빈고는 현재 서울에 새로운 공간을 만드는 걸 기획 중이다. 빈고 혼자서는 아무래도 역부족이고 다른 단체나 대안금융과 함께했으면 하고 있다. 그리고 후자의 방법으로 사실 이 책도 그런 전략의 일환

인데, 여기까지 책을 읽어온 바로 당신이 함께해 줬으면 하는 소망을 갖고 있다.

둘째로 빈고의 시작이자 주된 공유지 전략은 공유자원을 열린 주거공동체들의 전월세 보증금으로 이용함으로써 공유지를 넓히고 자본수익도 탈환하는 것이었다. 하지만 그동안 주거공동체의 구성도 줄어들었고, 사회적주택 등에 공적자금이 지원되고, 기업형 셰어하우스가 늘어났으며, 서울의 집값은 오르고 전세는 줄어드는 등 많은 변화가 있었다. 최근 5년 정도 빈고는 그 이전에는 별로 없었던 유휴자원의 비율이 늘어나고 있어 새로운 공유지 전략, 이용활동 전략이 필요한 상황이다. 서울에서는 토지나 건물을 매입할 자금이 턱없이 부족하지만 홍성, 대구, 강릉 등에서는 주택을 매입하거나 새로 건축하는 시도가 있기도 했다. 하지만 여전히 우리에게 부동산을 매입하고 운영하는 건 어색하고 경험과 능력도 부족하다. 또한 부동산 외에 생산적인 영역에서도 공유지 전략이 필요하다고 생각하지만 역시 접근하기 쉽지 않다.

셋째는 빈고는 빈마을의 회계 담당자의 역할에서 시작해서 부족한 예산으로 조심스럽게 운영해 왔기 때문에 전업 활동가를 두고 적극적으로 사업을 전개해 본 적이 없다. 그래서 금융시스템을 안정적으로 운영하고, 자발적으로 할 수 있는 일들을 하는 데는 익숙해져 있지만, 그 외의 사업을 효과적이고 조직적으로 추진하는 경험이 부족하다. 이것이 빈고가 충분히 확장되지 못하는 중요한 원인이라고 생각하지만 아직은 돌파구를 찾지 못했다. 빈고의 외부와 연대하고 협력하는 과정에서 해법을 찾을 거라 기대하고 있다.

 마지막은 법적 지위에 관한 문제인데, 빈고는 여기에 대해 크게 고민하고 있지는 않다. 빈고는 특별히 법적 지위에 대한 필요성이 시급하지 않고, 법률적인 지식도 부족하기 때문이다. 하지만 장기적으로 분명히 어떤 해법이 필요한 건 사실이다. 하지만 이건 빈고만의 과제는 아니라고 생각된다. 협동조합기본법이 만들어졌지만 협동조합의 활동에 도움이 되고 있는지는 확인이 필요하다. 특히 금융협동조합은 협동조합의 시작부터 있었던 가장 기본적인 협동조합인데, 금융협동조합을 원천적으로 금지하는 협동조합법은 결코 협동조합을 위한 법이라고 하기는 어렵다. 금융 안전성을 위해서라면 이를 금지할 게 아니라, 협동조합의 자체 감사 또는 협동조합간의 상호 감사 시스템을 체계적으로 만드는 게 우선되어야 한다. 금융조합이 주인인 조합원의 감사를 두려워한다면 안전성은 자연스럽게 따라올 것이다.

커먼즈은행 네트워크: 대안금융조합의 연합

 빈고는 지금까지의 탐구 과정을 통해서 스스로의 지향을 커먼즈은행으로 규정하고 있지만, 당연히 빈고와는 다른 형태의 커먼즈은행도 얼마든지 가능하다고 생각한다. 지금 활동하고 있는 다양한 대안금융단체들도 큰 틀에서는 모두 커먼즈은행이라고 할 수 있다. 많은 협동조합과 지역자산화운동도 어떤 면에서는 탈자본금융의 실전을 함께하는 커먼즈금융이라고 할 수도 있다.

 빈고는 자신의 역사 속에서 여러 세부적인 원칙, 규정, 관행들을 갖고 있는데 이중에는 당연히 불필요하거나 개선되어야 할 것들도 많이 있을 것이다. 이런 부분들도 여러 커먼즈은행들이 만나서 상호토론하는 과정에서 발견될 것이고, 새로운 대안과 새로운 커먼즈은행들이 더 만들어지면서 확장되고 발전할 수 있을 것이다.

현재의 대안금융조합들은 자립을 위해서 규모가 더 커질 필요가 있다. 단위 신협들이 신협중앙회로 연결되어 있는 것처럼 연대하고 연합해서 전국적인 규모로 확대하는 방향으로 성장해 가야 한다. 이를 위해서는 대안금융조합들이 회계 기준을 통합해서 각 조합의 상황을 서로 정확하게 공유할 필요가 있다. 빈고와 충남 홍성의 무이자은행 도토리회는 업무협약을 맺고 회계시스템을 맞춰 상호 거래하는 작업까지 마쳤다. 희년은행과도 상호 감사를 시작하며 긴밀한 협력을 진행할 계획이다. 이를 시작으로 점점 네트워크를 넓혀갈 수 있으면 좋겠다.

단체나 지역에서 커먼즈은행을 새로 시작하려고 한다면 언제든 빈고가 함께할 수 있다. 구성원이 소수라면 각자가 빈고의 조합원으로 가입하고 빈고의 공동체를 구성해서 공통계 시스템을 활용하는 것만으로 별도의 실무자를 두지 않고도 단체나 지역의 커먼즈은행을 간단히 만들 수 있다. 빈고에 출자해도 되고, 자신의 공동체에 직접 출자하고 공동체가 관리하는 방식을 선택해도 된다. 각 구성원들의 출자금을 모으고 당장 필요가 없으면 빈고 공유자원으로 모아뒀다가, 필요가 생겼을 때 사용하고 돈이 부족하면 빈고의 공유자원을 추가로 이용하면 된다. 물론 출자를 조직하고 공유지를 만들고 이용활동을 계획하는 건 독립적으로 진행해야겠지만, 이는 공동체를 계획하고 유지하는 재밌는 과정이기도 하다. 구성원 수가 더 늘어나고 규모가 더 커진다면 빈고가 별도의 시스템을 구축하는 걸 지원할 수 있고, 필요에 따라 빈고와 협력하는 방법도 얼마든지 가능하다.

마을커먼즈와 커먼즈협동조합

과거의 마을공동체는 개인은 가난했을지언정 마을의 자연환경, 토지, 노동, 물품, 교육, 돌봄 등 많은 공유자원이 있었다. 그리고 이러한 자원들은 각각의 다양한 계들이 관리했다. 그러한 계들은 다중심적이고 중층적으로 결합되어 있고, 마을 대동계가 마을 전체를 아우르는 형태였다. 신분제와 가부장제 등의 여러 구속과 문제가 있었던 만큼 과거의 공동체를 낭만적으로 이상화할 생각은 전혀 없다. 하지만 과거에 비해 훨씬 더 많은 자원을 가지고 있지만, 훨씬 더 고립되어 있는 우리가 배울 수 있는 흔치 않은 참고점이라는 것은 분명하다. 마을공동체는 대부분 무너진 상황이지만, 지금도 여전히 마을주민들이 마을회관에 모여 마을총회를 하고, 마을재산을 공유하고, 마을이장과 마을총무를 뽑고, 노인회, 부녀회, 청년회 등의 소모임을 운영하는 곳들도 있다. 마을만들기 사업이 여기저기서 한창 진행됐지만 주민들이 자치적으로 조직해서 마을공동자원을 보유하고 관리하는 사례는 많지 않다. 세금과 공적자금을 동원해서 행정에서 만든 공간은 있지만, 주민들이 출자하고 주민들의 뜻대로 운영하는 공유지는 기의 없다. 국가는 세금을 낭비해 버리는 건 용인해도 세금으로 공유자원을 만드는 것은 금지한다. 개별 공동체가 공유지를 보유하려고 해도 관련 제도가 마땅치 않고, 법인을 세워야 하고 이를 위한 비용 문제도 있어서 쉽지 않다. 이에 따라 마을재산이 개인명이나 공동명의 등 제각각의 형태로 관리됨에 따라 발생하는 문제들도 해결되지 않고 있다.

지역 단위에서 공유자원을 모으고 관리하고, 소유권 문제를 해결할 수 있는 마을커먼즈가 법적으로 제도화될 수 있는 방안이 있으면 좋을 것이다. 과거의 궁핍한 환경 속에서도 주민들이 서로 도우며 단결한 대동계와 같은 형태가 훨씬 더 많은 자원과 진보된 기술에 기반해 더 넓은 영역에서 재건되지 못할 이유는 없다고 생각한다. 충남 홍성군 홍동면에서는 지역화폐거래소 잎과 무이자은행 도토리회가 있고 면 단위의 공유지협동조합을 준비하는 홍동커먼즈가 있다. 각 단체는 각각의 역사와 조직이 있어서 구분되어 있지만 큰 틀에서는 하나의 방향으로 함께할 수 있고, 그럴 때 더 큰 힘이 생겨날 수 있을 거라고 기대한다. 화폐와 은행 그리고 자원은 결국은 하나이기 때문이다.

홍동면의 마을활력소와 홍동커먼즈는 공동체IT사회적협동조과 함께 마을의 공공기관, 공동체, 마을주민들의 공유자원을 함께 관리하고 운영하는 마을 커뮤니티를 위한 스마트폰 어플리케이션 '공공공유(空共公有, 000u.net)'를 개발하고 홍동면 버전인 '홍동공유'의 오픈을 준비하고 있다. 여기에는 공유자원예약, 지역화폐거래, 시간선물거래, 커뮤니티기능을 포함하고 있어서 지역이나 단체 차원에서 구성원 간의 커먼즈활동에 도움을 줄 것으로 기대한다. 이는 하나의 사례일 뿐이지만 지역 단위의 마을커먼즈를 구성하려는 다양한 시도들이 늘어나면 좋겠다. 그리고 그런 마을커먼즈가 또 다시 서로 연결되어 어디를 가도 내 것이 없어도 세계를 함께 누리는 것이 가능한 커먼즈의 세계, 공유계가 만들어졌으면 한다.

노동자들의 커먼즈: 노동자의 저축을 조직하기

노동자의 삶이 어렵고 팍팍하다는 사실과는 별개로, 노동자가 매달 생활비가 적자거나, 순자산이 마이너스 상태가 아니라면 노동자는 임금을 받고 저축한다. 노동조합의 투쟁으로 인한 노동자의 임금인상분은 노동자가 특별히 소비를 늘리지 않는다면 노동자의 추가 저축으로 이어지게 된다. 만약 노동자의 저축을 일부라도 커먼즈은행으로 조직할 수 있다면 어떨까.

예를 들어 2023년 기준으로 민주노총 조합원은 약 107만 명이고, 민주노총의 1년 예산은 약 197억 원이다. 민주노총 조합원의 조합비는 매달 기본급 실수령액의 약 1%로 정해져 있고, 민주노총 산하의 산별노조나 단위노조의 예산을 합치면 훨씬 더 규모가 커진다. 최상급 민주노총으로 들어가는 조합원의 조합비는 1년에 1인 평균 약 2만 원 정도인 셈이다. 이 정도는 아마도 조합원 개인에게 부담되는 금액은 아닐 것이다. 그렇다면 만약 1년에 2만 원을 저축으로 조직한다면 어떨까. 예를 들어 조합비를 납부할 때 2만 원씩을 추가로 걷어서 조합원 이름의 출자 계좌를 만들어 저축하고, 조합원의 요청이 있을 때는 반환해 주는 것이다. 그럼 당장 민주노총에는 1년에 200억 원의 자산이 누적된다. 물론 조합비처럼 소비해 버릴 수는 없고 보유하고 있다가 반환해야 하는 부채다. 다른 용도도 있고, 반환을 요청하는 사람들이 있어서 전체 금액의 절반을 남겨둔다고 하더라도 민주노총은 당장 100억 규모의 건물을 매입할 수 있다. 그리고 매년 각 지역에 노동조합 지역본부 건물 하나 또는 여러 개를 더 매입할 수 있게 된다. 사실 1년에 2만 원은 저축이라고 보기에는 지나치게 목표를 낮게 잡은 것이고, 만약 100만 명의 조합원이 1년에 10만 원씩 저축한다면, 1년에 1천억 원의 자산이 생기게 된다. 빈민들이라고 할 수 있는 빈고 조합원들의 평균 출자액이 약 100만 빈 정도인데, 이 정도의 저축액이라면 민주노총은 1조의 공유지를 운영하게 된다. 이런 게 금융협동의 힘이다.

한편 민주노총은 1995년 설립되어 30년이 지났지만 아직 매월 수천만 원을 임대료로 지불하는 월세 신세를 벗어나지 못했다. 노동조합이 자본과 부채를 보유하고 자본수익을 위해 운용하는 게 어색하거나 심하면 윤리적인 문제가 있다고 생각할 수도 있다. 하지만 노동조합의 소속 조합원이 자본과 부채를 보유하고 자본수익을 추구하는 것, 그리고 노동조합이 그것을 방치하는 건 올바른 일인가라고 반문하고 싶다. 노동자가 30년 동안 꾸준히 일을 했으면 월세를 벗어나는 게 자연스러운 것처럼, 노동조합도 마찬가지 아닐까. 그리고 정말로 노동조합이 자본을 형성해서 수익을 내는 게 문제라면, 커먼즈은행의 방식을 채택하면 된다. 월세로 나가던 수천만 원의 임대료를 민주노총이 갖는 게 아니라 조합원 모두의 이름으로 미조직노동자, 이주노동자, 소수자, 빈민들에게 선물함으로써 사양하는 것이다. 노동조합 사무실이 아니라면 별도의 주택협동조합을 만들어서 노동자와 지역주민을 위한 공유주택을 매입하거나 건설할 수도 있다. 수익은 없어도 되고, 있다면 다른 공유지를 넓히는 데 쓰면 된다. 노동자와 지역주민이 만날 수 있는 공유공간을 만들 수도 있다. 이렇게 노동자들의 공유지가 점점 늘어나게 된다. 같은 돈이지만 자본가가 아니라 노동자가 운영한다면 모두가 같이 누리는 공유지가 될 수 있다는 걸 증명하는 것이다. 조합원은 조합비의 일부, 임금 인상분의 일부를 은행이 아닌 조합에 임시로 맡겨둘 뿐이지만, 탈자본 노동자 공유지의 주인인 공유자가 될 수 있다. 우리의 투자수익은 감소하겠지만, 우리의 삶의 질은 늘어날 것이다.

  물론 이상은 노동 현실을 잘 모르는 사람의 몽상일 뿐이고, 현실에서는 당연히 수많은 어려움이 있을 것이다. 하지만 다른 길이 쉽게 떠오르지는 않는다. 노동자의 삶이 개선되어야 하는 건 당연한 노동조합의 목표이지만, 노동자가 다른 노동자들과 함께하지 못하고, 오직 자기 자산을 늘리고 자본가처럼 경쟁적으로 재테크와 부동산 투자에 빠져들어 각자 도생하도록 하는 건 노동자 스스로를 위해서 좋은 방법은 아니다. 사실 재테크의 확산이 보여주는 건 개인이 재테크에 성공하든 실패하든 관계없이 오로지 개인의 미래를 개인이 온전히 책임지지 않으면 안 되는 현실일 것이다. 이는 개인들이 서로 경쟁하고, 성공과 실패와 책임을 온전히 개인의 몫으로 돌리는 길 스스로 받아들이게 한다. 서로 관계하지 않고 연대하지 않기 때문에, 오로지 자본의 시스템 아래 지배되는 개인들로 이뤄진 세계, 그 세계의 이름이 자본주의가 아니었던가. 조합원이 투자를 하는 이유는 재테크로 돈을 많이 벌고 싶다는 욕망이라기보다는, 단지 불안한 미래에 대비하고 싶다는 마음이다. 그 대비의 방법이 경쟁적으로 재산을 축적하는 데 성공하는 것만이 아니라, 재산을 축적하지 않고도 함께 불안하지 않고 윤리적으로 살 수 있는 관계와 연대의 망을 만들 수 있다는 걸 증명해야 한다. 이른바 노동자의 금융포섭을 비판만 하는 건 의미가 없다. 자본은 사람들의 종교이자 아편이다. 자본을 단지 비판하거나, 사람들이 자본을 선망하고 자본에 중독되는 걸 비판하는 건 의미가 없다. 사람들이 자본에 기댈 수밖에 없는 현실을 바꾸지 않으면 안 된다. 우리는 자본을 공유지로 대체해 가야 한다.

연대-탐구

자본의 바깥에서
새판 짜기

I. 우리가 처음은 아니다, 탈자본금융의 여러 사례들

금융운동이 새로운 아이디어는 아니다. 자본주의 이전에는 어디에서나 비자본주의적인 금융이 다양한 형태로 존재했다. 자본주의가 태동할 때부터 자본주의적 금융에 대해서는 다양한 형태의 비판이나 반발이 있었고, 그중에는 진지한 대안을 사고하고 실험해 온 수많은 시도들이 있다. 그러나 발전을 거듭해서 전 지구를 뒤덮은 현대 금융자본주의를 상대하기에는 역부족이었다. 그렇다 해도 아직 싸움은 끝나지 않았고, 여전히 싸우는 사람들이 있는 한 아직 패배하지도 않았다. 그리고 지금까지의 시도들에서 배울 것도 많이 있다.

계(契)

계는 지나간 시대의 유물에 불과할 뿐더러 대단히 위험해서 절대 하지 말아야 할 것으로 여겨지는 경향이 있다. 계모임에 대해 이야기할 때면 항상 누구네 계주가 튀어서 곗돈을 날렸다는 이야기가 빠지지 않는다. 계를 단지 전통이라는 이유로 낭만화할 생각은 없다. 하지만 계에 관한 오해들은 짚고 넘어갈 필요가 있다.

첫째, 계는 친목의 수준을 넘어 구성원의 생활에 필수적인 시스템으로 작동해 왔다. 계는 개인적으로 해결할 수 없는 많은 일과 자원에 대해 공동의 해결책을 만들어 온 결과로 정치(토지와 산지 등을 관리하는 동계/대동계), 생산(농계, 어촌계, 구우계), 복지(상포계, 혼구계), 종교(문중계, 동제계), 교육(학계, 서당계) 등을 포괄한다. 대단히 많은 자원을 공동체 차원에서 보유하고 관리했다는 점에서 커먼즈 개념에 가장 가깝다고도 할 수 있다. 현대적인 커먼즈를 구성하려고 한다면 계는 중요한 참고점이 될 수밖에 없다.

둘째, 계는 가입과 탈퇴가 자유롭고 민주적이며 대단히 평등하고 자율적인 조직이었다. 이러한 특징은 관료와 양반 계층의 영향 하에 있었던 향약이나 공동노동을 위해 위계적인 성격을 가졌던 두레와도 구분된다. 계의 실무를 맡는 사람들은 보통 돌아가면서 무보수로 일했다. 하나의 지역 공동체 내에서도 나이, 목적, 취미, 문중 등에 따라 다양한 기준으로 계원들이 복수의 계에 가입했기 때문에 다중심적이고 다층적으로 연결되어 있었다. 다양하고 유연한 조직이라는 계의 특징은 현재의 변화된 환경에서도 가능성을 갖는다.

셋째, 목돈을 구하고, 이자수익을 취하는 걸 목적으로 하는 식리계가 대표적인 계가 된 것은 은행 이전이 아닌 이후에 나타난 모습이다. 일제 강점기의 토지 조사 사업은 전통적인 계의 재산이었던 토지나 산림의 상당 부분을 해체시켰다. 더불어 일제가 설립한 금융조합이나 은행의 출현은 전통적인 계는 위축되고 식리계가 확산되는 계기가 되었다. 그리고 고도성장기에 은행 예금 이자가 20%를 넘을 정도로 화폐 수요가 많아지고 극심한 고리사채도 늘어나면서 식리계가 계의 대부분이 되었고, 식리계를 통해서 유용하게 돈을 융통한 사람도 있지만 역으로 부작용도 심화되었다고 볼 수 있다.

넷째, 계의 위험성은 과장된 측면이 있다. 우선 계의 위험성이 도드라진 배경에는 상품 경제가 성장하고 인구 이동이 많아짐에 따라 전통적인 공동체가 해체되는 과정이 있었다는 점을 감안해야 한다. 계는 단순 금융상품이 아니고 그 자체가 공동체인만큼 공동체의 해체 과정은 계의 불안정성을 높였다. 모든 공동체의 해체 과정은 갈등과 고통과 사건이 있기 마련이다. 오랜 기간 동안 잘 기능하고 구성원들에게 여러 형태의 이익을 제공했더라도, 해체 이후에는 아픈 상처와 손실이 훨씬 더 크게 느껴질 수밖에 없다. 또한 계주가 약속을 깨고 곗돈을 취했다고 하더라도, 매달 곗돈을 모아 순서대로 회원들에게 공급하던 계의 특성상 계주가 취할 수 있는 최대 금액은 1-2회 분의 곗돈에 불과하다. 예를 들어 총 10회를 불입하는 계라면 계원이 입는 피해는 총금액의 10-20% 정도라고 볼 수 있는데, 사실 투자에 대한 손실률로 생각하면 주식투자 등과 비교해도 결코 크지 않다. 공동체의 주요 구성원인 계주에 대한 실망과 공동체 해체의 상처가 더 크다고 이해해야 할 것이다.

현재의 제도화된 금융의 바깥을 상상하고, 집단적인 대안을 시도하고, 이를 조직적으로 실행한다면 그 시작은 아마도 일종의 계라고 할 수 있을 것이다. 물론 변화된 환경을 생각한다면 과거로 돌아가는 건 불가능하다. 또한 우리는 과거와는 비교할 수도 없을 정도로 진보된 기술적 회계적 수단들을 가지고 있다. 훨씬 더 많은 사람들이 함께하는 체계적이고 개방적인 계와 계들의 연합을 구성하는 것도 얼마든지 가능하다.

대안화폐

화폐의 본질은 무엇이고, 화폐의 무엇이 문제인지에 대한 수많은 이야기들이 있다. 이유는 여러 가지지만 종종 화폐를 수상하게 본 사람들이 세계 곳곳에 있었고, 이들은 제각각의 방법으로 화폐의 대안을 찾으려고 다양한 방식을 시도해 왔다.

가장 직접적인 방식은 돈을 아예 사용하지 않는 것이다. 과거의 여러 문명과 종교공동체들 중에는 돈을 거의 사용하지 않는 사례들을 종종 찾아볼 수 있다. 대표적인 예로 잉카 문명은 고도로 발전된 문명과 경제를 이뤘으면서도 돈을 사용하지 않았다. 대신 거대한 공동창고에 일해서 얻은 수확물들을 한데 모으고, 필요할 때 재분배했다고 한다. 중앙권력이 강력한 사회였던만큼 당연히 낭만적인 상황만 있지는 않았겠지만, 공동창고 전체가 바닥나지 않게 관리할 수 있고 사람들이 굳이 필요 이상의 생산물을 취하지 않는다면 화폐 없는 시스템이 불가능하지는 않았다. 사실 가족이나 공동체들은 내부적으로는 화폐가 필요 없을 수 있다. 화폐뿐 아니라 소유 자체를 부정하는 무소유공동체도 있다. 하지만 현재는 어떤 공동체든지 자본주의 속에 있기 때문에 내부적으로 화폐가 필요 없어도 완전한 자급을 이루지 않는 이상 외부적으로는 화폐를 소유하고 관리하는 전략을 필요로 한다. 화폐가 없어지면 이번에는 국가의 힘이나 공동체의 윤리가 강해져 다른 문제가 일어날 수 있다.

화폐가 가치를 왜곡하지 못하도록 모두의 시간당 노동에 동일한 가치를 부여하는 이른바 시간화폐와 같은 시도도 있었다. 자본주의 초기 협동조합운동의 선구자 중에 하나인 로버트 오웬은 노동가치설에 입각해서 노동시간의 가치를 온전히 표현하는 노동증표로 거래할 것을 제안하고 1832년 영국 런던에서 '전국 평등 노동 거래소(National Equitable Labour Exchange)'를 설립했다. 이 실험은 초기에 상당한 관심을 받았지만 3년을 넘지 못하고 여러 문제를 노출하며 문을 닫았다. 마르크스와 엥겔스는 오웬이 화폐에 대한 이해가 부족했고 화폐로서는 실패할 수밖에 없다고 지적하면서도, 동시에 '자원의 완전한 공유와 자유로운 사용이 가능한 사회를 설명하기 위한 수단'이라고 의의를 평가하기도 했다. 이와 같은 시간 화폐의 아이디어는 세계 곳곳에서 여러 시도들로 이어져 왔다. 현재 가장 널리 알려진 건 에드가 칸이 제안하고 34개국에서 수백 개의 기관으로 운영되고 있는 '타임달러(Time Dollar)'다. 타임달러는 여러가지 변형된 형태로 세계 여러 곳에서 시도되고 있고, 한국에서도 구미의 '사랑고리공동체'와 '타임뱅크코리아'에서 사용중이다. 여전히 이를 화폐라고 볼 수 있는가 하는 점은 논쟁적일 수 있지만, 모든 사람이 동등하게 사회에 기여할 수 있고, 모두의 시간이 동등한 가치를 갖는다는 신뢰에 기반한 헌신적인 자원활동의 의의는 논쟁을 뛰어넘는다.

화폐와 유사한 실물 지폐를 발행해서 지역의 상점들에서 사용할 수 있도록 하는 사례도 많다. 독일의 '킴가우어(Chiemgauer)'나 영국의 '브리스톨 파운드(Bristol pound)'는 꽤 큰 규모로 활발히 사용되고 있는 대표적인 사례이다. 한국에서는 지방자치단체들이 발행하는 지역화폐를 제외한다면 홍성의 '지역화폐 잎', 서울 마포의 '공동체화폐 모아'가 있다. 빈마을이 있던 용산의 해방촌에서도 시장 상인들과 '해방화폐'를 시도하기도 했다.

마이클 린튼이 개발한 'LETS(Local Exchange Trading System)'는 장부에 화폐를 받는 사람은 +, 주는 사람은 -로 기록하는 것만으로 거래를 하는 시스템이다. 경제 불황으로 인해 화폐를 사용하기 어려운 지역 공동체의 경제적 자립을 돕고 자본주의적 화폐 시스템의 대안을 제공하는 모델로 주목받았고, 영국, 호주, 뉴질랜드 등의 여러 지역으로 확산되었다. 한국에서도 대표적으로 대전의 '한밭레츠'가 운영되고 있고, 과천 품앗이 등 여러 지역에서도 시도된 바 있다. 특히 《녹색평론》은 대안화폐를 자본주의의 한계를 넘기 위한 적극적인 수단으로 주목해서 90년대 후반부터 여러 사례와 이론들을 소개했고, 대안화폐운동의 확산에 크게 기여했다.

대안화폐 운동을 단지 공동체운동의 차원을 넘어서 자본주의 극복을 위한 수단으로 제시한 건 가라타니 고진이다. 가라타니 고진은 화폐가 없어서는 안 되지만 있어도 안 되는 딜레마, 시장이 없으면 안 되지만 시장이 있어도 안 되는 딜레마를 해결해 줄 열쇠로서 LETS를 주목한다. LETS는 교환양식 D를 구현할 수단이자 자본으로 전환되지 않는 대항화폐로서 생산-소비조합을 지원하고, 노동과 소비를 하지 않고도 삶을 지탱할 기반으로 제시되었다. 일상의 작은 실천들로 자본주의 전체를 변화시킬 희망을 보여줬다는 점에서 기대를 받았으나, 가라타니가 'NAM(New Associationist Movement)'을 조직하며 핵심 원리로 도입한 LETS는 결론적으로 기대했던 성과를 낳지 못했다. 가라타니는 LETS의 기본 원리는 양자 간의 호혜제이므로, 공동체를 넘어서 규모가 커지면 유통되지 않는다고 평가했다. 이후 가라타니는 유통에 주목해 가게가 발행하는 은행권과 같은 '시민통화 L'을 제안하기도 했다. 그러나 교환양식 D를 실현하는 구체적인 수단으로서의 대항화폐는 아직 시도되지 않았다 할 수 있다.

이처럼 여러 대안화폐 운동들은 기대만큼 성장하지 못하고 한계에 부딪혔다. 하지만 공통적으로 자본주의에서의 화폐의 문제를 이자 낳는 화폐에 있다고 보고 대안적인 실천을 했다는 점에서 중요한 가치를 갖는다.

신용협동조합

신용협동조합은 협동조합운동과 거의 동시에 시작했다. 1844년 10월 영국에서 최초의 협동조합으로 알려진 '로치데일 공정선구자 협동조합(Rochdale Society of Equitable Pioneers)'이 만들어졌고, 슬로 바키아에서는 석달 후에 사무엘 유르코비치가 극심한 고리대금업의 피해에 맞서 최초의 신용협동조합인 '농민협회(Gazdovský spolok)'를 만들었다. 농민협회는 저축을 모아 조합원들에게 저리로 대출하며 경제적 자립을 도모하고, 조합원들이 도덕적이고 건전한 삶을 살면서 매년 공공장소에 나무를 두 그루씩 심는 걸 규칙으로 정해 숲을 만들기도 했다. 1849년에는 독일에서 작은 농촌 마을의 시장이었던 빌헬름 라이파이젠이 가난한 소농들이 탐욕스러운 고리대금업으로 인해 고통받는 것을 보고 '빈농지원조합(Flammersfelder Hilfsverein zur Unterstützung unbemittelter Landwirte)'을 설립했다. 1850년에는 법률가 출신의 진보적 정치가인 헤르만 슐체 델리치가 소규모 장인과 상인들이 자본가에 맞서 협력할 수 있도록 '대출조합(Vorschuss-vereine)'을 만들어 큰 성공을 이뤘다. 이는 후에 '인민은행(Volks-banken)'으로 발전해 전국으로 퍼져나갔고 슐체 델리치는 협동조합의 법적 기반을 만드는 데 평생을 바친다. 이들에 의해 시작한 조합은 여전히 독일의 주요 금융기관이자 전 세계 농업협동조합과 신용협동조합의 모델이 되었다.

우리나라의 신용협동조합은 일제가 1910년대에 독일의 신용협동조합을 모델로 설립한 '금융조합'이 시작이라고 할 수 있다. 하지만 이는 일제가 조선을 지배하고 통치하기 위해 이용한 경제적 보조기관에 불과했다고 한다. 자발적인 한국 최초의 신용협동조합은 1919년 평안북도 강계에서 설립된 '강계공익조합'으로 알려져 있다. 원불교 측에서는 이보다 2년 앞선 1917년 전남 영광에서 소태산 박중빈이 여덟 명의 제자와 함께 만든 '방언조합'을 최초의 신용조합으로 보고 있다. 허례폐지, 미신타파, 금주단연, 근검저축을 추구했고, 여기서 얻어지는 돈으로 기금을 육성해 토지, 농업, 교육 등에 활용하도록 했다고 한다. 이밖에도 일제 강점기의 여러 신용조합들은 계의 전통을 잇고 일제의 수탈과 가난에 맞서 자발적으로 자력갱생을 시도했다는 점에서 소중한 역사지만 당시 환경에서 크게 성장하지는 못했던 걸로 보인다.

한국의 본격적인 신용협동조합은 캐나다 안티고니시에서 교육을 받은 메리 가별 수녀와 장대익 신부가 1960년에 각각 부산에서 '성가신용조합'과 서울에서 '가톨릭중앙신용협동조합'을 만들면서 시작했다. 대공황 시기에 캐나다 안티고니시에서는 지미 톰킨스와 모세스 코디 등의 개혁적인 가톨릭 성직자들이 주도한 신용협동조합과 주민교육을 핵심으로 하는 '안티고니시 협동조합운동(Antigonish Movement)'이 성과를 냈고, 이는 제3세계 국가들에도 영향을 미쳤다. 보통의 사람들은 은행에 접근할 수도 없고 고리대에 신음하고 있었던 시대에 신용협동조합은 빠르게 확산했다. 우리나라의 새마을금고도 여기에 영향을 받아서 설립되었고, 박정희 정권에서 재건국민운동의 주요사업으로 추진되었다.

1972년 신협법이 만들어지면서 그전까지 순수 민간 자율결사체였던 신용협동조합들은 신협이라는 법인으로 바뀌게 된다. 신용협동조합의 제도화는 국가가 협동조합을 지원하는 걸 목적으로 하지만 관리감독하고 통제하는 수단으로 활용되며 자율성을 해치기도 했다. 서울 영등포산업선교회에서 시작한 '영등포산업개발신용협동조합'은 신협법에 따라 설립된 최초의 신협 중 하나이지만,

1978년 유신정권에서 신협 감사권한을 이용해서 조합원명단을 요구했을 때 이에 불응하며 설립이 취소되었다. 영등포 지역 노동자 운동에 깊게 관여하고 있었던 영등포산업선교회로서는 정당한 저항이었다. 이후에도 '협동운동 다람쥐회'라는 이름으로 비인가 신용협동조합 운영을 지속하고 있다. 다람쥐회는 어려운 환경에서도 영등포 지역에서 소비자생협, 의료생협의 설립을 지원하는 등 인가된 신협도 쉽지 않을 만큼 지역에 많은 기여를 했다고 평가할 수 있다.

신용협동조합운동의 역사는 충분히 존중되어야 하고, 배우고 참고해야 할 점이 많이 있다. 신용협동조합을 통해 가난한 사람들이 고리대로부터 벗어나고, 저축을 통해서 가난을 극복한 건 운동가들의 헌신적인 노력이 있었기 때문에 가능했다. 상대적으로 저발전된 국가와 지역에서 생산시설이 부족하고 소비재도 많지 않은 상황에서 신용협동조합은 가장 먼저 그리고 직접적으로 가난한 사람들의 삶을 지켜줄 수 있는 수단이었다. 하지만 안타깝게도 현재에 와서는 신협의 시중은행과의 차별성을 설명하기는 쉽지 않다. 농협, 수협, 새마을금고는 관제협동조합의 한계를 넘어서지 못하고 있다. 한국의 신협은 규모 면에서는 크게 성장했지만, 자본의 금융을 넘어설 수 있는 비전과 전략이 부재한 채 거대 은행과 핀테크를 앞세운 인터넷은행 등과의 경쟁으로 운영의 위기를 맞고 있는 걸로 보인다.

신협이 맞이하고 있는 현재의 여러 문제에 대해서 구체적이고 실증적인 평가를 할 위치에 있지는 않지만 빈고의 관점에서 가설을 세워 몇 가지 문제를 짚어 보자면 다음과 같다. 첫째는 신협이 국가와 여러 가지 이유로 타협하고 종속적으로 관계를 맺고 있고, 이것이 신협의 자율성을 제약하고 있다는 점이다. 초기의 독립적인 신협은 제도화에 대해 내부적으로 큰 논쟁이 있었지만 결국 신협법으로 제도화되며 통제를 받아들였다. 그 후 몇 차례 위기를 겪으면서 점점 더 강하게 금융감독에 종속되었다. 신협의 자율성이 떨어지면 시중은행과의 차별성을 갖기란 더 어려워질 수밖에 없다. 물론 국가로부터 법인격을 인정받고 예금의 안정성을 보장받고 정책 지원을 활용하는 것은 필요한 일이지만, 국가에 지나치게 의존해서는 어떤 변화도 기대하기 어렵다.

둘째는 조합의 규모가 커지고 업무가 전문화되는 과정에서 조합의 민주주의가 유명무실해졌다는 점이다. 조합원의 민주적인 결사가 없다면 조합원의 참여는 번거로운 절차에 불과해지고 시중은행과의 경쟁에서 저해 요소가 될 뿐이다. 현재 신협에서는 조합원교육이 열리지 않는 경우가 많고, 총회는 열리지만 조합의 운영에 조합원이 실질적으로 참여하는 경우는 거의 없다.

셋째는 조합원들 자체가 예금자 중심으로 성격이 변화되었다는 점이다. 초기의 신협은 대출이 어렵고 고리대금에 시달리던 채무자에게 인간적 신뢰와 더 낮은 이율로 대부를 하는 게 주목적이었고, 이들에게 기꺼이 돈을 빌려주기 위해 출자하는 사람들로 구성되었다. 하지만 신협운동의 성과로 채무자들이 부채를 상환하고 경제성장기에 들어서면서 조합원들이 가난에서 벗어나자 상황은 달라졌다. 조합원늘이 저축을 하고 자산이 늘어나면서 조합원들에게 이익을 주기 위해서는 시중은행보다 더 높은 예금이자율과 세금혜택 등을 제공해야 했다.

위의 세 가지 문제는 상호 연결되어 있지만, 사실상 세 번째 문제가 첫 번째와 두 번째 문제를 강화했다고 생각한다. 신협의 조합원들이 가난할 때 신협은 가난한 사람들을 위한 조합이었다. 그런데 조합원들이 가난에서 벗어나고 자산이 점점 늘어나면서 조금씩 부자가 되어간다면 신협은 어떻게 해야 할까. 신협은 빈자를 위해 만들어졌지만 빈자를 작은 부자로 만드는 데 성공하자, 작은 부자들은 이제 부자를 위한 조합이 되어야 한다고 요청하고 있다. 어떤 상황에서도 내 돈은 지켜야 겠다고 하는 조합원의 요청에 따라 국가에 의존하고, 더 많은 이자와 배당을 달라는 조합원의 요청에 따라 더 높은 수익을 얻는 곳에 대출한다. 이렇게 우리는 이제 은행보다 더한 은행을 마주하게 된다.

신용협동조합의 목표는 물론 가난한 사람들의 삶을 나아지게 하는 것이다. 그러나 그건 곧 빈자를 부자로 만드는 것만을 의미하는 건 아니다. 만약 그렇다면 신용협동조합은 성공과 동시에 처음의 목적을 배반해야 하는 근본적인 역설에 빠지지 않을 수 없다. 이 역설에서 빠져나오려면 우리는 가난한 사람들이 부자가 되지 않고도 삶을 나아지게 할 방법을 찾아야 한다. 신용협동조합의 목적이 이자 수입을 위해서 저축을 하고, 적절하게 투자할 줄 알고, 투자를 위해 다시 대출을 받는 경제적 합리성을 갖춘 사람을 만드는 데서 그칠 수는 없다. 하지만 화폐와 자본을 중심으로 사람의 삶을 생각한다면 사람의 발전 방향 역시 당연히 화폐와 자본을 더 많이 갖는 방향으로 설정될 수밖에 없다.

무이자은행

　채권-채무 관계에서의 이자가 너무나 당연한 세상에 살고 있지만, 이자가 없는 세상을 꿈꾸는 사람들이 있다. 스스로 돈을 어느 정도 소유하고 있고, 단순히 은행에 예치만 해도 이자를 벌 수 있지만 이러한 선택을 거부하는 것이다. 여러 이유가 있을 수 있다. 가장 대표적인 건 종교적 이유다. 기독교와 이슬람교는 이자받는 행위를 금지했고, 현재까지도 이슬람은행에서는 이자를 금지한다. 종교적 이유가 아니더라도 화폐 또는 자본이 사회적으로 심각한 문제를 낳고 있다고 판단하는 탈자본의 의식이 있는 사람들도 있다. 또한 지역의 어려운 이웃들에게 봉사하는 마음으로 이자 없이 돈을 빌려주는 사람도 있고, 친한 친구끼리는 충분히 이자 없이 거래할 수 있다. 가족관계에서 돈을 빌려주는 경우에는 이자가 있으면 오히려 어색하기도 하다. 이러한 이자 없는 개인적인 거래는 자본주의 사회에서 점점 줄어들고 있지만 여전히 많다.

　이자 없는 거래를 제도로 만들어 낸 사례들도 있다. 가장 성공적이고 유명한 사례로는 스웨덴 스코브데 지역의 'JAK 은행(JAK Medlemsbank, 야크 협동조합은행)'이 대표적이다. JAK 은행은 저축 포인트에 기반한 독특한 '균형 저축 시스템'과 수수료 정책으로 무이자 예금과 무이자 대출을 실행하고 있다. JAK 은행의 사례를 참고해서 한국에서도 2015년 충남 홍성의 '도토리회'와 2016년 서울의 '희년은행', 두 개의 무이자은행이 만들어졌다. 도토리회는 유기농업과 협동조합 마을로 알려져 있는 홍동면을 기반으로 하고 있고, 김종철 선생이 《녹색평론》을 통해 지속적으로 소개했던 대안은행과 대안화폐의 사상과 맞닿아 있다. 도토리회는 회원들이 무이자로 출자하거나 겟돈(예금)을 저축하면, 이 돈을 필요한 회원들에게 무이자로 대출한 뒤 이자 대신 대출기여금이라는 형태로 의무저축을 하도록 하고 있다. '희년은행'은 기독교의 희년정신과 헨리 조지의 지공주의(地公主義)를 실천하는 '희년함께'를 모단체로 설립되었다. 회원들과 교회의 네트워크를 기반으로 무이자저축을 모으고 주로 청년들에게 대출과 주거지원을 하는 역할을 한다. 희년은행은 저축금액과 기간을 계산하여 대출포인트를 주고 여기에 따라 무이자대출을 할 수 있는 권한을 부여한다. 도토리회와 희년은행 모두 기본적으로는 수입이 없지만 운영자들의 헌신적인 노력과 신념으로 10년째 운영 중이다. 이자가 당연한 세상에서 단비같은 소중한 활동임은 물론이다.

하지만 무이자은행이 보편적으로 적용될 수 있는 시스템인지는 검토가 필요하다. 첫 번째로 무이자은행은 원칙대로라면 은행의 수입이 있을 수 없다. 사실상 은행의 운영자가 무급으로 활동해야 할 뿐더러, 은행이 어떠한 잉여금도 모을 수 없다는 걸 의미한다. 그래서 채무자의 상황이 어려워져 반환이 불가능한 상황이 되었을 때 채무를 탕감해 주기 위한 적립금도 모을 수 없는데, 이는 대출을 보수적으로 하게 되는 원인이 되기도 한다. 따라서 현실적으로 은행의 운영을 위해서는 이자가 아닌 다른 형태의 회비, 후원금, 수수료 등의 수입이 필요해진다. 그래서 무이자은행에 예금하는 사람의 상당수는 예금을 돌려받을 생각이 없고 기부로 생각하는 경우도 있다. 물론 선의에서 비롯된 훌륭한 행동이고 이러한 행동의 결과로 무이자은행이 성립할 수 있다. 하지만 다르게 말하면 무이자은행을 저축하는 곳으로 생각하지 않기 때문에 언젠가 써야 하는 많은 돈을 무이자은행에 맡기는 건 부담스럽다고 생각할 수도 있다.

두 번째, 기본적으로 무이자은행의 시스템에서는 예금자는 시세에 비해서 손해를 감수하는 한편, 대출자는 이자 손실이 없기 때문에 상대적으로 이익을 본다. 그래서 이자에 익숙한 사람은 예금을 많이 하는 것에 부담을 느끼게 된다. 이로 인해 예금의 공급은 부족하고 대출의 수요는 많은 근본적인 불균형이 생긴다. 이런 상황에서는 자산 규모를 키우는 데 한계가 있고 많은 대출신청자들 사이에서 심사의 엄격함이 증가할 가능성이 높다. JAK 은행의 균형 저축 시스템은 이를 극복하기 위해 대출자에게 대출한 금액과 같은 정도의 예금을 요청한다. 하지만 그것만으로 은행 차원에서 예금과 대출의 균형을 맞출 수 있는가는 다소 의문이다. 한 사람이 일정 금액을 대출하고 같은 정도로 저축하는 건 이상적일 수는 있지만 실제로는 그렇게 되기 어렵다. 그리고 만약 그게 가능하다면 회원과 은행이 같은 금리의 이자를 주고받아도 합이 0이 되기 때문에 굳이 무이자가 필요하지 않은 상황이 된다. 반대로 말하자면 저축포인트는 오직 대출할 때만 사용할 수 있는 인출할 수 없는 이자라고 할 수도 있고, 물론 그렇기 때문에 '이자'가 아니라고 할 수도 있다. 실제로는 어떤 회원은 쓰지 않는 저축포인트가 남고, 다른 회원은 저축포인트를 예비 또는 만회하기 위해서 추가적인 저축을 의무적으로 해야 하는 상황이 된다. 물론 JAK 은행은 다양한 회원활동과 공익활동에 저축포인트를 기부하듯이 모아주는 등의 추가적인 노하우가 있는 것으로 알려져 있다. 하지만 무이자은행의 근본적인 예금과 대출의 불균형은 해결되기 쉽지 않아 보인다.

세 번째로 무이자은행은 채무자를 수동적이거나 시혜적으로 바라보는 결과를 낳을 수도 있다. 한 사람의 채권자와 한 사람의 채무자만을 보면 이자 없는 세상을 만드는 건 채권자가 마음먹기에 따라 아주 쉬울 수도 있다. 채권자가 이자를 포기하면 그만이고, 채무자는 채권자의 선의에 의해서 해방된다. 무이자은행의 채권자는 무이자를 실천했지만 채무자의 입장에서는 선물을 받았을 뿐이다. 채무자가 선물을 받고, 무이자의 관점에서 이를 당연하게 생각한다면 현실의 다른 채무자들은 잊는 게 된다. 채무자는 무이자은행을 위해 무엇을 할 수 있을까. 채무자가 어떤 형태로든 화폐로 무이자은행에 기여한다면 그건 이자처럼 보일 수도 있는데, 무이자은행이 이를 원칙적으로 금지해야 하는지는 재고해 봐야 할 사항이다. 이자 자체를 금기시하는 건 이자가 가난한 사람들을 더 궁핍하게 하는 상황에서는 중요한 윤리이지만, 금융자본주의에서 많은 사람들이 채권자이자 채무자로서 동시에 존재하고, 채무자가 자본가이자 투자자인 상황에서는 지나치게 경직된 걸 수 있다.

시민자산화

 청소년의 꿈이 건물주라고 해서 화제가 되었던 적이 있다. 천민자본주의를 탓하는 사람이 많았지만, 사실 건물주가 되는 걸 마다할 사람이 있을까. 누구라도 돈만 있다면 부동산을 소유하고 더 많은 돈을 벌어 부자가 되고 싶어 한다. 돈이 없는 사람은 부동산을 갖지 못하고 그래서 임대료를 부자 건물주에게 내지 않으면 안 된다. 이런 현실이 억울하지만 어쩔 수 없다는 것도 너무 잘 안다. 이제는 이런 상황이 불공정하다고 얘기조차 되지 않는다. 차라리 건물주를 시험을 봐서 결정하는 법이 입법된다면 모를까.

 그래서 가난한 사람이라 할지라도 살아가는 해법은 단 하나밖에 없는 걸로 보인다. 적은 돈으로도 어떻게 해서든 부동산을 매입하는 것. 영끌을 하든, 갭투자를 하든, 경매를 하든, 청년주택이나 신혼부부주택이든, 아파트 아니면 빌라, 아니면 오피스텔이나 원룸이라도. 부동산 투자를 억제하는 정책은 마치 가난한 사람도 부자가 될 수 있는 유일한 사다리를 걷어차는 것으로 여겨질 정도다. 하지만 그 규모가 건물 정도가 되면 가난한 사람들은 언감생심 구매할 생각도 하지 못한다. 만일 여러 사람이 돈을 모아 건물이나 집, 상가 전체는 아니더라도 일부의 지분을 확보해서 수익을 낼 수 있다면, 여기에 정부나 지자체에서 융자나 지원도 해준다면 누구나 솔깃할 것이다.

 시민자산화운동이 단지 이런 걸 의미한다면, 바로 이와 같은 이유로 성공할 수 있겠지만, 또 같은 이유로 실패할 수밖에 없다. 큰 자산을 나눠서 소유한 시민들은 작은 건물주가 될 걸로 만족할 수 있을까. 작은 건물주들은 임대료 수입을 받지 않고도 만족할 수 있을까. 세입자는 한 명의 건물주보다 자신을 포함한 여러 명의 건물주를 상대하는 게 더 어려울 수도 있다. 건물을 매입하는 과정도 복잡하고, 많은 수의 건물주의 조직을 운영하고 의사결정을 하는 데도 적지 않은 노력과 비용이 들어가기 때문에 이윤 추구를 하지 않는다 해도 세입자에게 더 저렴한 조건을 만들어 주는 건 쉽지 않다. 그리고 건물주가 되지 못했거나 접근하기 어려운 사람들에게 이 건물은 어떤 의미일까. 자산을 공동으로 소유하고 있다고 그 자체로 커먼즈가 되는 건 아니다. 커먼즈는 가장 가난한 사람이 접근할 수 있고, 참여할 수 있고, 또 확산될 수 있어야 한다.

따라서 시민자산화의 용어는 수정되어야 한다. 이미 집을 갖고 있고, 또 주변 건물에까지 투자할 수 있을 정도의 부를 가진 사람이 할 수 있다면, 그런 사람을 '시민'이라고 한다면, 이렇게 만들어진 자산이 주민 모두의 것이라고 할 수는 없다. 시민들의 돈을 모아서 자산으로 만들고, 시민을 건물주로 승격시켜주는 걸 시민자산화의 목표라고 할 수는 없다. 건물주의 권력과 횡포가 문제인데, 다 같이 건물주가 됨으로써 이를 해결하는 게 좋은지 또는 가능한지는 의심해 볼 필요가 있다. 오히려 지역의 주요 공간에서 건물주를 없애는 걸 목표로 하고, 우리의 돈이 돈과 권력의 근거가 되는 자산이 아니라 자산가치가 없는 그저 돈이 되도록 하는 걸 목표로 해야 한다. 건물은 스스로 부를 낳는 자산이 아니라, 모두가 돌보고 이용하는 공유지가 되어야 한다. 그런 의미에서 이 운동은 자본으로서의 자산에 반대하는 노동자=소비자들이 공유지를 함께 만드는 운동으로, 그 이름은 '시민자산화'가 아닌 '노동자공유지' 또는 '마을공유지' 운동이 더 적당하다고 생각된다.

서울 영등포구 신길동에는 '비정규노동자의집 꿀잠'이라는 4층짜리 건물이 있다. 지하에는 전시공간 '땀', 문화교육공간 '판', 1층에는 카페 '꿀잠', 쉼터 '잠콜'(장애인 쉼터), 2층과 3층에는 인권단체들의 사무실이 있고 4층과 옥상에는 비정규노동자를 비롯한 서울에서 투쟁하는 사람들이 꿀잠을 자는 숙소가 있다. 다양하고 알차게 활용되고 있는 대단히 소중한 공간이다. 꿀잠은 장기투쟁으로 지친 비정규직 노동자와 해고노동자가 마음 편하게 쉬고 활동할 수 있는 거처를 마련하자는 취지로 2015년 8월 처음 제안되었다. 이 공간을 위해서 수많은 노동자와 노동조합과 이들을 지지하는 사람들 2천여 명이 십시일반 모금에 참여해 7억 6천여만 원을 후원했고, 2017년에는 원래는 임대주택이 8세대 정도 있었을 작은 부지와 건물을 매입할 수 있었다. 이후 연 인원 1천 명에 이르는 자원봉사자들이 리모델링에 참여해 2017년 8월 개소식을 가졌다. 이후 노동자뿐 아니라 청년단체 등의 숙박 및 공간대관 이용도 많아서, 한해 평균 이용자는 4천여 명 가량 된다고 한다. 처음에는 여러 대출도 동원했지만 거의 상환하고 온전히 노동자들의 힘으로 건물을 소유하고 활용하고 있다. 그리고 이후로도 회원과 후원자들의 기부는 계속 이어지고 있다.

국가와 자본에 아무것도 요구하지 않고, 순전히 노동자의 힘으로 노동자뿐만 아니라 투쟁하는 모든 사람과 시민에게 비빌 언덕이 되는 공간을 만들었다는 건 정말 훌륭한 일이다. 이런 훌륭한 공간을 더 만들면 어떨지 상상해 본다. 서울뿐만 아니라 지역 주요 도시에도 하나씩 만들고, 각 지역마다의 필요와 사정에 따라 독특한 공간들을 만들면 좋겠다. 서울처럼 상시적인 투쟁이 많지 않은 지역이라면 좀 더 일상적으로 노동조합원들과 주민들이 만나고 편하게 사용할 수 있는 공간이어도 좋을 것이다. 노동조합원들과 주민들이 주거할 수 있는 주거공간과 모임공간을 결합한다면, 조금 더 나아가서 주택협동조합을 건설한다면 어떨까. 하지만 꿀잠이 만들어질 수 있었던 건 백기완, 문정현 두 큰 어른을 비롯해서 노동운동의 상당한 역량을 총동원해 모금한 덕분이다. 이는 물론 대단히 훌륭한 성과지만, 같은 이유로 다시 기부를 통해서 여러 개의 꿀잠을 만들거나 확장하는 건 쉽지 않다. 인권재단에서 만든 인권센터 건물도 인권운동 단체와 인권운동을 지지하는 거의 모든 사람들의 역량이 모아진 큰 성과지만, 마찬가지 이유로 두 번째 인권센터가 지어지는 건 요원하다.

하지만 노동자들이 더 기부하는 건 어렵다해도 각자는 저축을 하고 있다. 기부가 아닌 출자의 형태로, 노동자들의 저축을 조직하고, 운영하고, 필요한 경우 반환할 수도 있도록 하면 어떨까. 건물을 짓거나 매입하는 데 100의 기부가 필요하다면, 방법을 바꿔 110-120 정도의 저축을 조직하면 필요한 경우 일부 사람들이 저축을 회수하더라도 건물의 유지와 운영은 충분히 가능해진다. 이것이 금융의 힘이다. 실제로 인권센터는 무이자채권을 발행해서 100만 원 단위로 기금을 모으고 3년 후에 반환하기도 했다. 만약에 이 기금을 필요한 사람에게는 반환하더라도 당장 필요하지 않은 사람의 기금은 더 보유하면서 제2의 인권센터나 다른 인권단체가 활용할 수 있도록 하는 방법도 충분히 가능하다. 그리고 이를 좀 더 확장하면 곧 '인권금융'이 만들어질 수도 있을 것이다. 노동자들의 여유 자금이 부동산과 주식 투자에 흘러가도록 방치하는 대신에 노동자들과 주민들이 공간을 매입하고 건축하도록 전환할 수 있다면, 전국 곳곳에 이런 공간들이 만들어지고 이어지는 건 그리 먼 꿈은 아닐 거라고 믿는다.

II. 대항화폐는 대항은행을 필요로 한다

 앞서 살펴본 탈자본운동 중 대항화폐에 대해 좀 더 살펴보도록 하자. 대항화폐의 핵심은 교환의 수단으로는 기능하지만, 자본으로는 전환되지 않는다는 점이다. 가라타니 고진은 LETS에 기대를 걸면서 LETS가 자본으로 전환되지 않을 수 있는 특징을 몇 가지 들고 있다. 첫 번째는 거래로 인한 +와 -가 양쪽에 기록되면서 전체적으로는 항상 합이 0이 되는 수지상쇄원리에 따른다는 점이다. 이로써 화폐가 없어서는 안 되지만 화폐가 있어서도 안 되는 화폐의 이율배반을 해결한다고 말한다. 두 번째는 각자가 화폐를 직접 발행하는 화폐발행권을 가짐으로써 진정한 주권자가 된다는 점이다. 그러나 현실에서 실패했듯이 이 특징들은 이론적으로 큰 의미가 없음을 알 수 있다. 첫 번째, 수지상쇄원리는 특별한 원리라고 생각되지는 않고, 단순한 회계상의 당연한 전제일 뿐이다. 만약 LETS의 거래를 관리하는 중앙이 있고, 중앙이 어떤 필요에 의해서

1억 원의 LETS를 발행한다고 하자. 이때 중앙은 -1억 원을 나머지 LETS 공동체는 +1억 원을 갖게 된다. 만약 중앙이 장기간 동안 이 상태를 유지한다면, LETS 공동체에는 수지상쇄원리가 유지되는가 아닌가. 이건 현실의 중앙은행에서도 마찬가지다. 중앙은행의 자산과 부채를 상쇄시키면 중앙은행의 부채인 화폐는 없어지는 게 될 테니 이는 별 의미 없는 가정일 뿐이다.

　두 번째, 각자가 주권자로서 화폐발행권을 갖는다는 건 어떤 의미일까. 만약 한 사람이 계속해서 화폐를 발행해서 지속적인 적자 상태에 있다거나, 그 사람이 화폐공동체를 떠나면 어떻게 될까. 다양한 형태의 대안화폐가 고안되어 있고, 다양한 방식으로 화폐 사용자의 권리를 보장하고 있지만 결국 이 문제는 해결되기 쉽지 않다. 얼굴을 마주하는 공동체라면 교환양식 A인 선물교환의 방식으로 도덕적으로 압박하거나 반대로 도덕적으로 관용함으로써 해결된다. 그러나 불가능한 정도의 규모라면 결국은 교환양식 B인 세금교환의 방식으로 법적 강제력이 호출된다. 그리고 최종적으로는 법정화폐로 상환하지 않을 수 없다. 결국 화폐발행권은 자유롭게 대출받을 수 있는 권리를 다른 방식으로 표현한 데 지나지 않게 된다. 소규모라면 대출받는다는 채무자의 감정이 아니라 화폐를 발행한다는 주권자의 감정 상태가 될 수 있다. 그렇지만 그렇기 때문에 어느 쪽에도 문제가 생기지 않는 정도의 소규모를 벗어날 수 없다. 결국 화폐발행권이라는 이름의 소액대출은 어떤 범위와 한계를 가질 수밖에 없고 상환되지 않을 가능성도 있다. 그리고 이는 화폐 공동체 전체의 부담으로 돌아오게 된다.

이런 이유로 대안화폐는 화폐공동체에 참여하는 사람들의 숫자와 규모에 한계가 있고, 공동체 구성원일지라도 그 사용 범위가 크게 확장되지 못하는 경우가 대부분이다. 대부분이 공동체 내의 화폐이고, 공동체를 넘어서는 유통되지 않는다. 이것을 공동체를 넘어 유통되게 하려면 교환양식 C인 상품교환의 방식을 도입해야 한다. 그러면 이 대안화폐는 화폐와 유사해지고 직접적으로 화폐와 경쟁하게 된다. 범용성에 있어서 비교가 되지 않는 화폐와 경쟁하려면 다시 교환양식 A가 도입되는데 이는 쉽게 공동체주의의 형태를 띠면서 지역과 공동체 내의 소비를 호소하게 된다. 그래서 대안화폐는 유통되면 대안적이지 않고, 대안적이면 유통되지 않는 문제에서 벗어나지 못하고 있다.

가라타니가 유통되는 힘을 강조하며 새로 고안하려 했던 시민통화 L 역시 마찬가지의 문제에 부딪힌다. 시민통화 L은 교환양식 C에 기반했기 때문에 당연히 화폐처럼 유통될 수 있었지만, 이 경우 가라타니가 LETS에 부여했던 의미는 대부분 상실된다. 시민통화 L은 명목적으로는 가게가 발행하는 은행권이라고 하지만 화폐발행권을 일부 가게로 한정했고, 그러면서 여전히 중앙은행 같은 건 갖지 않는다고 말한다. 하지만 중앙은행 같은 게 있으면 왜 안 되는 걸까, 아니 중앙은행 같은 게 없어도 되는 걸까?

결국 화폐를 자본으로 전환되지 않도록 하거나 화폐에 민주적 가치를 부여하는 건 단지 대항화폐 시스템을 새로 설계하는 문제를 넘어서는 걸로 보인다. 대항화폐의 문제는 내부 시스템의 문제보다는 오히려 외부의 화폐와 경쟁하지 않을 수 없다는 점에 있다. 가장 손쉬운 방법은 공동체성에 호소해서 화폐와 경쟁하는 건데, 이는 공동체에 속한 주체를 생성할 뿐이다. 바로 그 이유 때문에 공동체 외부의 주체는 공동체화폐에 접근하기 어렵고, 공동체 내부의 주체도 공동체 외부에서는 기존 화폐에 의존하지 않을 수 없다. 가라타니는 본래 유통과정에서의 개인의 자유와 주체성을 특히 강조한다. 개인은 무엇보다 공동체로부터 독립하지 않으면 안 된다. 그렇다면 대항화폐는 교환양식 A와 원리적으로 분리되어야 한다는 점을 강조했어야 하고, 결국 이 문제는 공동체성에 호소하지 않고도 화폐가 아닌 대항화폐를 지지할 주체 생성의 문제가 된다. 다시 말하자면 단순히 대안화폐가 아닌 대항화폐가 되기 위해서는 교환양식 A도 B도 C도 아닌 명확하게 D에 기반해서 화폐의 자본화에 대항하는 주체를 생성해야 한다.

화폐를 사용하는 주체의 관점에서 보자면 공동체로부터 독립한 개인이 기존화폐가 아닌 대항화폐를 굳이 사용해야 하는 이유를 물을 수 있다. 기존화폐라는 안전하고 편리한 수단을 두고 대항화폐를 유통시킬 강한 동기와 환경이 필요하다. 결국 대항화폐가 화폐와 달라지는 지점은 착취와 불평등을 낳는 자본이 되지 않는 화폐라는 점이다. 따라서 이는 공동체 내부에 머물 수 없고 공동체 외부의 모든 사람과 관계할 수밖에 없다. 이를 만인에 대한 선물이라고 한다면 가라타니의 표현대로 '교환양식 A의 고차원적인 형태'라고 할 수도 있겠지만, 그보다는 좀 평범하게 표현하면 자신에게 돌아오는 자본수익을 단지 사양하는 것이다. 내가 가진 화폐가 자본이 되어 나의 의지와는 무관하게 불특정 다수의 사람들을 착취하고 있다는 사실을 깨닫고 그것을 거부하고자 하는 주체다.

자본이 사회적 관계인 것처럼, 탈자본 역시 다른 형태의 사회적 관계일 수밖에 없다. 화폐의 자본화를 거부하고 자본수익을 사양하는 행동은 고립된 개인으로서는 그저 무력할 수밖에 없고 그것만으로는 자본에 대항할 수는 없다. 화폐 역시 단순한 교환수단이거나 고립된 개인의 소유라는 것만으로는 자본이 될 수 없다. 축적되고 유통되고 생산에 투자되야 한다. 대항화폐의 주체들 역시 단지 대항화폐로 교환하거나 대항화폐를 보유하는 것만으로는 부족하다. 대항화폐는 적극적으로 화폐의 자본화에 거부해야 하며, 자본이 아닌 다른 질서를 만들 수 있어야 한다. 화폐 그 자체의 문제보다는 자본의 문제 또는 화폐가 자본으로 전환되는 과정에 주목해서 어떤 변화를 시도해야 한다.

그런데 자신의 삶의 몇 퍼센트를 대항화폐로 채울 수 있을까. 이 질문은 각자의 삶에 필요한 걸 얼마나 대항화폐로 구입할 수 있을지에 달려 있는 문제이기도 하다. 우리 삶의 큰 부분을 차지하는 노동, 주거, 통신, 교통, 교육, 가전 등, 대항화폐로 해결할 수 있는 부분은 아직 많지 않고, 반대로 대항화폐를 사용해서 생산자협동조합의 생성과 유지에 실질적인 도움이 될 정도가 되려면 상당한 규모의 대항화폐 생태계가 이미 존재해야 한다. 결국 대항화폐로 구입할 수 있는 물건과 그것을 구입할 주체의 존재는 서로 닭이 먼저인가 달걀이 먼저인가의 문제로 서로 물려 있다. 무엇보다도 화폐로 해결하지 않으면 안 되는 또 하나의 중요한 상품이 있는데 다름 아닌 금융이다. 위의 주요 재화들의 소비에는 결국 금융이 개입되어 있다. 단지 소비를 위한 화폐가 아니라 저축과 투자와 대출을 위한 화폐로서, 금융의 영역에서 대항화폐가 어떤 역할을 하지 않으면 안 된다. 그 역할을 할 수 없다면 대항화폐로서는 대단히 제한적일 수밖에 없다.

대항은행의 필요성

교환양식 C에 기반한 기존화폐를 화폐 C, 교환양식 D에 기반한 대항화폐를 화폐 D라고 하자. 공동체성을 벗어나면 화폐 C와 화폐 D는 자유롭게 거래되는 보편적 화폐로서 교환의 차원에서는 다를 게 없다. 어쩌면 그 차이는 교환의 이면, 화폐가 단지 교환수단일 뿐 아니라 저장수단이기도 하다는 점을 상기할 필요가 있다. 화폐 D만으로 살아갈 수 있는 게 아닌 한, 모든 사람은 화폐 C와 화폐 D가 공존하고 경쟁하는 상황에서 살아갈 수밖에 없다. P라는 사람이 시중은행에 화폐 C를 대안화폐인 화폐 D를 절반씩 보유하고 있다고 하자. 화폐 C는 은행을 통해서 외부로 유통되며 자본으로 전환되어 이자를 발생시키는 반면, 화폐 D는 그렇지 않다. 만약 교환의 상대자인 Q가 화폐 C나 화폐 D 모두를 받는다고 하는 경우 P는 어떤 화폐를 사용할 것인가.

만약 P가 이자를 추구한다면, P는 은행에 있는 화폐 C를 그대로 두고 화폐 D를 쓰는 게 당연하다. 그러나 P가 화폐가 자본으로 전환되는 것에 반대한다면, 화폐 D를 보유하고 화폐 C를 은행에서 출금해서 사용하는 편이 더 좋다. 화폐 C를 저장수단으로 사용하면 화폐 D를 교환수단으로 사용하게 되고, 반대로 화폐 D를 저장수단으로 사용하면 화폐 C를 교환수단으로 사용하게 된다. 그런데 화폐가 축적, 저축, 대출, 투자되어 이자를 발생시키는 금융의 영역은 바로 저장수단으로서 기능할 때다. 역설적으로 어떤 화폐를 지지하는가와 교환수단으로 어떤 화폐를 사용하는가는 정반대의 문제가 되는 셈이다. 다시 말해 시장에서 화폐 D를 사용한다는 사실만으로는 이 사람이 화폐 D를 지지하는 사람인지 아니면 그 반대인지 확인할 수는 없다. 물론 P와 Q 두 사람 모두 화폐 D의 공동체에 속해 있으므로 화폐 D를 주고받는 건 공동체성을 확인해 주는 중요한 행위이지만 이때 화폐 D는 사실상 교환양식 A의 공동체화폐 A라고 봐야 한다. 그리고 화폐 A가 공동체시장에서 활발하게 오고 간다고 해도 저장수단으로서 화폐 C는 그 이면에서 여전히 자본으로 기능하고 있다. 심지어는 화폐 A를 화폐 C에 비해서 열등한 화폐로 인식하면, 악화가 양화를 구축하는 원리로 화폐 A를 먼저 써버리고 되도록 화폐 C는 보유하려는 게 자연스럽다. 여기에 대안적 의미는 없다.

　받는 사람인 Q의 입장에서도 마찬가지의 문제가 있다. 만약 Q가 화폐를 받은 후 즉시 다른 교환에 써버린다면 어느 쪽을 받든 큰 상관은 없다. 문제는 Q가 화폐를 저장하고 싶을 때 발생한다. 만약 화폐 D를 받아서 은행에 입금하려고 한다면 은행은 받을 리가 없다. 은행이 화폐 D를 화폐 C와 똑같이 받는다면, 그건 자본으로 전환될 것이므로 이미 화폐 D가 아닐 것이다. Q가 이자를 추구한다면 화폐 D는 저장수단으로서 큰 단점이 있고 Q는 되도록 화폐 C를 받으려고 할 것이다. 따라서 화폐 D는 교환수단으로서도 화폐 C를 이기기 어렵다. 화폐 D가 유통되기 어려운 근본 원인일 것이다.

 그러나 만약 Q가 이자를 추구하지 않고 화폐가 자본으로 전환되는 데 적극적으로 반대한다면, 은행에 저축할 수 없다는 건 화폐 D의 단점이 아니라 장점이 된다. 바로 그 이유 때문에 화폐 D를 쓰게 된다. 그런데 P와 Q 모두가 이자를 추구하지 않는다면, P는 교환수단으로 화폐 C를 사용할 것이고, Q는 화폐 D를 받으려고 하는 상황이 발생한다. P와 Q가 모두 화폐 D를 지지한다고 해도 실제로 거래되는 데는 장애가 있는 셈이다. 이를 위해서는 P가 화폐 C를 화폐 D로 환전해서 교환하거나 Q가 화폐 C를 화폐 D로 환전해서 저장해야 하기 때문에, 결국 화폐 C를 받아서 저장하고 화폐 D를 교환수단으로 내어주는 역할을 하는 새로운 은행이 필수적이다. 이 새로운 은행은 P와 Q를 대신해서 화폐 C를 보유하고, 이를 기반으로 화폐 D를 발행하는 화폐 D의 중앙은행이 되는 셈이다. 이 은행을 화폐 C를 발행하는 은행 C와 구분해서 은행 D라고 하자. 결국 교환수단으로서의 화폐 C와 화폐 D의 경쟁은 저장수단으로서의 은행 C와 은행 D의 경쟁으로 귀결된다.

 더 나아가면 은행 D는 실물화폐 D를 발행하지 않아도 화폐 C를 받아서 화폐 D로 전환시키는 것도 가능하다. P와 Q는 기존과 동일하게 거래수단으로 화폐 C를 사용하더라도, 저장수단으로 은행 C가 아닌 은행 D를 선택한다면, 실질적으로는 화폐 D를 사용한 것과 같은 효과가 있다. P가 화폐 C를 은행 D에 저축하고 Q도 화폐를 받아서 은행 D에 저축한다고 하면, 결국 화폐 C는 P와 Q를 거쳐서 화폐 D로 은행 D에 저장되는 셈이다. 이때 P와 Q 사이에서 실물화폐 D를 교환수단으로 사용해도 되지만 화폐 C를 사용해도 결과는 달라지지 않으며, 단순히 은행 D가 P의 계좌에서 Q의 계좌로 화폐를 이체시켜도 동일한 결과가 된다. 은행 D 내부에서 움직이는 화폐는 화폐 C이기도 하지만 화폐 D라고 해도 무방하다. 결국 은행 D는 은행 C와 경쟁해서 더 많은 화폐 C를 확보하고, 이를 화폐 D로 전환하는 기능을 수행하는 은행이 된다.

자본을 공유지로 바꾸는 대항은행

앞에서 검토했던 것처럼 노동과 소비를 연결하고 매개하고 종합하는 금융의 계기에서 보자면, 은행은 금융의 영역에서 화폐를 자본으로 전환시키는 핵심에 있다. 은행 C는 모든 화폐 C를 자본으로 전환하고, 그 화폐 C의 소유자인 노동자=소비자를 채권자=채무자=자본가로 전환하는 기계다. 노동자=소비자가 자본가이기를 거부한다면, 은행에 예치하고 있던 화폐 C를 꺼내서 누군가에게 주고 화폐 D를 받아야 한다. 문제는 현실에서 다량의 화폐 C를 누군가에게 주거나 다량의 화폐 D를 받는 게 어렵다는 데 더해, 화폐 C를 누군가에게 준다고 하더라도 화폐 C가 사라지지 않으며 받는 사람 역시 같은 고민에 빠지게 된다는 점이다. 자본의 소유자가 바뀔 뿐 자본 자체는 변화가 없다.

대항화폐인 화폐 D를 다루는 대항은행 D는 기본적으로는 은행 C와 다루는 화폐만 다를 뿐 동일한 역할을 할 수 있다. 즉 화폐 D를 가진 사람들이 은행 D에 예금을 하고, 필요한 사람에게 화폐 D

를 공급하고, 한 예금자에게서 다른 예금자에게로 화폐 D를 전달할 수 있다. 하지만 은행 C와 달리 은행 D는 화폐 C도 받는다. 은행 D는 화폐 C를 예금으로 받아서 보관할 수 있고 화폐 C로 반환할 수도 있다. 예금자가 원하거나 동의한다면 예금했던 화폐 C가 아니라 화폐 D로 반환할 수도 있다. 결과적으로 이러한 거래는 마치 화폐 C를 받고 화폐 D를 내주는 환전과 같은 역할을 하는 셈이다. 물론 반대 방향의 환전도 가능하다. 그렇다면 은행 D는 화폐 C를 받고 별도로 보관하면서 화폐 D를 발행해 화폐 D의 예금으로 보관해도 무방하다. 결국 은행 D는 화폐 D와 함께 화폐 C를 동시에 보관하고 관리하는 입장에 서게 된다. 사실 앞에서는 은행 D가 없이 화폐 D가 있는 걸로 서술했지만, 실제로는 실물화폐이든 LETS 같은 기록화폐이든 화폐 D를 발행하거나 거래를 기록하는 역할은 없을 수 없고, 그 이름을 무엇이라 부르건 간에 일종의 은행이라고 생각해야 할 것이다. 화폐는 발행하는 입장에서는 곧 부채이고, 부채를 기록해서 관리하는 곳이 은행이기 때문이다.

은행 D는 P와 Q의 교환에서 화폐 D를 사용할 때의 난점을 해결해 주고, P와 Q 모두가 화폐 C 대신에 화폐 D의 형태로 화폐를 보관할 수 있게 해준다. 그러나 사실 이 난점은 해결된 게 아니라 은행으로 집중된 것이다. 은행 D는 한쪽으로는 다량의 화폐 D를 세상으로 공급하지만, 다른 쪽으로는 같은 양의 화폐 C를 보유하게 된다. 은행 D는 화폐 D가 외부로 더 많이 유통될수록 더 많은 화폐 C를 보유하게 된다. 그렇다면 은행 D는 화폐 C를 어떻게 해야 할까. 은행 D는 은행 C와 마찬가지로 화폐 C를 대출하거나 투자함으로써 자본으로 전환시킬 수도 있다. 그러나 이는 은행 D에 저축한 모든 사람들에 대한 배반이 된다. 은행 D가 자본수익을 추구하는 것 자체도 문제일 뿐더러, 자본수익 즉 화폐 C를 추구하는 주체에게 화폐 C를 공급하는 것도 문제가 된다. 그러나 화폐 C의 세계에서 자본수익이 발생하는 건 주체의 의지와는 무관하게 발생하고 이를 막을 수 없다. 그 경우 발생하는 자본수익을 분배하고 통제하는 문제, 은행 D에 모인 화폐 C를 어떻게 비자본적 자산으로 전환할지가 은행 D의 핵심적인 역할이 된다.

한 토지를 두고 자본제기업은 상업적 용도로 사용하기 위해 은행 C로부터 자금을 대출하고, 협동조합은 공유지로 만들기 위해 은행 D에 자금을 요청한다고 하자. 그렇지만 화폐 D로 자산을 매입할 수는 없다. 협동조합이 자본제기업과의 경쟁에서 살아남고 공유지를 만들기 위해서 은행 D는 화폐 C를 공급해야 한다. 협동조합은 화폐 C를 공급받음으로써 자본제기업과 경쟁을 딛고 공유지를 만들어 낼 수 있게 된다. 결국 화폐 D를 지지하고 자본에 반대하는 은행 D의 예금자와 대출자를 결합함으로써 화폐 C는 자본으로 전환되는 것을 멈추고, 공유지로 전환된다고 말할 수 있다.

그런데 여기서도 원하지 않더라도 자본수익이 발생할 수 있다. 토지 소유주에게 내던 지대나 은행 C를 이용했다면 지불해야 할 이자와 같은 자본수익이 돌아오기 때문이다. 이것은 협동조합이 은행 D로부터 공급받은 화폐 C로 인해 발생한 수익이다. 만약 이 수익을 협동조합이 갖는다면, 이건 예금자와 은행이 협동조합에 선물을 주는 것과 마찬가지의 효과를 낳는다. 이 경우 은행 D가 어떤 협동조합에게 대출할지의 문제는 어떤 협동조합에게 선물할지 선택하는 문제가 된다. 이는 교환양식 A라고 봐야 한다. 협동조합의 공간이 좋은 공간으로 기능한다 하더라도, 외부에서 봤을 때 자본은 여전히 작동하고 있고, 자본수익은 독점되어 있다.

하지만 여기서 협동조합 역시 자본수익을 사양한다면 달라진다. 자본수익은 일단 은행 D로 돌아오지만, 예금자와 대출자 그리고 은행 D까지 모두 자본수익을 사양하므로 갈 곳을 잃는다. 우선적으로는 공동의 것으로 공유되어 머무르고 또 일부 분배될 수도 있겠지만, 모두가 사양할 충분한 여력이 된다면 결국은 외부를 향해 갈 수밖에 없다. 그 외부는 자본수익의 원래의 소유자, 즉 자본에 의해 착취당한 만인이 될 것이다. 이렇게 화폐의 자본화에 반대하는 화폐 D의 지지자들과 자본에 착취되고 있는 사람들로 형성된 관계망은 그 자체가 커먼즈다. 은행 D의 핵심적인 역할은 다름 아닌 이러한 사양과 공유라는 교환양식 D로 만들어지는 커먼즈와 화폐 흐름을 형성하는 것이다. 이러한 화폐 흐름을 갖는 화폐가 바로 화폐 C에 대항해서 탈자본의 질서, 커먼즈의 질서를 만들어내는 대항화폐, 화폐 D라고 할 수 있다. 은행 C가 화폐를 자본으로 전환하는 기계라면, 은행 D는 화폐를 커먼즈로 만드는 기계다. 이러한 적극적인 역할을 수행하는 은행 D가 없다면 화폐 D는 불가능하다.

화폐와 은행의 유형

가리티니의 교환양식론과 지금까지 검토한 대항화폐와 대항은행의 내용을 결합하면 아래 그림과 같이 정리해 볼 수 있다.

[그림 25] 화폐의 유형

화폐의 기원 또는 본질에 관한 복잡한 연구와 논쟁이 많이 있지만, 여기서 그 모든 걸 검토할 수는 없다. 다만 대항화폐로서 화폐 D의 성격을 명확히 하기 위해 화폐 D의 역할을 다른 화폐들과 구분해 보고자 하는 구조론적 가설이다. 어떤 형태의 화폐든 교환수단의 기능을 하지 않는다면 화폐라 말할 수 없고, 반대로 교환하는 데 어떤 형태로든 화폐가 개입하지 않을 수는 없기 때문에 교환양식은 곧 화폐양식이라고 할 수도 있다.

보통 증여는 화폐의 형태를 띠지 않거나 띠어서는 안 된다고 생각하지만 선물에 따라 발생하는 답례의 의무를 양적으로 비교하고 기억한다면 사실상 교환과 가치척도로서 화폐의 기능을 담당한다고 말할 수 있다. 화폐 C와는 다른 것으로 보이게 하기 위한 여러 장치들이 개입하지만 본질적으로 이 역시 화폐이고 화폐 A라고 할 수 있다. 여러 종류의 대안화폐도 시장에서 거래되더라도 화폐 C와 구분해서 공동체의 결속을 확인하고 다지는 목적으로 이용되는데, 이는 실물화폐의 형태든 LETS와 같은 기록화폐든 사실상 선물을 주고받기 위한 수단으로서 화폐 A라고 할 수 있다.

국가가 발행하고 조세의 형태로 회수함으로써 시장에 화폐를 공급하는 지급수단으로서의 화폐는 화폐 B라고 할 수 있다. 국가가 국채를 발행해서 국가의 공공사업에 필요한 자금을 모으는 건 현재와 미래의 조세수입을 담보로 대출을 받는 것과 같고, 이는 결국 국민들을 보편적으로 수탈하는 것이다. 다른 한편 그 화폐를 받는 국민은 일정 부분 재분배를 받는 셈이 된다. 화폐 B는 지역화폐의 형태나 복지쿠폰 또는 현물의 형태로 재분배를 실행할 수도 있다는 점에서 화폐 C와는 독립적이다. 공동체 구성원 모두의 동의만 있다면 국가가 아닌 어떤 집단에서도 화폐 B를 발행할 수 있다. 100명에게 100원씩 100일 동안 걷을 수 있다면, 당장 100만 원을 찍어서 한 곳에 몰아서 쓰든 100명에게 1만 원씩 분배를 하든 무방하다. 이러한 형태의 대항화폐도 생각해 볼 수 있겠지만 수탈이 아니라 자치적인 운영을 위한 장치가 필요하다.

화폐 C는 마르크스가 《자본》에서 분석한 대로, 상품교환에서 시작되어 화폐와 자본으로 기능하는 가장 익숙한 화폐다. 여기에 대해서 더 언급할 필요는 없겠지만, 다른 화폐와 비교해서 축적수단 즉 저축, 대출, 투자되는 금융의 기능으로 특징지을 수 있다는 점을 강조하고 싶다. 그 기능이 극단적으로 발전한 형태가 현대의 금융자본주의다.

화폐가 유통될 수 있는 힘의 본질이 결국엔 국가권력인가 아니면 시장원리인가 아니면 다른 것인가 하는 논쟁들이 무수하게 있다. 그런데 이는 본질적으로 다른 교환양식에 기반한 화폐 A, B, C 각각이 다른 속성과 역할이 있고, 이들이 자본=국가=공동체의 삼위일체 속에서 결합된다고 볼 수 있다. 각각 다른 기능의 화폐들이 자본을 중심으로 통합되어 있는 상황에서 이를 어떻게 파악하고 어떻게 넘어설 수 있을지가 핵심적인 문제다. 대항화폐의 관점에서는 화폐 A와 화폐 B의 형태도 가능하고 또 필요한 것도 사실이지만, 여기에 머물러서는 화폐 C를 넘어설 수 없는 이유를 보여준다.

화폐가 본질적으로 부채를 표현하는 형식이라면, 은행은 복잡한 채권-채무 관계들이 축적되고 종합되는 중심이다. 은행은 연속적인 화폐거래를 통해 화폐가 자본으로서 안정적으로 기능하도록 하고 어떤 자산과 주체에 자본을 공급할지를 결정할 수 있는 권한을 갖는다. 그리고 양쪽의 채권-채무 관계를 어떤 원칙으로 하느냐에 따라 은행의 유형이 결정된다.

은행 C는 모두가 자본수익을 추구하며 경쟁할 때 만들어지는 어떤 균형상태라고 할 수 있다. 자본은 가장 안정적으로 고수익을 추구하는 쪽으로 공급될 것이고, 결국엔 자본의 차이에 따라 착취와 불균형은 심화된다. 그래서 균형상태라고는 하지만 힘의 차이가 명확해질수록 불균형은 심화되고, 저항이나 규제가 없다면 언제든지 더 많은 착취를 행하는 고리대금업으로 진행되기 쉽다. 이를 조정하기 위해서 국가가 개입한다면 공급자와 수요자에 일정

[그림 26] 은행의 유형

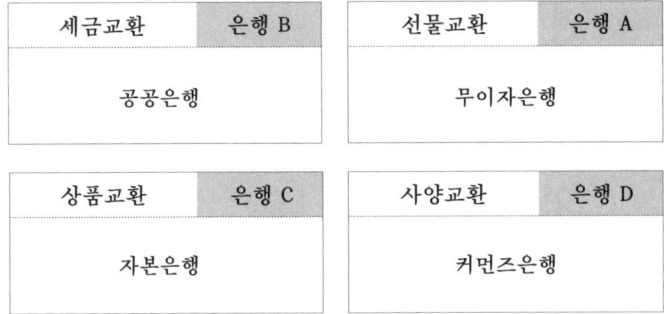

한 제한을 가하고 국가의 목적에 따라 자본을 공급하거나, 자본수익을 분배하는 은행 B의 형태로 운영하게 된다. 국가뿐만 아니라 공공적인 목적을 가진, 예를 들어 수익성이 낮거나 위험부담이 크지만 사회적 가치나 미래 가치에 대한 투자를 목적으로 하는 공공은행도 은행 B의 한 형태라고 볼 수 있다. 국책은행들이나 신용협동조합, 마이크로크레딧은행도 여기에 포함되며 목적과 운영방식에 따라 다양한 형태가 있다. 한편 수요자가 극빈층이어서 원금반환 자체가 어렵거나 이자를 기대할 수 없는 경우 또는 관계에 따라 혹은 이념적으로 이자를 받지 않는 경우도 있다. 제도화되지 않은 개인적인 관계가 많지만, 이를 제도화한 무이자은행이나 자활공제조합과 같은 사례로 최소한의 운영비를 제외하고는 사실상 자본수익을 수요자에게 선물하는 은행 A라고 할 수 있다.

화폐 D와 은행 D는 교환양식 게임이론에서 검토했던 대로 사양과 공유에 기반한 것이다. 화폐 A, B, C 모두 자본수익을 긍정하고 이를 증여, 수탈, 독점한다는 점에서 결합해 있다면, 화폐 D는 자본수익을 부정함으로써 이를 사양하고 공유하고, 최종적으로 자본수익을 빼앗긴 만인에게 다시 돌려주는 것을 목표로 한다는 점에서 화폐 A=B=C 시스템을 넘어선다. 자본수익을 은행 A는 수요자에게, 은행 C는 공급자에게, 은행 B는 은행의 운영자에게 우선적으로 분배한다. 반면 은행 D는 화폐의 수요자, 공급자, 운영자 모두가 자본수익을 사양함에 따라 공동으로 관리하거나 외부의 연대자에게 흘러가도록 한다. 자본주의가 소멸하거나 소멸되어야 한다면 자본수익은 사라질 것이고, 은행 A=B=C에서 자본수익의 혜택을 받던 주체는 타격을 받는다. 그것이 이들이 체감하는 위기와 공포의 근원이다.

그러나 은행 D에게 자본수익은 애초에 사양해야 할 것, 사라져야 할 것이다. 자본수익이 사라지고 자본이 소멸한다고 해도 화폐의 흐름과 주체의 관계에는 변함이 없다. 빼앗기던 사람이 사라질 뿐이다. 결국 은행 D는 탈자본의 원리로 구성된 탈자본은행으로서, 지금 바로 탈자본을 실천하는 주체들, 그래서 자본주의 이후를 살아가는 사람들의 관계망이라 할 수 있다. 또한 은행 D는 공유지를 함께 만들고 공동으로 관리하는 체계를 구성하고 그것으로 자본의 체계를 대체한다는 점에서 커먼즈은행이라고 해도 좋을 것이다.

은행 C와 은행 D의 관계는 어떻게 보면 외국은행과의 관계와 유사할 수 있다. 한국은행은 국제 기축통화인 달러에 기반해 있고, 달러를 보유함으로써 외환위기에 대응하는 동시에 원화를 발행해서 국내에 공급한다. 달러의 변동에 영향을 받지 않을 수는 없지만, 상당한 정도의 화폐주권을 행사할 수 있을 정도의 독립성을 갖고 있다. 국민들은 국가위기 상태에서는 원화가 아닌 달러를 갖는 게 더 좋을지라도, 일상의 대부분은 원화만으로 살기에 부족함이 없다. 마찬가지로 은행 D를 중앙은행으로 하는 어떤 나라가 있다고 해보자. 은행 D는 화폐 C를 보유하고 여기에 기반해 화폐 D를 발행해서 국내에 공급하는 화폐주권을 행사한다. 이 나라의 사람들은 자연스럽게 화폐 D를 사용함으로써 자본으로부터 독립적으로 살아간다. 무력을 이용해서 배타적인 영토를 갖는 건 아니지만, 화폐 D로 토지를 매입해서 공유지를 확보하고 여러 공유지의 관계망을 삶의 토대로 구축한다. 이 나라에 살아도 자본주의가 끝나는 날까지 화폐 C를 사용하지 않을 수는 없다. 그러나 삶의 많은 부분에서 화폐 C를 화폐 D로, 자본을 커먼즈로 전환하며 공유지에서 함께 사는 것은 얼마든지 가능하다. 이렇게 대항화폐 D를 주권화폐로, 대항은행 D를 중앙은행으로, 공유지를 영토로 하며 공유자들의 삶을 지지하는 다른 국가가 있다면 이를 대항국가 또는 커먼즈국가라고 할 수 있을 것이다.

III. 커먼즈금융: 두 번의 사양

　금융은 아무리 기술적으로 복잡하다 하더라도 결국은 채권자-채무자 관계다. 채권자는 세부 계약과 법적인 기준에 따라서 예금자, 상품투자자, 주식투자자, 펀드가입자, 보험계약자 등의 이름을 가질 수도 있지만 결국은 약간 변형된 채권자다. 채권자와 채무자가 직접 관계할 수도 있지만, 현대 자본주의에서는 대부분의 금융이 채권자와 채무자 사이에 개입하고 중개하는 역할을 한다. 금융은 채권자와의 관계에서는 채무자의 역할을, 채무자와의 관계에서는 채권자의 역할을 하며 두 가지 역할을 복합적으로 수행한다. 채권자와 채무자의 자본 거래의 동력이자 목적은 자본수익이고, 금융의 목적 역시 자본수익이다. 그래서 금융수익을 극대화하면서 투자위험을 회피하는 주체들의 경쟁은 대단히 치열하지 않을 수 없고, 온갖 기술적인 수단들이 총동원된다.

[그림 27] 커먼즈금융

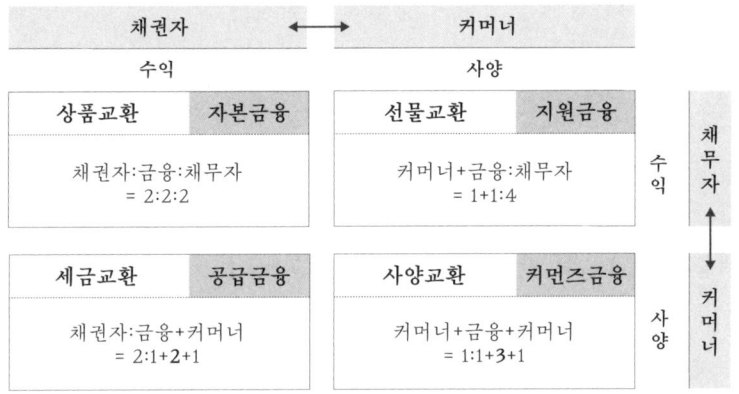

자본금융. 채권자:금융:채무자

자본수익을 유일한 목적으로 하는 채권자-금융-채무자의 관계를 자본금융이라고 하자. 자본금융에서는 경쟁의 결과로 채무자가 기대할 수 있는 자본수익을 채권자:금융:채무자로 분배한다. 채무자가 빌린 자금을 활용해서 얻을 수 있는 수익이 6%라고 하고, 채무자가 은행에 내는 이자가 4%, 은행이 채권자(예금자)에게 내는 이자를 2%라고 하면 대략 6%를 2:2:2로 나누는 셈이 된다. 이 균형은 개별적으로는 여러 변수와 요인이 작용해서 변경될 수 있지만, 모두가 경쟁한 결과로 형성되었기 때문에 전체적인 차원에서 바뀌기는 쉽지 않다. 채권자와 채무자가 합의해서 금융을 생략할 수 있다면, 3:3 정도로 양쪽 모두에게 이익이 되는 경우도 있다. 하지만 이는 아주 밀접한 관계에서만 가능할 뿐, 대부분의 경우는 2를 주더라도 금융이 개입하는 편이 낫다고 생각한다. 6%의 수익률을 더 키우는 방법도 당연히 있겠지만, 이는 결국 채무자의 금융환경과 생산효율에 달려 있다. 금융은 더 높은 수익률을 내는 채무자를 선택할 수는 있겠지만, 수익률 자체를 직접적으로 올릴 수 있는 건 아니라는 점에서 전체 크기 자체는 변동이 없다고 가정할 수 있다. 이 경쟁에서 개인적인 경쟁력이 뒤처진다면 다른 주체들에 의해 그마저 빼앗기는 결과를 낳게 될 것이다.

지원금융. 커머너+금융:채무자

자본금융은 크게 두 가지의 문제가 있다. 첫 번째는 이자의 문제로 결과적으로 채무자가 수탈되는 결과를 낳는다. 두 번째는 공급의 문제로 자본을 필요로 하는 모든 채무자에게 적절하게 자본이 공급되지 않는다. 하지만 채권자가 자본수익을 추구하지 않고 일부 사양한다면, 그리고 이를 금융이 지원한다면 분배율은 변경될 수 있다. 그리고 이때의 채권자는 자본금융의 구도에서 벗어나서 자발적으로 자본수익을 사양하고 이를 공동의 목적을 위해 사용한다는 점에서 커머너라고 할 수 있다. 만일 금융 역시 커머너의 목적에 따라 조직된다면, 두 주체는 각자의 몫을 줄이고 연결될 수 있다. 그리고 줄어든 만큼은 채무자에게 선물로 이어질 수 있고, 이자 문제를 해소할 수도 있을 것이다.

이때의 분배율은 1:1:4 정도로 표현할 수 있고, 커머너와 금융이 같은 취지로 결합되어 있다는 점에서 1+1:4로 표현할 수도 있겠다. 이를 지원금융이라 하자. 채무자가 부담해야 할 이자는 자본금융의 4%에서 2% 정도로 낮아지는 셈이다. 생활비 대출이나 고리의 이자를 전환하기 위한 대출의 경우는 이자를 낮추는 게 주요하므로, 이와 같은 채무자를 지원하는 금융이 역할을 할 수 있다. 초기 신협이 고리채에 시달리던 주민들의 어려움을 해소한 것이나 빈민운동에서 조직한 '주민자활협동조합연합회' 소속의 여러 지역자활조합에서 상대적으로 저리의 이자로 대출을 함으로써 이런 기능을 했다고 할 수 있다. 그리고 부채에 시달리는 청년을 지원하는 취지로 청년운동과 대학생들이 설립한 '청년연대은행 토닥' 등의 여러 청년자조금융들, 그리고 청년주거지원을 위한 '터무늬제작소' 같은 사례 역시 이자의 문턱을 낮추는 역할을 하고 있다.

지역의 마을기업이나 협동조합 또는 지역공동체를 지원하기 위해서 저이자 또는 무이자로 출자를 하거나 대출을 하는 서울 마포구의 '마포공동체경제 모아'를 비롯한 작은 계모임과 같은 형태의 이름 없는 풀뿌리조직도 여러 곳이 있다. 앞서 소개한 희년사상과 지공주의에 기반한 '희년은행', 생태주의와 화폐제도 비판에서 출발한 충남 홍성군 홍동면의 '도토리회'는 무이자출자와 무이자대출을 기본으로 한다. 무이자은행의 분배비율은 원칙적으로는 0:0:6이다. 물론 어떤 형태로든 채권자=회원들을 위한 회원사업도 필요하고, 운영비용도 필요하기 때문에 현실적으로는 온전히 0을 유지하기는 쉽지 않아서 여전히 1+1:4로 표현할 수도 있다. 이러한 금융조직들의 커머너들은 채권자가 아니라 회원, 조합원, 출자자, 예금자 등등의 이름으로 불리고 있다. 각자 다양한 방식으로 자본수익을 사양하는 커머너와 금융의 결합이 채무자의 이자 문제를 해결하는 지원금융이라고 할 수 있겠다.

공급금융. 채권자:금융+커머너

다른 한편으로 채무자가 자본수익을 일부 사양하는 경우도 있다. 채무자는 보통 대출을 받아서 집의 매입자금이나 전월세 보증금, 또는 채무상환이나 더 적극적으로는 다른 사업이나 투자에 활용한다. 따라서 채무자가 자본수익을 추구한다는 건 다소 어색한 표현일 수는 있다. 하지만 채무자 역시 단지 소비를 위해 돈을 써버리는 경우가 아니라면, 한쪽에서 대출해서 다른 곳에 전달하는 입장에 서게 되고, 양쪽의 이율 또는 수익률 차이에서 발생하는 차익(레버리지)을 자본수익으로 얻는다. 만일 채무자가 자본수익을 일부 사양한다면 채무자는 일반적인 자본의 논리와는 다르게 움직일 수 있다. 우선 수익은 줄어들지만 공유 공간이나 생태적인 기업과 같은 공익적인 목적에 투자할 수 있다. 이러한 채무자 역시 커머너라고 할 수 있고, 금융 역시 이와 같은 커머너와 결합해서 채권자를 상대할 수 있다. 하지만 자본금융의 채권자는 이렇게 수익이 안 되고 자금 회수 위험이 높은 활동에 대출할 가능성이 낮기 때문에, 이러한 채권자를 상대로 한다면 더 많은 이익을 분배해야 할 것이다. 어쨌든 이렇게라도 채권자에게 보상할 수 있다면, 공공의 목적에도 원활하게 자금을 공급할 수 있다.

이와 같이 채무자의 자본수익이 줄고, 금융 역시 일부 수익을 사양해서 공공의 목적에 일부를 사용하고, 채권자에게는 약간 더 높은 수익으로 보상한 결과를 대략적으로 3:1+1:1로 표시할 수 있다. 금융과 커머너가 결합한다면 3:1+1+1로 표시할 수도 있다. 여기서 금융과 커머너 사이의 +1로 표시한 부분은 사업의 성격에 따라서 커머너든, 금융이든, 위험에 대비한 것이든, 다른 공동의 용도에 재분배해서 활용될 수 있다. 이렇게 채무자가 다양한 목적으로 자본수익을 사양해서 커머너가 되고 금융이 결합되어 공공의 목적을 위한 자금을 공급하는 활동을 공급금융이라고 하자. 현재의 신협은 시중은행에서는 대출하지 않는 지역의 낮은 신용도의 개인이나 기업을 대상으로 대출을 공급하는 역할을 한다. 이 경우 위험성이 증가하므로 신협은 시중은행보다 약간 더 높은 이율로 대출하고, 예금자에게는 약간 더 높은 이율로 보상한다. 지역의 서민에게 대출하는 게 공공의 목적에 부합한다면 이러한 금융 역시 공익성을 갖는다 할 수 있고, 대출을 받는 채무자는 다소 불가피하지만 자본수익을 손해보면서도 대출을 받는다고 할 수 있다.

제도화된 신협이 하지 않는 영역에서도 역할을 하는 금융이 있다. 앞서 소개한 서울 영등포구 다람쥐회는 최초의 신협 중 하나였다가 제도화를 거부해서 반납한 뒤 비인가 신협의 형태로 계속 운영되고 있다. 다람쥐회는 지역의 노동자와 빈민을 대상으로 저축과 신용대출을 진행했을 뿐 아니라, 영등포 지역의 협동조합들(의료생협, 소비자생협, 대학생협 등)을 건설하는 데 자금을 공급하고 위험을 같이 감당해 온 중요한 사례다. '한살림연대기금' 같은 경우는 '한살림생협'의 농업생산자들의 자금수요에 맞춰 조합원들과 시민들을 대상으로 지금을 모집해서 공급하는 역할을 하고 있다. 방글라데시의 '그라민은행(Grameen Bank)'으로 대표되는 마이크로크레딧 같은 경우도 공급금융의 하나로 분류할 수 있는데, 상대적으로 고금리라는 등의 이유로 비판받기도 하지만, 공동체 조직에 많은 인력과 경비를 투입하는 등 나름의 역할을 하고 있다는 점은 부인할 수 없다.

금융기관은 아니지만 주목할만한 사례로 서울 강서구의 '사람과공간', 마포구의 '해빗투게더', 전남 목포의 '건맥1897' 등 지역자산화운동이나 주택협동조합운동을 들 수 있다. 지역자산화운동은 공동의 목적으로 부동산을 매입하기 위해서 상당히 큰 규모의 자금이 필요하기 때문에 지역주민과 회원들의 기부나 출자는 물론, 국가나 지자체의 기금과 자본은행의 자금을 비롯해서 동원 가능한 모든 자금을 끌어와야 한다. 만일 모든 채권자에게 운동의 취지를 설득하기 어렵다면 적절한 보상을 해야 한다. 이렇게 되면 지역자산화운동은 부동산을 유지하기 위해 한쪽으로는 사용자와 임차인을, 다른 쪽으로는 여러 채권자들을 상대하며 자금을 융통하는 금융기관과 유사한 역할을 하게 된다. 금융의 영역이 독립할 수도 있고, 단체 내부의 활동영역으로 남을 수도 있지만, 이를 위해서는 운영비과 활동비가 필요하다는 점에서 금융에게 할당된 1의 몫은 더 줄기 어렵다.

이처럼 탈자본의 방식으로 다양한 금융활동이 이뤄지고 있다. 각각의 탈자본금융마다의 관행은 다른 점이 많기 때문에 서로 이해하기 어렵고, 함께하는 게 불가능해 보이기도 한다. 그렇지만 모두가 거대한 자본에 맞서 다른 질서를 만들어 내자는 단 하나의 공통의 기반으로 함께할 수도 있을 것이다. 물론 자본의 합리성의 입장에서 보면 이와 같은 활동, 이론, 논리는 그저 비합리적인 것에 불과해 보인다. 그러나 반대의 사고도 가능하다. 자본의 한계를 넘어서기 위해서라면, 자본의 방식이 아닌 모든 이상하고 고루하고 엉뚱하고 감정적인 탈자본적 활동들에서 희망을 찾을 수밖에 없다.

하지만 대안금융의 자리는 결코 여유롭지 않다. 우선 자본의 금융과 그 규모에서 차이가 너무 크다. 같은 비율로 분배된다고 해도, 대안금융은 자산규모가 20억 원이고 예대마진이 2%라고 했을 때 연 4천만 원의 수익이 발생한다. 한 사람의 최저임금과 최소한의 운영비가 겨우 확보된다. 그러나 이 정도 규모를 갖춘 곳은 없는데다 이윤을 추구하지 않아 마진은 더 떨어지는 경우가 많다. 표현된 숫자로는 약간 양보하는 수준이지만, 실제로 금융기관이 금융활동만으로 자립하는 건 정말 쉽지 않은 길이다. 자립을 하려면 자산규모를 확대해야 하거나 수익률을 높여야 하는데, 대안금융으로서는 어느 쪽도 쉽지 않을 뿐더러 낯설고 어색하다. 결과적으로 자립을 돕는 금융이 자립하지 못하는 아이러니가 이어진다. 자립이 어렵다면 의지할 곳은 탄탄한 기초 조직의 지원뿐인데, 불가능하다면 정부나 공공기관 또는 자본의 사회적 기여에 따른 지원에 기대는 방법을 선택할 수도 있다. 그러나 자본이 저지른 문제를 자본의 자선으로, 국가가 잘못한 문제를 국가의 보조금으로 수행하는 데는 한계가 있을 수밖에 없다. 더구나 자본과 국가의 지원을 두고 단체들이 경쟁히는 구도가 된다면 연대는 사라지게 된다. 만약 어떤 혁신이 있다면 자본수익률 자체를 높일 수도 있다. 그러나 이 경우는 채무자가 원래 경쟁력이 있거나, 또는 애초에 놓인 환경이 아주 안 좋았거나, 자본이 더 많이 착취하는 경우일 뿐이다. 예외적으로 있을 수는 있지만, 일반적으로 기대하기는 어렵다고 봐야 한다.

커먼즈금융. 커머너+금융+커머너

만약 지원금융과 공급금융이 만나서 연대한다면 어떤 금융이 만들어질 수 있을까. 지원금융과 공급금융의 한계를 넘어 자본의 문제를 극복하기 위해, 자본수익을 사양하는 양쪽의 커머너와 커머너가 만나서 다른 금융을 만들어 보는 것이다. 지원금융에서 채무자는 선물을 받는 입장이지만, 언제까지나 선물을 받는 입장에 머무는 것보다는 스스로 회복해서 채무자 역시 선물을 사양하고 다른 사람이 지원받을 수 있도록, 더 나아가 자신도 다른 사람을 지원할 수 있는 주체로 거듭나는 게 바람직할 것이다. 공급금융에서 채권자는 위험을 감수하는 대신 더 많은 수익을 얻고 있지만, 그 위치에 머무는 것보다는 자본수익의 출처에 대해 생각하고 커머너로서 함께하는 선택이 더 바람직하다.

물론 채권자와 채무자가 각각 커머너가 되는 것만 해도 대단히 드문 일인데, 이 둘이 만나는 건 어쩌면 그 곱의 확률로 더 희박할 수도 있다. 모두가 수익을 추구할 때 혼자서 사양하는 건 혼자 망하는 결과를 낳기 때문이다. 그러나 상대가 사양한다면 나 역시 사양하겠다는 입장은 훨씬 더 일반적일 수 있다. 위험을 감수하고 같은 커머너들이 일단 서로 만나서 서로를 확인할 수 있다면 이 결합은 훨씬 더 강고할 수 있다. 또한 이렇게 강고한 관계는 또 다른 새로운 커머너를 만들어 낼 수 있다. 그 결과로 앞서와는 다른 커먼즈, 공유지가 창출될 수 있다. 커머너 사이의 금융 역시 자본수익을 사양하는 커머너라면 모두가 자본수익을 사양하기 때문에, 자원과 자본수익은 공유의 영역에 남아 있을 수 있다. 이렇게 두 번의 사양을 통해 만들어지는 커머너들의 관계와 시스템을 커먼즈금융이라고 하자.

커먼즈금융의 핵심은 자본수익에 대한 사양에 있다. 사양은 '권리 없음', '자선', '증여', '포기'와는 다르다. 자본의 금융과 같이 커머너들 각자는 자본수익에 대한 권리가 있다. 만약 누군가 권리를 인정하지 않는다면 당당하게 맞서 권리를 주장하는 게 옳다. 그래서 자본수익을 가질 수도 있다. 하지만 커머너는 다른 사람의 권리와 기여도 있고, 더 필요한 사람이 있을 수도 있으며, 내 것만은 아니기에 사양한다. 자선은 내 것을 누군가에게 줌으로써 어떤 만족을 얻는 것이라면, 사양은 애초에 나만의 것이 아니기 때문에 공동의 것으로 미뤄두는 행위다. 증여가 얼굴을 아는 사람들 사이에서 선물을 통해 서로를 인정하는 행위라면, 사양은 얼굴을 모르더라도 나보다 더 필요한 사람에게 더 많은 자원이 돌아가도록 하는 행위다. 증여는 사랑하는 사람에게 주는 게 중요하다면, 사양은 내가 갖지 않는 게 중요하다. 포기가 나의 소유권을 버림으로써 자원이나 사람과의 관계를 끊어내는 행위라면, 사양은 공동의 관계와 자원을 유지하면서 잘 관리되고 쓰여질 수 있도록 지속적으로 관리하는 행위다. 그리고 사양은 언젠가 사양하기를 그만둔다면 언제든 회수될 수도 있다는 점에서 포기하는 즉시 권리가 사라지는 것과는 다르다.

커먼즈금융의 특징은 모두가 사양하기 때문에 발생하는 공유자원이다. [그림 27]을 보면 기존의 채권자와 채무자 모두 자본수익을 사양함으로써 커머너가 되고, 금융 역시 커머너로서 자본수익을 사양한다. 이를 표시한다면 0:0:0+6으로 표시할 수도 있을 것이다. 하지만 각자에게 1씩을 잠정적으로 배분한다고 했을 때 3만큼이 공동의 자원으로 남아 있게 된다. 그리고 배분된 수익 역시도 바로 회수하지 않고 공동의 영역에 머무른다면 1+1+3+1로 표시할 수 있다. 공동의 자원 3을 어떻게 처리할지는 모든 커머너들의 공동의 민주적인 과정을 통해 결정되어야 할 것이다. 공동의 자원은 공동의 영역에 머물러 있음으로써 더 잘 활용되고 더 생산적일 수도 있다. 그리고 다른 금융과 가장 큰 차이를 갖는 건 3에 해당하는 잉여를 모두가 사양하기 때문에, 금융 외부의 더 필요한 곳에 사용할 수도 있다는 점이다.

채권자-채무자의 관계는 비로소 커먼즈금융에서 근본적으로 극복될 수 있다. 누구나 자신이 가진 자원 중 공유하고자 하는 걸 커먼즈에 내놓고 필요한 자원을 커먼즈에서 가져다 쓰는 커머너가 된다. 금액의 차이가 있을 수는 있지만, 각자가 자본수익을 사양한다면 금액의 차이가 입장의 차이를 만들지는 않는다. 모두가 커먼즈를 넓히고 돌보는 커머너로서 협력하는 관계가 될 수 있다. 자본수익을 기대하지 않기 때문에 자본수익이 모두에게서 줄어들어도 상관이 없고 오히려 환영할 수 있게 된다. 자본수익은 애초에 없어져야 할 것이기 때문이다. 그리고 자본수익을 기대하지 않는 자본은 더 이상 자본이 아니며 그 자체로 커먼즈라고 할 수 있다. 이런 면에서 커먼즈금융은 성장이 아닌 탈성장을 지지하는 금융이 될 수 있다. 모두가 함께 만들고, 필요한 사람과 모두가 풍요를 누릴 수 있지만, 그건 더 이상 자본수익이 아니라 공유지의 풍요다.

커먼즈금융이 있다고 해도 지원금융이나 공급금융의 필요성은 사라지지 않으며 여전히 각자의 위치에서 중요한 역할을 담당할 것이다. 그와 더불어 커먼즈금융을 계기로 지원금융이나 공급금융이 서로 만나서 협력할 수 있다면 우리는 정말 소중하고 든든한 삶의 기반을 갖게 될 것이다. 그렇게 자본금융을 넘어서는 커머너들의 연대를 만들어 가자.

IV. 공유지=공동체=공화국:
    자본에 대항하는 트라이앵글

　앞서의 탐구들은 네 번째 교환양식인 사양교환, 그리고 커먼즈를 다른 교환양식이나 체계와 명확히 구분해서 정립하려는 시도였다. 따라서 다소 지나치게 선물, 세금, 상품교환의 한계를 지적하고 차이점을 강조한 부분이 있다. 그리고 자본=국가=가족의 삼위일체를 하나의 체계로서 넘어서야 한다는 주장 또한 커먼즈의 차별성과 중요성을 강조하기 위한 것이다. 하지만 이 작업이 자본, 국가, 가족이 그 자체로 문제가 있고 이를 개선하는 노력이 모두 잘못되었다는 의미는 결코 아니다. 반대로 그 모든 노력들이 대단히 중요하고 가능성을 갖고 있기 때문에, 그 노력들이 소멸되거나 포섭되지 않고 하나로 모이고 연결되고 누적될 수 있는 체계가 필요하다는 걸 강조하고 싶다. 그리고 그 체계는 자본에 대항하면서도 자본을 대체할 수 있는 역할을 수행할 수 있어야 하는데, 결국 그 역할은 네 번째 교환양식인 사양교환과 커먼즈일 수밖에 없지 않을까 한다.

각 체계는 각자의 존재 이유와 역할이 있고, 소멸될 수는 없다. 가라타니 고진이 보여준 것처럼 역사적으로도 자본, 국가, 가족 중 어느 쪽이 더 지배적이고 중심적인 역할을 하는지에 따라 서로 다른 국면을 만들어 왔다. 현대의 자본주의는 자본을 중심으로 국가와 가족이 삼위일체를 이루고 있다. 국가와 가족은 자본의 한계를 넘어서기 위한 방법으로 시도되고 있지만 반대로 국가와 가족 자체의 문제를 해결하기 위해서 다시 자본을 호출할 수밖에 없다. 다시 자본이 호출되는 이유는 무엇보다도 세금교환과 선물교환에는 자원의 효율적인 분배와 균형을 조정할 수 있는 자율적인 시스템이 없기 때문이다. 이를 위해서는 자유로운 경쟁이 필요한데 이는 상품교환에 있는 속성이다. 국가는 공공의 비효율을 해결하기 위해서 시장경쟁을 도입하고, 가족은 관계의 구속에서 벗어나서 시장에서 독립하는 것으로 자유를 추구한다. 이것이 결국 자본의 권력을 강화한다. 이처럼 국가와 공동체가 약화될수록 더욱더 자본에 의존하게 되고 독점과 착취, 불평등이 심화된다.

사양교환에 기반한 커먼즈는 국가와 가족을 벗어난 영역에서 자본을 대체할 수 있을 것으로 기대된다. 사양교환은 상품교환과 마찬가지로 경쟁에 기반해 있고 모두가 동등한 위치에 서 있다. 사양교환의 목적과 맥락은 상품교환과 정반대지만, 객관적인 가치평가가 필요하고 교환의 형평성과 보편성을 담보할 수 있어야 한다. 사양교환은 금융자본과 마찬가지로 모두의 잉여금을 모아서 지금 가장 자원을 필요로 하는 곳으로 자원이 흘러가도록 할 수 있다. 다만 금융자본이 자본수익을 기준으로 한다면 금융커먼즈는 자본수익과는 무관하게 필요를 기준으로 한다는 차이가 있다. 금융커먼즈는 국가와 다르게 권력이 집중되지 않고 가족과 다르게 폐쇄적이거나 구속하지 않는다. 금융커먼즈는 금융자본이 움직이는 대부분의 곳에서 전혀 다른 방식으로 권력을 이동시켜 올 수 있을 것이다.

자본=국가=가족의 삼위일체 트라이앵글은 물론 강고하다. 이를 제외한 나머지 영역에서 공유지를 찾는다면, 공유지의 입지는 대단히 좁고 미약할 수밖에 없다. 하지만 자본이 국가와 가족을 변형하고 결합한 것처럼, 공유지도 선물교환과 세금교환을 변형하고 결합하는 데 기여할 수 있다. 가족이 근본적인 폐쇄성을 딛고 환대의 가치를 도입한다면, 그리고 국가가 지배를 넘어 자치의 가치를 도입할 수 있다면, 이렇게 새로운 공동체, 새로운 공화국이 공유지와 함께 새로운 트라이앵글을 만들 수 있다고 생각한다. 이는 자본의 트라이앵글에 대항하는 공유지의 트라이앵글이다.

자본이 지나치게 팽창하며 사유(私有)가 당연한 것으로 여겨지고 있지만, 이는 소유의 한 형태일 뿐이다. 국공유지의 공유(公有), 공동체소유의 공유(共有) 역시 소유의 다른 방법인데, 사유가 지배적인 환경에서 공유(公有)와 공유(共有) 역시 사유의 일종으로 취급되기도 한다. 그러나 공유(公有)와 공유(共有)는 사유로는 대체될 수 없는 전혀 다른 것으로 그 역할은 소멸될 수 없다. 오히려 공유(空有)를 중심으로 결합해야 본래의 긍정적인 의미도 살아날 수 있을 것이다. 사유(私有)에 맞서서 공유(空有=共有=公有)가 결합해서 맞선다면 충분히 해볼 만한 싸움이 될 것이다.

[그림 28] 공유지-공동체-공화국 트라이앵글

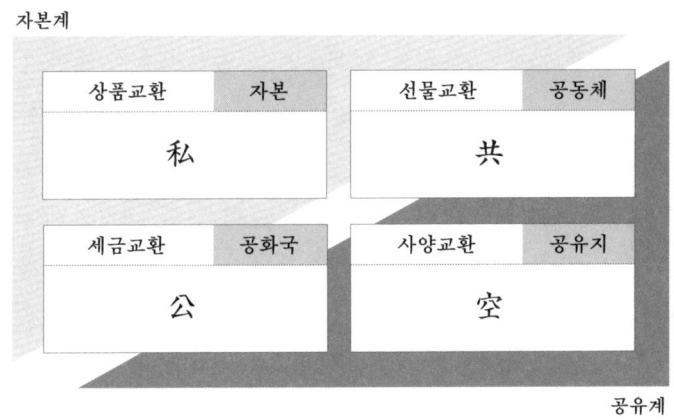

사양교환은 단지 착하게 살자는 게 아니다. 사양교환은 분명 윤리적 선택으로 시작하지만 이 점에서는 선물교환도 마찬가지다. 사양교환의 특징은 홀로 선택할 수 없고 반드시 동시에 사양하는 상대가 있어야 성립된다는 점에서 찾을 수 있다. 그런 면에서 사양교환은 개인의 윤리적 선택보다는 집단적으로 실행하는 상호적인 전략적 선택이다. 우리는 함께하지 않는다면 원치 않아도 소유경쟁으로 내몰릴 수밖에 없는 상황에 처해 있고 여기서 홀로 윤리적 선택을 하는 건 경쟁에서 밀려나는 결과를 낳기 쉽다. 사양교환은 소유경쟁에서 홀로 싸우거나 홀로 쓰러지지 말고 다 같이 사양경쟁으로 함께 전환하자고 서로를 설득하고 신뢰를 형성하는 게임이라고 할 수 있다. 우리는 자본의 세계에서도 착하게 살자고 얘기하는 것이 아니라, 다 같이 자본의 세계를 넘어서 모두가 착하게 살아도 괜찮은 새로운 세계, 공유의 세계로 함께 가자고 제안하는 것이다.

《협력의 진화》에서 로버트 액설로드는 일반적으로 배반이 훨씬 이득이 되는 죄수의 딜레마 게임이 반복적으로 실행될 때, 제일 단순하면서도 조건부로 협력적인 팃포탯(Tit-for-Tat) 전략이 가장 성공적인 전략이 되는 현상을 설명한다. 그리고 이러한 전략이 단지 게임 속 모델이 아니라 사회학적으로나 생물학적으로도 충분히 관찰됨을 여러 사례를 들어 증명하고 있다. 액설로드는 가장 성공적인 팃포탯과 이를 응용한 다른 협력적인 전략들의 특징을 다음과 같이 나열한다.

> 컴퓨터 죄수의 딜레마 대회의 데이터 분석결과 결정규칙을 성공으로 이끄는 특성은 네 가지인 것으로 나타났다.
> 첫째, 상대가 협력하는 한 거기에 맞춰 협력하고 불필요한 갈등을 일으키지 말 것.
> 둘째, 상대의 예상치 않은 배반에 응징할 수 있을 것.
> 셋째, 상대의 도발을 응징한 후에는 용서할 것.
> 넷째, 상대가 나의 행동 패턴에 적응할 수 있도록 행동을 명확히 할 것.

적당한 조건에서는 중앙 권위체 없이도 이기주의자들의 세상에서 협력이 정말 창발됨이 증명되었다. 간단히 요약하면 이렇다. 협력이 진화하려면 개인들이 다시 만날 확률이 충분히 커서 미래에 서로 이해관계로 얽힐 것이라고 믿어야 한다. 그렇기만 하면 협력은 세 단계에 걸쳐 진화한다.

무조건적으로 배신만 하는 세계에서도 협력은 싹틀 수 있다는 데서 이야기는 시작된다. 사실상 서로 상호작용할 기회가 없는 개인들이 산발적으로 협력을 시도한다면 협력은 일어날 수 없다. 그러나 아주 작게나마 대가성 협력을 바탕으로 서로 상호작용하는 무리가 있다면 이들로부터 협력이 진화할 수 있다.

이야기의 중반은, 호혜주의를 기초로 한 전략이 수많은 전략들이 난무하는 세상에서 살아남는다는 것이다.

이야기의 결말은, 협력이 일단 호혜주의를 원칙으로 안착되면 덜 협력적인 전략들에 맞서 스스로를 지켜낼 수 있다는 것이다. 그러므로 사회 진화의 톱니바퀴는 역회전을 방지하고 앞으로만 돌아가게 하는 미늘(ratchet)이 있다.

- 로버트 액설로드, 이경식 옮김, 《협력의 진화》, 43쪽

특정한 조건에서 중앙 권위체 없이도 협력이 창발될 수 있다면, 사유와 경쟁으로 가득찬 세상에서 공유의 진화가 시작되는 것도 충분히 가능하다고 예견할 수 있다. 죄수의 딜레마 게임에서처럼 개인들이 산발적으로 협력해서는 희망이 없다. 착한 사람들이라고 협력할 수 있는 건 아니다. 세상에는 이미 충분히 착한 사람들이

많다. 문제는 그들이 산발적으로 협력하다 상처를 입고 사라져 가고 있다는 것이다. 실제로 액셀로드의 실험에서도 항상 협력하는 전략은 이용당하기만 하고 실패하고 만다. 실질적인 협력을 만들어 내는 것은 팃포탯과 같은 조건부 협력 전략이다. 초기 배반의 위험성이 있을 수 있지만, 상호작용하는 작은 무리가 만들어질 수 있다면 상황은 달라질 수 있다. 이 무리의 사람들은 먼저 사양하고 상대도 사양하는 한, 항상 사양한다. 그러나 상대가 소유한다면 반드시 소유로 경쟁하며 응징한다. 하지만 상대가 다시 사양한다면 용서하고 바로 함께 사양한다. 그리고 이러한 패턴을 규칙적이고 공개적으로 실행하면서 상대도 함께 참여하도록 한다. 이러한 행동은 복잡한 보상체계나 국가권력 없이도 지금 바로 충분히 실행 가능하다.

앞서 교환양식 게임이론에서는 네 가지 교환양식에 여덟 가지의 교환 주체가 있었다. 각 주체는 자기의 위치에서 사양교환을 실천할 수 있다. 선물교환에서 증여자는 선물이 적절한지 관찰하고, 변화가 필요하다면 선물을 중지하고 피증여자 역시 사양교환으로 전환하도록 교육하고 유도할 수 있다. 피증여자 역시 가능하다면 증여자의 선물을 사양하고 사양교환으로 전환할 것을 제안할 수 있다. 사양했음에도 반발이 어렵다면 선물을 받아 다시 외부로 선물하거나 공유지로 전환할 수 있다. 세금교환에서 피수탈자는 수탈에 반발해서 경쟁상태로 전환하고, 수탈이 적절한지 따지고 이후 사양교환으로 전환하는 것을 모색할 수 있다. 수탈에 순응하지 않을 수 없다면 더 나은 재분배를 요구하고 제안해서 이를 공유지로 전환할 수 있도록 노력한다. 상품교환의 두 경쟁자는 합의를 통해 동시에 사양교환으로 전환할 수도 있다. 하지만 그렇지 않다면 어쩔 수 없이 경쟁에서 끝까지 싸우지 않을 수 없다. 결코 쉽지 않은 싸움이지만, 애초의 목적은 경쟁에서 승리하는 게 아니라 사양하는 관계를 만드는 것임을 잊지 않아야 한다. 경쟁에서 이기면 공유지에 사양하고, 지면 공유지에 의탁해도 좋을 것이다. 사양교환의 두 공유자는 이 소중한 관계를 끝까지 이어갈 수 있도록 노력해야 한다. 하지만 세상의 일은 늘 변화가 많아서 이 관계에도 변화와 실수와 오해가 생길 수 있다. 본인은 사양해도 상대는 선물이 꼭 필요할 수도 있다. 늘 주변을 살피고 돌봐야 한다. 누구나 여러 사정이 있고 실수도 할 수 있다. 쉽게 실망하지 말고 배려해야 하고, 다시 사양한다면 용서하고 함께 가야 한다.

앞서 논의한 교환양식론과 게임이론을 결합하는 시도의 적실성과 유용성을 따지는 건 훨씬 복잡한 문제다. 다만 여기서는 각자의 이타적인 선택과 그것으로 만들어지는 관계가 특별히 예외적이거나 이상적이거나 불안정한 것만은 아니라는 점을 강조하고 싶다. 여러 커먼즈의 사례는 특정한 환경에서 교환양식이 발생하고 또 안정적으로 유지될 수 있음을 보여주고 있다. 그리고 커먼즈는 단지 소규모의 작은 집단에서만 발생하진 않는다. 충분히 큰 규모에서도 그 형태의 차이는 있더라도 발견되고 있다. 빈고의 사례는 금융의 영역에서 이러한 교환양식에 기반한 커먼즈은행이 적어도 소규모에서는 가능하다는 걸 보여주고 있다. 그리고 일정 정도의 안정성과 확장성을 갖게 된다면, 작지만 과거로 돌아가지 않는 변화들을 쌓아갈 수 있지 않을까 생각한다.

　우리의 세계관은 단순하다. 세계는 자본의 세계(자본계)와 공유의 세계(공유계)로 나뉘어 있다. 우리의 삶과 몸은 양쪽으로 분열되고 이어진 채로 놓여 있다. 우리의 돈은 자본은행을 통해 자본으로, 공유지은행을 통해 공유지로 나뉘어 전환된다. 자본계에서 사람들은 매시간 노동을 해서 자본을 벌고, 소비를 줄여 자본 이탈을 막고, 자본을 어디에서 끌어와서 어디에 투자할지를 고민한다. 공유계에서 사람들은 매시간 자본을 탈환해서 공유자원을 만들고, 공유지를 가꾸면서 살아가고, 공유자원으로 어떤 공유지를 만들지를 고민한다. 자본은 노동자를 착취하고, 소비자를 수탈해서 자본을 축적하고 부채를 동원해서 자산을 부풀리고 더 많은 자산수익을 획득하는 화폐 흐름을 갖는다. 공유지는 자본에 대항하는 노동자와 자본에 대항하는 소비자, 그리고 출자=이용=연대=운영하는 공유자가 함께 공유지를 만들고 돌보고 넓히는 화폐 흐름을 갖는다. 이렇게 자본의 세계와는 완전히 구분되는 새로운 화폐 흐름을 통해서 탈자본운동은 자본의 세계와는 독립적인 새로운 세계를 구축할 수 있다.
　당신에게 던지는 우리의 질문은 이것이다. 자본계에서 살 것인가, 공유계에서 살 것인가. 자본 증식에 기여하는 자본의 숙주로 살아갈 것인가, 공유지를 확장하는 공유자로 공생할 것인가. 당신은 자본가와 함께 살 것인가, 공유자와 함께 살 것인가. 물론 자본계가 끝나지 않는 한 어느 누구도 여기서 완전히 벗어나는 건 불가능하다. 따라서 질문을 조금 추가해 보자. 당신은 어느 정도로 자본계를 살고, 어느 정도로 공유계를 살아가는가. 당신은 어느 정도로 자본가이고, 어느 정도로 공유자인가. 각자의 시작점은 당연히 다르고 그래도 좋다. 우리에게 중요한 건 지금부터 함께 자본계를 축소하고 공유계를 넓혀가는 것이다. 그렇다면 각자에게 남는 질문은 이것이다. 당신은 어떻게 자본을 축소하고 공유지를 확장할 것인가. 당신은 앞으로 언제, 어떻게, 얼마나 자본을 공유지로 전환할 계획을 가지고 있는가. 내일, 다음 달, 다음 해, 그리고 생을 마치는 순간에 당신은 어느 정도로 공유자가 되어 있을 것인가.

 빈고의 방식은 이렇다. 우리는 자본계와 결별하고 공유계로 이동할 것이다. 우리는 우리의 화폐를 자본이 아닌 공유지로 전환하려고 한다. 은행이 우리의 화폐를 자본으로 바꾸는 기계라면 우리는 우리의 화폐를 공유지로 만드는 기계인 공유지은행을 만든다. 그리고 자본에 포섭된 우리의 화폐와 우리의 힘을 차례대로 옮겨와서 공유지를 만들고 공유계를 넓힌다. 자본에 비해 공유지가 한없이 적더라도 우리는 공유지를 넓히며 함께 공유자로서 살 수 있다. 공동체는 고립된다면 자본에 의존할 수밖에 없지만, 공유지와 연결된다면 공유계에서 다양함과 아름다움과 풍요를 더해줄 것이다. 국가는 자본과 공모한다면 모두를 수탈하고 착취하는 지배자일 뿐이지만, 공유지와 함께한다면 자본을 통제하고 공유계의 자치를 실현하는 큰 힘이 될 수 있을 것이다. 그렇게 우리는 현재를 지배하고 있는 자본=국가=가족의 트라이앵글과 대항하는 공유지=공화국=공동체의 트라이앵글을 구축해서 자본계와 맞서 공유계를 넓혀갈 것이다.

싸움이 힘든 만큼 시간은 오래 걸려도 좋다. 다만 그 시작은 바로 지금, 앞으로 언제나 지금, 모든 순간이다. 불가피한 휴식 또는 후퇴도 당연히 고려되어야 한다. 자본은 규모의 크기와 수익의 크기로 평가되므로, 그것을 탈환하는 건 크기로 평가될 수 있지만 공유계에서 중요한 건 커먼즈의 크기가 아니라 커머너의 존재와 활동이다. 이렇게 속력, 상황, 규모에 대한 모든 결정은 싸움의 주체인 각자가 결정할 몫이다. 싸움의 결과에 대한 평가 역시 각자가 계획한 것만이 기준이 될 수 있다. 다만 큰 틀에서 자본에서 커먼즈로의 이동 방향에 대해 동의하고 때때로 실천하면서 함께하고 있음을 서로 확인하는 건 우리를 우리가 되도록 해주는 기준이다. 우리 공유자는 함께 계획하고 공유하고 평가한다.

우리는 자본과 대결하며, 자본과는 다른 관계를 지금 여기에서 만들어 간다. 다음은 없다. 나열하기도 어려운 여러 거대한 위기를 동시에 맞이하고 있는 우리에게 지금이 아니라면 움직일 수 있는 시간은 없다. 다른 곳은 없다. 자본이 전 지구를 지배하고 파괴하고 있는 현실에서 자본을 피해 도망갈 곳은 없다. 우리는 언제 어디서든 모든 장소와 모든 순간에 자본과 대결하며 자본을 공유지로 전환할 수 있을 뿐이다. 우리가 모든 장소와 모든 순간을 살아가는 만큼 공유지도 어디에서나 계속 만들어지고 있다. 우리는 공유계의 일부이자 전 세계를 공유하고 있는 공유자다. 자본계와 공유계는 겹쳐져 있고, 어디에서든 대결하고 있으며, 우리의 작은 실천 하나하나가 세계를 더 공유롭게 만들 것이다. 정확히 그만큼 우리는 자본의 바깥과 자본의 이후를 살아갈 수 있다.

■ 에필로그

우리는 이미
공유자=탈자본주의자다

우리는 함께하기 위해서 이 책을 썼다. 함께하기 위해 같이 사는 집을 구하고, 같이 살 손님을 맞이하고, 집을 늘리고, 가게를 열고, 마을을 만들고, 은행을 만들고, 화폐를 만들고, 축제를 열고, 사무실을 만들고, 주택을 매입하고, 땅을 구하고, 집을 지었다. 함께 밥하고, 먹고, 마시고, 놀고, 일하고, 활동하고, 노래하고, 노래를 짓고, 자전거를 타고, 책을 보고, 운동하고, 싸우고, 회의하고, 영화를 보고, 연극을 하고, 글을 쓰고, 논쟁하고, 만나고, 헤어지고, 다시 만났다. 함께하는 건 정말 즐거웠다. 너무 좋아서 기적이 아니었나 싶은 수많은 기억들이 남아 있다. 하지만 함께하는 게 마냥 즐겁기만 하고, 별다른 고민 없이 지속할 수 있었다면 아마 힘들게 책 따위를 쓰지는 않았을 것이다.

빈집이라는 공유지에서 손님=주인으로서 함께 살아가기 위한 탐구가 일단락을 맺었다. 생각보다 너무 버거운 과제였다. 이렇게 오래 걸릴지도 몰랐고, 이렇게 두꺼운 책이 필요할지도 몰랐다. 그럼에도 불구하고 담지 못한 여러 사람의 더 소중하고 재밌는 얘기들이 아직 많다는 것에 또 놀란다. 빈집과 빈고에서 함께한 사람들의 다음 책이 계속 이어지길 바란다. 여기까지 따라서 읽어온 당신에게도 감사와 함께 존경의 마음을 보낸다. 하지만 여기까지는 빈고의 탐구였고, 당신을 포함한 우리의 탐구는 이제부터 시작이다. 각자가 살아가고 있는 공유지에 어울리는 공유자의 삶은 각자가 함께 살아가는 사람들과 함께 탐구하고 실천할 수밖에 없기 때문이다.

우리는 연구자가 아니므로 어떤 이론적 완결성을 주구하기를 원하지 않는다. 다만 우리는 우리의 실천을 가능하게 하는 근거들을 찾고 싶었다. 한없이 복잡한 현실의 여러 문제들에 대해 조급하게 단순화, 도식화한 부분들이 많다. 수많은 이론에도 불구하고 우리는 매 순간 단순한 선택의 기로에서 다음 행동을 결정하지 않을 수 없었기 때문이다. 당연히 여러 가지 허점과 모순이 발견될 것이다. 우리가 제시한 이론적인 가설들이 연구자들에게 영감을 주고, 추가적인 연구들이 이뤄진다면 기쁠 것이다. 모든 비판은 환영한다. 하지만 모든 비판의 마지막엔 좀 더 나은 실천을 제안해 줬으면 좋겠다.

우리는 국가나 지역 또는 기업의 운영을 책임질 위치에 있지 않으므로, 더 큰 관계 속에서 우리의 생각들이 얼마나 잘 적용될 수 있을지는 알지 못한다. 하지만 우리는 우리의 관계망보다 항상 조금 더 넓은 세상으로 확장하고 포괄할 수 있는 실천들을 고민해 왔다고 자신할 수 있다. 우리가 독특한 사례라는 건 알고 있다. 누구나 이렇게 살 수는 없고 또 그럴 필요까지는 없다. 하지만 지금과는 다른 삶을 꿈꾸는 사람들이라면 누구라도 접근할 수 있고 함께할 수 있는 삶의 한 형태라는 사실만큼은 양보하고 싶지 않다.

당연하게도 우리가 제안하는 활동들로 많은 것을 이룰 수 있다고 장담하지 못한다. 더 많은 사람이 더 다양하고 더 큰 변화와 시도들을 감행해야만 유의미한 변화들이 가능할 것이다. 우리도 그 중에 하나로서 유효한 역할을 할 수 있길 기대한다. 이 책을 읽는 당신과 함께 더 나은 시도를 해볼 수 있기를 기대한다. 당신이 있는 자리에서 몇 사람이 모여 얘기를 나누면서 빈고를 초대해 준다

먼 기쁘게 함께하도록 하겠다.

※

　자본주의 세계에서 자본은 무기다. 타인과의 경쟁에서 자신을 보호하고, 자신의 몫을 확보하기 위한 무기. 그리고 자신을 지키기 위한 무기는 언제든 타인을 공격할 수 있는 무기이기도 하다. 물론 자본은 직접 물리적으로 사람을 죽이는 건 아니지만, 훨씬 더 고약한 면도 있다. 자본은 무기와 달리 화폐의 형태로 모두가 항상 보유하고 있고 항상 누군가를 향해 작동하고 있다. 자본은 포기한다고 폐기되지 않고, 즉시 다른 사람의 무기가 된다. 자본은 만인의 만인에 대한 투쟁에서 만인이 가진 무기다. 단지 정도의 차이가 있을 뿐이다. 무기와 마찬가지로 적극적으로 몰두하는 사람과 소극적으로 보유하는 사람, 그리고 경쟁에 뒤처져 포기하고 무방비 상태에 놓인 사람이 있을 뿐이다. 당신은 자본을 좋아하는가? 이 질문 역시 무기에 대한 질문과 마찬가지로 큰 의미가 없다. 누가 자신이 착취되거나 타인을 착취하는 자본을 마냥 좋아할 수 있겠는가. 누가 자본을 소유한 채 자본이 싫다고 하는 사람의 말을 믿을 수 있을까. 누가 자본이 좋아서 더 많은 자본을 갖기 원한다는 사람의 순진한 열망을 그대로 받아들일 수 있을까. 자본주의가 좋고 자본을 욕망하기 때문에 모두가 자본을 위한 경쟁에 나서고 있는 것일까. 아마도 아닐 것이다. 단지 불안하고, 외롭고, 두렵기 때문이다. 실상 자본주의를 좋아하는 사람은 없다. 누구든 가능하기만 하다면 벗어나려고 애쓴다. 우리는 누구나 탈자본주의자다.

갈수록 치열해지는 군비경쟁 속에서도 평화주의자의 선택은 다 같이 무기를 버리는 것일 수밖에 없다. 평화주의자의 선택은 늘 너무 이상적이고 순진하고 희생적인 걸로 받아들여지고 만다. 그러나 결국 방향은 이 길밖에는 없다. 자본에 대해서도 평화주의자와 같이 자본을 버리는 선택과 실천이 가능할까? 마찬가지로 이상적일 뿐이라는 비판이 돌아오겠지만 역시 같은 대답을 돌려줄 수 밖에 없다. 우리도 결코 현실을 모르지 않는다고. 그러나 현실을 바꿀 다른 방법을 알지 못한다고. 자본을 둘러싼 경쟁에 몸을 내맡기지 않고 그 반대 방향이 옳다는 걸 선언하고 실천하는 한 사람, 그리고 그런 사람들의 연대가 아니고서는 무엇도 가능하지 않다고. 각자가 욕망과 공포 속에 자본을 들고 전장으로 나선다면, 결국 경쟁과 불평등과 폭력의 악순환은 커질 뿐이고 누구도 안전할 수 없다. 방향은 명확하다. 문제는 어떻게 방향의 전환을 이룰 것인가. 자본이 없는 세계는 어떤 질서를 가질 것인가. 그래서 우리의 삶을 어떻게 구성해야 할 것인가. 이러한 질문들에 대한 답을 지금부터 만들어 가는 것이다.

자본주의 세계에서 탈자본주의자=공유자로서 살아간다는 건 어떤 의미일까. 자본을 위한 노동과 자본을 위한 소비를 거부하는 것. 자본을 위한 저축과 자본을 위한 대출을 하지 않는 것. 이렇게 하는 건 결코 쉽지 않다. 한 사람이 이 모든 활동을 온전히 하려면 자본주의가 끝나야 가능할 것이다. 탈자본이라는 원칙에 동의한다고 해도 현실에서의 수많은 선택은 여러 이유로 제약되고 모순되기 마련이다. 여기에 어떤 갈등도 없다면 오히려 의심스럽다. 우리는 이런 현실에서 발딛고 이를 바꾸려고 노력할 수 있을 뿐이다. 그리고 그래서 우리가 모여 있는 것이다. 혼자만의 다짐으로 개인이 바뀌고 사회가 바뀔 것이었다면 이미 문제는 사라졌을 것이다. 우리는 홀로 고립되어서는 쉽게 자본과 타협할 수밖에 없는 약하고 부족한 존재들이다. 고립되어 의지할 사람들이 없는 사람에게 남는 건 자본밖에 없다. 자신 또는 자신의 가족을 제외하고는 누구라도 경쟁자 또는 적일 뿐이라면 다른 선택이 어떻게 가능할 수 있겠는가.

커먼즈은행은 철저한 탈자본주의자 또는 대단히 착한 사람만 가입하는 결사체가 아니다. 또한 커먼즈은행에 가입한다고 해서 자동적으로 탈자본주의자나 착한 사람이 되는 것도 아니다. 커먼즈은행이 지향하는 가치에 큰 틀에서 동의한다면, 실천은 거기에서부터 시작이다. 실천을 통해 탈자본주체가 성장하고, 그다음 더 큰 실천을 한다. 신념은 눈에 보이지 않고, 몸은 신념 그대로 작동하지 않는다. 습관처럼 몸에 익숙해지지 않으면 안 되고 자신과 타인의 실천에서 반복적으로 확인되어야 한다. 커먼즈은행의 활동은 작은 실천들을 쌓아가면서 스스로 변화하고 성장하는 수련의 과정, 또한 다른 사람들과 함께 교류하고 교통하고 교환하면서 스스로와 타인의 신뢰를 축적해 나가는 과정이다. 그래서 그런 과정을 통해서 점점 우리가 애초에 동의했던 그 모습으로 점차 다가가는 과정이나.

그리고 그 최종의 마무리는 죽음 또는 죽음 직전의 마지막 결정과 함께 완성된다. 삶은 길고 변화가 많은 과정이다. 탈자본 혁명가의 삶도 권력자나 보수 인사가 되며 마무리되기 일쑤고, 평생을 악착같이 자본가로 살다가 마지막에 모든 걸 사회에 남기고 떠나는 사람들도 있다. 의도와는 다르게 질병으로 불가피한 선택을 해야 할 수도 있고, 이전의 삶과는 전혀 다른 선택을 할 수도 있다. 사람이 어떻게 변화할지 어떻게 마무리할지에 대해 미리 알거나 제어할 수 있는 방법은 없다. 그리고 어떤 선택도 나름의 이유와 그럴 만한 배경이 있기에 존중되어야 한다. 우리는 그저 하루하루를 생각과 몸을 만들어 살아가며 좋은 선택과 결정을 할 수 있도록 갈고닦고, 또 그러한 판단을 도와주고 함께할 사람들과 함께 지낼 뿐이다.

우리의 실천은 어쩌면 사소한 것이다. 우리가 대단한 자본주의의 지지자로서 자본의 은행과 거래하는 게 아닌 것처럼 말이다. 자본수익을 사양해서 커먼즈은행에 출자하고, 이용하고, 연대하고 운영하는 실천을 때때로 반복하는 것이다. 각각의 실천들 그리고 화폐가 자본이 아닌 커먼즈로 머물고 있는 시간들은 각각 의미가 있다. 하지만 그 실천들은 영원하지 않고 언제든 번복될 수도 있다. 출자활동은 이자나 배당을 거부하지만, 만약 탈퇴한다면 그동안 사양했던 배당을 한꺼번에 회수하는 선택을 할 수 있다. 이용활동은 이용에서 발생한 수익을 모두와 공유하지만, 수익이 예상과 다르게 발생하지 않거나 그 수익이 필요하다면 회수할 수 있다. 우리는 자본이 없거나 필요하지 않은 삶을 위한 노력과 실천들을 해나가지만 언제든 실패할 수도 있다는 현실을 외면할 수는 없다.

다르게 얘기하면 우리의 실천은 어쩌면 연극과 유사할 수 있다. 자본주의 사회에서 어느 정도의 자본을 갖지 않을 수 없는 우리는 자본수익에 기대고 있다. 하지만 우리는 연극을 해보기로 한다. 이 곳이 자본주의가 아닌 것처럼, 각자 자본이 없거나, 자본이 있어도 자본수익에 기대지 않기로 설정한다. 연극을 하고 있을 때만큼은 다른 행동을 하며 다른 세상을 사는 것이다. 물론 이 연극은 끝날 수 있다. 하지만 끝났다고 무의미한 것은 아니다. 우리는 다시 일상으로 돌아가야 할 수도 있지만, 또 다시 새로운 연극을 시작할 수도 있다. 그리고 어떤 연극은 아주 오래 지속될 수도 있다. 어떤 연기자는 연극 속에서 죽음을 맞이할 수도 있다. 그는 일정 정도의 자본과 자본수익을 아니 어쩌면 빚을 남기고 떠날 것이다. 이제 그는 정말 자본도 자본수익도 필요하지 않게 되었다. 그리고 그가 남긴 자본은 더 이상 자본이 아니라 다음 연기자를 위한 공유지가 된다. 그는 성공적인 연기를 수행했고 완성했다. 그가 살았던 세상은 자본주의일까 아닐까.

우리는 탈자본 원칙에 동의하고 탈자본 금융실천을 하기로 약속한 사람들이다. 실천의 방법과 정도와 수준과 계획은 누가 강제할 수 없는 것으로 스스로 정할 수밖에 없다. 물론 공동체나 다른 활동가가 함께하면서 조언하고 살피고 평가할 수 있으면 좋을 것이다. 그렇게 해서 가능한 만큼 조금씩 자본의 세계에서 공유의 세계로 자신의 삶을 옮겨오는 것이다. 자산의 대부분을 옮겨오고 대출의 대부분을 옮겨온다. 노동을 통한 수입을 늘리고, 소비되는 지출을 줄임으로써 더 많은 비율의 화폐를 자본계가 아닌 공유계를 위해 사용하게 된다. 그것이 성공한 만큼 우리는 자본을 더 잘 통제하고, 더 풍요로운 공유지를 만들고 그 풍요를 즐길 수 있다. 먼 훗날 우리는 돌이켜 볼 수 있을 것이다. 우리가 각자 얼마나 자본과의 싸움에서 승리했는가. 얼마나 자본을 공유지로 변화시켜 왔는가. 얼마나 각자의 아름다운 삶을 만들어 왔는가. 물론 질 때도 있고 실패할 수도 있겠지만 싸움의 기억과 전진의 성과는 사라지지 않는다. 우리는 그렇게 공유지를 만들고, 가꾸고, 누리고, 남기고 떠난 평범하지만 위대한 공유자로 영구히 기억될 것이다.

◆ 부록

빈고 선언문

우리는 돈이 있을 때도 은행으로 가고, 없을 때도 은행으로 간다. 돈이 남는 사람은 은행에 예금을 하고 이자를 받을 수 있다. 돈이 없는 사람은 은행으로부터 필요한 돈을 대출받을 수도 있다. 은행은 자금의 공급자와 수요자를 연결해서, 양쪽 모두를 만족 시키는 편리하고 합리적인 서비스다. 은행은 어떤 위기에도 지켜져야 하는 사회경제 시스템의 흔들림 없는 기반으로 받아들여지고 있다. 그러나, 과연 그런가?

우리는 정반대가 진실이라고 생각한다. 우리는 이미 짜여진 은행 시스템 속에서 선택의 여지 없이 종속되어 있다. 우리는 은행을 이용하고 있다고 생각하지만, 사실은 은행 시스템 내부의 닫힌 화폐 흐름이 잠시 우리의 계좌를 거쳐 갈 뿐이다. 우리가 남는 돈을 적절히 보관하고 활용할 다른 방법이 있는가? 우리가 필요한 돈을 빌릴 수 있는 다른 방법이 있는가? 우리의 돈을 어떻게 이용하고 어디에 투자하는지 결정할 수 있는 다른 방법이 있는가? 누가 우리의 이자율과 투자처와 신용등급과 대출 여부를 결정하는가? 우리는 도대체 언제 이 시스템 속에서 살아갈 것을 동의했단 말인가? 다른 대안은 정말 불가능한 건가?

은행이 안정적이라고? 그건 일차적으로는 국가가 안정성을 보장하기 때문이다. 그러나 국가가 그럴 수 있는 것은 국가가 국민 즉 우리로부터 세금을 앞으로도 안정적으로 수탈할 수 있기 때문이다. 은행이 수익성이 높다고? 그것은 일차적으로는 은행이 수익성 높은 거대자본에 투자하기 때문이다. 그러나 거대자본의 수익성이 높은 것은 거대자본이 노동자와 소비자 즉 우리를 가장 효율적으로 착취하고 있기 때문이다. 모두가 이용할 수밖에 없는 은행이 안정적으로 막대한 이익을 벌고 있다면, 결국 그것은 모두의 주머니를 턴 것에 지나지 않는다.

여기에서 그치지 않는다. 자본주의 은행시스템은 우리의 욕망과 삶의 양식마저도 바꾸어 놓기 시작했다. 우리는 어느새 저들의 욕망과 저들의 규칙을 따르게 되었다. 무심코 은행에서 권유한 펀드 상품에 가입하면서부터, 우리는 우리의 돈이 안정성과 수익성을 갖고 저절로 불어나길 바라게 되었다. 돈이 어떻게 쓰이고, 누구를 위해 쓰이건 간에 중요한 것은 나에게 돌아오는 이자 또는 투자수익률뿐이다. 은행의 낮은 이율을 합리적으로 이용하기 시작하면서, 우리는 그 돈을 빌려 부동산을 매입하고, 투자를 하고, 사업을 벌이면서 레버리지라는 이름의 더 높은 수익률을 얻고자 한다. 그렇게 우리는 여전히 수탈당하고 착취당하는 노동자와 소비자임에도 불구하고 동시에 예금자, 채권자, 투자자, 채무자, 자산가, 사업가가 되어 간다. 그렇게 우리는 우리를 잃어버리고 그들 중의 하나로, 은행시스템의 지지자 또는 공범자가 되어버렸다.

그렇게 변해버린 우리의 욕망과 신체는 어떠한 다른 삶도 상상하거나 감행할 수 없게 돼버렸다. 우리는 신용협동조합과 대안 금융운동의 소중한 역사에서 많은 것들을 배우고 있다. 하지만 동시에 많은 시도가 초기의 훌륭한 문제의식과 성과에도 불구하고, 성공하면 성공할수록 기존의 은행과 닮아가지 않을 수 없었다는 사실도 직시하고 있다. 돈이 없을 때는 돈이 돈을 버는 것에 대해 반대하지만, 돈이 생기기 시작하면서 이율배반에 빠지고 만 것이다.

기존의 은행과 똑같은 욕망을 가진 사람들, 더 높은 이율과 수익을 바라는 자산가, 더 낮은 이율과 높은 레버리지를 바라는 대출자, 안정성과 수익성과 최대이윤을 추구하는 은행가, 이들이 만들어내는 은행에 어떤 대안이 있을 수 있을까?

돈이 우리의 삶의 모든 곳에 개입하고, 우리의 삶의 모든 순간을 지배하게 되면 될수록 이 문제는 점점 더 심각해진다. 노동자로서 정당하게 수입을 얻고, 소비자로서 올바르게 지출을 하는 것은 여전히 중요한 문제다. 하지만 현대 금융자본주의가 발전할수록 개인의 수입과 지출 외에 자산과 부채가 갖는 중요성이 날로 커지고 있다. 한 사람의 부는 노동시장에 나가기도 전에 자산과 부채의 차이로 대부분이 결정된다. 집을 사는 것은 더는 소비의 문제가 아니라, 자산을 상속받는 문제, 대출이라는 리스크를 안고 레버리지를 노리는 투자와 자산운용 전략의 문제다. 우리는 오늘 하루 소비를 위해 노동하는 것만큼이나, 과거의 부채 때문에 노동하고, 미래의 자산을 위해 노동하고 있는 것이다.

그렇다면 우리는 노동자로서 단결하고, 소비자로서 연합하는 만큼, 금융의 영역에서도 단결하고 연합해야 하는 것은 아닐까? 안타깝게도 우리는 이 부분에 대한 경험과 이론을 충분히 갖고 있지 않다. 노동자는 어떻게 저축해야 하나? 실업자는 어떻게 생활해야 하나? 소비자는 금융상품을 어떻게 해야 하나? 노동자는 어디에 투자해야 하나? 소비자는 어떻게 집을 구해야 하는가? 우리는 노후에 어떻게 살아가야 하나? 우리는 어떻게 미래의 위험에 대비할 것인가? 우리는 어떻게 그들과는 다르게 돈을 관리하고 통제할 수 있을 것인가? 우리가 노동자와 소비자로서 그들과 투쟁해서 돈에 여유가 생겼을 때, 우리가 그들과 같은 부자가 되고 말 것인가?

우리는 가난하다. 하지만 거대자본에 맞서 미약할 수밖에 없는 우리가 받는 노동 수입과 원하지도 않는 거짓 욕망을 전방위적으로 강요당하는 우리의 소비 환경 속에서 우리가 어떻게 가난하지 않을 수 있겠는가? 겨우 저축한 돈을 투자로 날리고, 보험에 쏟아붓고, 대출이자로 빼앗기는 우리가 어떻게 가난하지 않을 수 있겠는가? 그래서 우리는 현재의 조건에 대해 분노하고 투쟁하지 않을 수 없다.

우리는 가난하다. 이 척박한 환경에서 공동체와 공유지를 만들어내는 사람들이 어떻게 빚지지 않고 살아갈 수 있겠는가? 빼앗기는 사람들, 투쟁하는 사람들, 함께하는 사람들이 어떻게 몰락하지 않을 수 있겠는가? 그 와중에도 먼저 협력하고 먼저 내어주는 착한 사람들이 어떻게 가난하지 않을 수 있겠는가? 수익을 바라지 않고 공공의 목적을 위해 투자하는 사람들이 어떻게 돈을 벌 수 있겠는가? 받을 기대 없이 주고, 주는 티 내지 않고 주고, 받은 것보다 더 크게 나눠주는 아름다운 사람들이 어찌 홀로 이 험한 세상을 살아갈 수 있겠는가?

그래서 우리는 함께 가난하기로 한다. 가난한 우리들이 모여서 함께한다면 어떻게 될 것인가? 어떻게 이런 우리가 갈가리 찢어져 홀로 하나둘 그들이 되어가지 않고, 언제까지나 우리로서 함께할 수 있을 것인가? 이런 사람들이 만들어내는 은행은 어떠한 은행일 수 있을까? 반대로 이런 사람들을 만들어내는 은행은 어떤 은행이어야 할 것인가? 어떻게 그들의 은행이 아닌 우리의 은행을, 은행이 아닌 다른 은행을 만들 것인가?

만약 그런 은행이 있다면 그것은 자본에 반하는 반자본은행, 서로 돕고 함께 움직이는 공동체들의 공동체(共動體), 꼬뮨을 만들어내는 꼬뮨은행(Commune Bank), 은행(銀行)이 아닌 은행(恩行), 가난해서 행복한 빈민들의 금고(貧庫), 모든 것을 나눠주고, 모든 것을 받아 안을 수 있는 비어 있는 금고라고 할 수 있지 않을까? 우리의 공동체은행 빈고는 그런 은행이 되고자 한다. 그리고 빈고를 만들어 가는 우리는 공동체은행 빈고의 조합원으로서 출자자=이용자=연대자=운영자로서 함께 살아가고자 한다.

출자자: 우리는 돈이 돈을 벌고, 돈이 사람을 지배하는 금융자본의 질서에 반대하며 자본을 위한 저축을 거부한다. 우리는 우리의 소중한 돈이 은행과 투자를 통해 금융자본이 되어 행하는 착취와 폭력으로부터 해방되길 바란다. 그래서 우리는 자본이 지배하는 은행에 종속된 예금자나 투자자가 아니라 빈고의 출자자가 되고자 한다. 우리는 노동과 투쟁을 통해 얻은 수입과 현명하고 소박한 지출 계획을 바탕으로, 출자 목표를 설정하고 이를 지키고자 노력한다.

이용자: 우리는 빈고의 공유자본을 요긴하게 이용해서 공동체 공간과 공유지를 만들고 가꾸면서 공동체 구성원의 삶을 풍요롭게 한다. 이를 통해서 더 많은 공유지와 더 많은 공동체 구성원이

생겨날 수 있기를 바란다. 여러 사람이 모은 공유자본을 이용하고 공동체를 꾸리는 일은 수많은 노력과 다짐, 경험과 지혜를 필요로 하는 결코 쉽지 않은 일이다. 하지만, 우리는 함께하면서 점점 더 잘 함께할 수 있게 될 것이다. 우리는 채무자나 사업가가 아니라 빈고의 공유자본을 능숙하게 활용하는 이용자가 되고자 한다. 우리는 공유자본의 힘으로 줄어든 월세, 절약한 이자 등의 이용수입은 자신과 모두를 위해 공유한다.

연대자: 우리가 출자를 통해 자본을 공유자본으로 만들고, 공유자본을 잘 이용한다면, 우리가 원하든 원하지 않든 잉여금이 발생한다. 우리가 빼앗겼던 돈을 다시 빼앗아 올 수 있기 때문이다. 그러나 우리는 여기에서 멈출 수 없다. 우리는 만인이 빼앗기는 질서에 반대하며, 우리 외부에 여전히 빼앗기는 세상 만인들이 있다는 것을 안다. 우리가 이들을 외면한다면 우리는 어느새 빼앗는 자의 위치에 서게 되는 셈이다. 우리는 빼앗기던 돈을 다시 빼앗아오는 것에 그치지 않고, 이를 원래의 주인인 세상 만인과 모든 생명과 공유할 것이다. 우리는 외부의 또 다른 우리와 연대하는 사람이자, 연대의 상대자이기도 한 연대자가 되고자 한다. 우리는 만인을 수탈하는 자본의 질서에 저항하는 사람들과 기쁘게 함께하며 서로 닮아갈 것이다.

운영자: 그리고 무엇보다 우리는 즐겁게 함께할 것이다. 돈의 다른 흐름, 사람들 사이의 새로운 관계를 만들어내는 것, 더욱더 많은 사람과 함께하는 것은 그 자체로 즐거운 일이다. 적절한 활동비가 적절히 분배되는 것은 빈고의 비용이 아니라 노동이 재밌는

일이 되기를 바라는 목적 중에 하나다. 우리는 그렇게 다른 은행을, 다른 질서를 만들어 내는 운영활동가가 되고자 한다. 우리는 고된 일을 재밌게 만들기 위해 협력하고, 재밌는 일을 개발하기 위해 궁리하고, 노동시간을 줄여 나감으로써 일하는 우리의 삶이 재밌어지도록 노력할 것이다.

이렇게 우리는 공동체은행 빈고의
출자자=이용자=연대자=운영자로서 살아갈 것이다.
우리의 구호는 다음의 두 문장으로 정리된다.
능력에 따라 출자하고, 필요에 따라 이용한다!
기쁘게 연대하고, 재밌게 운영한다!
우리가 살아가는 세상은 우리의 삶을 닮은 세상이 될 것이다.
조합원들의 노동의 결과가 소비되거나 수탈되지 않고
모이게 될 것이다.
우리가 가진 돈이 그들만을 위해 쓰이지 않고,
우리를 위해 쓰이게 될 것이다.
빼앗기던 월세와 이자와 수익금이 다시 돌아올 것이다.
누구도 집을 소유하지 않지만,
모두가 집의 주인으로서 살아갈 것이다.
아무도 가지려 하지 않지만, 그래서 모두가 가지게 될 것이다.
한사코 사양하지만 더욱 풍요롭고 요긴하게 돌아올 것이다.
풍요로운 부는 내부에 머물지 않고
외부의 연대자에게 넘쳐흐를 것이다.

우리 외부의 연대자는 곧 우리가 될 것이다.
공유지는 넓어지고, 사람들이 늘어나고,
그만큼 다시 공유지가 넓어질 것이다.
모두가 가난하지만 누구도 빼앗기지 않고,
아무도 쫓겨나지 않을 것이다.
아무도 연금과 보험을 하지 않아도,
미래를 두려워하지 않을 것이다.
아무도 자본수익을 기대하지 않기 때문에,
자본수익이 줄어드는 것은 환영할 일이다.
자본에 의지하지 않기 때문에,
자본이 위기를 겪어도 아무도 꿈쩍하지 않을 것이다.
그렇게 우리는 자본에 의지하지 않는
생산과 소비를 만들어갈 것이다.
돈은 무소불위의 신이 아닌 단순한 도구에 지나지 않을 것이다.
그래서 우리는 아무렇지도 않게
전혀 다른 돈을 만들어 낼 수도 있을 것이다.
이런 미래를 우리는 기다리지 않는다.
우리는 미래를 지금 여기서 살아간다.
우리는 미래에 함께하기 위해 지금 이미 함께하고 있다.
그리고 당신이 곧 또 한 명의 우리가 될 것이다.
당신과 함께 하는 것, 그것이 우리가 그리는 미래다.

당신, 또 다른 우리여. 함께 가자!

은행에서 빈고로!
자본에서 꼬뮨으로!
우리가 잃은 것은 오직 자본에 대한 도착이라는 쇠사슬이요,
얻을 것은 전 세계이다.

만국의 빈민들이여 단결하라!

2016.03.05
공동체은행 빈고 6차 총회
조합원 일동

참고문헌

가라타니 고진, 조영일 옮김,《세계사의 구조》, 비고, 2024.
_____, 조영일 옮김,《세계공화국으로》, 비(도서출판b), 2007.
_____, 송태욱 옮김,《트랜스 크리틱》, 한길사, 2005.
로버트 액설로드, 이경식 옮김,《협력의 진화: 이기적 개인의 팃포탯 전략》, 시스테마, 2009.
마르셀 모스, 이상률 옮김,《증여론》, 한길사, 2002.
블라디미르 일리치 울리야노프 레닌·슬라보예 지젝, 정영목 옮김,《지젝이 만난 레닌: 레닌에게서 무엇을 배울 것인가?》, 교양인, 2008.
송제숙, 황성원 옮김,《혼자 살아가기: 비혼여성, 임대주택, 민주화 이후의 정동》, 동녘, 2016.
안토니오 네그리·마이클 하트, 조정환·유충현·김정연 옮김,《선언: 전 세계의 빚진 사람들, 미디어된 사람들, 보안된 사람들, 대의된 사람들이여, 공통적인 것을 구성하라!》, 갈무리, 2012.
앙드레 고르, 임희근·정혜용 옮김,《에콜로지카: 붕괴 직전에 이른 자본주의의 대안을 찾아서》, 갈라파고스, 2015.
요한 하위징아, 이종인 옮김,《호모 루덴스: 놀이하는 인간》, 연암서가, 2018.
이오갑,《칼뱅, 자본주의의 고삐를 잡다: 그의 경제사상과 자본주의》, 한동네, 2019.
조너선 크롤, 박용남 옮김,《레츠》, 이후, 2003.
카를 마르크스, 김수행 옮김,《자본론 1-상》, 비봉출판사, 2015.
카를 마르크스·프리드리히 엥겔스, 남상일 옮김,《공산당선언》, 백산서당, 1989.
칼 폴라니, 홍기빈 옮김,《거대한 전환: 우리 시대의 정치.경제적 기원》, 길, 2009.
_____, 이종욱 옮김,《초기제국에 있어서의 교역과 시장》, 민음사, 1994.
폴 라파르그, 조형준 옮김,《자본이라는 종교》, 새물결, 2014.
_____, 조형준 옮김,《게으를 수 있는 권리》, 새물결, 2005.
프리드리히 엥겔스, 김민석 옮김,《반듀링론: 오이겐 듀링씨의 과학혁명》, 중원문화, 2010.

함께 읽으면 좋은 책

가라타니 고진, 송태욱 옮김,《일본정신의 기원: 언어, 국가, 대의제, 그리고 통화》, 이매진, 2006.
_____, 송태욱 옮김,《윤리 21》, 사회평론, 2001.
가이 스탠딩, 안효상 옮김,《공유지의 약탈: 새로운 공유 시대를 위한 선언》, 창비, 2021.
고병권,《고병권의『자본』강의》, 천년의상상, 2022.
_____,《화폐, 마법의 사중주》, 그린비, 2005.
권범철,《예술과 공통장: 창조도시 전략 대 커먼즈로서의 예술》, 갈무리, 2024.

김성구, 워커스 기획, 《경제 무식자, 불온한 경제학을 만나다》, 나름북스, 2016.
김현경, 《사람, 장소, 환대》, 문학과지성사, 2015.
나카자와 신이치, 김옥희 옮김, 《사랑과 경제의 로고스: 물신 숭배의 허구와 대안》, 동아시아, 2004.
N. Barou, 이병석 옮김, 《협동조합보험론》, 경남대학교출판부, 2001.
노암 촘스키, 유강은 옮김, 《촘스키, 미래의 정부를 말하다》, 모색, 2006.
다나카 유·에이 시드 재팬 에코 저금 프로젝트, 《굿 머니, 착한 돈은 세상을 어떻게 바꾸는가?: 세계를 움직이는 돈의 비밀과 희망의 경제학》, 착한책가게, 2010.
더 케어 컬렉티브, 정소영 옮김, 《돌봄 선언: 상호의존의 정치학》, 니케북스, 2021.
데이비드 그레이버, 정명진 옮김, 《부채, 첫 5,000년의 역사: 인류학자가 고쳐 쓴 경제의 역사》, 부글북스, 2021.
데이비드 볼리어, 배수현 옮김, 《공유인으로 사고하라: 새로운 공유의 시대를 살아가는 공유인을 위한 안내서》, 갈무리, 2015.
드미트리 클라이너, 권범철 옮김, 《텔레코뮤니스트 선언》, 갈무리, 2014.
로버트 기요사키, 안진환 옮김, 《부자 아빠 가난한 아빠 1》, 민음인, 2018.
루이 알튀세르 외, 진태원·최진석 옮김, 《레닌과 미래의 혁명: 자본주의 위기 시대에 레닌과 러시아혁명을 다시 생각한다》, 그린비, 2008.

마조리 켈리·테드 하워드, 홍기빈 옮김, 《모두를 위한 경제》, 학고재, 2021.
마크 레빈·스테판 M. 폴란, 노혜숙 옮김, 《다 쓰고 죽어라: 얼마를 벌 것인가보다 어떻게 쓸 것인가를 고민하라》, 해냄, 2009.
마하트마 K. 간디, 김태언 옮김, 《마을이 세계를 구한다》, 녹색평론사, 2011.
모리스 고들리에, 오창현 옮김, 《증여의 수수께끼》, 문학동네, 2011.
미셸 바우웬스·바실리스 코스타키스, 윤자형·황규환 옮김, 《네트워크 사회와 협력 경제를 위한 미래 시나리오》, 갈무리, 2018.
박배균 외 엮음, 서울대학교 아시아도시사회센터 기획, 《커먼즈의 도전: 경의선공유지 운동의 탄생, 전환, 상상》, 빨간소금, 2021.
브뤼노 카르센티, 김웅권 옮김, 《마르셀 모스, 총체적인 사회적 사실》, 동문선, 2009.
비노바 바베, 사티쉬 쿠마르 엮음, 김문호 옮김, 《버리고 행복하라》, 산해, 2003.
신용인, 《마을공화국, 상상에서 실천으로: 진정한 민주공화국을 위하여》, 한티재, 2019.
안토니오 네그리, 윤수종 옮김, 《지배와 사보타지》, 중원문화, 2012.
_____, 최창석·김낙근 옮김, 《전복의 정치학: 21세기를 위한 선언》, 인간사랑, 2012.
안토니오 네그리·마이클 하트, 정남영·윤영광 옮김, 《공통체》, 사월의책, 2014.
안토니오 네그리·펠릭스 가타리, 조정환 옮

김, 《자유의 새로운 공간》, 갈무리, 2007.
안토니오 네그리 외, 《자본의 코뮤니즘, 우리의 코뮤니즘: 공통적인 것의 구성을 위한 에세이》, 난장, 2012.
앙드레 고르, 이현웅 옮김, 《프롤레타리아여 안녕: 사회주의를 넘어》, 생각의나무, 2011.
에릭 올린 라이트, 유강은 옮김, 《21세기를 살아가는 반자본주의자를 위한 안내서》, 이매진, 2020.
_____, 권화현 옮김, 《리얼 유토피아: 좋은 사회를 향한 진지한 대화》, 들녘, 2012.
이광석 외, 문화/과학 편집위원회 엮음, 《문화과학 109호 - 2022.봄: 기후 생태 커먼즈》, 문화과학사, 2022.
이진경 외, 《코뮨주의 선언: 우정과 기쁨의 정치학》, 교양인, 2007.
장훈교, 《공동자원체제》, 부크크, 2022.
정태인·이수연, 《정태인의 협동의 경제학: 사회적경제, 협동조합 시대의 경제학 원론》, 레디앙, 2013.
J. K. 깁슨-그레엄, 엄은희·이현재 옮김, 《그따위 자본주의는 벌써 끝났다: 여성주의 정치경제 비판》, 알트, 2013.
제프 예거, 우진하 옮김, 《자린고비 프로젝트》, 바오밥, 2010.
C. 더글러스 러미스, 김종철 옮김, 《간디의 '위험한' 평화헌법》, 녹색평론사, 2014.
최진배·권오혁·김명록, 《한국의 지역금융협동조합》, 율곡출판사, 2018.
카를 마르크스, 강유원 옮김, 《헤겔 법철학 비판》, 이론과실천, 2011.

파블로 솔론 외, 김신양·허남혁·김현우 옮김, 《다른 세상을 위한 7가지 대안: 비비르 비엔, 탈성장, 커먼즈, 생태여성주의 어머니지구의 권리, 탈세계화, 상호보완성》, 착한책가게, 2018.
피에르 조제프 프루동, 이용재 옮김, 《소유란 무엇인가》, 아카넷, 2013.
피터 라인보우, 정남영 옮김, 《마그나카르타 선언: 모두를 위한 자유권들과 커먼즈》, 갈무리, 2012.
하승우, 《공공성》, 책세상, 2014.
_____, 《아나키즘》, 책세상. 2008.
_____, 《풀뿌리민주주의와 아나키즘: 삶의 정치 그리고 살림살이의 재구성을 향해》, 이매진, 2014.
한디디, 《커먼즈란 무엇인가: 자본주의를 넘어서 삶의 주권 탈환하기》, 빨간소금, 2024.

빈고 관련 자료

웹페이지
빈고 홈페이지: bingobank.org
빈집 팀블로그: blog.jinbo.net/house
빈집 홈페이지: binzib.net
빈집 위키: binzib.net/wiki
빈가게 팀블로그: blog.jinbo.net/bingage
빈농집 팀블로그: blog.jinbo.net/beannong
자전거메신저 팀블로그: blog.jinbo.net/messenger
김지음 블로그: blog.jinbo.net/antiorder

논문/단행본

강내영, 〈주거실험 공동체 '빈집'에 대한 연구〉, 전남대학교 석사학위논문, 2012.

김지음, 〈공유/자치/환대의 글로벌 커뮤니티: 한국 해방촌에 생겨난 '빈마을' 약사〉, 일본 임팩션 188호, 2013.

_____, 〈공유, 자치, 환대를 실천하는 공동체들의 공동체: 해방촌 빈집, 빈가게, 빈고-빈마을 이야기〉, 《도시와빈곤》, 102호, 2013.

박승옥, 〈해방촌 '빈집' 공동체〉, 《녹색평론》, 108호, 2009.

박은진, 〈청년세대의 불안정한 노동과 주거실험: 해방촌 '빈집' 게스츠하우스(guests' house) 사례를 중심으로〉, 연세대학교 석사학위논문, 2012.

빈고, 〈빈고 핸드북: 자본을 공유지로 바꾸는 멋진 금융생활〉, 2022.

윤수종, 《자율운동과 주거공동체》, 집문당, 2013.

한디디, 《커먼즈란 무엇인가: 자본주의를 넘어서 삶의 주권 탈환하기》, 빨간소금, 2024.

_____, 〈소유하는 '집/가족'에서 돌봄의 커먼즈로: 공유주거 '빈집'을 통해 보는 커먼즈의 돌봄윤리〉, 《공간과 사회》, 제33권 4호, 2023.

_____, 〈Practicing Urban Commons between Autonomy and Togetherness: A genealogical analysis of the urban precariat movements in Tokyo and Seoul(자율성과 함께함 사이에서 도시 공통재를 실천하기)〉, PhD thesis, London School of Economics and Political Science, 2021.

_____, 〈Weaving the Common in the Financialized City: A Case of Urban Cohousing Experience in South Korea(금융화된 도시에서 공유지를 엮어가기)〉, YI-Ling Chen, Hyun Bang Shin eds., *Neoliberal Urbanism, Contested Cities and Housing in Asia*, Springer Nature, 2019.

_____, 〈Turning a Home into the Common: the micro-politics of subjectivations in a cohousing community in Seoul(집을 공유지로 바꾸기)〉, *Inter-Asia Cultural Studies*, Vol. 19, 2018.

_____, 〈Communicating Communes: A Case Study of Urban Communing Movement in South Korea(소통하는 코뮌)〉, Master's thesis, Simon Fraser University, 2015.

홍다솜·정진영·빈연구소, 〈금융 커먼즈의 조성을 위한 국내 대안금융 생태계의 탐색〉, 한국도시연구소 2022 소액연구지원사업 최종보고서, 2022.

영상

주현숙 감독, 다큐멘터리 〈가난뱅이의 역습〉, 2012.

공미연 감독, 다큐멘터리 〈자전거, 도시〉, 2015.

《자본의 바깥》을 후원해 주신 분들(가나다 순)

230	눈큰젊은이	정훈석	은복	착한책방
816815	느린	생활교육공동체	은성군	창너머바다
95동기 Fang!	니나	공룡	이근영	책방79-1
가비	다른곳	서기영	이길무	천사금고
갈매책방북덕북적	달연두	서울수집	이나영책방	초록집사
강은빈	도올	서울영상집단	이대암	철수
강효수	독서공동체 들불	선아	이덕재	최고운
겨리	두영	선용진	이명하	최나현
고니	땡땡	센	이상아	최석중
고범철	또랑	솔잎	이소연	최선미
고진달래	라나	송기홍	이수희	최송락
공유공간 너머	라라(구나경)	송민수	이승원	최우마
구름	람RAHM	송태현	이승준(생태적	최윤식
권범철	룡룡	스카	지혜연구소)	최정준
근	만행to당진	시금치	이욱진	최효정
금자	말구	신은미	이재영	최희진
김강	맹수용	신은영	이재윤	춘자고
김규원	멍구	신재욱	이준민	치리
김다연	몽애	아나	이지원	크트
김대훈	문순창(전국역사	아침	이파람	탱탱
김동민	교사모임)	안상정	이현승	통과연 문혜영
김동주	민수정	안유석	이현정	통과연선배43
김민준	바람서창원	안진구	이화숙	피달
김민채	바리	앙구몬	일석	하루
김보영	박건영	야수누나	임보람	하승우
김삼권	박누리	야호	자네	한결한별아빠
김상국	박명섭	양군	잔잔	한들
김상철	박성원	양돌규(양세슬)	장길섭	한지원, 박정미
김상혁	박은정	양진아	장원순	햄
김선	박준성	엘피	장재영	햇볕+나뭇잎
김소율	박희정	여울	전영은	향연
김승우	반달	여장군	정민	현명
김영민	반달곰	연두친구안유자	정민	형진쓰
김영욱	반바지	연혜원	정연보	호야
김원	백영선	염진근	정이어린	홀연
김이경	보루보루	염창근	정재영	홍수민
김자경	봄담	오방부단	정재윤	홍수연
김자유	봉봉교수	오병일	정훈	홍주리
김하늘	부깽	오하이오	제이스	홍진호
김홍기	봄봄	온	제제	활쏜
김희랑	비루	용하	조수연	황희선
나경훈	빛살	웃는나무	조약골	효진
나루	빠냐	원용숙	조준희	희년은행
나무	빵장	유가람	조진경	Bengi
나마쓰메	산초	유록	좋아요	biofern
남선미	살림	유리관	좌인	joan
남양주캐빈	샴프레스	유바다	(주)넥스트마인드	Rim
냥냥펀치	상선	유소희	주하	
노찬오	샛별	유정희	진리와가은이	외 20분
녹색당 김태희	생명과학부95	윤지선	쩡샤